Ausgeträumt

Unserer lieben Elke zum
Geburtstag — ein zweiter Teil
folgt gewiß!

2. Mai 2004

Bibliothek und Gesellschaft

Helmut Göhler

Ausgeträumt

Aufzeichnungen eines Bibliothekars

2003

BOCK + HERCHEN Verlag
Bad Honnef

ISBN 3-88347-234-4

© 2003 by BOCK + HERCHEN Verlag, 53604 Bad Honnef
Alle Rechte vorbehalten
Druck: Lego Print S.p.A., I-38015 Lavis (TN)
Printed in Italy

Inhaltsverzeichnis

Vorbemerkung

Leben ist eine Tätigkeit, die nach vorwärts zielt. Man lebt von der Zukunft her; denn Leben besteht ohne Gnade in einem Machen, dem Sich-selbst-machen eines jeden einzelnen Lebens. Man verwischt die [...] Wirklichkeit, um die es sich hier handelt, wenn man dieses Machen Tat nennt. Die Tat ist nur der Anfang des Machens. Sie ist der Augenblick, in dem man entscheidet, was gemacht werden soll, in dem man sich entscheidet. Zu Recht heißt es daher: Im Anfang war die Tat. Aber das Leben ist nicht allein Anfang. Der Anfang ist nur das Jetzt, und das Leben ist Dauer, Fortbestehen im nächsten Augenblick, der auf das Jetzt folgt. Darum fühlt es sich beklommen unter dem unausweichlichen Gebot der Verwirklichung. Es ist nicht genug an der Tat, die ein bloßes Sichentschließen ist; Das Beschlossene muss hergestellt, ausgeführt, erreicht werden. Diese Notwendigkeit einer tatsächlichen Realisierung in der Welt, über unsere bloße subjektive Absicht hinaus, findet im Machen ihren Ausdruck.

José Ortega y Gasset

Nach zwei Kriegen mit 80 Millionen Toten gab es eine doppelte Chance für das verführte Volk der Anzettler: Es konnte nicht nur in hergebrachtem Sinn neu beginnen, sondern auch eine neue, andere Welt aufbauen. Alles konnte von oben nach unten und von unten nach oben umgekrempelt werden. Es war die Wiedergeburt des Menschen in einer Zeit und in einem Land, für die man sich hat schämen müssen. Was für ein Epoche! Der Versuch der Verwirklichung von Menschheitsutopien und der Schaffung einer gerechten Gesellschaft stand auf einmal auf der Tagesordnung. Der Knecht wurde Herr und der Herr davongejagt. Aber das Wertvollste, was die Menschheit je hervorgebracht, sollte bleiben und vermittelt werden. Welch eine Chance für Buchdrucker, Dachdecker, Schlosser, Humanisten – und auch für Knechte! Sie konnten sich jetzt aufschwingen, um auf den Sesseln der Herrschenden Platz zu nehmen. Der Hauch eines alten chinesischen Sprichwortes wehte durch unser Land: „Willst du für Jahre arbeiten, dann säe Hirse; willst du für Jahrzehnte arbeiten, dann pflanze Bäume, willst du für Jahrhunderte arbeiten, dann erziehe Menschen". Dies Letztere wurde auf die rote Fahne der Weltveränderung geschrieben.

Menschen, die die Nacht des Grauens überwinden wollten, mussten Riesen an Denkkraft und Charakter, an Vielseitigkeit und Gelehrsamkeit, an Schöpfertum und Schaffenskraft zeugen, wollten sie erfolgreich sein. Das Modell des Bärtigen aus dem 19. Jahrhundert konnte nur die Richtung andeuten. Alles musste mit den zu Erziehenden neu durchdacht werden. Maximen, wie „Die Philosophen haben die Welt bisher nur interpretiert, es kommt darauf an sie zu verändern" und „Die bisherige Geschichte der Erziehung der Menschen [...] bedachte nicht, dass der Erzieher von den zu Erziehenden auch erzogen werden muss" wurden Alltagsweisheit. Das war neu. Wie schwer es durchzusetzen war, zeigt die Geschichte der Länder, die dies wollten und – nicht schafften. Aber die Kraft, diese Veränderungen einzuleiten, sollte nicht ersterben, das große Ziel nicht verloren gehen. Es ist dennoch verloren gegangen.

Ein zerbombtes, ausgeblutetes Land musste für den Schaden, den es angerichtet hatte, zahlen. Ein von Verbrechern gegen die Menschlichkeit fehlgeleitetes Volk musste neues Denken üben. Die alten Lehrer mussten entlassen und die neuen erst gebildet werden. Die Trümmer im Kopf und die auf der Straße mussten gleichzeitig beseitigt werden – und das alles in einer neuen Weise. Eine Sisyphusarbeit!

Es gab hervorragende Ansätze, die Veränderungen im Denken ahnen ließen. Die Arbeit, in der sich der Mensch zum Menschen entwickelte, trat in den Mittelpunkt alles Denkens und Überlegens. Leistungen wurden anerkannt und Aktivisten der Arbeit geehrt. Die These hieß: Nur auf dem Gebiet ihrer Produktivität kann sich das Neue behaupten! Die Wahrheit des Satzes: „Die Produktion des materiellen Lebens der Gesellschaft bestimmt in letzter Instanz alle anderen materiellen und ideellen Formen des gesellschaftlichen Lebens" sollte dem Land noch zu schaffen machen. Das Eigentum des Volkes schützte die Gesetzgebung; die gleichzeitige Verbesserung der materiellen und kulturellen Lebensbedingungen sollte ein Maßstab für alles Planen, Arbeiten und Regieren sein. Kinderkrippe, Kindergarten und Vollbeschäftigung ermöglichten die Gleichberechtigung der Frau. Zeitweilig wurden Preise gesenkt; man hatte billiges Brot, billige Mieten und billige Verkehrsmittel. Es entstanden neue Betriebe, Schulen, Universitäten, Theater und Kulturpaläste. Nicht alles wurde seinem Wert nach geschätzt.

Derweil verkam die Diktatur des Proletariats zur Despotie über das Proletariat. Für Andersdenkende gab es keinen oder nur wenig Platz. Riesen an Denkkraft, die Voraussetzung für das Gelingen der Utopie, waren unerwünscht. Ernst Bloch und Hans Mayer verließen das Land. Philosophen erhielten Schreib- und Hausverbot. Nur wenige konnten sich trotzdem durchsetzen wie Jürgen Kuczynski. Dennoch: Bertolt Brecht ist zu uns gekommen, wir hatten Anna Seghers, an deren Seite eine neue Schriftstellergeneration heranwuchs: Erwin Strittmatter, Christa Wolf, Heiner Müller, Franz Fühmann, Christoph Hein und viele andere. Sie alle hatten Schwierigkeiten mit den Diktatoren, weil sie ihren Auftrag, das Neue im Leben der Menschen zu erkunden und darzustellen, ernst nahmen. Das Neue zu bewältigen, war aber schwieriger als die neuen Herren da oben dachten. Weil die Herren sich anmaßten, ihre Denk- und Handlungsweise als einzig richtige zu erklären, verließen bis zum Mauerbau Millionen ihr Land und unterstützten damit indirekt den Aufbau West. Bis zum Bau der Mauer wurden in der Bundesrepublik kaum Türken und Italiener als Gastarbeiter gebraucht.

Herzblut floss aus dem Osten weg. So viel Ärzte auch ausgebildet wurden, es waren zu wenige – und es wurden immer weniger. In diesen Strom nach Westen reihte auch ich mich ein, weil die Diktatoren es nicht verstanden, die neuen Aufgaben der Jugend als das größte Abenteuer des Jahrhunderts zu vermitteln.

Mein Abenteuer fand ich als Fünfzehnjähriger zunächst in der Landwirtschaft: Gemeinsam mit einem 19jährigen Feldwebel der Roten Armee brachte ich, ein Lehrling, auf einer 2.000 Hektar großen Domäne bei Bad Köstritz die kostbare Ernte 1945 ein. Und als Zimmermannslehrling baute ich 1947/48 die ersten Neubauernhöfe mit. Dann aber suchte ich das Abenteuer in einer zu glitzern beginnenden Welt. Ich brach als Bergmann in Dortmund tausend Meter unter der Erde Steinkohle und arbeitete als fremdgeschriebener Zimmermann im Rheinland. Als man sich auf den Baustellen Düsseldorfs Gruselgeschichten über den Osten erzählte, versuchte ich der Wahrheit ein wenig mehr Ehre zu geben. Weil es nichts nutzte, Stalin inzwischen tot und der 17. Juni 1953 vorbei war, entschied ich mich auf Anraten vieler Freunde zum Aufbau Ost zurückzukehren. Es gelang mir, gereift durch meine Westanschauung und in ständiger Berührung mit den Ereignissen der Zeit – den Osten nun doch als neues Abenteuer zu entdecken.

Nun half ich in Leipzig das Ringkaffee zu bauen und erneuerte die Dächer vieler Häuser der Stadt. Im mecklenburgischen Sternberg beschäftigte ich mich in der Abteilung Kultur beim Rat des Kreises mit Volkskunst, im Kreis Güstrow war ich Bibliothekar auf einer Maschinen- und Traktorenstation, in Suhl erforschte ich zuerst das bibliothekarische Leben des Märchendichters Bechstein und half dann, den Bezirk von einem der letzten Plätze beim Lesen in Bibliotheken auf einen der ersten zu befördern. Ich forschte nach Benutzerinteressen und wurde schließlich Direktor der Bezirksbibliothek, die ich mit meinen Kollegen als erste öffentliche Bibliothek der DDR in den Status einer Wissenschaftlichen Allgemeinbibliothek heben konnte, ohne sie mit einer größeren Einrichtung zu fusionieren. Schließlich sollte ich das, was ich für den Bezirk Suhl getan habe, für das Land tun. In Berlin, im Zentralinstitut für Bibliothekswesen bekam ich eine Abteilung mit mehr als zwanzig Mitarbeitern zu leiten. Wir gaben wöchentlich einen Informationsdienst über die in der DDR erscheinende Literatur heraus; erarbeiteten Empfehlungen für die Benutzung und Erschließung von Bibliotheksbeständen, führten audiovisuelle Medien in die Bibliotheksarbeit ein, unterstützten die Leseförderung bei Kindern und Jugendlichen und verschafften den Zeitschriften in Öffentlichen Bibliotheken eine nennenswerte Stellung. Wir unterstützten die Bibliothekspraxis bei der Steigerung der Bibliotheksleistungen, so dass die DDR-Bibliotheken einen achtbaren Platz in der Welt erringen konnten. Daneben lief die empirische Leserforschung und darüber hinaus stand ich einem Forschungsbeirat für Benutzerforschung vor, nahm an den wichtigsten internationalen Konferenzen sozialistischer Länder auf dem Gebiet der Benutzerforschung sowie an allen vier Soziologenkongressen der DDR teil und gab mit Literatursoziologen und Jugendforschern das erste Buch über das Lesen in der DDR heraus – und dann kam die Wende.

Als ich 1999 in Meiningen auf einem Bibliothekskongress war, sagte eine Kollegin aus Schmalkalden zur Sonnebergerin „Du, der Chef ist da". „Mein Gott", dachte ich, „das war vor einem Vierteljahrhundert". Das Vergangene überblickend, fällt mir ein Ausspruch der jüngsten Tochter Thomas Manns ein: „Wissen Sie, wenn man Nützliches tun kann und es nicht tut, hat man umsonst gelebt" (Berliner Zeitung vom 1.9.2001.)

Das Sonntagskind

Es war der 13. Juli 1930, ein Sonntag, als ich in der Universitätsfrauenklinik zu Leipzig auf die Welt kam. Mutter, Vater und Großeltern haben sich, nachdem schon ein Mädchen da war, über den Stammhalter und das Sonntagskind gefreut. Mir reichte es aber nicht, Sonntagskind zu sein. Deshalb habe ich dann später, ganz allein die 7 zu meiner Glückszahl erhoben und an der Uni habe ich dann auch eine Arbeit über das Glück geschrieben. Mit vier ließen mich meine Eltern in die „Spielschule", so hieß damals der Kindergarten, gehen. Mit sieben erhielt ich meine Zuckertüte und wurde in Leipzig-Gohlis in die 35. Volksschule eingeschult. Als ich die 4. Klasse absolviert hatte, war unsere neue Klassenlehrerin enttäuscht, dass mich meine Eltern nicht für die Mittelschule angemeldet haben. Für meine Schwester, die auf die Mittelschule ging, mussten die Eltern schon 10 Mark Schulgeld zahlen, nun für mich auch. Das Gymnasium kostete 20 Mark pro Monat. Das war für einen Polizeihauptwachtmeister mit einem Bruttoverdienst von 220 Reichsmark nicht zu erschwingen. Mit 10 Jahren bin ich zum Jungvolk gegangen. Der Vater unseres Jungenschaftsführers war mein Klassenlehrer. Mit 11, nach der Pimpfenprobe, durften wir das Fahrtenmesser mit Blutrinne tragen.

Im weiteren Leben versuchte ich, das Glück immer wieder herauszufordern. So war es nicht verwunderlich, dass es mir oft hold war und mir manches in meinen Leben offensichtlich gelang. Wenn es nicht so schien, dann war es doch das positive Negative, welches mich wieder in die richtige Lebensbahn führte und auf den Weg nach vorn drängte. Aber das Drängen kam nicht von allein, da musste etwas getan werden, was man im allgemeinen „machen" nennt. Aktivität für etwas Nützliches.

In vielen meiner Geschichten finden sich Kindheitserlebnisse, wie in einem Puzzle verstreut, wieder. Später, als ich selber Kinder hatte, merkte ich, dass man gar nicht weiß, wann die Kindheit endet. Die Großen spielten noch lange mit dem Spielzeug der Kleinen.

I. Lehrzeiten

Die erste Lehre

Das Jahr 1945 auf einem Rittergut

Die Zeitläufe gestalteten sich so, dass das Jahr 1945 für alle Deutschen ein schlimmes wurde. Der Krieg ging zu Ende, die deutschen Städte fielen in Schutt und Asche. Die Alliierten kämpften nicht nur gegen die Deutsche Wehrmacht, sondern auch gegen Frauen und Kinder. Bei meinen Eltern wurde eines der Nachbarhäuser durch eine Luftmine zerstört. Die Menschen darin kamen um. Das Land hungerte. Ich dagegen war bei Bauern und wollte auch dort bleiben, worüber meine Eltern froh waren, da sie hofften, dass ich dort gut über das Kriegsende komme. Sie schlossen für mich einen Lehrvertrag als Landarbeitslehrling mit dem Inspektor einer Fürstlich-Reußischen Domäne im Geraer Land ab.

Niemand ahnte, dass ich auf dieser Domäne den Zusammenbruch des Hitlerreiches und die Wirren des Jahres 1945 so hautnah erleben würde wie nur wenige in meinen Alter. Das Rittergut war wie eine Burg von vier Seiten umschlossen von Herrenhaus, Scheune, Stallungen. In der Mitte des Hofes lag ein Misthaufen. Weit konnte man vom Hof aus sehen, und man sah ihn schon von weitem. Im Tal floss die Weiße Elster, und am Fuß des Berges lag die Stadt Bad Köstritz, deren Ruf sich mehr auf das schwarze Bier als auf den Kurbetrieb gründete. Auf der anderen Seite ist bergiges Land zu sehen und am Horizont die Autobahn. Dazwischen Täler, Wälder und Kirschplantagen. 1.000 Hektar Wald und 800 Hektar Ackerland zwischen Berg und Autobahn gehören dem Fürsten zu Reuß. Das Land hungerte, aber die Bauern hatten zu essen. Ich war 14, hatte Hunger und wollte zu den Bauern. Als ich mich für die Lehrstelle auf dem Gut vorstellte, war ich 1,60 m groß. Ein dreiviertel Jahr später, als ich nach Ostern die Lehre begann, maß ich 1,80 m. Der Inspektor war froh, dass ich so schnell gewachsen war. So konnte er mich bei den Landarbeitern besser als neuen Verwalter vorstellen. Ich hatte vom schnellen Wachsen Hunger und hätte von morgens bis abends essen können. Statt dessen musste ich arbeiten: morgens um 3 Uhr im Wasserhaus die Pumpe anstellen, um 4 Uhr die Ställe aufschließen, dann Futterausgabe, Stallkontrolle, Vorbereitung des neuen Tages, um 6 Uhr dann Frühstück in der Küche, tagsüber mit den Frauen aufs Feld, Rüben hacken, Gemüse pflanzen, Futter holen, Mist fahren, abends Futter ausgeben und Ställe abschließen. Daneben die Arbeitsstunden der Frauen und Männer für die Lohnabrechnung aufschreiben und die Landarbeiter zur Arbeit einteilen. Sedka, dem Polen, musste ich sagen, was er mit seinen Ochsen und Maxim, was er mit den Pferden machen soll;

Oswald, der Altkutscher, übernahm die schwierigeren Arbeiten mit den Maschinen auf den Feldern. Frühmorgens informierte mich der Inspektor, wer welche Arbeiten zu leisten habe. Wenn er pünktlich 6.30 Uhr am Flurfenster des Herrenhauses stehend meinen Namen über den Hof brüllte, stellten die Leute ihre Uhren danach. Ich rannte, wo immer ich mich befand, über den Hof und nahm zackig seine Befehle entgegen, während er seine Hosenträger über die Schulter zog. Das Gesicht des NSKK-Mannes (NSKK = Nationalsozialistisches Kraftfahrzeug Korps) mit schmalem Oberlippenbart erinnerte an den Führer, die schwarzen Locken fielen mit einem Linksscheitel in die Stirn. Er rasselte runter, wohin acht Pferde- und vier Ochsenkutscher mit ihren Gespannen zu schicken sind, auf welches Feld ich mit den Frauen zu gehen habe und was sonst noch zu tun sei. Am Anfang verwechselte ich manchmal die Namen, schickte die Pferdekutscher Stroh holen und ließ die Ochsenkutscher mit der Sämaschine auf das Feld gehen. Aber in den Augen der Leute war ich der Verwalter – was von mir angewiesen wurde, wurde widerspruchslos getan. Nur manchmal kam ein leises „Er ist ja der Verwalter".

Ich setzte mich auf den Traktor und fuhr und fühlte mich wie ein kleiner Herrgott. Als ich mich aber am Raupenschlepper versuchte, landete ich beim ersten Lenkversuch mit dem Schalthebel des Kettenfahrzeuges auf dem Misthaufen. Das Gelächter der Umstehenden wurde an der Abendbrottafel kritisch ausgewertet. Ein Verwalter war eine Respektsperson und durfte nicht ausgelacht werden. Natürlich durfte er sich auch nicht lächerlich machen.

Nach dem Abendbrot setzte ich mich an den schwarzen Schreibtisch im Verwalterzimmer und rechnete die Lohnkosten der Landarbeiter, die täglich zehn bis zwölf Stunden arbeiteten, aus. Die Knechte bekamen 18 Pfennig Stundenlohn und pro Jahr einen Doppelzentner Getreide und fünf Zentner Kartoffeln als Deputat. Der Großkutscher Oswald, der schon 50 Jahre auf dem Gut war, erhielt 22 Pfennig. Die Frauen – kein Deputat, dafür 22 oder 24 Pfennig Stundenlohn. Ich bekam pro Monat 18 Mark und freie Kost. Mittags und abends saßen wir, die Lehrlinge, mit Hausschuhen und Jackett mit an der Familientafel. Am Abend wurde der Tag besprochen. Der Chef und die Chefin führten das Wort.

Als es eines Tages regnete und wir uns, bevor wir aufs Feld gingen, in der Schmiede unterstellten, wurde ich unverhofft von Gisela geküsst. Sie war 18 und nahm es nicht so genau. Sie erhielt, ebenso unverhofft, eine Ohrfeige – die einzige Ohrfeige, von der es mir heute noch Leid tut, sie vergeben zu haben. Aber vom Chef und seiner Frau wurde ich gelobt, weil ich mich nicht von einer Arbeiterin habe küssen lassen. So lernte ich das Leben kennen. Seit dieser Zeit ist mir jedes Lob suspekt.

Vor der Familientafel graute mir. Erst, wenn der Inspektor zu essen begann, durften auch alle anderen damit beginnen. Wenn er fertig war, und er war schnell fertig, mussten auch wir mit dem Essen aufhören. Weil ich nach dem Abendbrot immer noch Hunger hatte, ging ich in die Leutestube und aß, was übrig geblieben war. In der Küche wurde für die Leute und die kleinen Schweine in einem Riesentopf das gleiche gekocht. Meist Kartoffeln, Kohlrüben und Gemüse, die Reste von unserer „Tafel". Es gab Leute, die sich beim Chef „lieb Kind" machen wollten und ihm deshalb erzählten, dass der Verwalter sich in der Leutestube satt äße. Daraufhin erlebte ich das Schlimmste, was ich bis dahin an Beschimpfungen erlebt habe. Der schlimmste Vorwurf war, dass ich mit *denen* gemeinsame Sache mache, denn, wer aus einen Topf mit ihnen äße, der habe auch ihre Ideen. Hundert Entschuldigungen und Versprechungen meinerseits, der schon zu hörende Geschützdonner der Amerikaner und die Tatsache, dass es an Verwaltern fehlte, hielten den Inspektor jedoch davon ab, mich davonzujagen.

Der Zusammenbruch

Das dumpfe Grollen der Geschütze kam näher – von Osten die Russen, von Westen die Amerikaner. Wir lebten auf dem Berg und hatten einen gewissen Überblick. Was uns fehlte, war aber *der* Überblick. Die Nazisse in der Kükengruppe, die Nazilehrer in der Schule und die Jungvolk-Führer hatten uns beigebracht, dass die Deutschen unter Adolf Hitler immer siegen werden, und dass es selbstverständlich sei, Opfer zu bringen und mutig bis in den Tod zu sein. Anderes gab es nicht. Der sich nähernde Geschützdonner konnte meinen Glauben an Wunderwaffen, Vergeltungsschläge und Gegenoffensiven nicht erschüttern. Wenn auch die Italiener abgeschrieben waren, hofften wir immer noch auf die Japaner. Wenn mich jemand in diesen Apriltagen des Jahres 45 gefragt hätte, ob wir den Krieg verlieren, ich hätte es verneint. Hätte ich gewusst, dass meine Einberufung zum Volkssturm bei meinen Eltern lag, ich wäre gegangen. Mit der Panzerfaust wusste ich umzugehen. Unsere Vorbilder waren Ritterkreuzträger mit Eichenlaub und goldenen Schwertern; Namen, derer ich mich später zum Teil schämte: Rommel der Wüstenfuchs, die Kampfflieger Udet und Mölders, der Kapitänleutnant Günter Prien, der mit seinem U-Boot Teile der englischen Flotte im Hafen von Scapa Flow auf den Meeresgrund schickte. Allerdings klang unser „Siegen" wie Sterben. Meine Vettern ruhten mitsamt ihren Unteroffiziers- oder Feldwebeltressen in fremder Erde.

Und doch gab es noch etwas anderes, das den Leuten und mir näher lag, als der Krieg des Führers. Im Morgengrauen, auf dem Weg zum Wasserhaus träumte ich, der kleine Lehrling, davon, die Verantwortung für all das was ich tat zu haben. Das Rittergut sollte mir gehören, mindestens als Inspektor. Ich träumte dies, als das Grollen der Geschütze sich uns näherte. Während die Vögel in den Büschen erwachten und die Sonne aufging, träumte ich mir das Gut zu eigen. Irre, ich träumte, und das Blut der Menschen floss in Strömen. Ich bin mit dem Sterben groß geworden. Ich erlebte den Bombenhagel in der Großstadt. Und dann jeden Tag die Todesanzeigen in der Zeitung: „Für Führer, Volk und Vaterland gefallen".

Unser Gut war die Heimatfront. Wenn wir mit dem Traktor aufs Feld fuhren, wurden wir von Tieffliegern beschossen. Obwohl wir unbewaffnet waren. Nur

Frauen und ein 14jähriges Kind, das den Traktor fuhr, weil die Verwalter und die Traktoristen an der Front waren. Die Tiefflieger flogen 20 Meter über dem Feld. Ich versuchte, den Traktor unter einem Baum zu verstecken. Sie kamen wieder und wieder und schossen aus der Bordkanone. Wir sahen ihre roten Gesichter. Das also war der Feind. Das vermittelte Bild schien zu stimmen: Sie schossen auf Wehrlose. Wenn wir im Graben Deckung nahmen, wurde in den Graben geschossen. Der Dreck spritzte – ich war froh, dass sie nur den Traktor trafen und keine der Frauen. Das nächste Haus war eine Stunde Fußweg entfernt.

Die Apriltage 1945 waren kalt. Auch der Tag, an dem ich morgens den Schafstall aufschloss und ein ungewöhnliches, nie gehörtes Motorengedröhn und Kettenklirren vernahm. Die obere Hälfte der Tür gab den Blick zur Autobahn frei. Dort rollte ein Panzer nach dem anderen – den ganzen Tag lang. Noch beim Aufwachen hatte ich an den Sieg geglaubt. Trotz der Radiomeldungen, dass sich russische Truppen Berlin näherten und obwohl der Führer – so war gestern gesagt worden – gemeinsam mit Eva Braun Selbstmord begangen hatte. Ein harter Schlag. Unser Führer, das große Vorbild, für den ich in den Tod gegangen wäre – ein Selbstmörder! Die Panzer in Sichtweite bewirkten, was weder die Niederlagenmeldungen noch die amerikanischen Tiefflieger auszurichten vermochten. Erst jetzt stürzten die Autoritäten, verlor ich allen Glauben und alle Hoffnung auf den Endsieg. Ich hätte mich in einen Heuhaufen verkriechen und weinen können oder auch laut schreien, immer nur schreien. Ein solch niederdrückendes scheußliches Gefühl, betrogen worden zu sein, hatte ich nie wieder. In Wirklichkeit weinte und schrie ich nicht. Ich war innerlich tot. Was ich in diesen Morgenstunden tat, tat ich mechanisch; mein Körper tat es.

Erst gestern war ein Leutnant mit einer kleinen Truppe von höchstens 18jährigen total verdreckt auf dem Hof erschienen; seit Tagen gehetzt und gejagt. Sie wollten sich mit ihren schweren Maschinengewehren auf dem Dach des Gutshauses einnisten. Der Chef sprach mit dem Leutnant wie ein Pfarrer mit Ungläubigen. „Wollt ihr das Gut in Flammen aufgehen lassen. Es kann von der Autobahn eingesehen werden, Luftlinie nur drei bis vier Kilometer. Was soll ein Maschinengewehr gegen Panzerkolonnen". Der junge Leutnant konnte vom Inspektor überzeugt werden. Er und seine Leuten entspannten sich und wurden umsorgt. Die Mädchen heizten den Badeofen, legten in einem Zimmer Matratzen aus und gaben ihnen reichlich zu essen und auch Decken, damit es ihnen noch ein Mal gut gehe.

Ich sah, wie sie im Morgengrauen das Gut verließen und im Gänsemarsch hinter der Feldscheune in einem Waldstück verschwanden. Danach hörte man Maschinengewehre knattern. Zwei Panzer hielten auf der Autobahn an. Ich sah ihr Mündungsfeuer. Später wurden vier tote Soldaten im Tal gefunden. Es waren „unsere". Bei der Futterausgabe blitzten mich die Polen aus ihren Augen verächtlich an. An diesem Morgen wartete ich vergeblich auf das Rufen meines Chefs. Er hatte wahrscheinlich begriffen, dass das Tausendjährige Reich zu Ende war.

Der Lockenkopf mit dem schmalen Oberlippenbart ließ mich warten. Als ich dann zur Frühstückszeit in die Leutestube ging, war sie fast leer – nur noch drei

Kutscher waren da, der alte Oswald, der Taubstumme und Werner, der Schlesier. Die Polen hatten ihre wenigen Sachen gepackt und waren auf und davon. Im Herrenhaus heulten die Oma und die Chefin: „Was soll nun werden, was soll nun werden". Der Opa versuchte die beiden zu beruhigen. Der Inspektor lief im Herrenzimmer auf und ab, wie ein Löwe im Käfig. In Filzlatschen, die Hosenträger oben, aber das Hemd halb raushängend mit puterrotem Kopf. So hatte ich ihn noch nie gesehen. Also hatten alle, außer dem Opa, an den Sieg geglaubt. Ich gewann ein Stückchen von mir selbst wieder und sagte: „Die Polen sind fort". Ein kurzes Aufblicken, Hände anheben und fallen lassen, Gesten, kein Wort. Ich wusste nicht, was ich machen sollte und ging in die Leutestube, um Oswald, den alten Kutscher, zu fragen was wir tun sollen. „Jungchen, dir geht wohl die Muffe? Wir müssen natürlich das Vieh versorgen, Stroh und Rüben holen, die Milch in die Stadt bringen. Wie jeden Tag. Die Kinder brauchen auch heute ihre Milch".

Wir gingen an diesem Tag mit den wenigen Leuten an die Rübenmiete und schaufelten sie frei. Mit Verwunderung nahm man zur Kenntnis, dass ich zwei Pferdewagen holte und die Rüben zum Kuhstall fuhr. Ständig bin ich vom Inspektor kritisiert worden, dass ich selber arbeitete und dabei das Tempo bestimmen wollte. Ich sollte die Arbeit nur richtig organisieren. Jetzt war es wichtig, das Notwendige selbst zu tun.

Nachdem der alte Oswald die Milch fortgebracht hatte, kam er zur Rübenmiete um zu helfen. Dabei erwähnte er, dass eine amerikanische Panzerkompanie Bad Köstritz besetzt habe, dass alles ruhig zugehe, die Behörden geschlossen seien, nur manche Geschäfte hätten schon wieder geöffnet. An den Häusern klebten Befehle über Sperrstunden und die Aufforderung an die Bevölkerung, die Waffen abzugeben. Soldaten hätten sich auf der Kommandantur zu melden. Vielleicht war meine Hoffnung auf den Endsieg noch nicht ganz tot, vielleicht wollte ich nur eine Bestätigung des Endgültigen, jedenfalls fragte ich den alten Oswald noch einmal: „Keine Wunderwaffen?" Er schüttelte Kopf: „Keine Wunderwaffen". Ich weiß nicht mehr, was ich an diesem Tag noch alles dachte und fühlte. Aber soviel weiß ich noch, ich sehnte mich nach weißen Brötchen, soviel, dass ich mich satt essen könne. Und ich fragte: „Wann gibt es wieder Schokolade?" Ich erntete ein Lächeln auf den ernsten Gesichtern. Oswald klopfte mir auf die Schulter und meinte: „Da wirst du noch ein Weilchen warten müssen, mein Junge, lass uns erst einmal die Ernte einbringen". Von diesem Tag an war jene Skepsis, jener kritische Blick mit dem er mich vom ersten Tag an verfolgte, aus seinen Augen gewichen. Er bezog mich von nun an in seine väterlichen Ratschläge ein, und ich brauchte sie bitter nötig.

Begegnungen mit den Siegern

Die Amerikaner

Am Abend kam ein Jeep mit einigen amerikanischen Offizieren auf das Gut. Vor dem Tor breiteten sie ihre Messtischblätter aus. Sie nickten und gingen ins Herrenhaus. Nach einer Stunde verließen sie es wieder. Während des Abschließens der Ställe wurde ich vom Chef gerufen. Da den Amerikanern ein Seitenflügel mit Speiseraum und Herrenzimmer zur Verfügung gestellt würde, müsse ich mein Zimmer räumen. Die Betten wurden auf dem Dachboden aufgestellt. Am nächsten Morgen kamen ein Panzerspähwagen und ein Funkwagen mit zehn Mann Besatzung. Keiner der Amerikaner konnte Deutsch, und mein Schulenglisch wurde für die ersten Tage gebraucht. Später kam ein Dolmetscher, und es geschahen auch sonst aufregende Sachen. Ein Basar wurde aufgebaut. Die Soldaten konnten ihre Verpflegung, ihre Zigaretten, ihre Schokolade und ihre Toilettenbeutel selbst entnehmen. Es gab keine Ausgabe, jeder nahm, was er brauchte. Ich nahm auch. Meine Frage nach der Schokolade war also schon einen Tag später beantwortet. Bald wusste ich auch, wie gut Ham and Eggs schmeckten. Nachdem ich meinem Chef die ersten Schachteln „Chesterfield" gegeben hatte, meinte er, die Zeit wäre günstig, wenn er jetzt statt meiner auf das Feld ginge und ich mich der Besorgung von Zigaretten widmete und ein wenig auf seine Frau aufpasste, damit ihr nichts passiere. Er fuhr mit seiner 750er BMW und amerikanischem Benzin auf die Felder, und ich besorgte Zigaretten. Leider war ich nicht allein beim „Chesterfield besorgen". Auch konnte der Wert der Zigaretten den Soldaten nicht verborgen bleiben. Der Basar wurde schließlich abgebaut, und es stand nur noch eine Kiste mit Toilettenbeuteln herum. In diesem Beuteln befanden sich Toilettenpapier, Seife, Chlortabletten und fünf Zigaretten. Auf letztere musste ich es absehen, wollte ich nicht sofort wieder auf das Feld geschickt werden. Meine Englischkenntnisse an den Männern aus Amerika, die zu meiner Überraschung schwarze Hautfarbe hatten, ausprobierend, lachend und mit dem Rücken zur Kiste, füllte ich meine Po-Taschen mit jeweils einem Beutel. So ging das noch einige Tage. Aber bald merkte man, wie schnell sich die Kiste mit dem Toilettenbeuteln leerte, und ich musste wieder auf das Feld.

Der Tag, an dem die Friedensglocken läuteten, war nicht mehr fern. Es gab dennoch keine Umarmungen. Keine Freude kam auf, es gab nur ernste Gesichter. Wir hatten zum zweiten Mal in drei Jahrzehnten einen großen Krieg verspielt. Die Amerikaner zogen ab. Der strategische Punkt, von dem aus das Geraer Land überblickt werden konnte, war nicht mehr erforderlich. Wir blieben allein und mussten auch unsere Arbeit allein machen.

Auf Grund seiner Entlegenheit wurde das Rittergut Ziel bewaffneter Überfälle. Obwohl Plündern bei Todesstrafe verboten war. Die Plünderer waren „Fremdarbeiter", die sich für die jahrelange Ausbeutung an uns nun schadlos hielten, bevor sie in ihre Heimat zurückkehrten. Sie hielten sich in den ersten Wochen nach Kriegsende noch im Lande auf und räumten Keller und Ställe, einen nach dem anderen, aus. Sie stahlen Geflügel, Schafe und Kälber.

Als wieder einmal Bewaffnete das Hoftor erkletterten, schickte mich mein Chef über einen Hinterausgang zum amerikanischen Kommandanten nach Bad Köstritz um Hilfe. Die Schüsse der Plünderer peitschten nur so über mich hinweg. Mit auf und nieder, hinlegen und robben – wir hatten das beim Geländespiel reichlich geübt – erreichte ich den Hohlweg, der links und rechts von ausgebrannten Militärfahrzeugen gesäumt war, in denen bereits Kinder spielten. Von da an ging es dann steil bergab zur Stadt. Der Kommandant lud mich in seinen Jeep und fuhr mit mir auf den Berg zurück. Die Plünderer waren allerdings schon über alle Berge. Der Kommandant teilte uns daraufhin zwei Polizisten von Hitlers alter Polizei zu, mit denen er nichts anzufangen wusste. Obwohl die Polizisten keine Waffen hatten (dafür aber ein Papier vom Kommandanten), schienen sie den Plünderern Respekt einzuflößen. Nur die Kühnsten ließen sich nicht schrecken. Sie fesselten die Polizisten eines Tages und warfen sie ins Stroh. Auch sonst waren die Polizisten problematisch. Sie wurden allmählich teuer. Sie aßen fast soviel, wie die Plünderer wegschleppten und schickten ihren Familien jede Woche große Pakete.

Die Sonne stieg höher, die Tage wurden wärmer, das Leben fand langsam in seine gewohnte Bahn zurück. Die ersten Männer kamen aus der Gefangenschaft. Noch war kein Verwalter dabei und kein Traktorist. Ich rechnete also weiterhin den Lohn aus und fuhr den Traktor.

Die Wiesen an den Ufern der Weißen Elster standen in saftigem Grün, so dass sie vom Inspektor und mir mit dem Traktor gemäht werden konnten. An den Sonntagen wendete ich mit Pferd und Gabelwender ganz allein das Heu der Elsterwiesen. Auch zu meinem 15. Geburtstag. Es waren die ersten friedlichen Sonnentage im wahrsten Wortsinn seit langem. Von nun an durfte ich samstags und sonntags Abend Regina, die junge Trakehnerstute, satteln und über Wiesen, Felder und Gräben preschen. Reiten hatte ich schon als Schuljunge im „Reitersturm" gelernt. Mein Onkel war dort Reitlehrer.

Der taubstumme Kutscher sah mir immer ein wenig neidisch nach. Einmal – ich verstand seine Gesten und Wortfetzen – fragte er mich, ob ich ohne Zaum und Sattel reiten könne. Ich zeigte ihm den Husarensprung – ohne Steigbügel und Sattel, nur die Mähne des Pferdes packend wie im Cowboyfilm. Er grinste teuflisch, schloss das Hoftor und die Pferdestalltür und schlug mit der Peitsche nach Regina. Die Stute galoppierte zweimal um die Dungstätte. Ich hielt mich an der Mähne fest, konnte die Stute aber nicht mehr durch Schenkeldruck beherrschen. Nach weiteren Peitschenschlägen preschte sie auf den Pferdestall zu. Da die Tür geschlossen war, stieg sie kerzengerade in die Höhe, und ich flog im hohen Bogen auf das Kopfsteinpflaster. Dort blieb ich liegen. Als ich in der Leutestube in den Armen des Taubstummen erwachte, hatte er Tränen in den Augen und lachte gleichzeitig das röhrende Lachen der Taubstummen. Er drückte mein Gesicht an seine harten Bartstoppeln, die ganz feucht waren. Wir wurden Freunde.

Sonntag nachmittags sollte ich einmal in Bad Köstritz Bier holen. Von fern schon hörte ich Lieder, die ich nicht kannte. Als ich in die Gaststätte trat, sah ich an den Tischen menschliche Gestalten in schwarz-weiß gestreiften Sachen mit einem roten Dreieck und einer Nummer darauf. Die Gesichter waren gelb-weiß, wie die von Verstorbenen. Sie tranken dünnes Bier oder Brause. Manche sprachen laut, andere flüsterten. Einige summten Lieder. Einheimische waren nicht anwesend. Angst, Respekt und Furcht verboten mir, einzutreten. Einer der Schwarz-Weiß-Gestreiften schaute mich an. Die Haut war über einen Totenschädel gespannt, die Augen lagen in tiefen Höhlen. Er hatte keine Zähne im Mund. Ich verstand nicht, was er sagte. Ich riss aus und hetzte den Berg hoch – ohne Bier. Die Menschen, von denen man mir erzählt hatte, sie seien Verbrecher, waren nun frei. Irgendwie ahnte ich, dass es eine zweite Gerechtigkeit gab. Jetzt konnte ich mir unter dem Wort „Mitleid" etwas vorstellen. Es kommt von „mit leiden". Was ich gesehen hatte, war menschenunwürdig. Ich verkroch mich an der Außenwand des Gehöftes hinter den Pferdestall, setzte mich auf einem Baumstamm; links und rechts von mir standen Holunderbüsche, vor meinen Augen hatte ich das Elstertal und die Autobahn. Auf dieser fuhren Panzer. In der Stadt unten saßen die Schwarz-Weiß-Gestreiften und hier oben wartete man auf das Bier. Sollen sie warten. Meine Seele zitterte. Trotz der warmen Frühlingssonne war mir kalt. Hatte ich eine Stunde oder länger so gesessen? Mit einem Mal sah ich auf der Ausfahrtsstraße nach Osten eine Riesen-raupe. Schwarz – weiß. Langsam sich zusammenziehend und wieder auseinander-gehend kroch sie noch mindestens eine Stunde lang, bis sie am Horizont in einem Wald verschwand.

Es war Abendbrotzeit und ich teilte mit, dass es heute kein Bier gäbe. Zwanzig Jahre lang habe ich nachts immer wieder von den schwarz-weißen Häftlingen aus dem KZ Buchenwald und dem Mann mit dem Totenkopfschädel geträumt. Erst als meine Kinder mich fragten, ob ich als Kind etwas von Konzentrationslagern gewusst hätte, konnte ich darüber reden. Danach waren die Alpträume verschwun-den.

Sascha und die Rote Armee

Wir hatten mit dem Mähbinder die Wintergerste abgeerntet, und ich lernte mit einer modernen Dreschmaschine das Getreide zu dreschen. Nachts aßen wir uns auf den Kirschbäumen der Plantagen satt. Eines abends, ich gab gerade Hafer für die Pferde und Kraftfutter für die Kühe aus, holte mich der Schäfer. Vom Schäferhaus konnte man nach Osten sehen, dorthin, wo die weiß-schwarze Menschenraupe verschwun-den war. Wir hörten Getrappel und Geklirr, bevor wir die Marschkolonnen sahen, Planwagen und Reiter. Wie im Spielzeugland. Die Landstraße in Richtung Stadt war voller graubrauner Soldaten, zwischen ihnen große Herden von Kühen und Schafen. Manchmal verschaffte sich ein Jeep oder ein LKW Platz. Die Russen kamen! Am Tag vorher waren die Amerikaner abgezogen. Keiner hatte so recht daran geglaubt. Russen waren Untermenschen, hatte man uns gelehrt. Die Aufregung im Herrenhaus und bei den Frauen war jetzt noch größer als vor ein paar Wochen, als die Amerikaner kamen. Diesmal heulten sogar die Hauswirtschaftslehrlinge mit. Eine von ihnen fragte mich, ob sie sich verstecken solle. Sonst sprach keiner mit mir.

Der Inspektor und der Opa betranken sich im Herrenhaus. Ich sah es, als die Oma die Tür öffnete. Am nächsten Tag kamen die Frauen nicht zur Arbeit. Dafür stand der Jeep des sowjetischen Kommandanten vor der Tür. Die kommenden Tage mussten wir ohne Chef auskommen, weil der Kommandant ihn mitgenommen hat. Oswald, der Kutscher, sagte mir, was zu tun sei. Die Chefin lief mit rot verheulten Augen umher. Doch bald kam der Chef mit einem Lastwagen der Roten Armee wieder. Aber nur, um seine Möbel aufzuladen. Er zog um. Als Spezialist hatte er von der Roten Armee einen Sonderauftrag bekommen. „du wirst sehen, wie es hier weitergeht. Der Lehrvertrag hat keine Gültigkeit mehr", waren seine letzten Worte.

Ich wohnte jetzt mit den beiden Hauswirtschaftslehrlingen allein im Herrenhaus. Das Schäferhaus musste von uns geräumt werden, weil Sascha, der Feldwebel, mit einem Zug Soldaten einzog. Vera, unsere Dolmetscherin, hatte ein Extrazimmer im Schäferhaus. Vera sagte mir dann auch, dass Sascha und ich die Ernte einzubringen hätten. Sascha war ein großer Junge von neunzehn Jahren. Ich war inzwischen fünfzehn. Wir brauchten nur eine Woche, um uns sprachlich verständigen zu können. Vera musste uns nur noch helfen, wenn es um Offizielles ging. Sie war, obgleich erst 22, unsere Mutter und Schwester zugleich. Sie gab uns Ratschläge, wo immer sie konnte, und passte auf uns auf, damit wir keine „Dummheiten" machten. Sachkundig hatte sich Sascha das beste Pferd als Reitpferd ausgesucht, meine Regina. Wir lehrten uns gegenseitig ungefähr drei Dutzend Worte – er mir russische, ich ihm deutsche. Ich lachte mich fast tot, wenn er CHR statt H am Wortanfang artikulierte. Wir verständigten uns auch über Dinge, für die Vera kein Verständnis aufbringen konnte. Er wollte mich zum Beispiel mit Mädchen verkuppeln und klärte mich über Schwangerschaftsverhütung und Geschlechtskrankheiten auf. Es dauerte nicht lange, da kannte Sascha Wörter, die ich ihm nicht hätte beibringen können. Vera war wütend auf mich, weil ich Sascha mein Zimmer abtrat, wenn er mit einem Mädchen schlafen wollte. „Das darfst du nicht machen, Sascha ist noch ein Kind" und „Was würde Deine Mutter dazu sagen".

Die Soldaten, Sascha, Oswald und ich schufteten von morgens bis spät abends so, als wäre alles unser. Von Oswald erfuhr ich, dass er zum Gründungskomitee der Kommunistischen Partei gehört hatte. Das war ein Problem für mich. Kommunisten waren für mich so ungefähr das Letzte: Messer quer im Maul, bluttriefend und mit Sowjetstern an der Mütze. Das waren alles Vaterlandsverräter. Von der Kommunistischen Partei erfuhr ich zuerst aus der Zeitung. Es muss die Geraer „Volkswacht" gewesen sein. Im Untertitel stand: „Organ der Kommunistischen Partei Deutschlands". Ich zuckte zusammen und ging auf Distanz. Und jetzt gehörte der väterliche Oswald zum Gründungskomitee. Niemand sprach mit mir darüber, weder Oswald, noch Vera oder Sascha. Ich mied dieses Thema. Sie waren gut zu mir, und das tat mir gut.

Nachdem Sascha, Vera und die zehn Soldaten ihr Quartier im Schäferhaus aufgeschlagen hatten, kamen keine Frauen und Mädchen mehr zur Arbeit. Wir brauchten aber Frauen, die auf dem Feld die vom Mähbinder gebündelten Garben zu Puppen aufstellten und diese auf den Erntewagen luden. Ich druckste herum und sagte es Sascha. „Wie viele brauchst du?" „Na ja, 20 oder 30". „Nimm ein Pferd, reite zum Bürgermeister, sage, morgen früh 6 Uhr 50 Frauen, sonst schlimm". Ich wurde blass. „Sascha, schreibe das auf und unterstempele es; ich bin 15 und kann keinem Bürgermeister befehlen". Sascha hatte keinen Stempel. Er sagte nur: „Nimm Regina; sie wissen, dass es mein Pferd ist". „Sascha, es ist schon 20 Uhr". „Sag dem Bürgermeister, wenn nicht 50 Frauen da, ich komme". Er zeigte dabei auf seine Pistole. Am nächsten Morgen saßen 80 Frauen mit bleichen Gesichtern vor dem Tor und warteten auf Arbeit. Ein Teil wurde für die Getreideernte benötigt, die anderen schickte ich in die Rüben zum jäten, weil alles total verunkrautet war.

Jeder Tag brachte neue Überraschungen. Einmal sagte Sascha, ich müsse mit dem Traktor und einem Hänger Getreide nach Gera fahren. Er gab mir eine Adresse, wo ich das Getreide abliefern sollte. Ich holte Vera, die ihm klar machen sollte, dass ich nicht in die Stadt fahren könne, weil ich keinen Führerschein habe. „Ach, macht nichts, ich gebe dir Anatoli mit, Maschinenpistole ist besser als Führerschein". Anatoli, ein zwei Meter großer Sibirier setzte sich auf einen Kotflügel des Traktors und ließ seine MP sehen. So kamen wir ohne Zwischenfälle nach Gera. Als ich verkehrt in eine Einbahnstraße einbog, lotste mich ein Hilfspolizist sehr freundlich in falscher Richtung durch die Straße.

Schlimm erging es mir an den Lohntagen. Vor der Lohnzahlung verlangte Vera meine Aufzeichnungen über die geleistete Arbeit zu sehen. Während zu Inspektors Zeiten Tag und Stunden aufgeschrieben wurden, musste ich jetzt alles in Hektarleistung aufschreiben: 0,5 ha Rüben gehackt, 0,25 ha Weizenpuppen aufgestellt usw. Für jeden Einzelnen. Ein großer Schritt war ein Meter. Scheißtätigkeit. Nach zehn Tagen Arbeit war der erste Lohn fällig. Ein Feldwebel von der Kommandantur kam mit dem Motorrad und einer hinten aufgeschnürten eisernen Kriegskasse. Ein Tafelwagen diente als Auszahlungstisch. Die Leute standen in einer Reihe an. Es herrschte große Spannung. Wie viel Geld würde es geben? Als die Kasse aufgemacht wurde, sahen wir nagelneues, begehrtes Besatzungsgeld. Vera, der Feldwebel und Sascha standen mit meiner Liste und prüften sorgfältig jede Person und deren Leistung – und gaben Geld aus. Aber wie? Ein junges hübsches Mädchen bekam 100 Mark eine alte runzlige Frau nur 20. Was dazwischen lag, bekam 50 Mark. Man beschwerte sich, da die von mir aufgezeichneten Leistungen umgekehrt proportional zur Schönheit standen. Auch der leise Protest von Vera zählte nicht. Die runzligen Beschwerdeführerinnen wurden zu mir geschickt. Hatte ich doch die Leistungen von jedem Einzelnen erstmals exakt aufgelistet. Doch bei Jungen wie Sascha wird Gerechtes ungerecht, wenn Frauen im Spiel sind.

Wochenlang erhielt auch ich keinen Pfennig. Ich hatte mich nicht auf die Liste geschrieben. Eines Tages sagte ich das. Sascha schlug sich an die Stirn und gab mir den Rest aus der Kriegskasse, fast 1.000 Mark. Mit den ehrlichen fleißigen Alten hatte ich es schwer. Einigen konnte ich jetzt von meinem Geld etwas abgeben, doch die meisten fühlten sich ungerecht behandelt und kamen nicht mehr zur Arbeit. Ich musste auch deshalb noch ein paar Mal zum Bürgermeister. Mir fiel dies jetzt leichter, denn Regina hatte den Besitzer gewechselt. Das war so: An der Feldscheune fand ich ein altes Sachs-Motorrad, so etwas ähnliches wie ein Fahrrad mit Außenbordmotor. Als ich damit zu Sascha kam, um es ihm zu schenken, leuchteten seine Augen. Er fragte mich, was ich dafür haben wolle. Halb im Scherz murmelte ich „Regina". Mit einem kurzen Blick in meine Augen willigte er ein. Nun waren zwei glücklich. Ich hatte nicht nur ein Reitpferd, sondern auch meine Regina. Sie mochte mich, und ich brauchte sie.

Wenige Tage später, abends, die Kutscher fuhren noch Getreide ein, kam ich mit Regina vom Feld geprescht. Ohne Angabe von Gründen sagte man mir, ich müsse aufs Gut zurück, es sei etwas passiert. Dort standen zwei Frauen weinend vor dem Tor. Ihre Töchter sind zusammen mit zwei jungen Männern, die gerade aus der Gefangenschaft gekommen waren, im Keller des Herrenhauses eingesperrt worden. Ich hatte einen Schlüssel und ging nachschauen. Die vier saßen kleinlaut auf Säcken mit Papierbindegarn für den Mähbinder, das dort lagerte, um etwas Feuchtigkeit aufzunehmen. Die vier hatten auf dem Speicher Getreide und Fürstlich-Reußisches Silber gestohlen. Auch Gisela war dabei. Ich versprach, dass ich mich kümmern werde. Rauslassen konnte ich sie nicht; in diesem Fall hätte ich gleich mit ihnen fliehen müssen. Ich holte Regina wieder aus dem Stall, der Sattel lag noch auf, und wollte zu Saschas Chef, dem Güterkommissar, der zehn Kilometer weit entfernt residierte, reiten. Vera kam mir entgegen und sagte, dass ich mich hier zur Verfügung halten solle und nicht wegreiten. Es war das erste Mal, dass mir ein Verbot ausgesprochen wurde. Hier galt das Militärrecht, und Befehlsverweigerung wurde schwer bestraft. Trotzig gab ich dennoch Regina die Sporen. Vera rannte in ihrer Aufregung zu Sascha. Ich hörte und sah, wie er sein Moped anwarf. Er konnte aber nur hoffnungslos hinter mir herfahren. Dann gab er einige Warnschüsse ab. Aber ich wusste, dass er nie auf mich schießen würde. Ich hatte den Vorteil, querfeldein reiten zu können, während er die Wege befahren musste.

Es war ernst und kam anders. Der Güterkommissar hörte von mir die Geschichte mit den weinenden Müttern und versprach anzurufen. Ich solle nur zurück reiten. Als ich zurück kam, standen die Mädchen, die Hausarbeitslehrlinge ganz aufgelöst im Pferdestall. Sie beschworen mich, meine Sachen zu packen und sofort nach Hause zu meinen Eltern zu fahren. Ich solle ja nicht zu den Russen gehen, sie hätten so getobt über mich, dass sie fürchteten, mir widerführe Schlimmes. Weinten die Mädchen um mich? Da konnte ich nicht feige sein. Regina wurde in aller Ruhe abgesattelt und mit Stroh trocken gerieben. Dann ging ich langsam, Schritt für Schritt, sicher und mutig zum Schäferhaus. Natürlich hatte niemand angerufen. Die Soldaten bedeuteten mir, ich solle in Saschas Zimmer gehen. Ein langes schmales Zimmer. Schweigen, als ich eintrat. Hinten an der Wand stand quer ein Bett. Sascha saß ganz blass auf seiner Schlafstätte. Rechts von mir, auf der Liege, saß Vera und links die vier aus dem Keller. Die Mädchen zitterten. Rechts saß auch der Feldwebel mit der Kriegskasse. Er war es, der das Fragen und Sagen hatte. Die beiden Mädchen hatten auch 100 Mark Lohn bekommen. Man sah das Hirn des Feldwebels pulsieren. Die Stirnplatte fehlte. Vera dolmetschte: „Befehlsverweigerung. Trotz Warnschüssen nicht zurückgekehrt. Warum?" „Die weinenden Mütter". „Die Töchter sind Diebinnen". In der Mitte des Zimmers lag das Diebesgut. Fürstlich-Reußisches Silber, das auf dem Speicher eingelagert war, und Weizen, Zucker, Mohn säckchenweise. „In unserem Land werden Menschen, die zu Kriegszeiten Nahrungsmittel stehlen, die dem Volk gehören, 20 Jahre nach Sibirien geschickt" dolmetschte Vera. Ich stand immer noch aufrecht. Schwarze Reithosen, Langschäfter, eine Offiziersjacke, die zu tragen eigentlich verboten war. Sascha hatte mir trotzdem eine Genehmigung erteilt, sie auf dem Gut zu tragen. Diese Kleidung war eine Provokation. Der Feldwebel schrie mich an, dass man auch mich in den Keller sperren müsse. Ich lächelte: „Und wer sagt den Frauen und Kutschern, was sie tun sollen?" Das war zu viel. „Faschist" wurde ich angeschrien. Ein Aufschrei von Vera. Sie stand genauso schnell vor mir, wie der Grüne seine Pistole gezogen hatte und auf mich anlegte: „Das ist doch noch ein Kind". Er warf die Pistole mit voller Wucht auf den Fußboden, dass sie kreiselte. Die blassen Gesichter wurden noch blasser. Alle zitterten. Er riss Vera von mir weg und warf sie aufs Sofa. Mir schlug er ins Gesicht, dass ich Sterne sah und endlich merkte, dass alles sehr ernst gemeint war.

Vera hob mich auf und fragte mich ganz langsam, warum ich weggeritten sei, „Überlege es dir genau". Sie wollte mir eine Brücke bauen. Ich zeigte auf die vier. „Sie waren im Herrenhaus eingesperrt. Ich hatte keinen Schlüssel" log ich. Ich wollte auf das Gut des Güterkommissars, um dort zu schlafen. Vera war dankbar und nutzte meine Worte für eine Verteidigungsrede. Sie übergab mir den offiziellen Hausschlüssel und sagte, dass ich auf keinen Fall in den Keller dürfe. Ich solle schlafen gehen. Das tat ich dann auch, aber nicht, ohne vorher noch vier Decken in den Keller gelegt zu haben. Eine Woche mussten die vier bei Wasser und Brot im Keller bleiben. Eine Woche lang musste ich abends weinende Mütter trösten. Eine verflucht schwere Aufgabe für einen Fünfzehnjährigen. Vera sagte mir dann noch, dass ich dem Grünen nicht böse sein solle, er hätte mit ansehen müssen, wie seine Eltern und sechs Schwestern mit einer Maschinenpistole von Faschisten niedergemäht wurden. Außerdem habe er eine schlimme Verwundung. Ich war erschüttert. Ich fühlte mich aber auch so schon schuldig und ihr gegenüber sehr dankbar. Vera hatte alles ausgeräumt, was auszuräumen war. Von Sascha kam kein Wort, kein Vorwurf, keine Erklärung. Wir waren so etwas wie Freunde.

Auf den Koppeln weidete das Vieh, das die Truppen mitgebracht hatten. Mehrere hundert Tiere, und täglich kamen neue hinzu. Genau gezählt wurde aber nicht. Denn schließlich wurde aus dem Kälberbestand auch unserer Küche versorgt. Ich musste nur eine Unterschrift leisten. Früh gab es Vollkornbrot mit Milch, abends Bratkartoffeln. Mittags am Anfang Krautsuppe mit Fleisch, dann aber Kalbfleisch mit Krautsuppe. Jede Woche musste ich mit zwei Soldaten eine Herde von 30 Rindern in die Wurstfabrik nach Eisenberg bringen. Und jedes Mal erhielt jeder von uns vom Direktor der Fabrik, einem Offizier der Roten Armee, ein Kilo Jagdwurst. Auf dem Weg nach Hause wurde das Kilo Wurst ohne Brot aufgegessen.

Die Wochen gingen ins Land, die Rinder wurden weniger, die Kälber auch. Schließlich kam Sascha zu mir: „Wir haben kein Fleisch mehr, was sollen wir tun?" „Wir nehmen einen Schafbock. Wir haben fünf". Die Idee fand Saschas Beifall. Der Schafbock sollte wie ein Kalb geschlachtet werden – Schlag vor den Kopf und dann abgestochen. Der Bock schüttelte aber nach dem Schlag nur mit dem Kopf. Hämmer und Äxte wurden immer größer, und die Kräfte der den Bock festhaltenden Soldaten erlahmten zusehends. Schließlich schoss Sascha den Bock mit seiner Pistole ins Ohr. Da hatte die Quälerei ein Ende, und wir hatten unser Suppenfleisch.

Inzwischen waren alle Rinder der Weide in der Wurstfabrik. Wir mussten trotzdem weiter liefern. „Welche Rinder sollen wir denn nun liefern?" fragte ich. Sascha meinte: „Die Rinder aus dem Stall". „Nein, die nicht. Das sind wertvolle Herdbuchrinder. Das hier ist einer der besten Ställe in ganz Deutschland." Sascha wusste nichts von Herdbuchkühen. Selbst mit Veras Hilfe konnte ich ihn nicht überzeugen. „Die Menschen hungern", sagte Sascha, „sie brauchen Fleisch". „Und die Kinder brauchen Milch", erwiderte ich. Sascha brachte die Kühe selbst in die Wurstfabrik. Ich brauchte nicht mitzugehen. Als ich zwei Wochen später meinen ehemaligen Chef sah, erzählte ich ihm die Geschichte. Seine Augen wurden feucht. Der Herdbuchstall war sein Lebenswerk. „Verdammt, konntest du es nicht verhindern?". Ich schüttelte den Kopf und schaute wie durch einen Schleier auf den Fußboden.

Die neuen Herren

Während der Kartoffelernte kam eines Tages ein Opel auf den Hof gefahren. Eine 500er BMW folgte. Diesmal stiegen Deutsche aus. Einer stellte sich als Kreisbeauftragter für Landwirtschaft vor. Der mit der BMW sagte, er sei für die Bodenreform verantwortlich und zuständig für die Aufteilung der Güter. Der Kreisbeauftragte fragte nach dem Inspektor oder Verwalter. Man wies auf mich. „Nein, der Verantwortliche ist der hier", ich wies auf Sascha, der gerade um die Ecke kam. Daraufhin wurde russisch gesprochen. Sascha wies wieder auf mich. Der Kreisbeauftragte murmelte etwas von „Ordnung schaffen, höchste Zeit" und „das gibt's doch nicht". Kopfschüttelnd ging er weiter. Er verlangte von mir den Schlüssel vom Herrenhaus. Mir war, als sollte ich enteignet werden. Man zog sich ohne Sascha, ohne Vera und ohne mich zur Beratung zurück. Eine Stunde später suchte der Kreisbeauftragte nach mir. Er fand mich bei der Kraftfutterausgabe. „Das Gut wird aufgeteilt. Du hast dann keine Arbeit mehr. Willst du zu mir kommen? Acht Hektar, zwei Pferde, sechs Kühe und so weiter". Ich sagte: „Ich kann Traktor fahren, eine Stahl-Lanze-

Dreschmaschine führen, Leute zur Arbeit einteilen und Lohnbuchhaltung nach Hektar führen. Ich kann reiten und Kühe in die Wurstfabrik bringen, aber eine gerade Furche mit Pferd und Pflug ziehen und mit der Sense mähen, das kann ich nicht". „Man lobt dich. Du schaffst das Große, so wirst auch das Kleine schaffen. Mein Sohn ist in Gefangenschaft. Ich brauche dich. Bei mir gibt's jeden Tag Kuchen und außerdem kommt die Kleine, der Hauswirtschaftslehrling von hier, mit. Ich lass dich im Winter auch zur Landwirtschaftsschule gehen". Die letzten Argumente waren Gründe für mich, mitzugehen: der Kuchen, das Mädchen und die Landwirtschaftsschule. „Pack deine Sachen und komm mit". Ich packte und stieg ins Auto. Von Sascha und Vera konnte ich mich nicht mehr verabschieden. Schon am Nachmittag ging es bei Rossmanns in die Kartoffelernte. Ich schirrte die Pferde an und ging mit Frau, Tochter und Schwägerin auf das Feld. Erst jetzt, beim Roden merkte ich, dass ich etwas Unwiederbringliches verloren hatte. Nachmittags gab es Kuchen. Ich schlief auf dem Dachboden zwischen Stoffballen, Zucker und Mohnsäcken aus dem geplünderten Wehrmachtswarenlager in Crossen.

Am Morgen stand die 500er BMW des Beauftragten für die Bodenreform und Schwiegersohns des Kreisbeauftragten vor der Tür. Es hieß: „Schnell, schnell, die Russen toben, du musst zurück. Von Sabotage ist die Rede. Sie hätten mich fast an die Wand gestellt".

Als ich zurückkam hatte Vera rote Augen. Sie war blass und sagte: „Was würde Deine Mutter sagen? Was hast du nur gemacht?" Ich hatte so etwas wie Fahnenflucht begangen, und ich antwortete ihr nicht, weil ich ein schlechtes Gewissen hatte. Nach dem Vera das zweite Mal mich so eindringlich auf meine Mutter verwiesen hatte, dachte ich darüber nach.

Was sollte sie dazu sagen? Sie hatte ein gutes Schulzeugnis und ein ebenso gutes Zeugnis vom Leipziger Transportunternehmen Eitner nach einem nur kurzen Arbeitsleben erhalten. Traditionsgemäß war sie nach der Heirat aus dem Berufsleben ausgeschieden. Sie versuchte, meine Schwester und mich nach den Traditionen der Zeit zu erziehen: ehrlich, fleißig, sauber und ordentlich. Die Großmutter passte auf, dass sie alles richtig machte. Hatten wir etwas ausgefressen, dann versuchte sie uns vor des Vaters Vorwürfen zu schützen. Auch schon deshalb hatten wir sie lieb. Sonst achtete sie darauf, dass wir nach den Schulaufgaben und des Tages Spiel, abends rechtzeitig ins Bett gingen. Wir hatten dann zu schlafen und durften zum Beispiel nicht mehr lesen. Wenn sie dreimal das Licht ausgeschaltet hatte, drehte sie die Sicherung raus. Dann lasen wir unter der Bettdecke mit der Taschenlampe weiter, bis die Batterien alle waren. Das war dann für mich die Gelegenheit, meiner Schwester Schauergeschichten zu erzählen. Eigentlich hätte unsere Mutter mehr Verständnis für unser Leseinteresse haben müssen, denn sie selbst las wie ein Weltmeister. Allerdings Bücher aus der Leihbücherei Gruber in der Lothringer Straße, à la Courths-Mahler. Sie ging dreimal in der Woche zur Grubern, um ihr beim Ausleihen der Bücher zu helfen. Dabei lieh sie sich das Interessanteste kostenlos selbst aus. Für Stunden entfloh sie dann dem Alltag; sie floh in den schönen

Schein einer für sie sonst unerreichbaren Welt. Was sollte mir also meine Mutter sagen?

Die Kutscher saßen noch in der Leutestube und die Frauen auf der Bank. Niemand hatte die Initiative ergriffen. Alle warteten auf mich. Sascha ließ sich nicht sehen, er war mit Regina weggeritten. Meine Strafe erhielt ich von Vera. Ich durfte nicht mehr im Herrenhaus schlafen. Mir wurde das Zimmer der Ochsenkutscher Sedka und Maxim zugewiesen. Vera sagte, dass ich weg könne, wenn ich wolle, aber erst müsse alles abgeerntet werden. Ich könne aber auch einen Neubauernhof haben, ich hätte ihn mir verdient. Der Haken daran war, dass ihn mein Vater für mich hätte annehmen müssen; der wollte jedoch nicht. Zum Schluss sagte Vera, ich könne sie immer besuchen, solange sie in unserem Land wäre. Die Sonntage bei ihr und ihrer Freundin Shura bei Tee mit Zucker und Schwarzbrot auf dem Gut des Güterkommissars gehören zu den Tagen des 45er Jahres, die mir immer in Erinnerung blieben.

Mit Sascha kam ich jetzt ohne Dolmetscher klar. Wir ernteten Kartoffeln und Rüben und mieteten sie ein. Als die letzte Miete geschlossen war, sagte Sascha: „Jetzt kannst du zu deinen Bauern gehen". Meine Sachen waren noch dort. Ich fuhr diesmal mit der Bahn nach Crossen.

Jetzt war ich im Tal, nicht mehr auf dem Berg. Ich tauschte gewonnenen Überblick mit „Kuchen alle Tage". Man konnte sich daran gewöhnen. Der Hauswirtschaftslehrling wurde als halbe Hausdame gehalten. Sie nähte und stickte mit der Tochter des Hauses. Ich dagegen war der Knecht.

Es wurde kalt. Ich pflügte dem Bauern die Felder, derweil er in Gera regierte. Kartoffeln und Getreide waren kostbarer als Geld und Gut in dieser Zeit; sie entschieden über Leben und Tod, Überleben oder Verhungern. Ich beeilte mich mit den Pflügen, weil Frost kam. Abends kehrte der Bauer mit dem Auto vom Regieren zurück und beanstandete jede krumme Furche. Er wollte keine krumme Furchen, weil sie seinem Ruf schadeten.

Ich ging hinter dem Pflug her. Am Ende jeder Furche wendete ich die Pferde, wendete den Pflug, jeden Tag viele hundert Mal. Tagaus, tagein schaute ich zu, wie die Erde gewendet wurde. Schöne braune Erde, die schon seit Generationen so zerschnitten wurde. Manchmal wurde ein Regenwurm mit zerschnitten, manchmal der Pflug durch einen Stein rausgeworfen. Vor Weihnachten hatte ich die letzte Furche gepflügt. Da sagte der Bauer zu mir: „Mein Sohn hat sich aus der Gefangenschaft gemeldet, du kannst zu deiner Mutter zurück". Seit meinem Weggang war erst ein dreiviertel Jahr vergangen. Meiner Mutter brachte ich ein Brot und eine Wurst mit. Ich war in der Zwischenzeit noch vier Zentimeter gewachsen und glaubte kein Kind mehr zu sein.

Die zweite Lehre

Beim Onkel in Zschopau

Als ich nach Leipzig zurück kam, lag ein Brief meines Onkels aus Zschopau auf meinem Bett. Der Onkel fragte an, ob ich ihm auf seinem kleinen Sieben-Hektar-Bauernhof helfen könne. Die Tochter hätte geheiratet und ein Kind bekommen, der eine Sohn sei noch in Gefangenschaft, der andere vermisst. Ihm ginge es gesundheitlich nicht so gut. Also ging ich nach Zschopau, um auch noch die Ernte 1946 vorbereiten und einbringen zu helfen. Das Land hungerte noch immer, aber die Bauern hatten noch zu essen. Die Todesanzeigen in den Zeitungen waren nicht weniger geworden. Nur dass sie keine Gefallenen mehr anzeigten, sondern Verhungerte. Salzgemüse gab es statt Kartoffeln.

Als die Bomben auf Leipzig fielen, war ich schon einmal als Zwölfjähriger bei meinem Onkel in Zschopau gewesen. Ich bin dort zur Oberschule gegangen. Bei meinem Onkel war es abends immer höllisch interessant. Der Bürgermeister, der Schuldirektor und der Leiter des Motorradwerkes fanden sich ein und diskutierten über Politik und Leben. Sie hatten immer ein Säckchen dabei. Mein Onkel war so gutmütig, dass er fast das Saatgut und die Saatkartoffeln den Hungernden gab. Ich lernte von ihm Güte und Charakter. Charakter deshalb, weil er zwei Jahre vor Kriegsende aus der Nazipartei austrat, obgleich er Träger eines goldenen Parteiabzeichens war. Das heißt, er war schon lange vor der Machterübertragung an Hitler Mitglied der NSDAP. Als er merkte, was im Land mit den Juden geschah, ist er ausgetreten. Ich bin dabei gewesen.

Wir brachten Kübelessen von der Zentralküche zum Motorradwerk für die dort arbeitenden Jüdinnen. Die Judenfrauen mussten die schweren Essenkübel im Laufschritt zum Küchenausschank bringen und bekamen während des Laufens von SS-Weibern kräftige Schläge mit einem Ochsenziemer. Sie schrieen bei jedem Schlag auf. Ochsenziemer sind Hundepeitschen mit sieben Riemen, bekommst du einen Schlag, hast du sieben blutunterlaufene Steifen auf deiner Haut. Als mein Onkel das sah, trat er aus der Partei aus.

Die Bauern mochten ihn auch, weil er ein ausgeprägtes Gerechtigkeitsempfinden besaß. Wenn sie einen Gerichtstermin in Chemnitz hatten, schickten sie ihn. Bei den Richtern hieß er nur Winkeladvokat. Weil er für die Bauern alle Prozesse gewann, wurde er zum Ortsbauernführer gewählt. Als er das Parteiabzeichen abgab, musste er zum Bedauern der Bauern auch diesen Posten abgeben.

An dieser Stelle will man sicher wissen, warum ich mich so für eine andere, größere Welt interessierte. Schon als kleiner Junge, vierjährig, war ich mit dem Dreirad von Gohlis zum Flughafen Mockau gefahren, habe in der Werkstatt des Großvaters unter seiner Anleitung gewerkelt, feilen und sägen gelernt. Auf dem Bauernhof in Hartmannsdorf, auf dem mein Vater groß geworden ist, erlebte ich in den Ferien ein völlig neues Heimatgefühl. Da waren die Kühe, Schweine und Schafe, die Felder und Wälder, durch die man streifen, und die Scheunen, auf deren Balken man Fangelles spielen konnte. Vor allem aber die Pferde, die man reiten und kutschieren konnte. Das alles war für ein Stadtkind wie mich ein unermessliches Abenteuer. In Leipzig bin ich über Zäune geklettert und habe die Nachbarhöfe und Gärten nach Kirsch- und Pflaumenbäumen abgegrast, die wenigen Bücher, die es bei uns zu Hause gab, gelesen, Bisamratten in der Rietschke mit Pfeil und Bogen geschossen, mit Freunden eine „Briestraßen-Bande" gegründet, beim Nachbarn eine Bude gebaut und sie mit Großvaters Ölfarbe angemalt (einschließlich der Hauswand), beim Gärtner für zehn Pfennig Stundenlohn gearbeitet, in unserem Garten und auf dem Feld geharkt und gepflanzt, gegossen und die Natur in ihrem Wachstum erlebt. Ich habe einen krumm und schiefen Stall gemauert, der in Kriegs- und Nachkriegszeiten Ziegen, Hühner und Kaninchen beherbergte. Als Leipzig bombardiert wurde, habe ich sogar den Luftschutzkeller als Abenteuer empfunden. Nebenher hatte ich immer wieder Ärger mit dem Vater, der mich nach seinem Bilde formen wollte. Ich verstand, dass man anderswo Interessantes entdecken, in Geheimnisse eindringen und Türen zum Unbekannten öffnen konnte.

Beim Onkel Kurt in Zschopau lernte ich dann tatsächlich reiten. Er war Reitlehrer beim SA-Reitersturm. Schon als 13jähriger erwarb ich den Reiterschein. In der Bauernküche erlebte ich aber auch, wie kluge Leute über Krieg, Frieden, Faschismus und seine Folgen nachdachten. Ich bewegte mich zwischen all diesen Gedanken und begriff, dass Neues das Dasein intensiviert. In mir wurde der Keim zu dem Gefühl gelegt, dass man sein Leben verdoppeln und verdreifachen könne. Immer ein Stück weiter, um die kleine Welt, in der man sich bewegte, Schritt für Schritt zu vergrößern.

In Zschopau war immer etwas los, zum Beispiel mussten auch die Kühe gehütet werden. Es war selbstverständlich, dass ich Schulbücher mit auf die Weide nahm, um zu lernen. Einmal liefen die Kühe in des Nachbars Klee. Ich trennte mich von meinen Vokabeln und rannte los, sie zurückzuholen. Als ich zurückkam, hatte die bei meinen Sachen verbliebene Ziege mein Englischbuch im Maul und tat so, als würde sie mir eine Freude machen. In der Schule konnte ich natürlich niemanden erzählen, dass die Ziege mein Englischbuch gefressen hat. Die Bürgermeistertöchter und Fabrikantensöhne aus der Umgebung schauten sowieso schon hochnäsig auf mich „Kleinbauernjungen" herab; sie hätten sich totgelacht.

1946 lag mein Onkel mal wieder mit Fieber im Bett und konnte dem Befehl des sowjetischen Kommandanten, mit seinem Gespann Langholz aus dem Wald zu holen, nicht nachkommen. Die Aufgabe wurde mir übertragen. Ich sollte mit den Pferden zwanzig Meter lange und Tonnen schwere Fichtenstämme aus dem Wald heraus schleppen, um sie dann auf einen Langholzwagen entlang der Zschopau auf einem schmalen Weg zur Straße zu transportieren. Vier Pferde legten sich also in die Sielen. Ich wickelte die Zügel um die Handgelenke und lief neben dem Langholzwagen her. Da geschah es, dass wir auf eine fast im Weg stehende, meterdicke Buche zusteuerten. Die Pferde waren nicht zu halten und der Wagen kaum zu lenken. Die Buche kam näher. ... Der Raum zwischen ihr und den Eisenrungen des Langholzwagens konnte nur Millimeter betragen. In meinem Kopf hämmerte es: Zerquetscht mit fünfzehn! Ich lief wie ein Vogel im rechten Winkel den Baum hoch und stand auf dem drei Meter hohen Langholzwagen. Die hinteren Rungen schabten die Rinde der Buche ab.

Das war im Winter. Dann kam das Frühjahr. Die steil über der Stadt gelegenen Felder mussten bestellt werden. Es musste Dung und Jauche per Hand aufgeladen und auf die Berge gefahren werden, um die Felder zu düngen. Das war reinster Bio-Anbau. Später wurden Stallmist gefahren, Kartoffeln gelegt, Rüben und Getreide gesät, gepflegt und geerntet. Dann musste alles wieder die Berge heruntergefahren werden. Da waren die einfachen Bremsen am Bauernwagen lebensnotwendig. Im Winter wurde dann gedroschen. Für einen guten Pferdehäcksel, so verlangte es der Onkel, müssen mit dem Dreschflegel im Takt Strohschütten gedroschen werden. Zuvor wurde noch gepflügt. Ich bekam einen Ochsen, der so hieß wie der Nachbarbauer. Daraufhin nannte der Nachbar seinen Ochsen Helmut. Es war lustig zu hören, wenn wir nebeneinander pflügten und die Tiere mit unseren Namen antrieben.

Das Leben in Zschopau war aber auch gefährlich. Eines Tages wollte der Grünwarenhändler, dass seine Möhren vom Bahnhof aus einem Güterwaggon abgeholt würden. Der Onkel war immer noch krank, und ich musste fahren. Wir hatten zwei Pferde: Micke, eine alte Trakehnerstute, und Fritz, einen dreijährigen kräftigen Rappen, der Biss hatte und nach hinten ausschlug. Mein Onkel sagte mir, ich solle ihn nicht meine Angst merken lassen, weil er sonst immer dreister würde. Mach das mal, wenn er dich schon mal am Bauch gepackt und zur Micke über die Wagendeichsel gehoben hat. Ich täuschte Strenge vor und schrie ihn an, so ging es einigermaßen. Ich kam auch gut am Bahnhof an und fuhr auf die Rampe. Was ich allerdings nicht wusste, war, dass Fritz vor Dampflokomotiven scheute. Wir standen also auf der Rampe und luden unsere Möhren auf. Da kam eine Dampflok von Scharfenstein und ließ neben uns mit großem Getöse Dampf ab. Fritz scheute und drängte Micke die fast zwei Meter hohe Rampe runter. Sie fiel hin und Fritz hinterher. Er sprang mit seinen Eisenhufen direkt auf ihren Bauch. Der Wagen stand oben mit gebrochener Deichsel. Ich löste die Pferde aus den Sielen und half Micke beim Aufstehen. Es schien gut gegangen zu sein, denn sie konnte noch laufen. Ich steckte die Deichsel provisorisch in die Halterung und fuhr nach Hause. Dort gab ich den Pferden zu fressen. Gott sei Dank, fraß auch Micke. Erst nachdem ich die Deichsel repariert hatte, erzählte ich dem Onkel das Geschehene. Der war zu Recht sauer, dass ich bisher nichts gesagt hatte.

Inzwischen kam mein Cousin aus Italien zurück. Er ist aus einem Gefangenenlager der Engländer abgehauen. Mein anderer Cousin und Namensvetter ist am Atlantikwall in Frankreich gefallen. Die Invasion ist über ihn hinweggerollt. Seitdem stocherte meine Tante allabendlich in der Glut des Küchenofens und hatte Tränen in den Augen. Sie ist dann bald vor Kummer gestorben.

Der Zimmermannslehrling

Das nächste Weihnachtsfest verbrachte ich wieder in Leipzig unter dem elterlichen Tannenbaum. Der Vater und der Großvater hielten mit mir Familienrat: „Wie denn nun weiter, mein Sohn? du musst einen Beruf erlernen". Großvater erzählte von seiner Lehre als Schlosser. Er wohnte in Hainichen/Sachsen und ging nach Mittweida in die Lehre, weil es in Hainichen keine Lehrstellen gab, die für seine Eltern bezahlbar waren. Jeden Morgen um halb vier bei Wind und Wetter das Haus verlassen, um zwölf Kilometer durch den Wald nach Mittweida zu stapfen und nach zehn Stunden Arbeit den selben Weg zurückzukehren – das war hart. Die Gespräche mit dem Vater und Großvater dauerten nicht lange; wir einigten uns auf den alten und ehrsamen Beruf des Zimmermanns. Das Haus in Leipzig brauchte einen Handwerker, sollte es nicht ganz herunterkommen. Außerdem bekam man als Zimmermann eine Schwerstarbeiter-Lebensmittelkarte. Meine Mutter, die in der Verwaltung tätig war, und meine Schwester, die eine Buchhändlerlehre absolvierte, bekamen nur Angestelltenkarten, mit denen man nur die Hälfte des Brotes, der Butter und des Fleisches beziehen konnte, die ein Schwerstarbeiter bekam. Das reichte nur knapp zum Überleben.

Wir gingen zu Meisgeier, dem Zimmerermeister in unserer Straße. Dorthin hatte ich – im Gegensatz zum Großvater – nur einen kurzen Weg. Meisgeier schloss nach etwas Bedenkzeit einen Lehrvertrag mit uns ab. Er hatte noch keine Lehrlinge gehabt, aber ich hatte dennoch Glück mit meinem Lehrmeister und den Gesellen. Sie beherrschten den schwierigsten Teil des Handwerks, den Wendeltreppenbau. Hinzu kam, dass mein Lehrgeselle, der Sepp, mir als ganz besonderes Glück erschien. Sepp war ein Geduldsmensch. Wahrscheinlich, weil er zwölf Kinder hatte. Das elfte ist auf der Flucht aus Schlesien im Straßengraben geboren worden. So hatte die Familie viele Lebensmittelkarten, und das Essen war bei Sepp nie knapp. Zumal er mit seiner Familie in Schkeuditz bei Leipzig auf einem Bauernhof wohnte. Täglich brachte er ein Kochgeschirr voll Erbsensuppe mit zur Arbeit. Wenn es zur Hälfte geleert war, schaute er mir in die Augen: „Na, willst du ...". Ich wollte immer. Ein weiterer Vorzug war, dass er mit Leichtigkeit die schwierigsten Holzoperationen ausführte. Wenn ich sagte, dass eine Holzverbindung nicht passe, war seine Antwort stets „geht nicht, gibt's nicht!" Solche Äußerungen, über Monate und Jahre gehört, verinnerlichen sich, und man übernimmt automatisch diese positive Haltung. Ein Nachteil war jedoch, dass unser Meister mit Maschinen nichts im Sinn hatte. Meisgeier war maschinenfeindlich. Wir hatten eine mittelgroße Kreissäge, an der nur Gesellen arbeiten durften. Hobelmaschine, Fräse, Bandsäge – das alles gab es nicht. Handsäge und Hobel waren unsere wichtigsten Arbeitsmittel. Treppenwangen schnitten wir mit der Handsäge aus, und die Bretter schrubbten wir mit dem Hobel. Wie unsere Altvorderen behauten wir Stämme mit einem Breitbeil zu Balken. Wahrscheinlich waren wir die Letzten, die noch solche Werkzeuge benutzten. Später stellte es sich als nützlich heraus, mit Hobel und Säge umgehen zu können.

Sepp war Spezialist für die Errichtung von Dachkonstruktionen. Allerdings nur praktisch, mit Hilfe des Schnürbodens. Mathematische Berechnungen anzustellen hatte er nicht gelernt, sie lagen ihm fern. Und noch etwas hatte Sepp mir nicht beibringen können. Als mich der Meister im zweiten Lehrjahr schon mal allein zu einer Fußbodenreparatur schickte, wusste ich wohl, wie ich die Reparatur auszuführen habe, wusste aber nicht, wie ich mit der Wirtin umgehen soll, die mich die ganze Zeit in die allerschönsten Gespräche verwickelte. Ich wusste nicht mal, was sie wollte, als sie mir ihr Schlafzimmer zeigte und erzählte, dass ihr Mann nur alle paar Wochen nach Hause komme. Als der Meister kam, war er enttäuscht, dass ich noch nicht fertig war. Die Enttäuschung wurde noch größer, als ein Geselle ihm verriet, dass ich nicht für immer Zimmermann bleiben wolle. Daraufhin wollte er die Lehre gleich abbrechen.

Es gab auch noch andere ernste Geschichten. Als wir die ersten Neubauernhöfe bauten, hatte der andere Lehrling eine Latte, auf die der Fehlboden ruhte, der zwischen die Balken gelegt wurde, leichtsinnig nur einmal in der Mitte angenagelt. Sie hielt die Bretter – aber mich nicht, als ich versehentlich drauf trat. Noch heute wundere ich mich über die Kraft unseres 70jährigen Poliers, einen Stürzenden zu halten. Ich wäre in eine Tenne gefallen, die mit nach oben starrenden rostigen Eisenspitzen gespickt war – Gabelwender, Eggen und anderes Stahlsperriges. Ich spürte einen Ruck, das Bein schmerzte, und ich baumelte Sekunden lang kopfunter. Über mir hörte ich Rufe. Dann zog man mich nach oben. Die Nähte meiner Hose waren innen durchgängig gerissen. Wir flickten die Hose mit Nägeln zusammen, damit ich ohne Aufsehen zu erregen nach Hause konnte.

Nach der Prüfung packte mich die Lust, mehr kennen lernen zu wollen. Kurzentschlossen ging ich im September 1949 zu meinem Freund Rolf Andrich nach Lübeck, der dort ebenfalls seine Maurerlehre beendet hatte. Bei Ratzeburg schlich ich in der Nacht über die Grenze. Die ganze Stadt feierte die neue Bundesrepublik. Eine Frau schenkte mir ein Zweimarkstück. Mit Freund Rolf verbrachte ich zwei wunderschöne Tage, dann musste ich weiter, nach Ülzen, ins Auffanglager, um Ausweis und Arbeit zu erhalten. Bevor ich den Ausweis bekam, wurde ich verhört. Das war meine erste Begegnung mit einem Geheimdienst. Sie sprachen untereinander Englisch. Von hier aus wurde ich zum Bauern Karl Göckener nach Merfeld bei Dülmen im Coesfelder Regierungsbezirk geschickt. Wie es mir dort erging, davon erzählt die Geschichte von Anna.

Die dritte Lehre

Anna oder Liebe mit Neunzehn

Als Knecht im Münsterland

Dem Jahrhundert wurde demnächst der Mittelscheitel gezogen, da passierte ein individuelles Weltereignis: Ich begegnete Anna. Sie hatte sich als Magd und ich als Knecht verdingt. Ich war neunzehn, sie ein Jahr älter und erfahren in der Liebe.

Der Bauernhof, auf dem wir lebten, war 300 Jahre alt. Niedersächsisch, mit gekreuzten Pferdeköpfen am Giebel, einsam gelegen, im katholischen Münsterland. Menschen und Tiere schliefen hier unter einem Dach. Tenne und Wohnraum waren durch eine Mauer und eine abschließbare Tür getrennt. Zu beiden Seiten der Tenne stand das Vieh. Darüber befanden sich kleine Futterkammern und die winzige Kammer des Knechts. Sie war nur durch eine anstellbare Leiter zu erreichen. Der große Wohnraum wurde beherrscht vom Kamin und den vom Rauch der Jahrhunderte geschwärzten schweren Deckenbalken, an denen Schinken und Würste baumelten. Zwei Türen führten zum Schlafraum und zur Küche, eine dritte in die Kammer der Magd.

Als ich das erste mal durch die Tenne des Niedersachsenhauses mit den gekreuzten Pferde-köpfen ging, war Fütterungszeit. Anna trat mir verschwitzt, eine fast schwarze Haarsträhne unters Kopftuch schiebend, entgegen. „Da sind Sie ja endlich". Sie musterte mich von oben bis unten und von unten bis oben. Beim dritten Auf und Ab zeigte ihr Gesicht zufriedene Gelassenheit. Sie ging zum du über. „Ein Glück, dass ich nicht mehr allein bin, irgendwann braucht man jemanden zum Quatschen. Kannst du zupacken? Die Kartoffeln und Rüben sind noch draußen. Verstehst du was von Pferden? Wie ist es mit Melken?" Ich nickte. „Wird schon gehen. Bin Zimmermann. War aber jeden Sommer auf einem Bauernhof. Wo ist der Bauer? Ich soll mich bei ihm melden" „Ach ja, ist ein alter Knacker – junges Glück mit Baby – verstehst du? Wir werden den Laden hier schmeißen müssen. Dein Vorgänger taugte nichts. Eine taube Nuss". Ich ging durch den großen Wohnraum. Der Bauer trank in der Küche Tee. Sagte ihm, dass ich Zimmermann sei, von Pferden und Pflügen Ahnung habe und zupacken könne, aber nur ein Jahr bei ihm bleiben wolle, um seine Pumpernickel, seinen Speck und sein Weißbrot zu kosten und seine kaputten Scheunentore zu reparieren. Wenn die Sonne wieder hoch am Himmel steht, werde ich den Wanderstab nehmen. Er war erfreut, mich erst einmal zu haben und versprach neben Kost und Logis noch 50 DM im Monat.

Unter einem Dach

Anna und ich schliefen unter einem Dach, nur durch eine nachts verschlossene Tür getrennt. Sie war voller Erwartung, ich voller Neugier. Tag und Nacht träumte ich von Anna. Ihr ebenmäßig volles Gesicht war von dunkelbraunem Haar umrahmt, ihre braunen Augen sahen mich in meinen Tag- und Nachtträumen an. Wenn sie mir bei den Mahlzeiten gegenüber saß, schlug ich jedoch die Augen nieder und brachte kein Wort hervor.

Zu dem kam noch ein anderes Hemmnis. Jahrelang beherrschten meine Sehnsüchte andere Vorstellungen. Zu Hause als zehnjähriger hatte ich mich in die schlanke Grünwaren-Verkäuferin mit dem schmalen Gesicht verliebt. Schlank, blond, strahlend blaue Augen – das war mein Ideal. Anna dagegen war klein und ein wenig pummlig. Aber auch der Bauer war lang und dürr wie ich, und seine Frau noch kleiner und pummliger als Anna. Sie hatten trotzdem ihren kleinen fetten Antonius (der erst zwei Jahre alt war und schon beten musste). Also durfte ich weiter träumen.

Anna, die eigentlich zu einen anderen Bauern, einen mit mehreren Knechten wollte, hatte ihren Wunsch zurückgestellt, als ich kam. Sie war vom Jugendwerkhof auf Bewährung entlassen worden mit der Auflage, in der Landwirtschaft zu arbeiten. Man ging davon aus, dass einsame Bauernhöfe nicht so viel Gelegenheit zu engen Kontakten mit der Besatzungsmacht bieten. Das erfuhr ich aber erst viel später. Indes träumte ich mir in meiner Knechtskammer nach 14 Stunden Arbeit Anna schlanker, größer und schöner.

Meine mit Brettern abgeteilte Kammer war fünf Quadratmeter groß und enthielt Bett, Tisch und Schrank. Wenn es auf den Feldern keine Nahrung mehr gab, kamen die Ratten in die Bauernhäuser. Bevor Knechte und Bauern es merkten, hatten sie schon zentnerweise Getreide geschrotet und Löcher in die Holzwände genagt. Nur einmal merkte ich in einer schönen Phase des Träumens, dass mir das Gesicht zerkratzt wurde. Die Spuren waren am nächsten Morgen noch sichtbar. So wie ich schliefen die Knechte in Niedersachsens Bauernhäusern seit Jahrhunderten.

Ich traute mich nicht, Anna zu berühren, weder ihre Hand zu drücken, noch ihre Knie unter dem Tisch anzustoßen. Auch sah ich ihr nicht in die Augen. Mich beherrschten die Maximen der Großmutter: Ehrfurcht vor dem Alter, Heiligkeit der Familie, Ehrlichkeit und Treue bis in den Tod. Das alles musste ich in Anna hineinträumen. Ich träumte, während ich den Pflug in der Spur hielt, von Land kaufen, Haus bauen und Hühnerfarm errichten. Ich rechnete aus, was es kostete, die Farm zu vergrößern und Kinder zu haben.

Anna wusste weder von meinen Träumen, noch von meiner Großmutter und meinen Gefühlen für sie. Sie spielte ihr Spiel, erfahren in der Liebe, aber unerfahren im Umgang mit unerfahrenen Männern. Bei Weißbrot mit Pumpernickel versuchte sie es mit Augenaufschlag und Zuzwinkern, während der Bauer vorbetete und die Bäuerin die Augen niederschlug. Sie versuchte, mich mit ihrer Brust zu streifen, ließ die Topflappen vor ihre Füße fallen und warf das Messer runter, damit ich es aufhebe und sie von unten nach oben anschaue. Die Bäuerin merkte die Lust in Annas Augen schneller als ich, der sich nicht traute, Anna anzuschauen. Sie veränderte die Sitzordnung, damit mir Anna nicht ständig in die Augen sehen müsse.

Später sagte sie mir, dass sie mich in ihre täglichen Gebete einschloss: „Gott möge mich vor dieser teuflischen Verführung schützen".

Ich aber ahnte weder von den „teuflischen" Absichten der Magd, noch von den Gebeten der Bäuerin. Annas Nähe machte mich einfach glücklich. Ich suchte sie, wo ich konnte. Seltsam, Anna sprach nun auch immer weniger zu mir. Bisher waren die Männer direkt auf sie zugegangen, ohne viel zu sprechen – nun dieses lange Spiel. Sie wurde unsicher. Meine Zurückhaltung steckte sie an. Wenn wir sprachen, waren unser beider Stimmen belegt. Wir tauschten nur Freundlichkeiten aus. Ich half ihr, schwere Eimer zu tragen, sie bot mir an, meine Sachen in Ordnung zu halten, zu nähen und zu stopfen. Ihre Kessheit wandelte sich in liebevolle Zuneigung. Sie stellte mir blaue Herbstblumen in meine Kammer, flocht ihr Haar zu einem Zopf, versuchte täglich mit einem Tuch oder einer geöffneten Bluse anders schön zu sein. Ich bedankte mich bei ihr, indem ich ihre Augen suchte. Der Bauer sorgte dafür, dass wir uns nicht zu oft bei der Arbeit begegneten. Er übernahm die Arbeiten des Knechts und ich die des Bauern. Ich fuhr mit den Pferden, lieferte Kartoffeln und Getreide und pflügte das Feld, derweil er mit der Magd den Stall ausmistete und das Vieh fütterte.

Die Jahresringe des Baumstumpfes

Das Gelb-Rot-Braun-Grün der Herbstfärbung erhielt von der Sonne ein Leuchten, das die besten Maler nicht auf die Leinwand zaubern können. Die Föhren in ihrem zarten bunten Nadelkleid verkündeten bei völliger Windstille eine Sanftheit, die Schauer über den Rücken laufen ließ. Ein seltenes Spiel der Natur, das Sehnsucht nach Harmonie, Verstandenwerden und Zweisamkeit weckte. An einem Sonntagnachmittag fragte Anna, ob ich mit ihr spazieren gehen wolle. Sonntags zwischen Mittagessen und Abendfütterung war die einzige Zeit in der Woche, in der Magd und Knecht frei hatten. Seit zwei Sonntagen wollte ich Anna einladen, immer regnete es Bindfäden. Jetzt war ich überrascht und erfreut, aber auch beklemmt und beschämt, weil ich sie nicht eingeladen hatte. Trotzdem, es war wie Weihnachten und Ostern auf einem Tag. Anna kam im Kostüm mit Tasche, ich im Anzug. Wir gingen zu den Föhren. Beim Laufen berührten sich unsere Arme immer öfter. Unsere Augen konnten sich kaum voneinander lösen. Sie erzählte von ihrer Mutter und wie schwer diese es mit ihr gehabt habe. Sie war immer mit ihr allein gewesen. Der Vater war schon vor dem Krieg bei der Wehrmacht und ist 1943 bei Stalingrad gefallen. Sie hat ihn kaum erlebt. War er auf Urlaub, schlief er am Tag und ging abends zu Freunden. Nie hatte er mit ihr gespielt. Dabei hatte sie immer Sehnsucht nach einem richtigen Vater, der auch mal mit ihr herumtollte wie viele andere Väter. Wir setzten uns im Oktoberwald auf einen riesigen Baumstumpf, zählten die Jahresringe und kamen auf 160. Der Baum fing an zu leben, als während der Revolution in Frankreich der König guillotiniert wurde. Er starb, als das größte Morden aller Zeiten sein Ende fand. Wie viel Geschichte hatte der Baum erlebt? Wie viele

Kriege? Ich erzählte ihr von den französischen Königen und von ihrem Ende durch die Guillotine. Anna kratzte an den Jahresringen. „Ich möchte, dass du mir für jeden Ring des Baumes eine Geschichte erzählst. Selbst wenn es ein Leben lang dauert, ich will dir immer zuhören". Als sie sprach, legte ich meine Hand auf die ihre und spürte das erste Mal in meinem Leben, dass eine Hand Wärme ausstrahlen kann. Ich erzählte ihr, was ich mir beim Pflügen gedacht hatte: vom Landkaufen, Hausbauen, von der Hühnerfarm, von einem Kind und noch einem Kind und von einer Welt, in der die Menschen gut zueinander sind. Sie schlug ihre feucht gewordenen Augen nieder und sagte, der Arzt habe ihr gesagt, sie solle keine Kinder bekommen. Anna war getroffen. Bisher hatte sie nur ihren Spaß gewollt. Vielleicht noch Geschichten fürs Leben. Und nun reichte ihr jemand die Hand für unendlich viel mehr. Sie gab sich einen Ruck, schaute mich an und sprach eindringlich: „Ich habe eine ganz große Bitte. Erschrick bloß nicht, wenn ich mal einen Anfall bekomme. Ich werde dann ganz steif, es geht schnell vorbei. Steck mir dann ein Stück Holz zwischen die Zähne, sonst zerbeiß ich mir die Zunge. Nimm am besten eine Wäscheklammer dazu. Trag sie immer bei dir, ja?" Ich nahm Anna, meinen Traum, in die Arme und küsste ihr die Wangen trocken. Wir standen auf. Anna stellte sich auf die Zehenspitzen, umarmte mich und murmelte: „Es wird schon nicht so schlimm sein. Wir machen es uns so schön, wie wir es können". Ich schluckte. Die Traditionen der Großmutter. ... Die Gier auf das Neue. ... Die Großmutter war fern, die Neugier groß. Anna nahm Schokolade aus der Handtasche, zerbrach die Tafel und steckte mir einen Streifen in den Mund. „Komm, wir gehen zu Krügers und kochen uns Kaffee. Ich habe welchen gekauft."

Die Krügern hatte der Krieg aus Pommern hierher verschlagen. Sie lebte mit ihrem Mann im Speicher des Bauernhofes in einer provisorischen Wohnung. Das Kaffeewasser brodelte schon. Anna kannte sich aus. Sie holte die Kaffeemühle, kramte die 50-Gramm-Tüte Bohnenkaffee aus ihrer Tasche und mahlte den Kaffee – die Mühle zwischen den Beinen, als hätte sie nie etwas anderes getan, als bei Krügers zu sitzen und Kaffee zu mahlen. Während sie die Mühle drehte, schaute die Krügern von einem zum anderen, seufzte und brachte ein vielsagendes „Na ihr" über die Lippen.

Dann tratschten die beiden über Bauer und Bäuerin, und ich saß in der Ecke und beobachtete, wie Anna unbefangen mit der Krügern schwatzte, als wären beide die intimsten Freundinnen. Sie erzählte ihr, dass der Bauer nicht nur früh, mittags und abends vor und nach dem Essen mehrere Rosenkränze betete – nein, die längste Zeit beteten sie abends vor dem Schlafen – sie höre es, wenn es ganz still sei. Dann murmelten meistens beide. Manchmal eine dreiviertel Stunde lang. Als hätten sie nichts anderes zu tun. Früh habe sie es auch schon gehört. Was war Anna für ein Weib? Ich werde heute Nacht bei ihr sein und sie schwatzt über das Beten des Bauern. Für mich war es so etwas wie eine Heilige Nacht.

Dann wurde Kaffee eingegossen. Für jeden zwei Tassen starken Kaffee. Für mich war es der erste Kaffee dieser Art, Großmutters Muckefuck kam da nicht mit.

Frau Krüger und Anna schwatzten weiter, die Krügern schwärmte von den schönen Zeiten in Pommern. Es blieb noch eine Stunde bis zum Füttern, und ich hatte nicht nur vom Kaffee Herzklopfen. Der Himmel war dunkel, als wir los gingen. Wir schmusten bis zum Füttern. Sie versprach mir ihr Bett für heute Nacht. Wir wollten viel Zeit haben für unser Erstes Mal.

Anna bereitete ein Festessen. Die Bäuerin war noch in der Abendmesse. Anna sang freche Schlager, Zarah Leanders „In der Nacht ist das Mensch nicht gern alleine ...". Der Bauer runzelte die Stirn. Nicht nur des Schlagers, sondern auch der Vorräte wegen, die Anna verbrauchte. Ein Schinken wurde neu angeschnitten, Kompott aus der Vorratskammer geholt, für jeden drei Eier in die Pfanne geschlagen. Das war auch für einen Bauern zu viel. So üppig waren die Zeiten noch nicht. Die Augen der Bäuerin spiegelten Entsetzen, als sie aus der Kirche kam. Aber Anna sprang auf und schlug auch ihr drei Eier in die Pfanne.

Nach dem Abendbrot konnte ich es kaum erwarten. Ich fieberte vor Erregung. Ich ging auf die Tenne und legte die Leiter an. Das sollte den Eindruck erwecken, dass ich im Bett wäre. Ein Blick auf die Kühe und Pferde, dann das Tennentor leicht geöffnet – und raus in die dunkle Nacht. Das Fachwerkhaus hatte kleine Fenster. Die Fenster der Mägdekammer lagen drei Meter hoch. Zu hoch, um mühelos einzusteigen. Mit einem Fuß auf dem Mauervorsprung konnten die Finger das Fensterbrett gerade fassen. Das Fenster war offen. Meine Vorstellung war: Lässig auf den Mauervorsprung steigen, Fensterbrett fassen, Klimmzug, einmal ansetzen, dann ausstemmen. Ich setzte an. Kam hoch. Meine Augen erfassten kurz über dem Fensterbrett das Halbdunkel des Zimmers. Anna lag, die Zudecke ein wenig zur Seite im halbgeöffneten Leinennachthemd auf ihrem Bett. Das Haar kontrastierte zu Teint und Bett. Ein Beben durchzog mich. Statt Kraft zum ausstemmen zu gewinnen und dann ein Bein ins Fenster zu setzen, verlor ich Kraft. Sinnlos. Mir war als stürzte ich in eine unendliche Tiefe, um unten zu zerschellen. Nein, das darf nicht sein. Ich hätte heulen können vor Wut und Scham. Ich versuchte es ein zweites Mal. Das gleiche Ergebnis. Ich stieß mehrmals gegen die Mauer. Anna saß erwartungsvoll, jetzt halb aufgerichtet, als wolle sie mir helfen. Eine hilflose Geste. Die Kräfte verließen mich abermals. Als ich es ein drittes Mal mit noch geringeren Kräften versuchte, ging in der Küche das Licht an. Mir war, als träfe mich ein gleißender Lichtkegel. Es war, als stünde die Großmutter in der Küchentür, mich beim Namen rufend und langgezogen fragend: „Du?". Aber es war nur die Bäuerin, die nicht glauben wollte, was sie sah und dabei unversehens zum du überging.

Der Erdboden öffnete sich nicht, mich zu verschlingen. Ich heulte ohne Tränen, biss mir die Lippen kaputt und stammelte ganz außer Atem: „Wir haben uns nur noch unterhalten".

Am nächsten Morgen schaute Anna weg, als ich zum Frühstück kam. Der Bauer betete dreimal so oft als sonst „vergib uns unsere Schuld, wie wir auch vergeben unseren Schuldigern", danach bissiges Schweigen. Die Bäuerin mir gegenüber, Anna dem Bauern gegenüber. Keiner schaute auf.

Nach dem Frühstück sagte der Bauer zu Anna, dass sie jetzt zwei Wochen, bei einem anderen Bauern aushelfen soll. Sie müsse dort auch schlafen. Es war der Bauer mit den vielen Knechten, der eine Magd brauchte und 20 DM mehr zahlte. Anna fragte trotzig: „Warum und wann?" Der Bauer: „Jetzt gleich, du kannst mein Fahrrad nehmen". Anna schaute mich verächtlich an und verschwand, um ihr leinenes Nachthemd und einige wenige Sachen zu packen.

Bald wurde auch ich verborgt. Für zwei Tage. Zum Bruder des Bauern, um beim Getreidedrusch in der Scheune auszuhelfen. Beim Mittagessen saß die Tochter neben mir. In der Scheune waren wir auf dem obersten Boden allein. Sie reichte mir die Garben zu. Ihr rotblondes Haar unter das Kopftuch gebunden, lächelte sie mich an. Als ich zurück lächelte, strahlte sie. Sie war mindestens drei Jahre älter und musste nach den Traditionen des Dorfes schleunigst unter die Haube. Ich war in einem Alter, indem ich jedes ältere Mädchen in die Nähe meiner Mutter brachte. Wir sprachen nicht, wir scherzten nicht. Sie war mir gleichgültig. Als eine Pause eintrat, lag sie mir in den Armen und schluchzte. Die letzten Tage waren ihre schrecklichsten, denn sie hatte gehört, dass ich mich mit diesem vom Teufel besessenem Weib einließ. Sie habe mich in ihre Gebete einbezogen. Gott hat sie erhört, nun sei ich hier. Ich begriff nichts. Wusste nicht, wie ich ihr helfen konnte. Als hätte ein Erwachsener in die Hosen gemacht. Warum war Anna des Teufels und dieses rotblonde Rundgesicht ein Engel, der sie verteufeln durfte? Ich reichte ihr mein Taschentuch. Das schien sie als Liebesbezeugung aufzufassen. Sie umarmte mich und murmelte, Gott habe sie erhört. Nun kam mir Gott zu Hilfe; es wurde zum Vespern gerufen. Wie ein strahlender Engel saß sie neben mir. Ich täuschte wahnsinnige Magenkrämpfe vor und durfte deswegen nach Hause gehen und mich ins Bett legen. Die Bäuerin kochte mir Kamillentee. Nie war ich für einen Kamillentee so dankbar. Der Drusch auf dem anderen Bauernhof musste weitergehen – nur diesmal ohne mich.

In den nächsten Tagen erhielt ich Besuch von einem Knecht, den ich beim Drusch des Bruders vom Bauern getroffen und gesprochen hatte. Er war ein Junge, der ebenfalls fremd im Münsterland war. Nur, er war nicht so fremd wie ich, denn er ging sonntags in die Kirche. Er lud mich zum Kirchgang ein. Schließlich bekäme ich dann sicher am Sonntagvormittag frei. Tatsächlich. Der Bauer ging in die Frühmesse und der andere Knecht holte mich für die zweite Messe ab. Unterwegs erklärte er mir den Ritus der katholischen Kirche. Ich solle auf ihn Acht geben und alles nachmachen. Ich feuchtete also im Weihwasser meine Finger, schlug das dreifache Kreuz, kniete nieder und faltete die Hände immer dann, wenn er es tat.

Während die Gemeinde betete, dachte ich an Anna, die über den Jupp am Kreuz spottete und ihn vorbeifahrend einlud, sich auf ihren Fahrradgepäckträger zu setzen. Anna wäre nie mit in die Kirche gegangen. Sie wird mich verachten, dachte ich. Nach der Messe verweilten die Männer noch einige Minuten auf dem Platz vor der

Kirche. Die Bauern standen in Gruppen, tauschten neueste Nachrichten aus, handelten über den Verkauf einer Kuh oder sprachen die Termine fürs Decken beim Zuchtbullen des Ortes ab.

Der Pfarrer ging von Gruppe zu Gruppe – er war der Oberhirt. Diesmal ging er schnurstracks auf uns zu, begrüßte mich mit Handschlag, fragte, wie es mir beim Bauern gefalle, ob ich Sorgen habe und wie es meinen Eltern ginge. Verblüfft und angetan zugleich wollte ich antworten, aber da verabschiedete er sich schon wieder und schritt zu einer anderen Gruppe. Ich war verwundert, dass er mich kannte, denn ich hatte ihn noch nie gesehen.

Die Wirkung war ungeheuer. Ich erhielt 20,– DM Gehaltszulage und für jeden Sonntag eine Einladung zum Kaffeetrinken auf einem anderen Bauernhof – mit Hoftöchtern, versteht sich. Man wolle mich als Neuen im Ort kennen lernen und wissen, wie man bei mir zu Hause lebe, ich käme ja von weit her. Es war tatsächlich so, dass die Großmütter der Hoftöchter oft ihr Dorf noch nie verlassen hatten. Sie lauschten meinen Erzählungen, als käme ich von einem anderen Stern. Die rotblonden Engel mit den dicken runden Gesichtern sahen sich alle so ähnlich und dachten alle das Gleiche. Ich musste mir etwas einfallen lassen, wenn ich keine Einladungen mehr erhalten wollte.

Als Anna zwei Wochen später eines Sonntagnachmittags nach Hause kam, war ich bei einem dieser rotblonden Engel zum Kaffeetrinken, und Anna ging vor Wut ins Bett. Die ganze Welt ist doof. Die Knechte, der Bauer, der Drusch, das Essen, alles war doof. Alle hatten mit ihr schlafen wollen. Sie knobelten aus, wer der Glückliche sein solle. Als dann einer zum Fenster reinkommen wollte, stand der Bauer im Zimmer. Danach hatte sie nur noch an mich gedacht und all die blöden Hurenböcke rausgeschmissen, und zwar so, dass ihnen die Lust aufs Wiederkommen verging. Und jetzt der rotblonde Engel und der Pfarrer. Alles hatte sich bis zu ihr rumgesprochen. Alles ist doof.

Kurz vor dem Abendbrot kam Anna und half mir beim füttern. Ich wollte sie in die Arme nehmen, doch sie wehrte sich. Ich beschwor sie, nicht böse zu sein, heute käme ich bestimmt zu ihr. Ein spöttischer Blick und ein spöttisches Zucken um den Mundwinkel. „Wartest du auf mich?" Keine Antwort. Ein ausdrucksloses Vor-sich-hinschauen. Schließlich ein Achselzucken. Beim Abendbrot wurde Anna zur Arbeit beim anderen Bauern befragt. Sie blieb einsilbig. Na ja, immerhin ein Achselzucken. Ein eiskaltes „Gute Nacht" der Bäuerin galt ihr und sollte mir als Warnung dienen.

Der Tomatenpfahl an der Wand

Ich ging auf meine Bude. Bald kam der Bauer, um zu fragen, ob alles in Ordnung sei. Zufrieden schloss er die Verbindungstür zwischen Tenne und Wohntrakt ab. Doch ich hatte inzwischen hinter den Kälberboxen eine Pforte, die jahrzehntelang nicht mehr benutzt worden war, gangbar gemacht, um die Tenne mühelos verlassen zu können. Das Fenster stand offen. In der Küche brannte noch Licht. Als es nach einer halben Stunde verlosch, nahm ich einen Tomatenpfahl aus dem Garten, stellte ihn an die Mauer und schwang mich hoch. Anna saß im weißen kurzärmeligen Leinenhemd, die dunklen Augen erwartungsvoll auf mich gerichtet. Wieder diese Schwäche, aber diesmal stand ich auf einem Pfahl und durfte mich von diesem Bild überwältigen lassen.

Beim Entkleiden zitterte ich. Es ging nicht schnell genug. Ich wollte Annas warmen Körper fühlen. Es gibt nur einmal ein Erstes Mal. Allein ihre Wärme genügte, den aufgestauten Erwartungen freien Lauf zu lassen. Anna war weich und zu milde gestimmt und sagte mir nicht, dass sie ihre gefährlichen Tage habe. Sie nahm mich in die Arme, und wir drückten uns unzählige Male. Wir waren ineinander verliebt.

Anna erzählte mir von der schrecklichen Zeit bei dem Bauern mit den vielen Knechten. Erst wusste sie nicht, was sie tun sollte, als sie von meinen Kirchgängen und den Besuchen bei den rotblonden Hoftöchtern hörte. Besser als ich wusste sie, was im Dorf mit mir gespielt wurde. Aber letztlich glaubte sie an uns und bekannte, dass sie froh sei und die Liebe das erste Mal ganz erlebe. Es sei wie mit dem Nektar, den sie bisher nur in Schlückchen getrunken hätte, und jetzt wie eine Verdurstende trinke. Die Nacht war kurz. Vor dem Aufstehen verließ ich sie durch das Fenster. Kaum war die Tür zu meiner Kammer zugeklappt, kam der Bauer, mich zu wecken.

So liebten wir uns Nacht für Nacht, unschuldig und frei. Annas Augen strahlten vor Glück. Sie sang keine frechen Lieder, sondern Volkslieder. Wir hatten viel Grund zur Freundlichkeit. Bauer und Bäuerin glaubten, dass ihre Gebete geholfen hätten – einen Monat lang. Sie sprachen der Magd und mit mir gut zu. Wo immer wir tagsüber zusammenkamen, im Heu oder im Stroh, wir fanden uns. Sonntagnachmittags, wenn ich neben den rotblonden Bauerntöchtern saß und mir einen Hof nach dem anderen anschaute, schlief Anna. Das Umworbensein war neu und interessant, aber mich berührte nichts, denn ich hatte reichlich. Schließlich wurde das Sehen und Reden fade. Ich überredete Anna, mitzukommen.

Doch vorher, in einer Nacht vom Samstag zum Sonntag wurde ich entdeckt. Es war kalt, der Mond schien freundlich und stand genau vor dem Fenster der Magd. Die Tür der Mädchenkammer war mit Milchglasscheiben verglast. Hinter ihnen waren die Umrisse der sich ausziehenden Magd wie in einem wunderschönen Schattenspiel deutlich zu sehen. An diesem Abend wollte sich der Bauer an diesem Schattenspiel ergötzen. Doch Anna war schon im Bett. Statt dessen musste er mit meinen Anblick vorlieb nehmen. Er ging um das Haus und entdeckte den Tomatenpfahl. Die wieder begehbare Pforte entdeckte er nicht.

Am nächsten Morgen war die Freundlichkeit wie weggeblasen. Es herrschte eisiges Schweigen. Drei Rosenkränze vor dem Frühstück und dem Mittagessen. „Vergib uns armen Sündern". Klein-Antonius bekam erst einmal Kloppe. Aber das Leuchten des Glücks in Annas Augen verlöschte nicht.

Nachmittags zog Anna ihr Kostüm, ich meinen Anzug an, und wir fuhren zur obligaten Einladung. Diesmal, so sagte mir der Knecht, der mich mit in die Kirche genommen hatte, ist noch ein Sohn da, der studieren wolle und den Hof nicht behalten. Die Alten könnten den großen Hof nicht allein bewirtschaften. Knechte hätten sie nicht – sie warteten auf einen Freier für die Tochter.

Um so größer war die Zurückhaltung auf ihren Gesichtern, als ich nicht allein kam. Anna, meinem Teufelsmädchen hatte ich gesagt, dass ich nicht eifersüchtig würde, wenn sie ihre Verführungskünste spielen ließe. Ganz strahlendes Glück, knickste sie vor jedem einzelnen der rotblonden Familie, fand außerordentlich freundliche Worte und setzte sich neben den zukünftigen Studiosus auf die Bank. Über den Tisch hinweg konnte man hören, wie sie seinen Entschluss, der Schinderei auf dem Hof den Rücken kehren und diese gegen ein lustiges Studentenleben einzutauschen, lobte. Stirnrunzeln und Betroffenheit auf den Gesichtern und ein missbilligender Blick auf Anna. Dagegen hoffnungsvolle Blicke auf mich und die Tochter. Die Großmutter in der Ecke schüttelte mit dem Kopf, schlug ein Kreuz nach dem anderen und weigerte sich, in der Kaffeerunde Platz zu nehmen. Nach dem Geplauder am Kaffeetisch zogen sich die Alten zurück und überließen uns vier dem Schicksal. Die Großmutter war eingeschlafen. Der künftige Student ging in Vaters Weinkeller und erklärte, das Beste vom Besten heraufholen zu wollen, um mit uns Brüderschaft zu trinken. Die Rotblonde an meiner Seite schien sich zu wünschen, dass ich ebenso forsch wie Anna ranginge. Nach dem zweiten Glas Wein gab Anna dem Bruder einen Kuss auf die Wange. Nach dem dritten Glas küssten sie sich richtig, während ich mit meiner rotblonden Tischdame immer noch nur Höflichkeiten tauschte. Bei der zweiten Flasche Wein wachte die Großmutter auf, sah den Wein und Anna auf dem Schoß ihres Enkels und krächzte: „Teufel, Teufel, fort, fort". Sie schlug ein Kreuz übers andere und rang nach Luft. Meine Rotblonde musste schnell die Medizin der Alten holen.

Die Fütterungszeit nahte. Wir bedauerten, aufbrechen zu müssen, versprachen wiederzukommen und überließen die Großmutter den beiden Enkeln. Wir hatten noch eine halbe Stunde Fahrradweg vor uns, woraus dann aber zwei Stunden wurden. Wir mussten das Fahrrad streckenweise führen. Anna war so lustig, wie ich sie noch nie erlebt habe. Sie wollte jeden Sonntagnachmittag mit mir zum Kaffeetrinken zu den Bauern gehen. Doch leider erhielten wir keine Einladungen mehr. Als wir verspätet auf unseren Hof kamen, brüllte das Vieh, und der Bauer hatte eine Gallenkolik. Die Bäuerin pflegte ihn.

Der Pfarrer predigte am folgenden Sonntag, dass auch die frömmste Gemeinde nicht gefeit sei gegen die Verderbtheit der Welt und den Sittenverfall. Jeder wusste, was gemeint war. Dafür hatte die Großmutter gesorgt, obgleich sie den Lehnstuhl kaum noch verlassen konnte. Der Pfarrer war zu ihr gekommen, um die Beichte abzunehmen. Anna schlief Sonntagnachmittags eine Stunde bei mir in der Knechtskammer. Dann gingen wir zu den Föhren, zum Baumstumpf, der 160 Jahre alt war. Anna nahm einen Farbstift und malte für jede Geschichte, die ich ihr in den Nächten der letzten Woche erzählt hatte, einen Ring aus. Es waren Geschichten von den Großeltern, den Bombennächten im Keller, den Streichen der Kindheit und von Jugendsünden. Beim Ausmalen der Ringes erzählte sie meine Geschichten noch einmal. Meist in Kurzform. Zum Beispiel die vom fünfjährigen Buben, der in der Weihnachtszeit täglich von der Mutter gefragt wurde, ob er heute von der Kindergärtnerin eine Nuss bekommen habe. Das jeweils artigste Kind bekam nämlich eine von den 24 mit Liebesperlen gefüllte Nüssen, die auf ein Band geklebt waren. Als er die Fragerei satt hatte, nahm er eine Schere mit und schnitt sich, als niemand hinschaute, selbst eine Nuss ab. Sein Problem war, dass er die Schere dann verschenkte und die Mutter des Beschenkten diese noch am gleichen Tag meiner Mutter brachte. Was dann kam, war schrecklich für den kleinen Buben. ... Anna malte und malte. Da die Ringe nicht gleichmäßig waren, bekam der Baumstumpf ein großes rotes Herz in der Mitte, das immer größer wurde. Die kesse Anna war weich und mild geworden. Sie freute sich über das Selbstgemalte in der Mitte des Baumstumpfes.

Der Bauer wollte es indes genau wissen. Jeden Abend schlich er um das Haus und prüfte, ob der Tomatenstock noch stand. Einmal nahm er ihn weg. Später mühte er sich nicht mehr in dieser Weise, sondern zog mit dem Rechen die Fläche glatt, sodass er die Löcher in der Erde zählen konnte. Die mürrische Bäuerin und den wortkargen Bauer konnten wir ertragen. Wir waren glücklich, brauchtes wir doch nicht zu beten, denn das Himmelreich gehörte uns so schon.

Die Worte des Bauern, die wie „Nutte" klangen, hörte ich nicht. Wenn es Anna zuviel wurde, trällerte sie „In der Nacht ist der Mensch nicht gern alleine". Das Pummlige war von ihr gewichen. Sie hatte sich schlank geliebt. Wenn ich mit ihr allein war, sang sie mit weicher Stimme Liebeslieder.

Jeden Tag, wenn sie das Schlafzimmer des Bauern säuberte, stellte sie sich vor den Spiegel und fragte: „Spieglein, Spieglein an der Wand ...". Sie knickste. Dann antwortete der Spiegel: „Natürlich bist du die Schönste und Glücklichste im ganzen Land". Anna strahlte.

Die Gesichter von Bauer und Bäuerin wurden dagegen immer verkniffener. Dann kam der Frost. Auf der gefrorenen Erde hinterließ der Tomatenstock keine Löcher mehr unter dem Fenster der Mägdekammer, und die Bauersleute dachten, ich stiege nicht mehr ein. Doch wir ließen keine Nacht aus. Es wurde immer nur schöner. Liebe macht erfinderisch. Der Bauer klopfte mir auf die Schulter „Vernünftig geworden? Jugendsünden, na ja, wer hat sie nicht. Als ich ohne Frau in der Ukraine war, als Güterkommissar ... die gesunden, kräftigen Weiber da, was meinst du. ... Die Nutte ist kein Mädchen für dich, lass sie sausen. Hier findest du massenhaft anständige Mädchen". Ich wusste nicht, was er wollte.

Da war ein Mädchen. Sehr krank

Weihnachten war schon lange vorbei. Die Liebe war noch heiß. Noch immer ließen wir keine Nacht aus. Beim Melken sagte Anna: „Du, ich habe schon lange keinen Anfall mehr bekommen, ob die Liebe mich gesund gemacht hat? Hast du noch die Klammer aus Holz?" Ich nickte und zeigte sie ihr. Als ich mich an diesem Abend an sie kuschelte, stöhnte sie leise und sagte, dass es ihr nicht gut ginge. – Ich erlebte einen epileptischen Anfall, dieses grässliche Steifwerden, den starren Blick. Ich schob ihr die Holzklammer, die auf dem Nachttisch lag, zwischen die Zähne. Als der Anfall vorüber war, kam ein neuer und dann noch einer. Ich schwang mich aus dem Fenster und klopfte den Bauern wach. Sagte, dass ich Anna habe schreien hören, wir sollten nachsehen. Als wir in ihre Kammer kamen lag sie noch oder schon wieder im Krampf. Ich spannte die Pferde an, legte Anna auf den Boden des Kutschwagens, deckte sie mit einer warmen Decke zu und fuhr sie zum nächsten Arzt. Fünf Kilometer. Der Arzt gab ihr eine Spritze und brachte sie ins Krankenhaus. Als ich sie am Sonntag besuchen wollte, durfte ich nicht zu ihr. Eine Woche später sagte man mir, dass sie in ein anderes Krankenhaus verlegt werden musste. Wohin, wusste das Pflegepersonal nicht zu sagen.

Ich fragte den Bauern nach Annas Heimatadresse. Er wisse sie nicht, antwortete er, ihm hätte nur eine Überweisung zur Arbeit von einem Heim vorgelegen; er hätte auf einer Karte den Arbeitsbeginn bestätigt, das wäre alles gewesen. Ihre Papiere haben wir ihr in einer Tasche mitgegeben. Die meisten Sachen sind noch hier. Also musste sie wiederkommen. Bald darauf kam eine an mich adressierte Karte von Anna. Es wäre ihr schlecht gegangen und sie liege noch im Krankenhaus. Ihre Mutter käme sie oft besuchen. Die hundert Tage auf dem Bauernhof mit mir wären die glücklichsten in ihrem Leben gewesen. Sie habe geträumt, dass wir spazieren gingen in einem Föhrenwald, in dem wir einen Baumstumpf gefunden hätten mit 1.000 Jahresringen. Der Poststempel war aus Hamburg. Kein Absender, nichts.

Die Sonne stieg höher. Ich reparierte des Bauern Scheunentor, baute ihm einen Kasten auf einen zweirädrigen Karren und machte mich zum Absprung bereit. Von Anna habe ich keine Post mehr erhalten. Zwei Monate schon nicht. Als Ostern vorbei war, zog ich meine Zimmermannsklamotten an, nahm Hammer, Wasserwaage, Schrotsäge und Stechbeitel, steckte mir einen Zacher in die Zollstocktasche und ging nach Norden, Richtung Hamburg.

Hier suchte ich sechs Krankenhäuser auf und fragte nach Anna. Kopfschütteln. Im siebten Krankenhaus wurde ich vom Pförtner noch einmal zurückgerufen. „Da war ein Mädchen. Sehr krank." Er telefonierte. „Ja, sehr krank. Sie liegt auf dem Friedhof. Tausend Schritte von hier." Ich zuckte zusammen. Schluckte. Das konnte nicht sein. Ich fragte nach ihrem Geburtstag. Er telefonierte. „Ja, es stimmt." Ich fragte nach der Mutter. Ich möge zum Friedhof gehen, die wissen dort sicher die Adresse.

Es war ein warmer Frühlingstag. Das Grün der Bäume tat den Augen wohl. Trotzdem, ich fror, war benommen. Schlich die tausend Schritte zum Friedhof. Die

Verwaltung gab Auskunft. Ja es gab ein Grab. Ich wankte hin. Ein Grab mit einem Kreuz. Auf den Schleifen des vertrockneten Kranzes stand: „Meiner einzigen Tochter". Ein frischer Blumenstrauß in einem Glas. Kein Mensch weit und breit. Es kann doch nicht sein, so jung! Ich weiß nicht, wie lange ich gestanden habe und mir jeden Tag mit ihr vor Augen führte. Es waren nur 86 – sie hat die 14 Tage beim Bauern mit den vielen Knechten dazu gezählt. Jemand räusperte sich. Eine kleine Frau in Schwarz. Die Mutter, unverkennbar. Sie wusste, wer ich war und fragte: „Warum sind Sie nicht gekommen? Ich habe zwei Telegramme geschickt. Sie hat Sie so herbei gesehnt, wenn sie bei Besinnung war. Als sie nicht kamen, hat sie Schluss gemacht. Die Ärzte sagten, sie hätte beim gegenwärtigen Stand der Medizin noch zehn bis zwanzig Jahre leben können. Warum sind Sie nicht gekommen?" Mir wurde schwarz vor Augen. Ich hatte nichts von den Telegrammen gewusst. Ich murmelte, dass ich kein Telegramm erhalten habe. Die Mutter brach in herzzerbrechendes Weinen aus. „Warum, warum. Anna mein Einziges auf der Welt. So viel Kummer. Hat sie nicht ein wenig Freude verdient?" Dann erfuhr ich, dass die Ärzte ihr ein Kind genommen haben, um sie zu retten. Alles schien gut zu verlaufen. Dennoch nahm sie ein tödliches Medikament. Niemand wusste, woher sie es hatte.

„In den Fieberträumen sprach sie vom Kind, vom Haus und von einem tausend Jahre alten Baum. Sie verlangte in Träumen und im Wachen nach Ihnen". Mir wich alles Blut aus dem Gesicht. „Verdammte Mörder, die mir das Telegramm vorenthalten haben". Was sollte ich der Mutter sagen? Wie kann man jemanden trösten, wenn die eigene Seele nach Trost schreit. Ich drückte die gute Frau an meine Brust, ihr Weinen wurde leiser. Sagte: „Anna werde ich in meinem Leben nie vergessen, sie war so gut und so lieb." So gut hatte wahrscheinlich noch niemand über ihre Tochter gesprochen. Sie wurde still, schaute mir in die Augen und merkte, dass ich es ehrlich meinte.

„Anna, war ein wildes Kind, sie hätte die feste Hand eines Vaters gebraucht. In der Schule war es ganz schlimm, dauernd wurde ich hinbestellt. Sie brachte mit ihren Einfällen die ganze Klasse durcheinander und war frech zum Lehrer. Dann, in der Lehre als Verkäuferin, war es mit ihr besser. Im zweiten Lehrjahr ging sie aber nicht mehr hin. Sie ging zu den Besatzern und ließ sich Schokolade und Kaffee schenken. Wurde in den Jugendwerkhof eingewiesen. Dabei war sie krank". Ich nickte. „Trotzdem war sie ein ganz liebes Mädchen." Mir fiel ein, dass niemand außer mir Anna so lieb, zärtlich, mütterlich und sorgend kannengelernt hatte. Ich reichte der Mutter die Hand: „Leben Sie wohl, Anna-Mutter. Ich kann jetzt wenig für Sie tun. Bin selbst zu sehr getroffen. Aber ich komme wieder ...".

Als ich fast fünfzig Jahre später, am letzten Sonntag im Mai nach Merfeld kam, dem einzigen Ort Deutschlands, an dem Pferde in freier Wildbahn leben, wurden gerade Wildpferde eingefangen und verkauft, um in den großen Gestüten mit den edelsten Pferden das Blut zu mischen. Ich war traurig, weil ich das Niedersachsenhaus mit den gekreuzten Pferdeköpfen nicht mehr fand. Stattdessen stand dort eine Feriensiedlung – wunderhübsch am Waldrand. Am uralten Wasserschloss der Grafen von Galen lief ich wie in alten Zeiten vorbei. Inzwischen hatte ich einen der Grafen von Galen als deutschen Botschafter in Israel kannengelernt. Das ist aber eine andere, weniger gute Geschichte. Die Kirche mit dem Vorplatz, auf dem mich der Pfarrer begrüßte, sah noch so aus wie vor 50 Jahren. Auf dem Friedhof fand ich den Bauern. Er schlief schon viele Jahre friedlich neben seiner Frau. Im Telefonbuch stand der kleine Antonius. Er war Rechtsanwalt in der Kreisstadt. Als ich die Geschichte schrieb, war die 18jährige Friederike noch nicht geboren. Es liegt also noch mal fast eine Generation dazwischen.

Tausend Meter unter der Erde

Auch der dritte, der körperlich schwerste Beruf blieb mir nicht erspart. Nach Landarbeiter, Zimmermann, nun noch Bergarbeiter. 1.000 Meter unter der Erde auf der Zeche Adolph von Hansemann in Dortmund-Mengede. Es war Frühjahr 1950, eine Zeit, in der man lange nach Arbeit suchen musste. Der Sohn meiner Patentante arbeitete im Büro einer Zeche. Seine Vermittlung half mir, im „Kohlenpütt" nachts, bei den „Umlegern" eine Arbeit zu finden. Das hieß: täglich Nachtschicht – außer samstags. Die Kohlenrutschen mussten im Streb an den Kohlenberg heran umgelegt werden. Der Streb oder Kohlenflöz war selten höher als 1,20 m. Wir arbeiteten auf Knien. Unsere Knieschoner waren aus Gummi. Wenn die Hauer in zwei Schichten einen Streifen Steinkohle mit Pickhammer und Schaufel „abgekohlt" hatten, dann wurde die Rutsche wieder dicht an das Kohlenflöz umgelegt, damit die nächste Schicht wieder Kohle fördern konnte. Nacht für Nacht. Förderketten ausfahren, zwei Meter lange Eisenrutschen auseinander nehmen, in den Nachbachstreb verlegen, zusammenbauen, Förderketten einfahren, Pressluftmotor, der die Förderketten antrieb, umräumen, Pressluftrohre umhängen und die Rutsche ausprobieren. Manchmal wurden die Hauer nicht fertig, dann mussten wir alles „Stehende" noch wegkohlen und konnten dann erst mit dem Umlegen beginnen. Zwischendurch kam noch die Schrämmaschine, die den Kohlenstoß unten aufschnitt, damit die Kohle besser fallen konnte. Sie machte mächtigen Staub. Früh kamen dann die Steiger, um zu prüfen, ob alles für die neue Schicht fertig sei. Mit ihrem Blitzer am Helm waren sie schon von weitem zu sehen. Wir hatten keine Blitzer, sondern nur Lampen mit einem Haken.

Wenn wir gekohlt hatten, waren wir nicht wiederzuerkennen. Nur das Weiße vom Auge war noch hell, alles andere schwarz. Den Rest bewirkte die Schrämmaschine. In der Waschkaue duschten wir uns, da floss der schwarze Kohlenstaub nur so von unseren glänzenden Körpern herab. Immer musste ein Zweiter da sein, wenn das Kommando „Buckeln" kam. Da wusch jeder des Vordermanns Rücken. Der Erste musste dann noch den Letzten waschen. Auf dem Weg zum Bergmannsheim spuckten wir Kohle. Im Heim traf sich in den Schlafsälen das ganze Land. Schwarzhaarige Bayern, Berliner mit ihrer berüchtigten großen Schnauze, rothaarige maulfaule Ostfriesen, gemütliche Sachsen, lockere Rheinländer, alles war vertreten, und man lernte, miteinander umzugehen und die Besonderheiten der Einzelnen zu schätzen. Besonders schwierig waren die verschlossenen Ostfriesen.

Probleme gibt es im Bergwerk immer wieder, trotz der vielen Sicherheitsmaßnahmen. Der Berg lebt und ist nicht berechenbar. Oft kommt Druck auf die Stempel. Das sind etwa 12 bis 15 Zentimeter starke Baumstämme, sogenanntes Grubenholz, das etwa jeden Meter gesetzt und verkeilt wird. Manchmal, wenn der Druck zu stark wird, drehen sich die Stempel und zerfasern. Dann müssen schnell weitere Stempel gestellt werden. Schlimmstenfalls wird der Streb geräumt. Einmal, wir hatten gerade die Kette eingefahren und waren fast fertig, legte ich mich ein paar Minuten lang hin und beobachtete das „Hangende" (die Decke) und sah, wie es zu bröckeln begann. Der Rutschenbär (Vorarbeiter) rief mich, ich solle ihm bei der Stationierung des schweren Pressluftmotors behilflich sein.

Ich war müde und hatte keine richtige Lust, ihm zu helfen. Da schrie er mich an, ich setzte mich auf und hinter mir gab es einen riesigen Plautz. Ein quadratischer Felsbrocken lag da, wo eben noch mein Gesicht war. Ich ging zum Rutschenbär und reichte ihm die Hand. Er lud mich zu einer Familienfeier ein, um mir seine Tochter vorzustellen, die endlich mal einen Freund haben müsse. Ich ging nur das eine mal hin und zeigte mich für die Rettung nicht so recht dankbar. Der Rutschenbär musste noch länger nach einen Freund für die Tochter suchen.

Danach arbeite ich in der Zeche Hansa. Hier bekam ich den „Gedingeschlepperschein". Das war fast so etwas, wie ein Facharbeiterbrief. Man bekam zehn Pfennig mehr pro Stunde als die „Schlepper", und ich hielt erstmals stolz ein Bergmannsbuch in der Hand. Wir waren nun direkt „vor Kohle" mit Früh- und Spätschicht. Das war gut nach einem dreiviertel Jahr Nachtschicht. Allerdings schwere Arbeit. Den ganzen Tag mit dem Pickhammer im Kohlenstoß. Die Kohle war hier sehr hart. Außerdem war es gefährlicher. Unser Streb stand unter dem Druck des Berges. Mein Kumpel, der unter mir arbeitete, hatte mich für den nächsten Samstag zu seiner Hochzeit eingeladen. Wir saßen zusammen beim „Buttern" (Frühstücken), als ich nach einer Weile sagte: „Mir ist es hier ungemütlich, der Berg drückt mächtig. Du müsstest mal sichern." „Ach, hat noch Zeit", war die Antwort. Da ging ich zu meinem Kohlenstoß und begann mit neuen Stempeln zu sichern. Als die Rutsche wieder eingeschaltet war, krachte es über mir, neben mir und überall. Ein „Sargdeckel", d.h. ein riesiges Loch im „Hangenden" war heruntergebrochen. Ich lag unter Hölzern und hereingebrochener Kohle. Man musste mich ausbuddeln. Bis auf ein paar Kratzer habe ich es gut überstanden. Mein Kumpel lag unter den Steinen, am Rande des Sargdeckels. Die Blitzer kamen, man holte ihn raus. Er war schwer verletzt. Ich hörte noch, wie der Steiger sagte: „Schnell, schnell, damit er uns nicht hier unten stirbt". Wenn ein Bergmann im Schacht stirbt, muss die Zeche den Angehörigen sehr viel Geld bezahlen. Er starb noch kurz vor der Ausfahrt.

Ich kündigte. Hatte drei Tage Frist. Ging am nächsten Tag früh zur Zeche, holte meine Marke und brachte sie abends wieder zurück. Das wiederholte ich noch zweimal. Niemand merkte es. Ich konnte nicht mehr einfahren, hatte einfach Angst. Als Zimmermann spuckte ich noch ein halbes Jahr lang Kohle, den Steinstaub sah man nicht. Er sitzt auch fester in der Lunge.

Der fremdgeschriebene Zimmermann

Nach dem Bergwerk, im Frühjahr 1951 wollte ich endlich in meinem Beruf arbeiten. Eine Möglichkeit war, mich bei den fremdgeschriebenen Zimmerleuten einbinden zu lassen. Drei Varianten boten sich an: die Schwarzen, die Roten und die Freien Voigtländer. Die Schwarzen pflegten die Jahrhunderte alte Tradition des „auf-die-Walz-Gehens". Das gehörte zum Berufsstand. Die Roten standen politisch den Sozialdemokraten nahe. Beide Gruppen reisten drei Jahre. Während dieser Zeit durfte man sich nicht zu Hause sehen lassen. Einzige Ausnahme: ein Todesfall in der Familie. Die Schwarzen und die Roten trugen eine Ehrbarkeit, einen schmalen Sammetschlips mit dem Zimmermannswappen am Knoten. Die Freien Voigtländer trugen keine Ehrbarkeit, sie hatten nur das Zimmermannswappen am oberen Kragenknopf. Die Traditionalisten mit ihren strengen Zunftgesetzen und alten Bräuchen reizten mich am meisten. In Bielefeld kaufte ich bei „Westermeier" Kluft und Hut mit breiter Krempe, Frackhemd und Ehrbarkeit und so wichtige Dinge wie Zollstock und Zacher. Die wenigen Klamotten die man hatte, wurden mit dem Werkzeug in ein Tuch, den Charlottenburger, eingewickelt. Die Wasserwaage hielt das Ganze zusammen. Ein an den Enden der Wasserwaage gebundenes Tuch warf man über die Schulter. So konnte die Wanderschaft beginnen. Eingebunden wurde man in einer Zimmermanns-Herberge im Beisein von gereisten Altgesellen. Meine Einbindung erfolgte in Bielefeld. Dort wurde eine Schleife mit Namen und Heimatanschrift aufgehängt. Erst nach drei Jahren erfolgreichen „Gereistseins" konnte man sich die Schleife, ähnlich einer Grabschleife, gegen ein Fass Bier wieder einlösen, um sie zu Hause an einem Ehrenplatz für die Nachwelt aufzuhängen. Man durfte sich nicht länger als sechs Wochen an einem Ort aufhalten, brauchte aber eine Bestätigung von mindestens sechs Herbergen, dass man länger als drei Wochen an diesen Orten war.

Ich reiste von Bielefeld über Dortmund nach Düsseldorf, um mich in der ersten Herberge einschreiben zu lassen. Natürlich macht ein „Neuer" einen Fehler nach dem anderen. Fehler wurden zunächst noch mit „Bierstiefeln" bestraft. Meine Weste hatte acht Knöpfe. Das bedeutete, dass der Zimmermann um den Acht-Stunden-Tag kämpft. Als uns der Polier auf der Baustelle bat, länger zu bleiben, um eine begonnene Arbeit zu Ende zu führen, war ich verwundert, dass meine Kumpels sich verzogen. Am Wochenende wusste ich, warum. In der Herberge fand eine Gerichtsverhandlung statt. Die Zimmerleute mussten sich im Hamburger Platt, in der die Verhandlung geführt wurde, verteidigen. Die ersten sechs Wochen konnte man sich einen Verteidiger wählen. Danach musste man sich selbst verteidigen. Der gesamte über den Acht-Stunden-Tag hinausgehende Verdienst wurde in Bier umgesetzt.

Bestraft wurde, wer die Hemdsärmel über die Ellenbogen hochkrempelte, wer den Hut absetzte, der nur bei warmen Mahlzeiten abgesetzt werden durfte, usw. usf. Schwerer waren die Strafen bei der Verletzung von Zunftgesetzen. So wohnte ich in Düsseldorf mit einem „Kuhkopf" zusammen. Das war ein Zimmermann, der nicht fremdgeschrieben war. Es bestand die Möglichkeit, dass man dabei leicht ein Zunftgesetz verriet. Eines Tages bekamen wir die Information, dass in Köln ein Altgeselle verstorben sei, und die Beerdigung fände in drei Tagen statt. Wir schmissen auf der Baustelle die Brocken hin und reisten nach Köln. Mindestens tausend Zimmerleute aus der ganzen Bundesrepublik zogen in ihrer Tracht quer durch die Stadt hinter dem Sarg her. Die Kölner standen in dicken Menschenmauern am Straßenrand und bildeten Spalier. Ich weiß nicht, ob bei Adenauers Begräbnis genauso viel los war. Das Bier floss in Strömen. So gern ich es trinke, in dieser Zeit war es mir doch zu viel. So ging ich mit den Gedanken schwanger, bei den Fremdgeschriebenen doch in den Sack zu hauen. ... Ich tat es und ging, sechs Wochen lang, so lange, wie mir bekannte Fremdgeschriebene noch da waren, mit einen Schlagring in der Tasche durch Düsseldorf.

Dann arbeitete ich beim Obermeister Hellendahl in Neuß am Rhein. Die Schwaden des Krieges waren endgültig verraucht, und man zog in Neuß die Kirchenglocken, die von den Nazis noch nicht eingeschmolzen worden waren, wieder auf die Türme. Die Söhne des Obermeisters, mit denen ich auf dem Kirchturm stand, übten sich im Zielspucken, wer den unten wartenden Priester auf den breitkrempigen Hut treffen könne. Das war sicher nicht ganz so schlimm wie meine böse Tat, die mir dort niemand verzieh, und die mit meiner Entlassung endete. Ich stellte fertig gehobelte Bretter ohne Absicht vor das Kruzifix in der Werkstatt.

Nun konnte ich auf andere Baustellen ziehen. 26 waren es insgesamt Jedenfalls stellte das der Computer bei meinen Rentenantrag 1994 in Berlin fest.

Der Stahlbetonbau war zu dieser Zeit groß im Kommen. In Düsseldorf bauten wir die Rhein-Ruhr-Bank. Die benachbarten Gebäude waren schon bezogen. Und so konnten wir uns daran erbauen, wie die Mädchen sich auf den Toiletten schminkten. In Dortmund richtete ich mit meinem Kumpel eine Baustelle für das Arbeitsamt, das später zu einem Wehrkreiskommando umfunktioniert wurde, ein. Jeden Morgen, wenn wir erst 7.30 Uhr aufstanden, fragten wir uns, womit wir es verdient haben, dass es uns so gut gehe.

In diesem Jahr starb Stalin. Als die Nachricht kam, legten wir eine Gedenk-Pause ein. Selbst im fernen Westen gab es eine schwer definierbare Erschütterung. Auf einmal existierte etwas nicht mehr, das die Welt geprägt hatte und irgendwie zusammenhielt. Als wäre nun ein Loch. Keine Erleichterung, eher Leere. Ein Gott war sterblich.

Auf einer anderen Baustelle bauten wir mit riesigen Spannbetonträgern die Werkhallen von Krupp auf. 25 Meter freitragend! Das gab es noch nicht. So ging es von Baustelle zu Baustelle. Wenn eine Baustelle zu Ende ging und wir gehörten nicht zum Stammpersonal, suchten wir uns eine neue Arbeit. Aber in Neuß lernte ich noch mehr kennen. In der Karnevalszeit lief mir eine liebevolle schüchterne Schneiderin in die Arme. Die blonde gut frisierte Luise mit den blauen Augen war 23 Jahre alt; ich erst zweiundzwanzig. Als ich sie küssen wollte, musste sie erst den katholischen Pfarrer fragen, ob sie so etwas dürfe. Der war mutig und gestattete es ihr, vorausgesetzt, es geschehe aus Liebe. Nun fragte mich Luise, ob ich sie auch wirklich aus Liebe küssen wolle. Nun ja, was sollte ich einem so netten Mädchen sagen. Wir gingen am Wochenende Hand in Hand am Rhein spazieren, küssten uns, und sie sorgte sich, wenn meine Kleidungsstücke nicht in Ordnung waren. Einmal waren wir sogar in der Westfalenhalle in Dortmund zur Eistanz-Europameisterschaft. Bald lud mich die Mutter zum Kaffeetrinken ein. Ich sollte mit dem Pfarrer sprechen, ob ich katholisch werden könne. Das war eine Voraussetzung für die Heirat. In der Kirche, während der Predigt bekam ich aber immer Magenschmerzen, und ich wusste nicht warum. Inzwischen wurde ich nicht nur zum Kaffeetrinken eingeladen. Luises Mutter lud heimlich und ohne mir etwas zu sagen meine Mutter zur Verlobung ein. Da war ich sauer und sagte die Veranstaltung ab. Meinen Verlobungstermin wollte ich schon noch selbst bestimmen. Das hat unserer Beziehung nicht geschadet, denn Luise wusste auch nichts davon. Für meine Mutter tat es mir leid. Es wäre ihre einzige Westreise gewesen. Aber ich dachte, aufgeschoben ist nicht aufgehoben.

Vier lange Jahre war ich im Westen und wollte mich weiterbilden. Zwischendurch erhielt ich von meiner Schwester, die im Einkaufshaus für Büchereien in Leipzig tätig war, Briefe, die u.a. die Bildungschancen in der DDR priesen. Vorerst versuchte ich mich vor Ort. Nach einem interessanten Beginn am Abendgymnasium in Düsseldorf, fragte mich der Polier auf der Baustelle, was mein Kumpel machen solle, wenn ich schon um 18 Uhr abhaue. Zimmerleute arbeiteten in der Regel zusammen, solle er zwei Ziegel nehmen und sich die Eier reiben? Ich hatte zwischen Schule und meinem Kumpel zu entscheiden. Ich entschied mich für letzteren. Später fuhr ich mit einem Freund zweimal die Woche nach Wuppertal zur Fachhochschule. Hier machte das Lernen richtig Spaß. An meinem 23. Geburtstag setzten wir uns in eine Kneipe in Düsseldorf-Heerdt und tranken ein Glas Bier auf mein Wohl. Mein Freund ging dann nach Hause. Sein Onkel wohnte außerhalb der Ortschaft. Er ging auf der rechten Seite am Straßenrand entlang und wurde von einem Auto von hinten angefahren. Der Verursacher legte ihn mit dem Kopf nach unten in den Straßengraben und flüchtete. Im Krankenhaus hätte er gerettet werden können. Zufall als Schnittpunkt mehrerer Möglichkeiten? Von da an wurde festgelegt, dass Fußgänger außerhalb von Ortschaften auf der linken Seite laufen müssen. Das machte Heinz aber nicht wieder lebendig.

Heinz war das einzige Kind einer allein erziehenden Mutter. Noch nie war mir der Tod so nah gekommen. Noch dazu an meinem Geburtstag. In der Schule blieb der Platz neben mir leer. Dann konnte ich auch nicht mehr nach Wuppertal fahren. Ich reagierte auf die Briefe meiner Schwester. Außerdem sagten mir Agitatoren der Kommunistischen Partei auf der Baustelle, dass die DDR Leute wie mich brauche.

Aber da waren noch Luise und der Pfarrer. Ich fragte Luise, ob sie mit mir in die DDR kommen würde. Wohnungen und Arbeit seien genügend vorhanden. Da Luise auch deswegen erst einmal den Pfarrer fragen musste, wurde nichts daraus. Ich hätte alles mit ihr machen können, Hauptsache, ich bleibe in Bundesrepublik bei Luise. Das schmeckte mir nun gar nicht und ich ging ohne Luise und Erlaubnis von Hochwürden nach Hause, nach Leipzig. Ich sagte ihr, dass ich mich freuen würde, wenn sie nachkäme, sie hätte ja auch eine Tante in Gotha.

Die vierte Lehre

Barlach in Güstrow. Traktoren in Charlottental

Als Kind las ich den „Lederstrumpf" von Cooper. Dann Kriegstagebücher. Später, mit zwölf, wollte ich in der altehrwürdigen öffentlichen Bibliothek Walter Hofmanns in der Leipziger Richterstraße Darwins „Entstehung der Arten ..." entleihen. Die Bibliothekarin meinte, dass ich das noch nicht verstehen könne. Ich verstand nicht, warum sie mich nicht verstand. Sie gab mir auf Grund meines Einspruchs drei andere Bücher und meinte, wenn ich die ausgelesen hätte, dann würde sie mir den Darwin entleihen. Nach der Rückgabe sprach sie mit mir über die drei Bücher. Aber auch dann hatte ich Mühe, den Darwin zu verstehen. Dennoch, ich las ihn und behielt ein naturwissenschaftlich geprägtes Weltbild. Später, viel später, besuchte ich eines Tages die Galapagos-Inseln im Stillen Ozean.

Als Zimmermann war ich Mitglied des Bertelsmann-Leseclubs. Ich erinnere mich noch, dass ich u.a. „Anna Karenina" von Tolstoi bestellte. Ich glaubte, dass dieses Meisterwerk für meine Suche nach einem glücklichen Leben wichtig sei. Ich las es in einem katholischen Krankenhaus, als man meinen Magen kurierte. Danach war ich noch dreimal krank. Jedes Mal habe ich mich während der Krankheit mit Büchern beschäftigt, die Einfluss auf mich gewannen. Das erste Mal, ich war noch Zimmermann und lag drei Wochen lang mit Rückenbeschwerden im Bett, las ich Ostrowskis „Wie der Stahl gehärtet wurde". Man sprach über das Buch, und die Zeitungen schrieben darüber. Ich schloss Freundschaft mit Pawel Kortschagin, dem Helden, der erblindet noch der Revolution zum Sieg verhelfen wollte. Von Makarenkos „Der Weg ins Leben" lernte ich die Orientierung auf das Positive beim Umgang mit schwierigen Zeitgenossen. Bredels „Die Väter" und „Die Söhne" öffneten mir das Tor zur Geschichte der Arbeiterbewegung.

So erfuhr ich in dieser Zeit von der großen Liebe einfacher Menschen, erahnte etwas vom Hauch der Geschichte, in der Revolutionen zu Wendepunkten wurden, und lernte durch die Helden dieser Bücher, wie viel Selbstlosigkeit heroische Zeiten abverlangen. Nach drei Wochen stand ich auf und spürte geradezu körperlich, wie einer wie ich über Lektüre zu einer veränderten Weltbetrachtung gelangt. Das war überwältigend. Literatur konnte prägen und nachhaltig wirken. Ich wollte Büchervermittler werden. Die Zeitungen und die Nachrichten sprachen von unserer einmaligen Revolution. Wir wurden zu Gestaltern dieser Revolution. Mit dem Wissen der gelesenen Bücher war es leicht, diesen Worten zu glauben.

Der Wandel vom Zimmermann zum Bibliothekar war in einem Lande, das nach Veränderung lechzte, nichts Ungewöhnliches. Für mich bedurfte es aber noch einer Kette von Anregungen. Die Erkenntnis, dass die Gegenwart nur erfassbar ist, wenn die Vergangenheit hautnah berührt wird, vermögen am ehesten die Künste zu vermitteln. Auf meinen Lebensplan aber hatten die Schönen des Landes großen Einfluss. Man muss dabei den Zimmermann sehen, der spürt, dass er auf dem Gebiet der Bildung einen kaum aufzuholenden Nachholbedarf hat. Geschichte und Kunst bündelten sich in diesen Zeiten der Veränderung deutlich. Deutlicher, als Geschichtsbücher es ausweisen können. Das kann nur nachvollziehen, wer es miterlebt hat.

Nun war es als erstes nicht einmal ein Mädchen, das für mich das Tor zu den Geschichts- und Kunstepochen aufstieß, nein, es war ein fünfzehnjähriger Junge in Leipzig während meines Vorstudiums an der Ingenieurschule für Bauwesen. Meine Aufgabe war, ein beliebiges Buch zu besprechen. Da ich gerade „Vincent van Gogh" von Stone gelesen hatte, gab ich den Inhalt zum besten. Da meldete sich ein Schüler und verriss meine Darlegungen, nein, die Auffassung von Stone über Van Gogh, und es folgte ein kunstgeschichtlicher Vortrag über die Abgrenzung zwischen Expressionismus und Impressionismus. Das war für mich kaum zu fassen. Nach der Veranstaltung sprach ich den Fünfzehnjährigen an. Er war früh eingeschult worden, begann mit 13 eine Maurerlehre, die er schon abgeschlossen hatte, und bereitete sich nun auf das Ingenieurstudium vor. Wo kamen seine kunstgeschichtlichen Kenntnisse her? Es stellte sich heraus, dass die großen Geschwister Musik studiert hatten und im Leipziger Gewandhaus spielten. Nebenbei hörte er zu Hause von den Geschwistern so allerlei. Er saß ja immer dabei, wenn sie sich unterhielten. Man schickte ihn bei solchen Gelegenheiten schon lange nicht mehr ins Kinderzimmer Der Vater war Direktor eines Gymnasiums. Für mich gehörte ein unglaublicher Wissensdurst dazu, den Gesprächen der Geschwister überhaupt nur zuhören zu wollen. Dieser Wissensdurst war bei Berthold ererbt.

Unsere Freundschaft währte mehrere Jahre. Unsere Gesprächsthemen waren Goethes Faust, die zwei Seelen in seiner Brust, Shakespeares Hamlet, Schillers Don Carlos und Heines „Buch der Lieder". In diese geistige Verfassung trat Sonja, die mich geistig weiter voranbrachte. Nach Anna war sie meine eigentliche große Liebe. Erstmals in meinen Leben eine Studentin. Sie studierte an der Leipziger Fachschule für Bibliothekare. Ich lernte sie beim Arzt, bei einem Kurs für autogenes Training kennen. Blond, kess, mit hessischem Dialekteinschlag, anschmiegsam, mit schönen Rundungen. Das Schmalkaldisch-Hessische war wohltuend neben dem Leipziger Sächsisch. Am Abend unseres Kennenlernens gingen wir zum Feuerwerk anlässlich eines Völkerschlachtjubiläums. Von da an kam Sonja fast täglich zu mir, sie wohnte in der Nachbarstraße, und blieb länger, wenn sie eine Arbeit schreiben musste, eine Prüfung hatte, oder ihre Sorgen mit Kommilitonen oder Lehrern abladen wollte. Dabei bekam ich den ganzen Stoff des zweiten Studienjahres der Bibliothekarschule mit, erfuhr vieles über Lehrer, die mir in den nächsten Jahrzehnten begegnen sollten, und ich lernte Hugo, Zola und vieles andere richtig auszusprechen. Mit Sonja lernte ich eine andere Welt kennen. Wir liebten uns mindestens zweihundert Tage, und ich lernte dabei mehr, als in den vielen Jahren der Schulzeit. Dann kam ein „Intellektueller" und nahm sie mir weg. Nach vielen Jahren, als er promovieren wollte, lief er mir wieder über den Weg. Aber dazu komme ich noch.

Es mag überraschend klingen, aber ein Jahr später arbeitete ich als Bibliothekar auf einer Maschinen- und Traktoren-Station in Mecklenburg; in der mecklenburgischen Schweiz, in der Nähe der Barlachstadt Güstrow. Was Frauen doch alles vermögen. Nun hatte ich die Chance, weiterzugeben, was Literatur bei mir bewirkt hatte. Naiv und einfach gedacht. Aber ich hatte dann tatsächlich viele Leser, für die die Literatur, das Lesen und das Verstehen eine Erweckung war. Meine Bibliothek und ich, wir lebten auf einem Schloss. Mein Nachbar war der Technische Direktor der Station. In ihm, einem Jagdflieger des zweiten Weltkrieges, abgestürzt, mit einer Blechbrust anstelle der Rippen und einer Silberplatte als Stirn, hatte ich einen Gesprächspartner, der mich zwang, schneller und mehr zu lesen, als die Zeit hergab. Ein Büchernarr und ein Liebhaber von Tolstoi, Puschkin und Scholochow.

Jeden Morgen raste dieser aus Ersatzteilen bestehende Mensch mit seiner 500er BMW zwanzig Kilometer durch Schlaglöcher zur Maschinen- und Traktoren-Station, um anschließend über die Felder zu rauschen und die Agronomen zu kontrollieren. Die Bauern entliehen sich in dieser Zeit für wenig Geld Maschinen und Traktoristen von der Station. Er aber wollte mit mir über Bücher reden, über Schiller und Goethe, über Leonhard Frank, Gorki, Heine. ... Und ich las und las. Romane und Bücher über Bücher, um im Gespräch bleiben zu können. Dieses großartige Energiebündel von Mensch trommelte manchmal vor Ungeduld auf seiner Blechbrust herum. Dieser Technische Direktor verlangte von mir, dass ich Lesepläne für die Agronomen aufstelle. Ich erinnere mich, dass mindestens vier von acht Agronomen diese dann auch abarbeiteten. Ich kam, von ihm bedrängt, meinem Credo, anderen mit Literatur helfen zu wollen, näher, so nahe, dass ich dafür mit ihnen bei der „Gesellschaft für Sport und Technik" LKW fahren lernen musste. Was nachhaltiger wirkte, mein Leseplan bei den Agronomen oder deren Fahrschule bei mir, das weiß ich nicht.

Die Agronomen heirateten die Dorfschönen, und für mich war die junge Deutschlehrerin des Nachbardorfes zur ersten Gesprächspartnerin avanciert. Fast regelmäßig musste ich früh, vor der Schule, in der sie wohnte, meine Fahrradreifen aufpumpen. So las und liebte ich mich in meinem neuen Beruf ein.

Am Schließtag meiner Bibliothek fuhr ich nach Güstrow zur Stadt- und Kreisbibliothek. Hier erhielt ich einen praktisch ausgerichteten Minimalkurs in Katalogisieren, Klassifizieren, Bestandsaufbau und Buchpflege von einer liebevollen, geduldigen, rotblonden Bibliothekarin. Die „Bettlerin" und zwei andere Plastiken von Barlach, die in der Güstrower Bibliothek standen, schauten uns zu. Am Wochenende besuchten ich mit Güstrower Bibliothekaren die Barlach-Gedenkstätten, deren Wert von den Herrschenden damals nicht erkannt wurde. Wir gingen schwimmen und ruderten auf dem See. Schauten uns das wiederhergestellte Güstrower Ehrenmal im Dom an, das die Nazis hatten einschmelzen lassen. Ich lernte die Mecklenburger kennen und sie mich auch. Wir stritten über den Expressionismus bei Barlach und über Picassos Meisterwerke. Natürlich auch über Stalin und Chrustschow, Krieg und Frieden. Sogar eine Originalgraphik aus Barlachs Zyklus zu Goethes Faust konnte ich für 50,– Mark erwerben. Das Unmögliche war möglich. Mit Barlachs Lebensgefährtin Marga Böhmer, die aussah wie Käthe Kollwitz, sprach ich über den Meister.

Nicht nur Barlach band mich ans Güstrower Land und an Mecklenburg – es gab auch eindruckvolle lebende Persönlichkeiten. Ein mir Unvergessener war der Domprediger zu Schwerin, der Genosse Pfarrer Karl Kleinschmidt. In Hitlers Konzentrationslager kämpfte er gemeinsam mit Kommunisten ums Überleben, und sie schmiedeten zusammen Pläne, wie es in einem vom Faschismus befreiten Deutschland weitergehen sollte. Auf alle Fälle wollten sie in einer neuen Welt miteinander und nicht gegeneinander wirken. Marx und Christus – welch historische Dimension! Nun waren sie da und gestalteten eine Neue Welt – die Kommunisten und der Domprediger. Fast wie Don Camillo und Peppone. Nein anders. Aktiver. Sicher hatte die SED ihre Schwierigkeiten mit dem Domprediger und der Domprediger mit seiner Kirche. Ich war Zeuge, wie Karl Kleinschmidt den Schülern der Bezirksparteischule der SED in Güstrow versuchte, dialektisches Denken beizubringen. Die Parteischüler stellten einfache, sehr einfache Fragen, um den Domprediger aus der Fassung zu bringen. Ich kann mich nur noch an sein: „Genossen, das müsst ihr dialektisch sehen." erinnern. Für mich war er das personifizierte Beispiel für Toleranz und Wissen. Sein Leben und sein Vorleben gehörte einer Zukunft, für die ich mich erwärmen konnte. Wir sprachen mehrfach miteinander. Schade, dass wir nur einen Karl Kleinschmidt hatten. Er schrieb auch ein viel gelesenes Buch über Thomas Müntzer. Einer seiner Söhne hat mich 1955 für den „Kulturbund zur demokratischen Erneuerung" geworben.

Inzwischen lernte ich die Leiter der zwölf zu meinem MTS-Bereich gehörenden Bibliotheken kennen. Meist waren es Lehrer. Manchmal fuhr der Kreisbibliothekar mit dem Fahrrad mit, um mich vorzustellen. Am Schluss hatte er einen Sack voll Hühnerfutter auf seinem Gepäckträger. An den Vormittagen bepinselte ich die Sachbücher der Dorfbibliotheken mit der Rückensignatur der neuen Systematik von Günter de Bruyn. Dabei lernte ich Bibliotheken, zerlesene Bücher und die raue Schale der Mecklenburger kennen. Einmal kam ich in Schwierigkeiten: Zehn Kinder, Zehn- bis Dreizehnjährige, standen in meiner Bibliothek und riefen im Chor: „Wir wollen den ‚Stillen Don' haben". Nun ja, es hatte sich herumgesprochen, dass Scholochow sehr drastische und freizügige Szenen in seinem Mammutwerk gestaltete, und zwar so, dass sie an Kinder nicht ausgeliehen werden sollten. Guter Rat war teuer. Meine Freundin, die Deutschlehrerin, meinte, sie wolle es im Unterricht vorbereiten, danach könne ich ihnen den Scholochow geben. Ich war verblüfft. Wir sprachen in der Bibliothek darüber, und die Kinder kamen und holten sich ihren Scholochow, den einige von ihnen dann sogar lasen. Vier dicke Bände! Danach kamen sie oft mit ihren persönlichen Problemen zu mir und fragten, ob ich ihnen mit Büchern helfen könne. Wir wurden Freunde.

Eines Tages kam der kleine Herbert Wolf, der Direktor der Stadt- und Bezirksbibliothek Schwerin, mit dem großen Gotthard Rückl, dem Direktor des Zentralinstituts für Bibliothekswesen aus Berlin, zu mir auf das Schloss. Sie schauten, wie ich mit einer der ersten dieser neuen Bibliotheken umging, und sie ließen sich von der Arbeit der Dorfbibliotheken, den lesenden Kindern in Mecklenburg und von den Leseplänen der Agronomen erzählen. Ich war überrascht, dass sie den Besuch bei mir später nicht vergessen hatten.

Damals konnte ich nicht ahnen, dass der eine von ihnen meine Diplomarbeit und später meine Dissertation begutachten und mich dann nach Berlin holen würde. Auch wusste ich nicht, dass ich dem anderen bezüglich der Zahl seiner Kinder nacheifern würde.

II. Wegzeiten

Die Straße nach Suhl-Heinrichs

Bevor ich die Straße nach Heinrichs beschreiten konnte, musste ich den Weg nach Suhl gehen. In Mecklenburg, auf der Maschinen- und Traktoren-Station wurde trotz heftigen Protestes des Direktors die Bibliotheksplanstelle gestrichen. Daraufhin wollte mich der Rat des Bezirkes in die Stadt- und Kreisbibliothek Gadebusch vermitteln. Das wiederum wollten die Gadebuscher nicht, weil ich schon einmal der Republik den Rücken gekehrt hatte und Gadebusch Grenzkreis war. In Wirklichkeit wollten sie den Kreisbibliothekar behalten, der bei Bedarf gern mit seiner Belegschaft zum Laubharken ging. Nun gab mir ein Freund die Empfehlung, mich an das ZIB, das Zentralinstitut für Bibliothekswesen in Berlin, zu wenden. Ich landete bei Gotthard Rückl, der dachte mich in seinem Patenbezirk Frankfurt/Oder unterzubringen. Auch Erich Schröter, ein Urberliner und Senior des öffentlichen Bibliothekswesens, unterhielt sich mit mir über meine Arbeit in der MTS-Bibliothek. Erich war Pate in Suhl. Nach einem kurzen Gespräch griff er sich erst an den Kopf und dann zum Telefonhörer und sagte: „Mensch, Suhl. Die brauchen Leute". Nach einer viertel Stunde wusste ich, dass ich in Suhl eine Arbeit erhalten könne. Zunächst war Ilmenau im Gespräch. Doch da gab es Bedenken. Möglicherweise hat mich ja doch der Bundesnachrichtendienst in den vier Jahren meines Westaufenthaltes zum Agenten ausgebildet. Am Ostermontag erhielt ich dann vom Suhler Bibliotheksreferenten ein Telegramm, dass ich in Suhl als Bibliograph anfangen könne. Bibliographie, mein Gott, davon hatte ich keine Ahnung.

Nun war ich in Suhl, hatte aber noch keine Wohnung. Das Wohnungsamt schickt mich in den Ortsteil Heinrichs, wo es das schöne Rathaus gab. Hier sagten sie, eine Wohnung gäbe es wohl, aber ein Nachbar hätte sein Haus daran gebaut, nun habe die Wohnung keine Fenster mehr. Ob man da welche einbauen könne? Nach wenigen Tagen hatte ich die Baugenehmigung. Das ging, ganz gleich, ob der Vermieter einverstanden war oder nicht. Die kleinen Fenster über dem Dach des Nachbarhauses hatte der Mann einer Kollegin, ein Tischler, schnell gefertigt. Das Fensterlöcher Ausstemmen und Einbauen der Fenster dauerten nur wenige Stunden. In der Küche wurden schräge Wände mit Bast verkleidet und zu einer „Schlafzimmer-Liebeshöhle" umfunktioniert, in der wir uns, auch davon später, wohlfühlen konnten. Nur einmal war ich nicht so begeistert, als ich nämlich unter meinem Kopfkissen eine tote Maus fand, die ich wahrscheinlich im Schlaf ins Jenseits befördert hatte. Aber das war nichts Neues. In Mecklenburg hatten Mäuse am Fußende meines Bettes geheckt. Damals war ich sehr verwundert, als es so schön weich an meinen Füßen krabbelte. ...

Der Weg von der Bibliothek zur Wohnung in Heinrichs dauerte etwa eine halbe Stunde. Die Busverbindungen waren am Abend nicht sehr häufig, so dass ich in der Regel laufen musste. Die erste viertel Stunde überlegte ich mir, wie ich mehr Menschen in die Bibliothek holen und wie ich mehr Erwachsene, Jugendliche und Kinder zum Buch verhelfen könne. Zugleich dachte ich über die Effizienz unseres Tuns nach. Mein neuer Chef, Helmut Topp, verhandelte mit einer Pädagogin beim Rat des Bezirkes, Frau Dr. Gruschwitz, mit der Zielstellung, in den Schulen Bibliotheksunterricht einzuführen. Sie verhandelte ihrerseits mit dem Volksbildungsministerium in Berlin, konnte sich aber nur insoweit durchsetzen, als dass man in Suhl eine Probestrecke fahren durfte. Zunächst wurden aber Klassenführungen in Bibliotheken organisiert, in denen alle Schulkinder in den 2. und 5. Klassen eine Einführung in die Bibliotheksbenutzung erhielten. Das brachte Kinder in die Bibliothek. Wesentlich dabei war, dass sie Bibliotheksbenutzer blieben.

Wir richteten mehrere Zweigbibliotheken ein. Eine davon durfte ich leiten. Ich schloss mit den Kollegen Wetten ab, dass ich in meiner Zweigbibliothek mit Hilfe von Ausstellungen die Sachliteraturausleihe verdreifachen könne – und gewann. Die Romanausleihe war auf Grund mangelnder Bestände auf einem Band limitiert.

Wir sollten ein Informationsblatt für alle hauptberuflichen Öffentlichen Bibliotheken einführen, überlegte ich. Topp war einverstanden, und wir kauften eine Druckmaschine (eine BDA 4). Nun schrieben wir über die neuesten Erfahrungen im Bibliothekswesen des Bezirkes, werteten die Statistiken gründlich aus und informierten über Beispiele erfolgreicher Bibliotheksarbeit. Wir druckten selbst. Auch das brachte Probleme mit sich. Mittwoch war Drucktag und mittwochs hatte ich Spätausleihe. Es gelang mir nicht immer, so rechtzeitig mit dem Drucken fertig zu werden, dass ich meine von Druckfarben geschwärzten und geröteten Hände (wir versuchten auch Mehrfarbdruck) nicht sauber bekam. Da gab es Ärger mit unserer erfahrenen und korrekten Abteilungsleiterin Ausleihe, der Elfriede Köhler, die Helmut Topp eingestellt hatte. Schließlich durfte man wirklich nicht mit schmutzigen Fingernägeln an der Theke stehen und Bücher empfehlen.

1956 wurde ich, wie gesagt, in Suhl als Bibliograph eingestellt. Das war die einzige freie Planstelle. Dennoch war das problematisch, denn ich hatte ja noch nicht einmal das Fach Katalogisieren absolviert. Topp erkannte das und schickte mich für einige Wochen nach Meiningen, um im Archiv über den Bibliothekar und Märchendichter Bechstein zu forschen. Das Wichtigste, was ich entdeckte, war, dass Bechstein mit dem Herzog und seiner Verwaltung wegen des zu hohen Papierverbrauchs in ständiger Fehde lag. Die fürstliche Verwaltung unterstellte dem Märchendichter, dass er seine Märchen auf hochfürstlichem Papier schrieb und wahrscheinlich auch während seiner Dienstzeit als Bibliothekar mehr für seine Märchen übrig hatte als für seine Bibliothek. Letzteres ist nur ein logischer Schluss von mir, der sich aus dem Trouble zwischen Bechstein und dem Fürsten und seinen Ministern ergab.

Dann gab es einen Rahmenstellenplan für Bezirksbibliotheken. Er ermöglichte, in Suhl eine Planstelle für eine methodische Kraft in der Bezirksabteilung zu bekommen.

Helmut Topp meinte, dass ich mich auf Grund meiner Erfahrungen im ländlichen Bibliothekswesen besser eigenen würde, im Bezirk zu arbeiten. Das war gut so, für mich und für die Bibliotheken, zumal ich einen Abteilungsleiter hatte, der von ländlicher Bibliotheksarbeit, gelinde gesagt, wenig Ahnung hatte. Alfred Meißner war ein musischer Mensch, ein Lehrer aus Ostpreußen. Nebenberuflich war er Musikkritiker, so wie Topp Theaterkritiker am Meininger Theater war. Diese Vorbilder beachtend, bewarb ich mich um die Stelle des Filmkritikers bei der Bezirkspresse. Das klappte dann auch. Ich sah in dieser Zeit alle in der DDR laufenden Filme bei einer Voraufführung am Donnerstag Nachmittag, dem Schließtag der Bibliothek. Mein Hauptanliegen war, mich in der Kritik und im Schreiben zu üben. Dazu kam ein zusätzlicher Spaß und natürlich das Taschengeld, mit dem ich meine Reisen nach Sondershausen finanzieren konnte. Die wichtigsten Seiten der Kulturkritik im Bezirk waren nun bei der Bibliothek verankert. Das förderte unser Image. Mindestens die Hälfte meiner Kritiken hielten einer „höheren" Auswahl stand und wurden im jeweiligen Jahrbuch des Films nachgewiesen. Das wiederum förderte mein Selbstbewusstsein.

Wie Kritiken noch nach langer Zeit nachwirken können, zeigt ein Ausschnitt aus einem jüngst von Eberhard Esche veröffentlichen Buch „Der Hase im Rausch": „Meine erste Theaterkritik bekam ich in Meiningen. Der Kritiker des Lokalblattes hieß Topp. Er schrieb durchaus Freundliches über einen jungen Mann, doch nicht annähernd so günstig, wie der junge Mann sich selbst sah. Und mit einem Satz in seiner Kritik ärgerte er mich wirklich. Herr Topp schrieb von meiner manierierten Spielweise. Ich wusste nicht, was er damit meinte, auch verwechselte ich damals manieriert mit mariniert, und ich nannte den Mann ungerechterweise Scheißtopp."

Die Resonanz auf meine Kritiken war auch sehr unterschiedlich. Die einen gingen ins Kino, wenn ich den Film lobte, die anderen, wenn ich ihn verriss. Als ich später, wegen des Philosophiestudiums und beruflicher Belastung keine Kritiken mehr schrieb, erhielt die Zeitung viele Zuschriften, in denen nach meinen Kritiken verlangt wurde. Meine enge Zusammenarbeit mit der Bezirkspresse hatte einen weiteren Vorteil. Die Chefredakteurin schickte mich als Teilnehmer zur berühmten Bitterfelder Konferenz. Wahrscheinlich war ich überhaupt der einzige Bibliothekar, der an dieser, für die damalige Kulturpolitik der DDR so bedeutsamen Konferenz teilnahm. Auch war ich der Einzige, der eine Fliege trug. Nun rief uns Alfred Kurella auf, die gottverdammte Bescheidenheit der Arbeiterklasse hinter uns zu lassen und die ersten drei Reihen, die noch frei waren, zu besetzen. Brav, wie ich war, ging ich nach vorn und setzte mich fast ganz allein in die erste Reihe. Genau vor Walter Ulbricht, der mich ständig fixierte – wahrscheinlich meiner Fliege wegen. Die alten Haudegen der Literatur zogen mich in ihre Pausengespräche. „Wenn du einmal schreiben willst, musst du dir eine ungewöhnliche Begebenheit aussuchen und sie haargenau schildern. Nichts, aber auch gar nichts darfst du auslassen. Du wirst sehen, das klappt". Nun kam ich der Literatur wieder ein Stückchen näher.

Die Literatur war ja schließlich das wichtigste in den Bibliotheken, und ich war in Suhl für die Entwicklung der ländlichen Zentralbibliotheken und die methodische Anleitung der Gewerkschaftsbibliotheken zuständig. Die damals noch schwierigen Verkehrsverbindungen mussten gemeistert werden. Dafür besorgte ich mir ein Moped; die wurden ja in Suhl gebaut. Auch wenn ich so manches Mal, bei beginnendem Regenwetter, bei einer scharfen Bremsung oder ähnlichem, über die Lenkstange flog und das Moped auf das Kopfsteinpflaster knallte, machte das Mopedfahren Spaß.

Unsere Erfolge beim Werben von Lesern zogen neue Probleme nach sich. Im Nu waren die Regale leer. Da halfen keine Limitierungen. Ein Roman, zwei Sachbücher, das war nun die Norm. Am schlimmsten waren die ländlichen Bibliotheken betroffen. Nicht nur Kinderliteratur fehlte, diese aber besonders. Ein Fachzeitschrifts-Beitrag über Blockbestände in Sondershausen ließ uns aufhorchen. Siegfried Kunath, der damalige Kreisbibliothekar von Suhl-Land und ich stiegen aufs Moped (auch er hatte sich eins beschaffen können) und fuhren nach Sondershausen. Suhl –Sondershausen, eine herrliche Landschaft. Vom Grün der Fichten zum Grün der Laubwälder, bergauf, bergab, den Fahrtwind um die Ohren. Das übte auch ungemein, denn wir waren Anfänger. Nach einigen kleinen Verkehrssünden in Erfurt kamen wir gut über die Berge. Das Sonderhäuser Austauschsystem war interessant, aber sehr kompliziert. Ich modifizierte es, und wir führten es in allen Kreisen ein. Eine Blocksendung enthielt ca. hundert Bücher. Nach einem halben Jahr wurde getauscht und schon hatten alle Gemeinden wieder hundert neue Bücher. Zu einem Leihkreis gehörten sechs bis acht Gemeinden. Ich orientierte darauf, dass dies auch die späteren Zentralbibliotheksbereiche sein sollten. So kamen Hunderte von neuen wichtigen Büchern immer wieder als Ergänzung zum Grundbestand in die Dörfer. Das war eines der Geheimnisse der ständig steigenden Suhler Bibliotheksleistungen. Später, als mehr Geld vorhanden war, wurde das System weiter modifiziert. Zum Beispiel wurde Kinderliteratur ortsfest in jeder Bibliothek angeschafft, da schließlich die Kinder als Bibliotheksbenutzer ständig nachwuchsen und die Kinderliteratur vor Ort regelrecht zerlesen wurde. Einige Kreise konnten sich, als das Angebot breiter war, nicht von diesem System trennen. Hildburghausen mit seinen 90 Gemeinden tauschte noch in den 80er Jahren die Bücher.

In diesen Jahren, wir befinden uns noch in den 50ern, begeisterten wir unseren Referenten beim Rat des Bezirkes für die Freihandbibliothek. Die Öffentlichen Bibliotheken waren ausschließlich Thekenbibliotheken. Die erste Freihandbibliothek des Bezirks richteten wir in Hildburghausen ein. Natürlich musste auch Geld für neue Möbel beschafft werden. Der Referent ging zum Rat des Kreises und warb mit folgender Argumentation: „Der Rat des Bezirks gibt ein Drittel der Kosten für eine neue Bibliothek, wenn der Rat des Kreises ebenfalls ein Drittel zur Verfügung stellt". Dann wiederholte er das Spiel beim Rat der Stadt und schließlich ging er zum Vorsitzenden seines Rates und sagte, dass er bereits zwei Drittel für eine neue Freihandbibliothek habe. Die wäre das Fortschrittlichste, was es im Bibliothekswesen gäbe, weil die Bürger in diesen Einrichtungen zur Selbständigkeit der Literaturauswahl erzogen würden. Zähneknirschend gab der Vorsitzende aus seinem persönlichen Fond die fehlenden Tausender. Leser- und Ausleihzahlen stiegen in Hildburghausen nunmehr rasant an. Die Bürgermeister aller Städte des Bezirkes wurden nach Hildburghausen geladen, die neuen Leistungen und die Zweidrittellösung wurde propagiert – und im folgernden Jahr hatten Schmalkaden und Bad Salzungen neu eingerichtete Freihandbibliotheken. Ein weiteres Jahr später meldete der Bezirk Suhl, dass alle acht Stadt- und Kreisbibliotheken auf Freihandausleihe umgestellt seien. In den meisten Fällen sind wir in die Kreisstädte gefahren und haben den Kollegen vor Ort gezeigt, wie die Bestände rationell systematisiert und umgestellt werden können. Wir hatten Erfahrungen gesammelt. In Ilmenau nahmen wir außerdem entsprechende bauliche Veränderungen vor. Geübt hatten wir in Suhl, als wir die Zwischenwände der ehemaligen Bank selbst entfernten. Die schnelle Umstellung auf Freihandausleihe war ein weiteres Geheimnis, weshalb sich der Bezirk in relativ kurzer Zeit vom letzten Platz bei den Entleihungs- und Benutzerzahlen auf einen der vordersten schob. Ich spürte, dass sich mein Credo verwirklichen ließ. Aber der Schritte waren noch viele und es musste noch mehr ausgedacht werden.

Auf dem Weg von der Bibliothek nach Heinrichs, wo mich Frau und kommende Kinder erwarteten, hatte ich dann noch eine zweite Viertelstunde.

Erste Familie und Kinder. Ein Einschub

Die Kästner Traudel, eine Tochter meiner Cousine aus Frauenstein, kam nach Leipzig um den Cousin und Zimmermann zu besuchen. Sie brachte eine Freundin mit. Die Freundin hieß Christel und war in Mulda, am Fuße des Erzgebirges, zu Hause. Sie wohnte dort in einem hübschen Haus am Wald neben dem Sägewerk. Vater und Onkel gehörte eine Fabrik in Mulda, einem Ort, der für seine Strickproduktion bekannt war; Lütznerstricke. Hochanerkannt im Erzgebirge, versuchte Lützner-Walter auch zu DDR-Zeiten Stricke zu produzieren. Weil ringsum nicht alles stimmte, und er im Osten nicht alles kaufen konnte, fuhr er nach dem Westen, zum Beispiel um Glühbirnen zu erstehen, die ihm fehlten, denn seine Arbeiter brauchten im Winter Licht um Stricke zu produzieren. Dabei wurde er eines Tages „erwischt". Er musste wegen Schmuggel ins Gefängnis und wurde enteignet. Vielleicht hatte er noch das eine oder andere in seinem Rucksack. Als er aus dem Gefängnis raus kam hatte seine jüngste Tochter, die Lützner-Christel, auch ihre Lehre als Technische Zeichnerin beendet. Sie arbeitete jetzt bei einem Tierarzt. Dieser Mann war bereits Anfang der 50er Jahre ein Grasgrüner und sagte all das Schlimme voraus, das dann auch passierte, weil es keine ökologische Wende gab. Alles, was Scharen von Umweltaktivisten und Umweltministern heute, fünfzig Jahre später, erzählen, erzählte er schon damals: von der Notwendigkeit der natürlichen Düngung bis zur Verminderung des Schadstoffaustausches. Davon sprach auch die Lützner Christel, nachdem ich ihr die Hand in der Leipziger Straßenbahn drückte. Wir gingen, glaube ich, ins Leipziger Schauspielhaus. Ich erzählte nach dem Theater dem Mädchen bei einem Glas Wein, dass ich irgendwann einmal etwas schreiben werde, falls es mir gelingt. Dann würde ich Goethe, Marx und Jesus zusammen auf die Bühne bringen, und diese würden ein riesiges Spektakel machen. Das würde die Besucher dann nachdenklich stimmen.

Später trafen wir uns in Freiberg und anderswo. Christel zeigte mir das Portal des Freiberger Domes und die „Weiße Fahne". Das war eine blau-weiße Zeitschrift, in der versucht wurde, alle klugen menschenverbindende Gedanken, die je in den Weltreligionen geäußert wurden, auf einen Nenner zu bringen. Ich fand das eine tolle Idee. Damals fiel mir schon auf, welche Fülle von Gedanken, die das praktische Leben voran führen, aus Asien kam.

Schließlich ging ich nach Mecklenburg in die MTS-Bibliothek. Christel besuchte mich in meinen Schloss in Langhagen, Kreis Güstrow. Uns verband das Gefühl, immer etwas Neues entdecken zu wollen. Ich erinnere mich, dass sie mir an einem Flügel, der im Kulturhaus stand, das Klavierspielen beibringen wollte, und ich hatte auch die Absicht, es zu erlernen. Dennoch wurde es so etwas wie ein Abschiedsbesuch. Christel ging, gepackt von Abenteuerlust, nach Stuttgart. Dort verdiente sie als Zeichnerin ein schmales Gehalt und lernte den Alltag im Westen kennen.

Zu Weihnachten bekam ich von ihr eine Einladung, sie zu besuchen, und ich fuhr ganz offiziell nach Stuttgart. Christel erzählte mir, dass ich an der Stuttgarter Fachhochschule für Bibliothekare mit einem Stipendium studieren könne. Aber meine Zelte waren in Mecklenburg aufgeschlagen, und ich wollte weder die Kinderleser meiner Bibliothek noch die Agronomen enttäuschen. Ich war dort schon wer.

Christel durfte, entsprechend dem Gebot der Wirtin, keinen Männerbesuch empfangen. Sie empfing trotzdem. ... Was sollten wir machen? Ich musste mich leise die Treppe hoch schleichen. Als Zimmermann wusste ich Treppenstufen so zu begehen, dass sie nicht knarrten. Wenn die Wirtin kontrollieren kam, verschwand ich in einer Luke, die zum Dach führte. Es war bitterkalt. Dafür wurde ich nach dem Abgang der Wirtin gewärmt.

Wir fuhren per Anhalter, nur wenig Geld in der Tasche, in die Alpen, nach Füssen. Einer der uns mitnehmenden Fahrer wollte uns eine ganze Aussteuer verkaufen. Wir unterschrieben sogar, aber Christel war nach Bundesgesetz noch nicht volljährig, sodass wir annullieren konnten. Die Alpen im Winter zu erleben sollte für uns etwas ganz Wunderschönes werden. In einer österreichischen Skihütte, die wir erwanderten, schliefen Männlein und Weiblein getrennt. Als es dunkel war – geschah es dennoch. Erf, unser Ältester, wurde in Zwickau geboren. Sein Onkel war Assistenzarzt in einer Frauenklinik, auch sein Töchterchen sollte in diesen Tagen auf die Welt kommen. Er hat deswegen ein Doppelzimmer für Frau und Schwester gebucht. Seiner resoluten Art war es dann auch zu danken, dass Erf als Erf ins Geburtsregister kam. Erf ist ein norwegischer Name. Er war blödsinniger Weise vom Standesbeamten als „Erv" eingetragen worden.

Doch nun der Reihe nach. Als Christel im vierten Monat war, kam sie zurück in das Haus am Waldrand neben dem Sägewerk. Die Eltern freuten sich, die jüngste Tochter wieder bei sich zu haben. Ich kam zu Besuch, um ganz offiziell um die Hand der Tochter anzuhalten. Obwohl die Freude groß war, gaben uns die Eltern zu verstehen, dass wir noch zu jung seien, dass wir noch viel Zeit hätten, uns richtig kennen zu lernen, wir sollten doch wenigstens noch ein Jahr mit den Heiraten warten. Sie sahen unsere betroffenen Gesichter. Die Mutter ahnte etwas und fragte: „oder müsst ihr heiraten?". Wir nickten. Da raste sie zum Schreibtisch, suchte den Kalender und legte den nächstmöglichen Termin fest, das Aufgebot zu bestellen. Es wurden die nötigsten Vorbereitungen getroffen, und nach vier Wochen waren wir verheiratet. Nach einer weiteren Woche hatten wir unsere winzige Wohnung in Suhl-Heinrichs, wo das schöne Fachwerksrathaus steht. Zur Hochzeit kamen die Geschwister, Brunhilde und Helmut, der Arzt, meine Schwester Gertraude sowie Oswin und Irene aus unserem Hartmannsdorfer Ahnenhaus. Bäuerin Irene war Oswins Frau, Magd, Landarbeiterin, Kuhstall-Chefin, Gärtnerin, Hühnerfee und so weiter und so fort. Das zeigt ein wenig die Lebens- und Leidensgeschichte einer jeden Bauersfrau. Christels Mutter ist in der berühmten Körnermühle geboren worden. Sie stammt aus einer Familie, die auch den Dichter Theodor Körner hervorbrachte. In der Körnermühle wurde, wie mir der Onkel erzählte, Papier für den Zeitungsdruck hergestellt, auch für das Neue Deutschland. Am Tag unserer Trauung brachten wir den lieben Pfarrer mit unserem Bibelspruch in Verlegenheit. „Mir ist alle Gewalt gegeben im Himmel und auf der Erde". Er hatte Schwierigkeiten, den Spruch zu interpretieren. Am liebsten hätte ich ihm geholfen.

Dann begann es: Kinder, Kinder. Dreißig Jahre Kleinkindversorgung mit Frauen, die die Gleichberechtigung ernst nahmen. Wer macht mir das nach? Mit Wickeln, Fläschchen geben, Windeln waschen, Kinder anziehen, in die Krippe und den Kindergarten bringen, Frühstück- und Abendbrotmachen. Alles vor und nach der Arbeitszeit. Aber auch das Lachen, Lächeln, das vor Freude hüpfen der Kleinen zu erleben, das Stehen- und Laufen lernen, das sich Durchsetzen mit schreien und weinen zu erdulden ist ein unwiederbringliches Stück glücklichen Lebens. Jeden Abend, seit dem Ende der 50er Jahre, kam das Sandmännchen im Fernsehen, danach wurden Märchen vorgelesen oder Geschichten von früher erzählt. Dreißig Jahre lang die Anfänge des Lesens, Schreibens und Rechnens üben und trainieren. Da lernst du zu wiederholten Malen Geduld, Großzügigkeit und Toleranz. Dreißig Jahre lang den Kindern vom Frieden auf der Welt und von den grausigen Folgen des Krieges erzählen. Die 40 Jahre DDR waren die längste Friedensperiode im Europa des kriegerischen 20. Jahrhunderts.

Als unser Erf geboren wurde, war ich in Sondershausen. Am Wochenende durfte ich nach Hause fahren, um den neuen Erdenbürger zu begrüßen. Als er ein Jahr alt war, hatte er ein kleines Brüderchen im Körbchenwagen liegen. Bald übernahm er seine Führungsrolle gegenüber dem jüngeren Bruder und was sonst noch an Geschwistern kam. Jedenfalls versuchte er im Rahmen aller zulässigen und nicht zulässigen Mittel die Vorherrschaft des Erstgeborenen auszuüben. Vielleicht hatte das mit unserer antiautoritären Erziehung zu tun, die die Großeltern, die Kindergärtnerinnen und auch die Lehrer nicht so sehr mochten. Erf war es allerdings auch, der diese Erziehungsform zu einem Ende brachte. Er erzog seine Geschwister kraft seiner Autorität. Sie mussten machen, was er sagte. Und sie machten. ... Wenn nicht, stand irgendwo eine leere Flasche, mit der man schlagen und seinem Willen Nachdruck verleihen konnte. Natürlich waren wir selber schuld. Alle Lehrer hatten uns prophezeit, dass unsere Erziehung schief gehen müsse. Dennoch, Erf war immer Kumpel. Später einmal hatte er in unserem Garten am Berg eine Hecke geschnitten. Als er den Lohn dafür bekam, nahm er seinen kleinen Bruder und ging mit ihm ins Eiscafé, um mit ihm das Geld auf den Kopf zu hauen. Er war auch der Mutigste von allen meinen Kindern. Er kletterte in Felsenwänden und musste sogar von der Feuerwehr herunter geholt werden, weil er es nicht schaffte, den Weg zurück zu klettern. Wir haben das erst Monate später erfahren. Die Kinder stromerten in den Wäldern herum. Suchten das Abenteuer, fanden Höhlen und Verstecke. Erf ging in enge und engste Höhleneingänge, in denen er sich so verklemmte, dass er weder vor noch zurück kam. Er brauchte Stunden, um sich zu befreien. Oder er fand in einer der Höhlen an der Schmiedefelder Straße in Öllappen gehüllte Maschinenpistolen aus dem zweiten Weltkrieg. Er schulterte sie und lief die Straße herunter nach Suhl, um sie bei der Polizei abzugeben. Sein Mut kannte keine Grenzen. Wie ihm solche aber gezogen wurden, erfahren wir später.

Bei Lars ging alles gesitteter zu. Nur, dass ich bei seiner Geburt auf einer Bibliothekars-Konferenz in Hildburghausen war. Dort musste ich über das ländliche Bibliothekswesen referieren. Es war mein erster größerer Auftritt. Am Tag von Lars' Geburt ging mein mit vielen „Ähs" gespickter Vortrag über die Bühne. Die „Ähs" habe ich mir erst abgewöhnt, als ich mitbekam, dass viel bedeutendere Leute als ich, wie zum Beispiel der Schriftsteller Günter de Bruyn von diesem Redeübel nicht frei waren. De Bruyn, damals noch kein berühmter Schriftsteller, sprach vor leitenden Bibliothekaren über die neue Systematik. „Ähs" zierten jeden zweiten Satz. Nach mir sprach Johanna Waligora. In ihrer vornehmen Art relativierte sie den Überschwang meiner Rede etwas. Nachdem wir uns am Abend über die von einigen jüngeren Kollegen entdeckten ungarischen Salamiwürste des abwesenden Kreisbibliothekars gemacht hatten, klingelte das Telefon, und meine Schwiegermutter gab mir die freudige Nachricht der Geburt eines weiteren Sohnes bekannt. Aus meiner Reaktion war zwar Stolz zu verspüren, aber nicht ausschließlich. Zu meiner Reaktion gehörte auch die Formulierung: „Was, noch ein Junge?", wie man mir später sagte. Dieser Junge war Lars. Später arbeitete er als Indologe mit der Schwiegertochter der damals anwesenden Johanna Waligora zusammen. Mit der hat er jüngst ein Heft der „Deutschen Zeitschrift für Philosophie" zum Thema Indische Philosophie herausgegeben.

Haik kam termingerecht. Sie wurde an einem Sonntag geboren. Es war aber nicht nur Sonntag, sondern auch der 6. Dezember, der Nikolaustag. So konnte das

Sonntagskind sicher sein, dass Geschwister, Freunde und Bekannte den Geburtstag nicht vergessen. „Haik-Mädchen", so sagte sie von sich, hat sich schon früh in die Welt hineinarbeiten müssen. Nicht nur mit ihren Brüdern hatte sie Schwierigkeiten – sie war noch gar nicht richtig auf der Welt, da hatten ihr die Behörden schon Probleme bereitet. Der Name Haik wurde nicht akzeptiert. Im Personenregister stand dann Haike mit „ai". Selbst die Namensstelle der „Deutschen Bücherei in Leipzig akzeptierte den literarischen Namen bei einem Bibliothekarstöchterchen nicht. Uns hatte die Liebesgeschichte „Haik und Paul" von Benno Pludra so gut gefallen, dass wir auch ein Töchterchen mit diesem Namen haben wollten. Den Behörden zum Trotz heißt Haike in der Familie Haik.

Als Haik noch nicht zur Schule ging, bremste der Bus genau an der Stelle, wo heute das Haus ihrer Mutter steht, so stark, dass alle Insassen durcheinandergeschüttelt wurden. Jeder fragte nach der Ursache. Der Bus hatte fast ein kleines Mädchen überfahren. Haik: „Gell Vati, ich pass immer schön auf, denn ich will ja noch viele schöne Sachen (sprich Süßigkeiten) essen und außerdem möchte ich noch ein Baby haben, wenn ich groß bin". Haik hat sich diese frühen Kinderwünsche mehr und mehr erfüllt. Um Süßigkeiten zu finden, kletterte sie schon sehr bald über Tische und Bänke. Und das Ergebnis des anderen Wunsches sitzt in doppelter Ausfertigung in mit Daniel und Franziska in Suhl. Es scheint ihr nicht schlecht gelungen. Sie hat sogar den ersten Stammhalter geboren – Daniel Göhler. Ihre Brüder sind „Büchsenmacher", wie man in Suhl sagt. Natürlich spezifizierten sich die Wünsche. Schon in der Schule hingen ihr die kleinen Kinder am Hals, wenn sie half, die Lehrerin bei der außerschulischen Betreuung zu unterstützen – und bald war die Lehrerin abgemeldet und man fragte nur: „Wann kommt Haik?". Haik ist Lehrerin geworden. Nachdem wir von Suhl nach Berlin umgezogen waren, wurden ihre Zeugnisse besser. Entweder ist sie strebsamer geworden oder die Berliner Lehrer wollten, entsprechend ihrer Rolle als Hauptstadtlehrer, einen höheren Leistungsdurchschnitt als die Provinz haben. Haik spezialisierte sich auf Deutsch und Zeichnen. Ihre Deutschlehrerin war die Frau des berühmten Schriftstellers Volker Braun. So kam sie auf unterschiedliche Weise mit der Literatur in Berührung. Und im Zeichnen war sie schon immer gut. Einmal wurde ein von ihr im Kindergarten gemalter Hahn zu einer Weltausstellung für Kinderzeichnungen nach Paris geschickt.

Von Berti, dem vierten Kind und dritten Sohn, erzähle ich weiter hinten.

In Suhl gehörte die freie Zeit den Kindern. Morgendliche Wanderungen in den Kindergarten und die Kinderkrippe gehörten zum Alltag. Im Winter fuhren wir zu viert mit dem Schlitten die vereiste Hohe Röder herunter. Erst als wir unten waren, merkte ich einmal, dass wir auf halber Höhe ein Kind verloren hatten. Das lag dort weinend und wollte abgeholt werden. Am Winterwochenende fuhren wir mit unseren Skiern im Bus den Berg hoch, die Straße nach Schmiedefeld. Die Eltern mit alten, die Kinder mit neuen Skiern. Dann ging es zum Stutenhaus oder über die Felder in das Restaurant „Zur blauen Maus". Hier gab es dann mindestens eine Brause oder gar eine Bockwurst. Zurück ging es dann in rasantem Tempo über das Himmelreich gen Suhl bis fast vor unser Haus in der Thomas-Mann-Straße, wo wir die Skier wieder abschnallten. Im Sommer ging es den gleichen Weg bergauf, manchmal auch zu Fuß. Döllberg oder Domberg waren die Ziele. Da ging es unseren Mädchen immer schlecht. Sie jammerten über Bauchschmerzen. Der Vati sollte sie tragen Bergauf, versteht sich! Dass ich das mitmachte, erstaunt mich noch heute. Der Herbst mit seinen Früchten sah uns mit Kanne und Körbchen um die Wette Beeren und Pilze sammeln. Am Abend gab es dann gebratene Pilze oder Brombeermilch-Shake.

Ein kleines Gedicht von Christel, vom Anfang der 60er Jahre, spricht von unserem Denken in dieser Zeit. Es ist vielleicht ein naives, aber ein ehrliches Zeugnis. Es war uns um den Erhalt der bedrohten Erde und des Weltfriedens zu tun.

An die andere Mutter
Schau nur Mutter,
Blumen haben sie dir gebracht –
ein bisschen zerdrückt,
ein bisschen verwelkt in der
kleinen energischen Faust –
Deine Kinder
Weist du, Mutter,
wie schön solche Blumen sind?
Gestreift von der Freude
und dem Lächeln Deiner Kinder,
gepflückt mit kindlicher Sorgfalt?
Willst du Mutter,
dass diese kleinen energischen Fäuste
einst,
zerstrahlt,
ihre glücklichen Spiele verlieren?

Christel schrieb nicht nur Gedichte, sie zeichnete so gut, dass sie auf mehreren Bezirkskunstausstellungen ihre Bilder ausstellte durfte. Die Bilder waren wie das Gedicht, es ging um Frieden, Kinder und Menschlichkeit. Deshalb hingen sie in den Ausstellungen. Sie war anerkannt und bald darauf arbeitete sie im Bezirkskabinett für Kulturarbeit. Dort war sie für die Laienschaffenden auf dem Gebiet der Bildenden Kunst zuständig und musste Wochenlehrgänge für Laienkünstler in der Schwarzbachmühle durchführen. Ratet mal, wer dann für die vier Kinder sorgen musste?

Lars hatte eine Zauberteufelzeit. Er ging dann zur Telefonzelle und sprach mit seinem Zauberteufel. Als Erf seinen kleinen Bruder nicht mehr traktierte, taten sie sich zusammen, um etwas auszufressen. Sei es, dass sie in der Zementbude einer Baustelle verschwanden, um dann als nicht mehr erkennbare graue Männlein wieder aufzutauchen oder dass sie sich ein Floß bauten, um auf einem tiefen Löschteich zu rudern. Zu diesem Abenteuer nahmen sie ihren kleinen Bruder mit, der noch nicht einmal schwimmen konnte. Immer fand sich etwas Neues. Ob der Vorschul-Erf das Wirtschaftgeld zum Küchenfenster hinausflattern ließ, den Sirup auskippte, oder im Ärger einen Ziegelstein in den Hausflur warf – durch die Scheibe, versteht sich – immer war etwas los. Manchmal waren die Jungen auch gut. Ich erinnere mich, dass sie einmal schlechte Noten in Chemie hatten. Da griffen sie sich vor einer Arbeit das Chemielexikon und lernten gemeinsam die ganze Nacht – ohne zu schlafen. Am nächsten Tag holten sie sich eine Eins. Lars hatte Probleme mit den Noten, gerade in der 10. Klasse, wo es um die Delegierung zum Gymnasium ging. Plötzlich, im zweiten Halbjahr schrieb er nur noch Einsen. Das versetzte die Lehrerin in Erstaunen. Ihr war so etwas noch nie vorgekommen. Ihn zur Erweiterten Oberschule zu delegieren, erschien ihr dennoch als ungerecht gegenüber den anderen Schülern, die die ganzen Jahre intensiv gelernt haben. So sagte sie es in der Elternversammlung. Lars kam trotz guter Abschlussnoten und meines Antrages nicht zur Erweiterten Oberschule. Offiziell, weil eine seiner Kopfnoten, Ordnung, bei Drei lag. Einen solchen Schüler kann man nicht weiter empfehlen, schrieb mir der Schulrat. Die Lehrerin hatte sich durchgesetzt. Larsens mit vielen losen Blättern gefüllten Ranzen hätte man wirklich niemandem zeigen können.

Zurück zu den Anfängen. Als Christels Vater enteignet wurde, waren auch die Sparbücher der Kinder mit enteignet worden. Irgendwann schienen die Verwalter der enteigneten Kindersparbücher doch ein schlechtes Gewissen zu bekommen. Jedenfalls bekamen die Kinder ihre Sparbücher zurück und das Geld wurde über viele Jahre in kleinen Raten ausgezahlt. Von der ersten Rate kauften wir uns eine Waschmaschine, von der zweiten einen Mixer und von der dritten fuhren wir für je 500 Mark in die Sowjetunion. Die beiden Jungen kamen bei den Großeltern in Mulda unter.

Das war unsere erste Reise. Natürlich fuhren wir mit dem Zug im Schlafwagen, mit einer Babuschka als Schaffnerin und einem richtigen großen Samowar im Abteil. In Moskau gingen wir auch ins Mausoleum. Stalin lag noch in voller Ordenspracht neben Lenin. Kurz darauf wurde er dort entsorgt und an der Kremlmauer beigesetzt. Wir erlebten die palastähnlichen U-Bahnstationen. Weil man nicht für alle Menschen Paläste bauen konnte, gestaltete man die U-Bahnstationen zu solchen, in weißem Marmor und mit schmuckreicher Verzierung. So erfreuten sich täglich Tausende an dieser architektonischen Pracht im Untergrund. Oben gingen wir im Gorki-Park spazieren. Die Schachspieler, die lesenden Spaziergänger, die Hand in Hand gehenden Liebespärchen und die spielenden Kinder vermittelten ein Bild erholsamer Ruhe. Im Zug fuhren wir dann weiter, quer durch den europäischen Teil des Landes. Berauscht von den Weiten der Landschaft, las ich, auf dem Bauch im Schlafwagenbett liegend, Scholochow. Wenn ich aufschaute sah ich die grünenden Birkenwäldchen, die der Autor gerade so anschaulich beschrieben hatte. Kiew, die Hauptstadt der Ukraine, war unser nächstes Ziel. Ich dachte bis dahin, dass die Sowjetunion ein großes, geschlossenes Reich sei. Als ich aber die Regierungspaläste der Ukraine, das Außenministerium, oder die ukrainische Akademien der Wissenschaften und der Künste sah, dämmerte es bei mir, dass es sich hier um relativ selbständige Länder mit Eigenverwaltung handelte. Einige von ihnen wurden ja auch UNO-Mitglied. Es war gut, das Land zu sehen, von dem wir lernen sollten. Die Narben des Krieges, der erst ein Dutzend Jahre vorüber war, waren noch nicht geheilt, und man sah, dass es den Siegern ökonomisch schlechter ging als uns in der DDR.

Später es muss 1967 gewesen sein, fuhr ich mit den „großen", zehn- und elfjährigen Jungen mit dem Fahrrad an die Ostsee. Zumindest vermittelten wir uns ein solches Gefühl. Zunächst stiegen wir in den Zug von Suhl nach Gehlberg ein, um dann, wie ich meinte, immer bergab bis Erfurt radeln zu können. Ich ahnte nicht, wie viel Berge dazwischen lagen. Jedenfalls waren wir glücklich, als wir in Erfurt im Zug saßen, der uns nach Leipzig zu den Großeltern brachte. Dort war erst einmal Ruhetag. Wir besuchten das Völkerschlachtdenkmal und den Zoologischen Garten. Am nächsten Tag mussten die Fahrräder noch viel aushalten. Wir radelten bis Dessau, um dann mit der Eisenbahn zu Freunden nach Berlin zu fahren. Lars fuhr auf einer neuen, für den Verkehr noch gesperrten Straße Slalom. Das Fahrrad überstand dies besser als sein Knie. Wir kamen pünktlich in der Hauptstadt an, aßen Eis auf dem neuen Fernsehturm, besuchten den Alexanderplatz, den Tierpark und Lohmanns, die inzwischen in Berlin wohnten. Wir erlebten einen schönen Vorurlaub. Die S-Bahn brachte uns dann nach Oranienburg und wir konnten wieder 100 km mit den Fahrrädern fahren. Ein Zug brachte uns schließlich nach Rostock. Von da ging es mit dem Rad weiter nach Warnemünde. Alles ohne Gangschaltung, versteht sich. In Warnemünde setzten wir mit der Fähre über die Warnow und fanden in Markgrafenheide unseren Zeltplatz mit einem großen Viermann-Zelt. Als die Jungen über die Düne stürmten und das Meer sahen, schlugen sie vor Freude Purzelbäume bis sie außer Atem waren, um sich dann in die Wellen stürzen. Es waren herrliche zwei Wochen, in denen wir die Fahrräder nicht anrührten. Die Zeit und das Ostseewasser heilten die Wunden an Larsens Knie.

Ich dachte an meine erste Begegnung mit dem Meer. Wir schrieben das Jahr 1954. Meine Schwester besorgte mir über den Feriendienst des Einkaufshauses für Büchereien einen zurückgegebenen Ostseeferienplatz in Trassenheide. Es war ein großes Erlebnis für mich am offenen Meer zu stehen, das Gesicht Wind und Wellen zugewandt und die Unendlichkeit zu spüren. Das Meer war für mich außerhalb bisherigen Erlebens. Vielleicht muss man schon 24 sein, um eine solche Begegnung voll ausschöpfen zu können.

Steine von Sand und Wasser in Jahrmillionen geschmirgelt, rund und oval, lang und flach muschel- und eiförmig. Ein Wunder. Grau, weiß, braun, gesprenkelt, mit glitzernden Punkten, die in der Sonne wie ein leuchtendes Feuer schienen. Steine, die im Wasser eine andere Farbe annahmen, anders schimmerten, als am Strand im Licht der heißen Sonne. Weiße Augen auf grauem Grund schauen dich an, ein anderer Stein zeigt dir seinen eisernen Kern. Durchbohrt von Wasser und Sand unsere

Löchersteine, deren schönste Stücke du auch am Hals apart gekleideter Frauen sehen kannst.

Die Wellen am Strand mit ihrer kaum berechenbaren und ungenutzten Energie, du erlebst sie planschend, brüllend, reißend, sich überschlagend. Staunend und voller Ehrfurcht stehst du vor den ungebändigten Naturgewalten. Ob diese Kraft vom Menschen gebändigt werden kann? Sie wäre so nützlich für unsere, vom Menschen geschundene Erde. Das Wunder des Menschseins kommt in dir zu Bewusstsein. Drei Milliarden Jahre dauerte die Menschwerdung. Das Leben kam aus dem Wasser. Wie schnell kann eine vom Menschen verursachte Endzeit kommen und es wird alles zurückfließen in die unendliche Bewegung des Meeres. Die Jungen konnten das noch nicht so sehen.

Schließlich juckten ihnen nicht nur die heilenden Wunden, sondern auch die Beine und wir setzten uns wieder in den Sattel, um nach Güstrow, meiner bibliothekarischen Heimat, zu fahren und um noch einmal zu pausieren. Noch am gleichen Tag wollten die Jungen mit dem Wassertreter über den See huschen, aber die Beine waren schon zu schwer. Die Treter des Gefährts konnten sie nur noch mit den Händen bewegen.

Als sie dann, zu Hause angelangt, in der Schule erzählten, dass sie mit dem Fahrrad an der Ostsee waren, glaubte es ihnen kein Mensch, und beim Wiederholen ihrer Feststellung wurden sie schließlich von den Klassenkameraden verprügelt.

Anfang der 60er Jahre mieteten wir von der Papiermühle in Schwarzbach eine kleine Hütte am Bach und Waldrand, in der die Kinder ihre Abenteuerlust ausleben konnten. Deshalb war es nicht überraschend, dass alle an dieser Hütte hingen. Schließlich konnte man mit Freunden auch hier einmal ein Wochenende verbringen. Die Waldbeeren wuchsen fast zum Fenster herein. Einmal, viel später, ging ich von der Hütte mit den großen Jungen abends in die Gaststätte der Schwarzbacher Brauerei. Berti, der Jüngste, beobachtete, dass ich einen guten Kontakt mit der Wirtin, einer Mitdreißigerin pflegte. Der 17jährige Berti schaltete sich ein, und ich war bei der Wirtin abgemeldet und konnte nur noch mit den Augen klappern.

Über Berti habe ich bisher nicht gesprochen. Er fuhr aber auch mit uns an die Ostsee und kam dann und wann nach Berlin, um später, wie er sagte, einmal mit dem Schienenzeppelin, das war so etwas wie ein ICE, zu fahren. Als kleiner Junge hieß er Berti-Langhose, denn er musste immer die reichlich langen Hosen seiner großen Brüder auftragen. In der Schule legte er eines Tages den Federhalter zur Seite und schrieb nicht mehr mit, weil die Lehrer nicht aufhörten, ihn zu ärgern. Schließlich musste er auch mal zur Kur und dort wollte er nicht länger bleiben; wahrscheinlich hat man ihn dort auch geärgert. Verzweifelt rief mich der Kur-Chef an und ließ Bert mit mir am Telefon sprechen. Der arme Junge wollte nach Hause zu Muttern und zu seinen Brüdern. Erst als ich ihm ein Päckchen mit Indianern versprach, ließ er sich erweichen, doch noch zu bleiben. Später kündigte er in Suhl seinen Lehrern die Freundschaft und ging nach Meiningen in eine Lehre als Tierzüchter. Dort vertrug er sich auf einmal mit Lehrern und Ausbildern und hatte nur gute

Noten. Mit fünfzehn hatte er schon ausgelernt, aber vorher wünschte er sich zur Jugendweihe meine Kamera, eine AK 8. Berti, der inzwischen Pferde betreute, wollte einen Indianerfilm drehen. Er drehte und drehte, gründete einen Filmclub mit seinen Freunden beim Suhler Kulturhaus und reichte seine Filme bei den Amateurfilmfestspielen ein – und nahm auch Preise entgegen. In Potsdam-Babelsberg, an der Filmhochschule, war er Gast und nahm dort an einem Lehrgang teil. Er hatte u.a. einen Bekannten von mir, Helmut Hanke, den Kultursoziologen, als Lehrer. Lothar Bisky, der Direktor der Filmhochschule, hatte Hanke zu sich geholt, weil dieser beim ZK-Institut gefeuert worden war. Hauptberuflich leitete Bert die Fotoabteilung im Suhler Bezirkskrankenhaus, in der Berufsfotografen unter seiner Leitung arbeiteten. Heute filmt er für das ZDF und den Mitteldeutschen Fernsehfunk als Chef seines Filmstudios.

Mit Christel lebte ich mich auseinander, weil die Betrachtungen der angehenden Künstlerin und die des werdenden Philosophen ziemlich unterschiedlich waren. Wir waren beide sicher nicht so gereift, dass wir das Mögliche möglich machen konnten.

Die Schlossherren von Sondershausen

Es war einmalig. Sondershausen ist ein besonderes Stück meines Leben. Wunderschön in einem Tal zwischen Wind- und Hainleite gelegen, erhebt sich in der Stadtmitte das ehemalige fürstliche Residenzschloss. Ich wohnte viermal ein viertel Jahr lang auf diesem Schloss, in dem bis 1918 die Fürsten Schwarzburg-Sondershausen residierten. In einem winzigen Teil des Schlosses lebte noch eine uralte Fürstin. Ein Flügel wurde von den bibliothekarischen Fernstudenten der „Schule für kulturelle Aufklärung" bewohnt. Hier durfte ich lernen und bekam auch noch Geld dafür, und zwar ein ganz gewöhnliches Bibliothekarsgehalt – 400 Mark. Neunzig im Berufsleben stehende Bibliothekare wurden mit mir in diesem Fernstudiumszyklus ausgebildet.

Der Bedarf an qualifizierten Kräften auf nahezu allen Gebieten konnte nicht nur durch das Direktstudium an den unterschiedlichen Bildungseinrichtungen gesichert werden. Der zweite Bildungsweg war von nationalökonomischer Bedeutung. Am eigenen Beispiel erlebte ich mehrfach, dass die Kombination von praktischer Tätigkeit und Studium sich als äußerst produktiv erwies. In den ersten Jahren der DDR wurden zum Beispiel genauso viel Bibliothekare durch das Fernstudium bzw. die Sonderausbildung den Bibliotheken zugeführt wie durch das Direktstudium. In anderen Berufszweigen war das ähnlich. Diese Fernstudenten bewährten sich in der Praxis des Bibliothekswesens zum mindesten soweit, dass die Mehrzahl der leitenden Funktionen auf Kreis- und Bezirksebene von ihnen besetzt wurde. Hinzu kam, dass die Studierenden noch auf irgendeinem Gebiet einen Berufsabschluss in der Tasche hatten. Im Begriff des „lebenslangen Lernens" war die geistig-kulturelle

Entwicklung enthalten. Dieser Umstand erforderte dann auch ein Netz von Bibliotheken, in welchem die sich aus dem Studium ergebenden Anforderungen an Literatur befriedigt werden konnten.

Das Studium in Sondershausen bot mit der Methode „Ein viertel Jahr Vorlesungen und ein dreiviertel Jahr Vertiefung im Selbststudium", das durch Konsultationen unterstützt wurde, eine sehr gute Voraussetzung, den gebotenen Lehrstoff zu bewältigen. Die Vorlesungen fanden im Riesensaal und im grünen und roten Salon statt. Im Riesensaal stand noch die goldene Fürsten-Kutsche. An den Rändern des Saales thronten vier Meter hoch, antike Götter in Gips. In den Unterrichts- und Aufenthaltsräumen waren Gemälde, Plastiken, Möbel, Öfen, wertvolle Ledertapeten u.a. kunsthandwerkliche Gegenstände von der Renaissance bis zum Biedermeier zu bewundern. Die Decken der Schlafräume zierten lebensgroße Putten als Halbplastiken; schwülstig-allegorische Gemälde regten die Phantasie an. Die Mädchen brachten ihre Puppenkleidung mit, um die Blöße der Putten zu bedecken. Zeus trug eine Krone, auf deren Zacken von mir zerschmetterte Tischtennisbälle gesetzt wurden. Sie haben dort oben die Jahrzehnte überdauerten, wie ich später bei Tagungen und Festlichkeiten feststellte.

Das Team der Lehrer war außergewöhnlich, so umstritten es auch gewesen sein mag. Herbert Zerle, der Direktor, wahrte voll glänzender Noblesse eine verständnisvolle, aber konsequent sozialistische Form. Er wusste, wie großzügig er sein durfte. Er wollte weder die Kollegen noch die Schüler verletzen oder diskreditieren, andererseits wollte auch er nicht von anderen Genossen kritisiert werden. Unter den Genossen war er der umstrittenste. Er wandte sich gegen den Dogmatismus, indem er uns die 16 Elemente der Dialektik nach Lenin beizubringen suchte und deutete damit vorsichtig an, dass Stalins „vier Grundzüge der Dialektik" wohl doch zu einfach gestrickt seien. Man musste zurückhaltend sein, denn das große Aufräumen um den Diktator hatte noch nicht stattgefunden. Er war der Pädagoge und Philosoph unter den Lehrern. Morgens gingen wir mit Herbert Zerle auf den Hof und sangen nach einigen Freiübungen fröhliche Lieder vor den Fenstern der uralten Fürstin. Der Direktor war auch Lernender. Mit Hilfe von Fragebögen, die wir ausfüllten, schrieb er seine Dissertation über „Die Kunst des Kritisierens", die ihm dann den Weg zu einer Professur an einer Universität ebnete.

Sein Stellvertreter, Willi Böttcher, war ganz anders gestrickt. Er war ein sozialistischer Klassenkämpfer wie er im Buche steht. Wir ließen uns von ihm hinreißen zu glauben, dass es ein unerhörter Vorteil ist, wenn die sozialistischen Länder große Industriekomplexe zusammen aufbauen und sich in anderen Produktionszweigen abstimmen. Willi Böttcher nannte uns ein Beispiel: eine Papierfabrik größten Ausmaßes im rumänischen Donaudelta. Die dort vorhandenen riesigen Schilfwälder würden ausreichen, um in den sozialistischen Staaten jedweden Papiermangel abzuschaffen. In Wirklichkeit ist das Schilf nach der dritten Mahd nicht mehr wie erwartet gewachsen und wir hatten einen Papiermangel wie nie zuvor. Die Altpapier sammelnde Jugend der DDR und die Verleger konnten davon ein Lied singen. Aber er

vermittelte uns auch wissenschaftliche Kenntnisse auf dem Gebiet der Wirtschafts-
wissenschaften, die schon mehr als ein Jahrhundert standhielten, obgleich sie immer
wieder den Grund zu neuen Ermittlungen abgeben. Ich war erstaunt, wie sehr
bestimmte Ergebnisse der Wissenschaften dem ewigen Wandel der Gesetze und
Begriffe standhalten. Dieses Erstaunen hat bei mir eine Tür geöffnet, es machte
mich neugierig auf Neues, auf neue wissenschaftliche Erkenntnisse.

Einer dieser Lehrer, der meine Neugier befriedigte, war Alois Hönig, unser Ästhetiker, der Hegel und den sowjetischen Philosophen Kagan gelesen hatte. Er war nicht
nur Ästhetiker, er war Eidetiker, d.h. er hatte bei seinen Vorlesungen die von ihm gelesenen Schriftstücke vor Augen. Er las von einem leeren Blatt Papier so, als stände
alles da geschrieben. Von ihm und anderen, die nicht so im Vordergrund standen, hörte
ich deutsche Geschichte, Kunstwissenschaft, Geschichte der Deutschen Literatur und
der Weltliteratur. Als ich meinen Mitstudenten erzählte, dass der Maler Picasso für
mich zu den größten unseres Jahrhunderts zählte, wurde dies, wie man mir vermittelte, in der Parteiversammlung kritisch behandelt. Zu diesem Zeitpunkt galt Picasso
und der von mir hochverehrte Barlach als dekadent. Auf Grund meiner Jugend entschied man, mich nicht zu exmatrikulieren. Unser Ästhetiker musste eine Sondervor-
lesung über „Die geniale Ruine Picasso" halten. Es war übrigens in meinem Biblio-
thekarsleben nicht die einzige Vorlesung, die meinetwillen gehalten wurde.

Die Studierenden ließen sich vom Kaliort Sondershausen und der dortigen
Glastanzdiele, von der Hainleite und dem Einbringen der Hopfenernte verzaubern.
Die gestrenge Schulleitung hatte entschieden, dass die Studenten nur alle vier
Wochen nach Hause durften. Außerdem mussten wir um 22 Uhr die Pforte passiert
haben. Verstöße gegen die Heimordnung wurden schwer geahndet – bis zum Ver-
weis von der Schule. Jeder der Studierenden arbeitete in einer Bibliothek, meist
sogar als Leiter. Schon deshalb war er oder sie daran interessiert, einen vernünftigen
Berufsabschluss zu bekommen. Nun gab es mindestens genau soviel Damen wie
Herren in dieser „Sonderausbildung". Das vierwöchige „Klosterleben" schien nicht
allen zu bekommen. Mir auch nicht. Mir waren seit jeher Frauen mit langen blonden Haaren sympathisch. Gleich in den ersten Tagen lief mir solch ein blonder
Engel über den Weg. Am Wochenende halfen wir den Bauern. Beim Hopfenpflü-
cken philosophierten der blonde Engel und ich darüber, ob man nur einen Partner
lieben kann. Wir entschieden uns scheinbar für die Polygamie. Ich durfte sie beim
„Schuchteln" begleiten. Im Kaufhaus gab es schöne Sachen. Da wurde einfach
anprobiert, obwohl nicht viel Geld da war. Und die Verkäuferin zwang mich regelrecht, zu „meiner Frau" in die Ankleidekabine zu gehen, um zu sehen wie ihr das
gute Stück stehe. So begann es, und bald war es eine unerhörte Begebenheit, wenn
man uns einmal nicht zusammen sah. Irgendwie war es wie die Zeit der ersten
Liebe. Wir fühlten uns wie Schlossherr und Schlossherrin, wenn wir die Freitreppe
herunter schritten. Der Sozialismus hatte was für sich.

An einem Sonntag spazierten wir Hand in Hand auf den Kyffhäuser. Auf einmal
zuckte sie zusammen. Die Konsum-Verkäuferinnen ihrer Heimatstadt machten einen

Ausflug und kamen die Treppen dieses bemerkenswerten deutschen Denkmals herab. Nun war alles klar. Zum erstbesten Termin war der Ehemann meines blonden Engels zu erwarten, um sein Schmuckstück wieder nach Hause zu holen. Die Schulleitung schien diesmal auf meiner Seite zu stehen. Mein Engel durfte nur noch das Schuljahr auf dem Schloss beenden und sich alle 14 Tage in die Arme ihres vergnatzten Ehemanns begeben. Ob sie nun noch daran dachte, dass sie, wie sie sagte, selten eine so schöne Nacht in einem altehrwürdigen Hotel verlebt hatte. Wir hatten uns, jeder für sich, Urlaub für einen Verwandtenbesuch geben lassen. Am nächsten Tag wurde ich zum Stellvertretenden Direktor bestellt. Er empfing mich mit einem Durchschlag der Hotel-Übernachtungsliste in der Hand. Für meinen blonden Engel war es leider das erste und letzte Studienjahr.

Zwanzig Jahre später sagte mir eine ehemalige Mitstudentin: „Keiner von uns hat damals verstanden, was du an dieser kleinbürgerlichen Zicke fandest". Ich wiederum verstand diese Mitstudentin nicht, selbst nach zwanzig Jahren. Der blonde Engel war nicht kleinbürgerlich. Wenn ich an ihn denke, fällt mir das Blatt eines Ginkgobaumes aus dem Sondershäuser Schlosspark ein, auf dem sie mir ein Goethegedicht aus dem Ost-Westlichen Divan geschrieben hat.

In den nächsten Jahren spazierte ich in der Freizeit öfter mit Roland Benndorf, dem Sänger, auf den Possen. Roland sang, wo er konnte und niemanden zu sehr störte. Auf der Toilette, im Bett, beim Spazieren gehen. Er war überzeugt, dass jeder Mensch singen kann. So probierte er seine gesangspädagogischen Künste auch an mir aus. Vergebens. Sein Bruder war Tenor an der Magdeburger Oper. Roland und ich stürzten uns auf die Literatur. Wir lasen unsere Pflichtliteratur abgestimmt, und jeder erzählte dem anderen das jeweils Gelesene. So übten wir uns im Vorstellen von Büchern und betrieben zugleich Prüfungsvorbereitung. Das war nützlich und machte außerdem Spaß. In diesen Jahren verstand ich, was Brecht meinte, wenn er statt „Lernen" den Begriff des „freudig Kennen lernen" setzte.

Was waren das für Zeiten im Kulturleben der DDR. Ein Lyriker war Kulturminister, hatte den Kulturbund zur demokratischen Erneuerung der Kultur gegründet und verfasste Schriften zur Verteidigung der Poesie. Dieser Kulturminister, Johannes R. Becher, sagte: „Es kann gar nicht anders sein, als dass der Prozess der Vermenschlichung uns auch wieder das Lesen guter Bücher lehrt oder vielmehr, dass das Lesen guter Bücher selber mit zum Vermenschlichungsprozess gehört – lest gute Bücher, um anders zu werden, um Menschen zu werden." Diese Worte gingen mir unter die Haut nach all meinen Erlebnissen: dem Morden des großen Krieges, der Erinnerung an die schwarzweiße Raupe der KZ-Häftlinge, die sich von Bad Köstritz wegbewegte, der Erfahrung beim Aufbau in der westlichen Welt, der Begeisterung für Pawel Kortschagin, den lesehungrigen Kindern von Charlottental, dem Technische Direktor der MTS, der mich zwang, große Literatur zu lesen, den Gesprächen mit Berthold und Sonja. Ich merkte, dass ich hier zu Hause bin

Es war eine Zeit, in der vielseitige Bildung vorrangig durch das Buch, durch das Theater, den Kinofilm vermittelt wurde. Lesen und Bücher hatten einen hohen sozialen Stellenwert, und wir wurden nicht nur von unseren Lesern geachtet. Der Fernsehapparat stand noch nicht in den Wohnzimmern; nur hier und da drehte sich ein Plattenspieler.

Die verwechselten Schuhe oder Auch der Zufall spielt eine Rolle

Mein ehrwürdig aussehender Abteilungsleiter, Alfred Meißner, mit wallendem weißen Haar, mit ostpreußischem Humor und traditioneller gymnasialer Bildung in Latein und Griechisch konnte einem Leid tun, weil er absolut keinen, den praktischen Gegebenheiten angepassten Arbeitsstil entwickeln konnte. Immer freundlich lächelnd, nie gereizt oder ärgerlich, dabei die Vorderfüsse im Russlandfeldzug erfroren, was soll man mit einem solchen Zeitgenossen machen?

Ich stand 1960 kurz vor meinem bibliothekarischen Examen, da wurde Wolfgang Holler, der Kreisbibliothekar von Hildburghausen gefeuert. Eigentlich wurde in der DDR selten jemand gefeuert, es kam höchstens eine Versetzung in eine niedere Funktion in Frage. Bei Holler war aber alles völlig anders. Er ist von Augsburg in die DDR gekommen, weil der einzige in der Bundesrepublik lebender Altägyptologe, der Doktorvater von Holler, verstarb. Holler wollte über die Sumerer und ihre Sprache promovieren. Nun lebte gerade noch ein solcher Professor in Jena. Der war sein Umzugsgrund. Da Holler neben dem Promovieren auch Geld verdienen musste, wurde er Bibliothekar. Er war klug und gebildet und geschäftstüchtig. Holler organisierte alles. Er trat der CDU bei, wurde Kreisbibliothekar in Hildburghausen, und die Christdemokraten setzten ihn bei der nächsten Wahl auf ihre Liste. So wurde ein Bundesbürger Kreistagsabgeordneter.

Er warb Leser, hielt im Kreistag große Reden und im Kreisgebiet unheimlich viele Vorträge über die alten Sumerer. Mein Wissen darüber habe ich von Holler. In der Beliebtheitsskala stand er bei der Bevölkerung ganz oben. Für die oft einfach gestrickten Oberen ging da einiges nicht mit rechten Dingen zu. Sie begriffen den rotbärtigen 30jährigen Zweieinhalbzentnermann nicht. Sie meinten, dass es mit ihm so nicht weitergehen könne. Bei einer Hausdurchsuchung fand man eine bibliothekseigene Schreibmaschine. Das war Grund genug, Holler Unredlichkeit zu unterstellen. Er verlor Posten und Mandat, wurde aber beim Suhler Sinfonieorchester mit Kusshand aufgenommen. Nun verkaufte Holler als Werbechef Konzertkarten. Die Besucherzahlen stiegen wie noch nie. Sein eigentliches Problem war allerdings ein anderes: Auch sein Jenaer Professor segnete das Zeitliche. Holler blieb trotzdem in der DDR. Der einzig lebende Professor, der seine Promotion hätte abnehmen können, war in den USA zu Hause. Holler hatte inzwischen Familie.

Wir hatten nun auch ein Problem, die Stadt- und Kreisbibliothek musste neu besetzt werden. Da gab es Alfred Meißner, meinen Chef. Vielleicht konnte er dort besser klar kommen. Außerdem hatte er gute Kollegen in Hildburghausen. So geschah es, und Helmut Topp sowie der Abteilungsleiter Kultur beim Rat des Bezirkes sagten zu mir: „Jetzt bist du Abteilungsleiter für Bezirksarbeit und Stellvertreter des Direktors". Nur weil man den Holler nicht mochte, stieg ich relativ schnell die Karriereleiter nach oben. Nun konnten wir, zwei Kolleginnen und ich, loslegen. Monika Meyer, die als Studentin an dem deutsch-deutschen Treffen in Mölln teilgenommen hatte, und eine Kinderbibliothekarin. Zunächst wollten wir die Tätigkeit aller Stadt- und Kreisbibliotheken analysierten, um unserer Arbeit eine Grundlage zu geben. Also fuhren wir von Zeit zu Zeit in die Kreise, um uns die Tätigkeit der dortigen Bibliotheken anzusehen und um Hilfe und Orientierungen zu geben. Da waren dann schon die wichtigsten Mitarbeiter, also der Abteilungsleiter für Methodik und Inspektion sowie der Abteilungsleiter für Bestandsaufbau der Bezirksbibliothek, anwesend. Die Bibliotheksreferentin vom Rat des Bezirkes wurde ebenfalls eingeladen und kam gern mit.

Bei mir zu Hause war frühmorgens wenig Zeit. Für vier Kindern musste Frühstück vorbereitet werden, die Kleinen in den Kindergarten gebracht und die Großen zur Schule geschickt werden. Da waren Schuhe ohne Schnürsenkel gefragt. In die man schnell hineinkam. Einer sah aus wie der andere, nur die neuen Schuhe hatten eine wesentlich hellere Farbe.

Das Fahrzeug stand schon vor der Tür. Die Kleinen sollten gleich beim Kindergarten vorbeigebracht werden. Rasch, rasch in die Schuhe hineingeschlüpft, dann ging es für drei Tage nach Sonneberg, die entfernteste Kreisstadt. Als ich vor dem Rathaus ausstieg, denke ich, mich laust der Affe. Ich habe zwei Schuhe unterschiedlicher Farbe an. Was sollte ich machen? Der Fahrer musste zurück, er kam aber am nächsten Tag wieder. Sollte er bei meiner Frau vorbeigehen und den anderen Schuh mitbringen? Nein, das ging nicht. Er würde es in aller Welt herumerzählen. Geld für neue Schuhe hatte ich nicht. Ich biss in den sauren Apfel und lief tapfer darauf los. Immer in Gefahr, dass einer der sehr aufmerksamen Kollegen mein Missgeschick entdeckt. Nein, es war nicht so. Wir gingen in den Arbeitsraum der Bibliothek, setzten uns im Halbkreis hin, ich die Füße unter dem Stuhl, und erläuterten die Zielstellung unseres Einsatzes. Am nächsten Tag besuchten wir zahlreiche Bibliotheken und die dafür zuständigen Bürgermeister. Bis dahin habe ich nie so deutlich wahrgenommen, dass zu vielen Gemeindeämtern eine größere Zahl von Treppenstufen führte. Trotz des Steigens treppauf, treppab, blieben meine unterschiedliche Schuhe noch immer unentdeckt. Das Treppauf und -ab hatte seinen Sinn. Wir erfuhren in den kleinen Orten und in den Dörfern mehr, als je eine Statistik aussagen konnte. Dennoch war die Statistik unser Schlüssel, dem realen Leben auf die Spur zu kommen. Ein kleines Dorf, 600 Einwohner, dicht an der Grenze, hatte fast fünfzig Prozent Bibliotheksbenutzer und acht Entleihungen pro Einwohner. Das war gewaltig für dieses Gebiet. Wir erfuhren von der Büchereileiterin, dass im Ort, wie überall in diesen Dörfern, der Slogan „Wer liest ist faul" gilt. Deshalb traut sich keiner in die Bibliothek. Nicht einmal die Kinder. Bei ihnen hat die Büchereileiterin mit ihrer Büchertasche angefangen. Sie ging abends von Haus zu Haus. Bald fragten die Mütter nach Kochbüchern oder nach Literatur über Säuglings- und Gartenpflege.

Nicht ganz unerwähnt soll sein, dass die Büchereileiterin auch für jede Entleihung 20 Pfennig bekam. Das war in der DDR so.

Und schließlich eroberten sich der Liebesroman und der Krimi die Herzen der Eltern. So kam es, dass die Büchereileiterin fast jeden Abend nicht mehr nur mit einer Tasche, sondern mit zwei Taschen unterwegs war. Die Kollegen von der Kreisbibliothek hatten sich nur über die vielen Leihsendungen gewundert, die in das kleine Dorf gingen. Von den abendlichen Spaziergängen der Büchereileiterin wussten sie nichts. Was sonst noch entdeckt wurde, davon erzählen die Protokolle, sofern es sie noch gibt.

Am zweiten Tag abends, noch immer hatte keiner mein Malheur erkannt, wurde ich unsicher. Unser Bestandsabteilungsleiter war geradezu ein Genie im Entdecken von Veränderungen im Aussehen bei Kollegen. Von ihm wurde sogar jede neue Wimperntusche wahrgenommen, jede neue Kette, ein anderes Schmuckstück, eine leicht veränderte Frisur, eine Nuance der Haarfarbe. Und dies wurde ganz lästerlich kommentiert.

Nun fürchtete ich langsam, dass die unterschiedlichen Schuhe von ihm nicht entdeckt würden. Kein Mensch würde mir dann die Story glauben. Also bat ich eine Sonneberger Kollegin, meine Schuhe einmal genauer zu beäugen und mir später, bei irgendeiner Tagung die prekäre Situation zu bestätigen. Sie konnte sich vor Lachen kaum fassen. Als wir am nächsten Tag zur Auswertung unseres Einsatzes wieder in der Runde zusammen saßen, musste sie mehrfach zur Ordnung gerufen werden. Sie konnte sich das Lachen nicht verbeißen als wir doch noch einige Kritik zu Versäumnissen der Stadt- und Kreisbibliothek bei der Anleitung der Gemeindebibliotheken anbringen mussten.

Nun ja, Wochen später erzählte ich die Geschichte in Suhl beim obligatorischen gemeinsamen Teefrühstück. Niemand wollte sie glauben, am wenigsten unser scharfäugiger Abteilungsleiter. Wenn das wahr wäre, wäre sein Ruf ruiniert. Ich weiß, dass man an diesem Tag noch mit Sonneberg telefonierte. Gott sei Dank.

Zum Teefrühstück noch eine Erinnerung. Natürlich gab es auch Probleme, die nicht im erwarteten Level lagen. Unsere morgendliche Frühstückspause, bei der unser guter Geist mehrere Riesenkannen schwarzen Tees brühte, nutzten wir nebenher zu kleinen Arbeitsbesprechungen. Waren die Informationen zu Ende, wurden die kleinen Tagesprobleme unserer Frauen besprochen: Wer hat den besseren Kühlschrank zu Hause oder bei welchem Fleischer gibt es die saftigeren Schnitzel. Über Klamotten brauchte man nicht zu reden. Die hatte man eben.

Einmal bekamen wir Praktikanten aus Polen, zwei attraktive Krakauerinnen, die Germanistik studierten. Sie kamen mit einem kleinen Köfferchen. Dennoch war die Männerwelt über die Wandlungsfähigkeit dieser Schönen erstaunt. Was man doch aus so einem kleinen Köfferchen alles hervorzaubern konnte: veränderte Frisuren, kleine Tüchlein, auffälligen Schmuck, ein Seidenblüschen usw. Es war schon toll. Jeden Tag kamen sie anders gekleidet. Das aber nur nebenbei. In Verlegenheit brachten sie mich mit ihrer Kritik an unseren Damen. Nicht die Äußerlichkeiten, nein, es war härter. Sie fragten mich, ob unsere Kolleginnen keine anderen Probleme als diese Alltagsfragen hätten. Zum Beispiel brisante literarische Neuerscheinungen, Ereignisse der Welt- oder der nationalen Politik, neue Erkenntnisse der Wissenschaften. Sie wollten auch in der Teepause Standpunkte hören, und seien sie auch noch so unterschiedlich. Irgendwie waren viele DDR-Bürger dabei zu verspießern. Das war bei diesen Polinnen anders. Natürlich gehörten die Wohnung, das gemütliche Heim, gutes Essen zum Ritual der Kolleginnen, schließlich waren sie nach Feierabend noch Hausfrauen. Aber die Polinnen sind zu uns gekommen, um unsere geistigen Probleme kennen zu lernen. Schließlich haben wir sie zu unseren literarischen Veranstaltungen eingeladen, und bald bezogen wir sie auch mit ein, wenn wir uns Montag vormittags gegenseitig gelesene Bücher vorstellten. Die gegenseitige Information war nur ein Ziel, das andere, wir wollten unser ästhetisches Urteil schulen.

In dieser Zeit kam unser Direktor Helmut Topp zu mir, sehr nachdenklich nach der Lektüre von Erwin Strittmatters „Ole Bienkopp". Er sagte, dass es ihm nicht leicht fiele, dieses Buch zu verarbeiten. Ein Mensch, der schöpferisches Neuerertum verkörpert, scheitert am Sozialismus, geht kaputt an der Engstirnigkeit von Leuten aus den eigenen Reihen. Dieser Roman bewegte die Menschen im Land. Er wurde in allen Tageszeitungen diskutiert. Bei seinem Erscheinen, 1963, half er Missstände zu überwinden und brachte die damals noch junge Gesellschaft einen großen Schritt nach vorn. Hier keimte das Leseland.

Betriebsfest mit Maibowle

In der Hauptstadt, den Bezirksstädten, in Städten und Gemeinden marschierten am Ersten Mai Millionen von Betriebsangehörigen mit Selbstverpflichtungstransparenten und Fahnen an den Ehrentribünen vorbei, auf denen Vertreter von Staat, Partei und Gewerkschaft standen. Für viele war es ein ungeschriebenes Gesetz, dass man zum ersten Mai demonstrieren musste. Die Fahne zu tragen war allerdings nicht so beliebt. Niemand wollte. Die Gewerkschaftsvorsitzende entschied dann, dass die Lehrlinge diese Aufgabe zu übernehmen hätten.

In der Suhler Bibliothek war der Erste Mai ein Betriebsfest. Bereits eine Stunde vor der Demonstration traf man sich mit der ganzen Familie in der Bibliothek, um aus den Eimern, in denen am Vortag eine Bowle angesetzt wurde, zu probieren. Für die Kinder stand ein gesonderter Eimer Kinderbowle bereit. Alle hatten ihre besten Sachen an, auch die Kinder. Man wollte sich ja zeigen. Von den Fenstern der Bibliothek aus konnten wir den Umzug sehen. Ihn von oben herab mit einem Glas Bowle in der Hand zu betrachten machte Spaß. Erst wenn die Kultureinrichtungen unten marschierten, Kulturhaus, Orchester, Buchhandel, reihten wir uns mit unseren Selbstverpflichtungen und Fahnen in den Marschblock der Demonstrierenden ein. Beim Vorbeimarsch an der Tribüne winkten wir kurz und kehrten dann schnell wieder in der Bibliothek zurück, um unsere Feier bei lustigen Gesprächen fortzusetzen. Unsere Feier ging bis in die Nachmittagstunden, nur einige trinkfeste Kollegen kehrten erst in der Nacht zu ihren Frauen zurück, die mit den Kindern schon längst zu Hause waren.

Vor dem Eingang der Bibliothek stand der Bratwurst-Sepp, der seit Jahrzehnten die besten Bratwürste im Suhler Gebiet briet. Der Bratwurt-Sepp gehörte zu Suhl. Jeder, auch jedes Kind, kannte den kräftig gebauten Suhler mit der weißen Fleischermütze. Wir wollten uns natürlich nicht in die lange Schlange der Anstehenden einreihen. Unsere Bedingung für die Genehmigung seines guten Standortes war demzufolge, dass er uns die Bratwürste ohne Wartezeit, sozusagen frei Haus, liefern musste.

Einmal war unser Direktor nicht zur Maifeier erschienen, weil er Studienurlaub für den Abschluss seiner Diplomarbeit bekommen hatte. Die ganze Belegschaft sprach ihm dafür in der nächsten Gewerkschaftsversammlung ihre Missbilligung aus. Gelernte DDR-Bürger? So etwas gab es auch.

Nicht nur am Ersten Mai tranken wir Bowle. Bowle war geradezu *das* Bibliotheksgetränk. Am Tag der Republik oder am Frauentag bot sich dieses süße, aus Obst, Wein und ein wenig Kräftigerem gemischte Getränk an. Am Frauentag war es Tradition, dass die männlichen Kollegen die Nachmittags- und Spätausleihe übernahmen, damit die Mädchen und Frauen in ein Café oder in eine Gaststätte gehen oder fahren konnten, um zu plauschen und sich zu vergnügen. Einmal hatten wir damit ein Problem. Wir bekamen Besuch vom ZIB. Es ging um die Einführung der Fotoverbuchung, die gegenüber traditionellen Verbuchungsverfahren, so sagten Fachleute, mindestens ein Drittel Arbeitszeitersparnis brächte. Wir probierten es aus. Wenn nicht wir, wer sonst? Zunächst saßen wir in gemütlicher Runde zusammen und prüften die Bowle, während später Peter Günnel und sein Kollege Karlheinz Sühnhold die Vorteile dieser neuen Verbuchungsmethode priesen. Eine Kollegin, die schon reichlich geprüft hatte, begann zu weinen, weil wir uns immerzu etwas Neues ausdächten, was die Kollegen dann unter vielen Schwierigkeiten in die Praxis einführen müssten. Alle waren ein wenig verwundert, aber die Geschichte hatte einen wahren Kern. Nur unsere Kollegen vom ZIB waren konsterniert. Für sie sollte es aber noch schlimmer kommen. Noch am selben Tag fuhren wir nach Ilmenau, um mit dem Kleinbetrieb zu sprechen, der das Gerät produzieren sollte. Als wir sagten, dass wir spätestens um drei zurück sein müssten, weil wir wegen des Frauentages traditionsgemäß die Ausleihe übernehmen, wollten das unsere Berliner Kollegen kaum fassen.

Nun muss ich doch einen Kommentar geben. Niemand glaubte so recht, dass unsere Konflikte in Suhl so relativ gering waren, dass wir gemeinsam auf einer Welle segelten, die uns alle trug. Auf einer Fachkonferenz, Mitte der 90er Jahre, im Ruhrgebiet, ich glaube, es war Essen, saß ich mit einem ehemaligen Suhler Abteilungsleiter für Bestand, dem Stellvertretenden Direktor der Militärbibliothek in Dresden Siegfried Kunath und unserem damaligen Leiter der Kinderbibliothek, dem damaligen Professor der Leipziger Fachhochschule, Heinz Kuhnert, auf einer Bank in einem Park zusammen. Unser Gespräch verlief freundlich. Konkurrenzdenken, das früher möglicherweise eine hintergründige Rolle spielte, war heute nicht mehr vorhanden. Wenn wir früher miteinander diskutierten, dann zählten die besseren Argumente, und wir diskutierten miteinander und nicht gegeneinander. Gestählt, sicher auch durch die Suhler Erfahrungen, hatte sich jeder seine eigene Welt aufgebaut. Nur das Beste zählte. Man wäre verblüfft, wenn es anders wäre. In diese Harmonie des Zusammenseins fragte Heinz Kuhnert, damals der Kleinste von uns: „Wieso war in Suhl unser Zusammenwirken so harmonisch, wieso haben wir uns alle so gut vertragen, wieso spielten Konflikte nur am Rande eine Rolle? Das habe ich in meinem weiteren Leben in dieser Deutlichkeit nicht mehr erfahren". Meine Antwort: „Wir wollten die Anerkennung für den rasanten Aufbau der Suhler Bibliothek, die uns gezollt wurde, nicht verspielen". Diese Anerkennung genossen wir nicht nur bei den Behörden, sondern auch bei der Bevölkerung, bei der Industrie, den Bildungseinrichtungen, in der Fachpresse, in der Leitzentrale – dem ZIB, bei den Bibliothekaren im Bezirk und schließlich auch bei der SED. Deshalb gab jeder sein Bestes. Der Abteilungsleiter Bestand sagte einmal gegenüber Dritten: „Wenn der Direktor für eine vernünftige Bezahlung sorgt und die nötigen finanziellen Mittel für den Bestandsaufbau heranschafft, dann macht es Spaß zu arbeiten". Im weiteren spürte man die Anerkennung der Suhler Bibliotheksleistungen über die Grenzen des Bezirkes hinaus. Niemand war des anderen Teufel. Natürlich flossen mal Tränen, aber dabei ging es um Probleme der Arbeit. Es war für jeden wichtig, in einer gesellschaftlich anerkannten Einrichtung arbeiten zu können. Einen Mitarbeiter oder Leiter, der täglich Gleichberechtigung sichtbar praktizierte, der seine Kinder in die Kinderkrippe oder den Kindergarten brachte, seine Frau(en) förderte, wo er konnte, dem wurde auch Achtung von seinen Kollegen gezollt, mit oder ohne Parteiabzeichen. Das stimmte auch mit der gesellschaftlichen Zielstellung überein, die in der These „Vom Ich zum Wir" seine Verallgemeinerung fand. Ich kann mich erinnern, dass wir nur mit einem einzigen Kollegen Disziplinschwierigkeiten hatten, mit dem Hausmeister. Wenn er am Abend reichlich getrunken hatte, kam er am nächsten Morgen nicht aus dem Bett. Es dauerte ein ganzes Jahr, ihn zur Pünktlichkeit zu erziehen. Die wenigsten Gespräche habe ich mit ihm geführt. Das haben die Kolleginnen getan, von allen Seiten. Dann ging es. Natürlich gab es Leute, die Schwierigkeiten hatten, sich in das Kollektiv einzufügen, die wenig leisteten und sich nicht kollegial benahmen. Was habe ich gemacht? In der DDR musste man fast kriminell werden, um einen Entlassungsgrund zu finden. Mindestens drei Disziplinarverfahren mit Verweis, Rüge und strenger Rüge waren erforderlich, bevor man jemanden entlassen konnte. Wenn nun kein richtiger Grund für ein letztes Disziplinarverfahren geboten wurde? In einem solchen Fall habe ich – zweimal in zehn Jahren – die Bibliothek umstrukturiert. Denn bei Umstrukturierung konnten Entlassungen ausgesprochen werden. Es hat geklappt, auch wenn die Betreffenden bei Gericht klagten. Zur Gerichtsverhandlung ging dann Monika Meyer, meine Stellvertreterin. Sie ließ sich da belehren, wie man mit „unseren Menschen" umzugehen habe.

War es das, wonach Heinz Kuhnert fragte? Fragte er nach der Gruppenbeziehung, in der jeder eine bestimmte Rolle spielte, die von den anderen akzeptiert wurde?

Als die Kuhnerts und die Kunaths jung waren und Oppositionsgeist in ihnen steckte, genauso wie er in mir gesteckt hatte, wurde auch einmal ein physisches Kräftemessen initiiert. Ich war der besser Trainierte, das muss wohl mit meinen beruflichen Werdegang zu tun gehabt haben, jedenfalls war nicht ich es, der am nächsten Tag ein blaues Augen hatte. Von diesem Tag an war der gegenseitige Respekt noch höher und Auseinandersetzungen folgten künftig ausschließlich im Vorwärtsstreiten.

Spaß muss sein

In Suhl waren wir eine junge Truppe Bibliothekare, fast alle zwischen zwanzig und dreißig. Die Seriosität der Arbeit litt darunter nicht, aber man konnte uns nicht absprechen, zu allen möglichen Späßen aufgelegt zu sein. Unsere Abteilungsleiterin Ausleihe Elfriede Köhler, die doch ein paar Jahre älter war, versuchte Ordnung im strengen Sinne in die Bibliothek zu bringen. Sie hatte ja Recht, denn es war schon kurios, als sich die männlichen Kollegen eines Tages abgesprochen hatten, in Lederhosen zum Ausleihdienst zu erschienen. Nur beim kleinsten von uns sah man die Lederhose nicht, er hatte das Hemd darüber gezogen. Unsere Abteilungsleiterin Ausleihe ging weinend zum Direktor und suchte Beistand. Der holte uns und fragte nur, ob er mit seinem beschädigten Bein nun auch in Lederhosen erscheinen solle?

Ein anderes mal war der Direktor Helmut Topp dran. Wir täuschten den Besuch einer Möbelfirma vor, indem wir ihn von einem Nebenapparat anriefen und erklärten, dass Mitarbeiter der Firma seinen Arbeitsraum fotografieren wollten, man wolle ihm kostenlos ein repräsentatives Arbeitszimmer, ein Messemodell, zur Verfügung stellen. Man wollte den Vergleich zur alten Einrichtung haben. Der Direktor war für Repräsentation nicht unempfänglich. Abwechselnd schauten wir nun bei ihm vorbei, um zu sehen wie er schwitzend mit der Sekretärin sein Zimmer auf Hochglanz brachte. Leider ist das Gespräch dann zusammengebrochen, weil wir damals nur einen Telefonanschluss hatten. Es war eben nur ein Nebenapparat, von dem aus wir unsere Show einleiteten. Er hat nie erfahren, dass es nur Show war. Damals wartet er lange und vergeblich auf seine Möbel.

Wir gestalteten die Bibliothek zu einer freundlichen, viel genutzten Freihandbibliothek um. Früher hatte das Gebäude eine Bank beherbergt. Entsprechend dick waren die Mauern; in den Tresorräumen lagerten wir später die Kontingentliteratur aus dem Westen. Wir richteten einen wöchentlichen Kurierdienst zu den großen Bibliotheken nach Ilmenau, Weimar, Jena und zu den Stadt- und Kreisbibliotheken ein, um so die Leihverkehrsbeschaffungsfristen radikal zu verkürzen. Als Methodische Abteilung halfen wir den Stadt- und Kreisbibliotheken bei der Umstellung auf die Freihandausleihe mit der Einführung einer neuen Systematik. Ab und an beseitigten wir auch störende Wände, unterstützten die Bibliotheken beim Klassifizieren der Bücher und beim Anbringen der Rückensignatur. Dass es dabei viel Spaß gab, kann sich jeder denken. In Meiningen störte uns der kleine Kläffer des Kreisbibliothekars. Als der Kreischef in der Zeit, in der wir Bücher anpinselten, beim Bürgermeister war, haben wir dem Kleinen die Füßchen mit Röhn-Lack, dem besten und festesten Lack, den es in der DDR gab, bepinselt. Ein anderes Mal haben wir dem Herrchen die Akten-tasche mit Kohlen gefüllt, um ihn dann als Kohlenklau zu beschimpfen. Als wir am nächsten Tag dem Direktor meldeten, die Umstellung einer weiteren Bibliothek erfolgreich abgeschlossen zu haben, wurden wir gar nicht freundlich aufgenommen. Wir wurden belehrt, dass unsere Späße zu weit gingen. Ansonsten war er nicht nach-tragend – er kannte ja die Geschichte mit den Möbeln nicht.

Die Belehrungen trugen allmählich Früchte. Mit der Zeit wurden wir seriöser. Unser neuester Sport war, während Bus-, Bahn- und Autofahrten beliebige Thesen des einen mit Antithesen systematisch zu widerlegen. Das förderte unsere Argu-mentationsfähigkeit. Unser Training machte Sinn; der eine, der mit dem Hemd über der kurzen Hose, wurde Professor an der Leipziger Fachschule und der andere Stell-vertretender Chef der Militärbibliothek in Dresden.

Die Weltpolitik schlug bis in die Bibliothekslandschaft durch. Das war nicht immer so. Im Jahrgang 1949 der Fachzeitschrift „Der Bibliothekar" suchte ich ver-geblich einen Beitrag über die Gründung der DDR. Aber der Mauerbau beschäftigte uns schon im fernen Suhl. Siegfried Kunath kam mir blass entgegen: „Du, die mau-ern uns ein". Ich sagte überzeugt, „wer mauert wen ein?" „Wir werden es sehen", war seine Antwort. Die beiden sich feindlich gegenüberstehenden Weltsysteme hat-ten hier eine offene Grenze, und die DDR konnte es nicht verkraften, dass täglich Tausende von gut ausgebildeten Leuten in den Westen. gingen. Wie sollte das wei-tergehen? Nach dem Mauerbau konnte die DDR tatsächlich ruhiger und systemati-scher ihren Weg gehen. Es wurde die Hektik aus der Politik genommen. Die Schrift-steller und Künstler hatten auf einmal größeren Freiraum und viele Leute wussten sich nun in der DDR einzurichten. Das Leben funktionierte besser. Das damals wenig geglaubte Argument, dass mit dem Mauerbau ein dritter Weltkrieg verhindert worden sei, hat sich nun nachträglich, nach Aussagen bedeutender amerikanischer Politiker, bestätigt.

Vom Quarkkeulchenessen und anderen Freundlichkeiten

Ein Grund dafür, dass die Kollegen Spaß und Freude an der Arbeit hatten, war viel-leicht, dass sie mitbestimmen konnten und dass es bei uns ständig Neuerungen gab. Die Bibliothek wurde ein Dutzend Mal umgeräumt, und alle Kollegen packten mit an. Wir besorgten ein Magazin unter dem Kulturhausportal. Wir verhandelten erfolgreich mit unseren Obermietern, einem Entwurfsbüro für Städteplanung, und legten ihnen nahe, sich doch selbst neue Räume zu bauen. Wir richteten Zweigbibliotheken ein und eine neue Kinderbibliothek. Wir entwickelten eine Abteilung Territorialkunde und besorgten dafür neue Räume. Wir bauten eine Musikabteilung mit großen Schallplattenbeständen auf und ermöglichten die Einrichtung von Studienräumen. Wir besorgten Kontingentmittel für den Ausbau der Studienabteilung und schufen einen beispielhaften regionalen und überregionalen Leihverkehr. Wir führten die Fotoverbuchung ein und so weiter und so fort. Alle dachten und machten mit.

Wir feierten zusammen und wir erhielten mehrfach den Titel „Kollektiv der sozialistischen Arbeit". Viele von uns wurden Aktivist. Wir fuhren als Kollektiv nach Berlin und nach Leningrad. Wir gingen gemeinsam ins Theater und ins Konzert. Anschließend saßen wir zusammen und feierten. Wenn jemand Sorgen und Schwierigkeiten hatte, kümmerten sich die anderen um ihn und halfen, wenn der Betreffende sich helfen lassen wollte. Einmal hatte ich Sorgen mit unserer winzigen Wohnung. Es waren inzwischen zwei Kinder da, und wir wohnten in einer 18 Quadratmeter großen Wohnung, die nur nachträglich eingebaute winzige Fenster hatte. Auf Grund unserer schwierigen Wohnungssituation verzichtete Siegfried Kunath auf seine Wohnungszuweisung und gab sie mir. Was das in der damaligen Wohnungssituation in der DDR bedeutete, kann sich nur einer vorstellen, der dies miterlebt hat, und der weiß, dass eine Einrichtung wie die unsere, bestenfalls nur alle vier, fünf Jahre eine Wohnung zugeteilt bekam. Ich kann mich nicht erinnern, dass bei Prämiendiskussionen und Gehaltsfragen irgendwelche Egoismen sich in den Vordergrund drängten. Allerdings ging es den Kollegen im Vergleich mit anderen Einrichtungen materiell recht gut. Die Frauen konnten einmal im Monat während der Dienstzeit zum Friseur, jeder Bibliothekar erhielt pro Woche vier Lesestunden, vorausgesetzt, er stellte einmal im Monat gelesene Bücher vor. Montags früh wurden Neuerscheinungen vorgestellt, nicht nur Romane. Jeder konnte sich darin üben und sich auf eine qualifizierte Ausleihe oder auf Veranstaltungen vorbereiten.

Die Kollegen gewöhnten sich daran, wenn in der Ausleihe bei ihnen hospitiert wurde und in Beratungen eine kritische Auswertung erfolgte. Es kam auch vor, allerdings war damals die Mitarbeiterzahl noch nicht so groß, dass einer von uns alle anderen zu sich nach Hause einlud. Als ich einmal erzählte, dass ich gern Quarkkeulchen äße, wurde prompt gefragt: „Was sind Quarkkeulchen?" Nun, ich lud alle dreißig Kollegen zum Essen ein. Der kleinen Küche wegen konnten nur drei bis vier Kolleginnen zum Küchendienst verpflichtetet werden, derweil die anderen im Wohnzimmer auf Kissen und Decken den Fußboden bevölkerten und die mitgebrachten Getränke probierten. Ich weiß noch, dass 200 bis 300 Quarkkeulchen mit und ohne Rosinen in Leinöl gebacken wurden. Dadurch angeregt, sprachen andere die nächste Einladung zu einem Spezialessen aus.

Später, viel später, wurde ich vom Kulturministerium anlässlich der Verleihung von bibliothekarischen Titeln zu dem entsprechenden Festakt eingeladen. Da kam eine jüngere Kollegin auf mich zugestürzt, die an diesem Tag „Oberbibliothekar" geworden war, und sagte, dass sie in der Suhler Bibliothek Praktikantin war und sich gern an diese Zeit erinnere. Sie sei glücklich, mich hier zu sehen. Um schnell eine zeitliche Einordnung zu finden, fragte ich nach irgendwelchen Besonderheiten. Als sie vom Quarkeulchenessen sprach, konnte ich mich an sie erinnern. Ich fragte nach und wollte noch etwas Fachliches hören. Da bekam ich die Antwort: „Sie haben mal gesagt: Sauerkraut essen sei gesund" Das stimmte. Von da an wollte ich niemanden mehr über Vergangenes befragen, an dem ich beteiligt war. Ich habe damals auch noch andere Gesundheitstipps gegeben und hätte fürchten müssen, dass man bei einer ähnlichen Frage sich zum Beispiel auch meiner Bemerkungen über die blutreinigende Wirkung von Wachholderbeeren erinnerte.

Ärger mit der Sozialistischen Einheitspartei

Erfahrungen und Diskussionen auf den Baustellen in Düsseldorf und Dortmund regten mich zum Nachdenken über meinen weiteren Lebensweg an. Bei den Einen war der Osten ein rotes Tuch, bei den Anderen die leuchtende Zukunft. Da ich scheinbar als Optimist geboren wurde, entschied ich mich nach einigen Bauchlandungen meiner individuellen Weiterbildung für die leuchtende Zukunft. Die DDR war mein Land. Arbeiter wie ich hatten dort die Macht. Sie bedurfte der Unterstützung. Und letztlich kam ich ja aus der DDR. Die DDR war ein Land, das sich um die reale Gleichberechtigung der Geschlechter bemühte. Weder im Staat noch in der Bildung, noch in der Wirtschaft hatten ehemalige Faschisten das Sagen. Ein Land, in dem Kindergartenplätze für ein Taschengeld zu haben waren, in dem Arbeiterkinder wegen ihrer ungünstigen familiären Bedingungen und Voraussetzungen bei der Bewerbung um einen Studienplatz bevorzugt wurden. Die meisten derer, die konnten und wollten, kamen zu einem Studienplatz. Manche leichter, manche schwerer. Oft waren Vorleistungen und Geduld notwendig – aber nie Geld. Aber das war es nicht allein. Wir lernten und glaubten, dass es stimmt, dass eine Gesellschaftsordnung die andere ablöst. Gegenwärtig wurde eben die Klassengesellschaft von einer klassenlosen Gesellschaft abgelöst. Schon die Sklavenhaltergesellschaft wurde vom Feudalismus abgelöst und der dann vom Kapitalismus. Und nun sollte eine sozialistische und später eine kommunistische Gesellschaftsordnung den Menschheitsweg bestimmen. Es ist sicher nicht verwunderlich, dass ein junger Mensch sich zur modernsten der Gesellschaftsformen bekennen möchte, selbst wenn sie noch mit Kinderkrankheiten und Fehlern behaftet ist. Diese Gesellschaftsordnung war eben zu einsichtig. Hinzu kam meine Hinwendung zu den Kultur- und Bildungsgütern der Menschheit. Sie sollten der Arbeiterklasse vermittelt werden. Das berührte mich.

Deshalb stellte ich 1955 den Antrag auf Kandidatur für eine Mitgliedschaft in der SED, die sich diese Veränderungen auf die Fahne geschrieben hatte. Für mich waren fünf Bürgen notwendig, weil ich, von Eltern und Bekannten angeregt, mit 18

Jahren Mitglied der Liberaldemokratischen Partei in Leipzig geworden bin. Aus dieser Zeit ist mir auch Manfred Gerlach, der letzte Staatsratsvorsitzende der DDR, bekannt; er war damals der Jugendbeauftragter der LDPD, später wurde er stellvertretender Oberbürgermeister in Leipzig. Damals leitete er unseren politischen Diskussionszirkel. Ich lernte bei ihm das ABC des politischen Denkens in der Auseinandersetzung mit politisch Andersdenkenden. Zu diesem Zweck schickte er uns zum Beispiel zur Gründungsversammlung der sich gerade konstituierenden Nationaldemokratischen Partei (NDPD), die sich um die Heimkehrer aus der Kriegsgefangenschaft und um die ehemaligen Wehrmachtsoffiziere bemühte. Diese Partei versuchte, für diesen Teil der Bevölkerung eine politische Heimat zu schaffen und ihn dabei in den Neuaufbau der Gesellschaft zu integrieren. Ich wusste damals noch nicht, ob die LDPD meine politische Heimat sein konnte. Mein Schritt zu ihr war dem Oppositionsgeist der Jugend zu den herrschenden Verhältnissen geschuldet. Neu und anders sollte das Leben sein, aber ohne den politischen Druck, dem wir gerade entronnen waren.

Nun, in der Mitte der 50er Jahre, sollte der Bezirksvorstand der LDPD in Leipzig zustimmen, dass ich in eine andere Partei wechseln dürfe. Grund: Ich war einmal republikflüchtig geworden. Ein gemeinsamer Beschluss aller Blockparteien, (SED, CDU, LDPD, NDPD, Bauernpartei) verpflichtete sie, in Grundfragen gemeinsam zu handeln. Mein Fall schien eine solche Grundfrage zu sein.

Die fünf Bürgen bekam ich. Zwei mussten vor 1933 Mitglied der KPD gewesen sein, von denen Mitte der 50er Jahre noch viele lebten. Unter den Zimmerleuten fand ich auch zwei Altkommunisten, die für mich bürgen wollten. Dann ging ich nach Mecklenburg, dort mussten die Bürgschaften nochmals bestätigt werden. Schließlich kam ich nach Suhl – und hier wurde meine Aufnahme als Kandidat annulliert. Es ist irgendein Formfehler gemacht worden. Nun brauchte ich nochmals die entsprechenden Bürgen, insgesamt waren es fünfzehn, unter anderem auch der Leiter der Kulturredaktion der Bezirkszeitung „Freies Wort".

Diesmal wurde ich mit einer zweijährigen Kandidatenzeit in die Grundorganisation des Rates der Stadt Suhl aufgenommen. Die Kreisleitung der SED bestätigte mich und nach zwei Jahren befürwortete sie auch meine Aufnahme als Mitglied. Doch diesmal war die SED-Bezirksleitung dagegen. Sie hätte ihre Zustimmung geben müssen, weil ich früher mal Mitglied einer „bürgerlichen Partei" war.

Die Zustimmung musste mehrheitlich beschlossen werden. Das Stimmenverhältnis war 3 zu 2 gegen mich. Auch der erste Sekretär der Bezirksleitung, Otto Funke, lehnte meine Mitgliedschaft ab. Die zuständige Sekretärin für Kultur und Bildung, bekam auf Grund dieser Ablehnung eine Herzattacke und musste aus der Sitzung getragen werden. Einige meiner Bürgen protestierten dann gegen diesen Beschluss. Für mich war es entehrend. Mit großem Stolz hatte ich zwei Jahre lang das Parteiabzeichen getragen und hatte inzwischen zwei gute Kollegen überzeugt, in die Partei einzutreten – und nun das. Ungenügende Beschäftigung mit Sachverhalten durch Parteileitungen war mir zur Genüge bekannt. Als Kollegen meinten, dass ich „denen" nun die kalte Schulter zeigen würde, war meine Antwort: „Davon wird die Sache, der Sozialismus, nicht schlechter und nicht besser". Außerdem wäre ich mir meinen Bürgen gegenüber schäbig vorgekommen. Eine solche Haltung hätte mir eine auch die Möglichkeit genommen, mich um die Belange der Bibliotheken und der Benutzer intensiver zu kümmern. Das konnte man in der Parteiversammlung und in der Öffentlichkeit mit Parteiabzeichen besser als ohne. Man wurde sonst zu schnell in die Ecke des Revoluzzers oder des Renegaten gestellt. Das war meine Überzeugung. Schließlich hatte ich über Widersprüche beim Aufbau des Sozialismus an der Universität in Jena Vorlesungen gehört und selbst halten müssen. Ich wäre also ein schlechter Sozialist gewesen, wenn mich die Ungereimtheiten und Widersprüche in meiner Überzeugung erschüttert hätten. Vielleicht wäre mir das „kalte-Schulter-zeigen" in den Sinn gekommen, wenn ich nicht Philosophie studiert hätte. Es gab also Einspruch von mir und von den Bürgen bei der bezirklichen und zentralen Parteikontrollkommission. Die Kulturabteilung des Zentralkomitee der SED und der Parteisekretär des ZIB erhoben ebenfalls Einspruch bei den Kontrollorganen. Das löste Verwirrung aus. Das hat es bei einem SED-Bezirksleitungs-Beschluss noch nicht gegeben.

Nun wurde ich endlich erstmals persönlich vorgeladen. Ein Abteilungsleiter sprach mit mir über Gründe, die sachlich nicht stimmten. Man hätte Unklarheiten über einen Wohnaufenthalt von mir in Westdeutschland gehabt. Aber um Aufklärung hat man mich nicht gebeten. Nach dem ich gefragt wurde, ob ich auch eine Bürgermeisterstelle in einer kleinen Gemeinde übernehmen würde, kam mir das Gespräch dann sehr fragwürdig vor. Ich sagte nicht Nein, aber meinte, dass ich dafür nicht die erforderliche Qualifikation hätte. Abschließend sagte der zuständige Abteilungsleiter, dass man in absehbarer Zeit über meine Aufnahme sprechen könne. Auf dem nächsten Parteitag wurde beschlossen, dass in Fällen, die der Zustimmung der Bezirksleitung bedürfen, diese künftig vor der Kandidatenzeit erfolgten müsse. Na ja, wenigstens etwas.

Als ich dem zuständigen Sekretär der Kreisleitung mein Parteidokument zurückgab, hatte er Tränen in den Augen. Aber er war zuversichtlich, dass wir uns bald wiedersehen würden. Jetzt war ich verwirrt. Dieser Kreisleitungssekretär stand den Menschen doch ein Stück näher!

Nach einem Jahr, ich war inzwischen Direktor der Stadt- und Bezirksbibliothek Suhl, lud mich der zweite Bezirkssekretär, der Genosse Heiliger, mit dem ich in Jena ein Jahr lang die Bank im Seminarraum drückte, mit der Bemerkung zu sich: „du kannst jetzt erneut Antrag stellen, die Mehrheiten haben sich geändert. Wir haben einen neuen Bezirkssekretär, den Hans Albrecht. Wir werden sicher gut zusammenarbeiten".

Zur Zusammenarbeit kam es nicht, weil Heiliger wegen „Verwissenschaftlichung des Parteiapparates" abgesetzt wurde. Er hatte mir bei unserem Gespräch sein Interesse für Kybernetik offenbart. Heiliger fand im Generalkonsulat der DDR, in Leningrad, eine neue Beschäftigung.

1966 bemühte ich mich dann nochmals um fünf Bürgen, erlebte erneut eine zweijährige Kandidatenzeit und nutzte viele der gegebenen Möglichkeiten und Gelegenheiten meine Vorstellungen vom neuen Leben einzubringen. Nach 12 Jahre währenden Erfahrungen mit der Parteibürokratie wurde ich endlich in die SED aufgenommen.

Chef in Suhl

Eine andere Art von Brisanz kam auf, als unser Direktor zum Chef der Leipziger Bibliothekarschule berufen wurde. Die Partei hatte mir nach zweijähriger Kandidatenzeit den Stuhl vor die Tür gesetzt und mich nicht für würdig befunden, in ihre Reihen aufgenommen zu werden. Ob man nun jemanden von außerhalb holte? Schließlich hat mir der Rat der Stadt Gadebusch in einem Grenzkreis Mecklenburgs auch die Stelle des Kreisbibliothekars verwehrt, weil ich vier Jahre im Westen Deutschlands gearbeitet hatte. Man konnte nicht wissen. Und nun kam noch der Parteiausschluss hinzu. Der Bezirk Suhl hat die längste Staatsgrenze West, 400 Kilometer. Da nimmt man mich bestimmt nicht als Direktor.

Und doch erhielt ich 1965 die Berufung zum Direktor der Stadt- und Bezirksbibliothek Suhl. Im Widerstreit der Meinungen hat sich die Abteilung Kultur beim Rat des Bezirkes durchgesetzt. Ich wurde erst kommissarisch, dann offiziell berufen.

Nun wurde es ernst. Als ich einen Tag nach meiner Berufung eine Kollegin ganz locker bat, nicht so viel erzählen, sondern lieber zu arbeiten, da sagten mir die Kollegen, ich müsse jetzt mit meinen Äußerungen vorsichtiger sein. Die Kollegin war auf Grund meiner Äußerung mächtig deprimiert.

Nun versuchte ich manches anders zu machen als bisher. Ich führte wöchentliche Leitungsbesprechungen ein. Einmal mit gesellschaftlichen Kräften (Gewerkschaftsvorsitzende, FDJ-Sekretär, einen Parteisekretär hatten wir damals noch nicht), da wurden Pläne und Planerfüllung, Vorbereitung von Veranstaltungen mit Bibliothekaren und andere Fragen beraten, die im Interesse der ganzen Einrichtung lagen. Ein nächstes Mal ohne die ehrenamtliche „Funktionäre", da wurden ausschließlich Fachfragen behandelt.

Mit mir gingen die Kolleginnen auch ins Gericht, das heißt, sie verschonten mich nicht mit ihrer Kritik. Ich wollte jeden guten Facharbeiter bewegen, eine bibliothekarische Laufbahn zu beschreiten. Entweder durch Fernstudium oder Direktstudium in Leipzig. Sie fragten mich, wer denn dann die bibliothekstechnischen Arbeiten leisten sollte, wenn ich mit meiner Qualifizierungswut so weiter mache. Tatsächlich, sie hatten recht. Nach einer freundschaftlichen Aussprache mit der Lehrausbilderin Karin Reuß hielt ich mich zurück, und wir berieten gemeinsam, wenn wir jemanden für qualifizierungswürdig hielten. Ganz konnte ich es nie lassen. Später, in Berlin, habe ich sogar blödsinniger Weise eine meiner besten Sekretärinnen, die Petra Voss, dazu bewegt, ein bibliothekarisches Studium aufzunehmen. Und das alles nur, weil ich die Wirkung der Literatur auf die Persönlichkeitsbildung immer noch für sehr bedeutend hielt.

Ich hegte auch den Ehrgeiz, die Leitungsmitglieder der Bibliothek dazu zu bewegen, auch auf Bezirksebene Leitungsfunktionen in einer gesellschaftlichen Organisation zu übernehmen. Sie sollten in den Organisationen und in den Schulen dafür sorgen, dass Beziehungen zur Bibliothek und zur Literatur geknüpft werden. Zu diesen Organisationen gehörte die Gewerkschaft (schließlich gab es einige Dutzend Gewerkschaftsbibliotheken im Bezirk) der Kulturbund, die Kammer der Technik, die Volkshochschule, die Gesellschaft zur Verbreitung wissenschaftlicher Kenntnisse, die Gesellschaft für Deutsch-Sowjetische Freundschaft, die Freie Deutsche Jugend und ihre Pionierorganisation. Diese enge Verbindungen brachten der Bibliothek ein hohes Ansehen ein. Wenn Pläne für Veranstaltungen zu gesellschaftlichen Höhepunkten gefordert wurden, hatten wir meist mehr vorliegen, als man von uns verlangte. Mit diesen gesellschaftlichen Partnern im Rücken war es auch relativ leicht, Forderungen finanzieller Art durchzusetzen.

Dem Stellvertretenden Direktor wurde die Verantwortung für den Bibliotheksbau übertragen. Die weiteren Leitungsmitglieder qualifizierten sich auf einem Fachgebiet durch ein Hochschulfernstudium. So kam es, dass der kleinste Bezirk der Republik die höchstqualifiziertesten Bibliothekare hatte. Sie fuhren nach Berlin, Leipzig und Ilmenau zu den Vorlesungen und Konsultationen. Sie erfuhren nicht nur mit dem Zug die Strecken, sondern erfuhren im wahrsten Sinne des Wortes wie die Anderen arbeiten, erfuhren von ihren Plänen und Vorstellungen. Das nutzte ihnen und unserer Bibliothek.

Es gab aber auch Probleme. Positives und weniger Positives standen sich gegenüber. Das darf ich nicht einfach weglassen. Zum Beispiel unser Joachim Traut, mit dem wir es nicht einfach hatten. Jochen, so nannten wir ihn, war hyperaktiv. Er hat in Leipzig seinen bibliothekarischen Abschluss gemacht und im Fernstudium Kulturwissenschaft studiert. Er hat unser tolles Weiterbildungssystem mit der Leipziger Universität organisiert, ackerte von 7.00 Uhr morgens bis 19.00 Uhr abends, bemerkte selbständig, was zu tun war und der Bibliotheksentwicklung diente. Er machte gute Vorschläge und nahm seine Tätigkeit als Verantwortlicher für die Beratung der Bibliotheken in den Kreisen, Städten und Gemeinden sehr ernst, fragte, wo er helfen könne und versprach wo er konnte. Dabei unterschätzte er – guten Glaubens, es zu schaffen – seinen Zeitfond. Er versprach den Kollegen im Bezirk vieles und bedacht nicht immer, dass seine Zeit kaum reicht, das Versprechen zu halten. So kam es, dass sich manche Bibliothekare bei mir beschwerten, dass Jochen ihnen etwas versprochen habe, was er nicht erfüllen konnte. Da er immer guten Willens war, dachte ich, musst du ihm helfen, und ich besorgte ihm, damit er schneller von Ort zu Ort kam, für die Bezirksarbeit ein Auto. Es waren die frühen siebziger Jahre. Ich setzte beim Rat des Bezirkes meine ganze Autorität ein, um für die Bezirksarbeit ein Fahrzeug zu bekommen. Nun stand das Auto vor der Tür. Bevor ich es übergab, wollte ich Jochens Führerschein sehen. Und musste mich wundern, dass er ihn vergessen hatte. Das ging jeden Tag so. Schließlich ging Monika Meyer, meine Stellvertreterin, zum Wehrkreiskommando, wo die Akten aus seiner Militärzeit lagen, denn Jochen war Hauptmann der Reserve. Dort stellte sich heraus, dass Jochen keine Fahrerlaubnis hatte, er war farbenblind.

Nun musste er eine Zeit lang andere Aufgaben übernehmen, dort, wo er nichts versprechen konnte und wo sich die Kollegen nicht über falsche Versprechen beschweren konnten. Er schrieb gute Berichte und machte Pläne für die Zukunft und nahm mir viel Arbeit ab. Wer nun durch diese Beispiele eine Ahnung von Jochens Persönlichkeit bekommen hat, der versteht das Sprichwort: „Wo viel Licht ist, ist viel Schatten". Ein guter Leiter muss das Licht aushalten können. Jochen hat später manches Gute und Bleibende für die Bibliotheksentwicklung im ländlichen Bereich getan, auch für die Aus- und Weiterbildung des bibliothekarischen Fachpersonals und der nebenberuflichen Büchereileiter, für die Bibliotheksstatistik, für die Bezirksgruppe des Bibliotheksverbandes und für den Kulturbund.

Und als gelernter Bäcker hat er jeden Herbst mit den Kolleginnen einen prächtigen Pflaumenkuchen gebacken.

Auch ich fuhr jährlich mindestens ein Dutzend mal in Richtung Berlin oder in andere Bezirksstädte und lernte oft durch Anschauung mehr, als ich umsetzen konnte. Zu frühen DDR-Zeiten brauchten wir mehr als acht Stunden Bahnfahrt zwischen Suhl und Berlin. Wir legten uns abends in den Schlafwagen und wurden morgens 7.00 Uhr in Berlin unter der Warschauer Brücke vom Schlafwagenschaffner geweckt. So kam ich pünktlicher und ausgeschlafener zur Tagung als die nahewohnenden Kollegen aus Potsdam oder Frankfurt/Oder. War eine Übernachtung angesagt, so war der Spielplan des Deutschen Theaters, des Berliner Ensembles oder des Maxim-Gorki-Theaters maßgeblich für meine Abendgestaltung. Bekam ich ausnahmsweise keine Karten, hörte ich mir das Stück bis zur Pause im Vorraum an, um dann einen freien Platz, meist in der ersten Reihe, zu besetzen. So erlebte ich fast den gesamten Spielplan dieser Theater, was ich nicht einmal in meiner späteren Berliner Zeit schaffte. Wenn wir zu dritt nach Berlin fahren mussten, nahmen wir unseren Dienstwagen. Wir fuhren mit Hilmar Fischer, unserem routiniertesten Fahrer. Hilmar konnte etwas, was wenige Fahrer konnten: Er spielte mit uns auf der Autobahn Skat. Woran man sehen kann, wie mäßig der Autoverkehr zu DDR-Zeiten war. Die Fahrt von Erfurt bis Berlin verging dann wie im Flug.

Der King von Neuhaus

Der King von Neuhaus war etwas Besonderes. Er hieß Walter König und war Kreisbibliothekar in der höchstgelegensten und zweitkleinsten Kreisstadt des Landes. Neuhaus am Rennsteig hatte damals knapp 5.000 Einwohner und war in den 50er Jahren von Suhl aus nur mit dem Zug zu erreichen. Damals war das Neuhäuser

Röhrenwerk erst im Entstehen. Die Fahrt über Meiningen und Sonneberg dauerte acht Stunden. Eine Dienstreise war in der Regel mit zwei Übernachtungen verbunden. Also brauchten die Neuhäuser kaum mit Inspektionen aus der ebenfalls kleinsten Bezirkshauptstadt des Landes zu rechnen. Das änderte sich, als ich nach Suhl kam und von der bibliographischen in die methodische Abteilung wechselte. Am Anfang hatten wir noch kein Auto, nicht mal ein Moped. Ich brauchte aber längstens vier Stunden um per Anhalter nach Neuhaus zu kommen. Der Kreisbibliothekar residierte in einem Nebenraum der Volkshochschulbaracke. Ihm zur Seite stand eine 15jährige Bibliothekshelferin. Das gab es im ganzen Lande nicht noch mal, dass eine 15jährige ohne Ausbildung in einer Kultureinrichtung arbeiten durfte. Erst mit 19 hat Regina (die Königin) im Rahmen einer Erwachsenenqualifizierung ihren Facharbeiterabschluss erworben. Aber ich wollte vom King erzählen. Er kam aus Böhmen, war verschmitzt, sarkastisch und, mit Verlaub, auch ein wenig hinterfotzig – ein Schwejk. Im früheren Leben schien er Bankbeamter gewesen zu sein. Jetzt hatte er als erster im Bezirk eine Sonderausbildung als Bibliothekar absolviert. Er war der zweitälteste unter uns Bibliothekaren im Bezirk Suhl; der älteste und seriöseste war Kurt Pankraz aus Meiningen, über den ich schon bei „Spaß muss sein" sprach. King nahm auch seinen Hund mit zur Arbeit. Er lag dann unter seinem Schreibtisch und schlief. Immer wenn ich überraschend in Neuhaus auftauchte, feierte King mit seiner Regina irgend etwas. Sie schworen mir, dass wäre wirklich nur dann, wenn ich käme. In solchen Fällen meinten sie schon vorher, jetzt fehlt nur noch der Helmut Göhler, und schon käme ich zur Tür herein. Da ich generell freundlich aufgenommen wurde und selbst freundlich war, musste ich natürlich helfen, die auf dem Tisch stehende Flasche Wein zu leeren.

In Suhl bei den Beratungen der Kreisbibliothekare hatte King mit witzigen Bemerkungen zu unseren Vorschlägen zur Verbesserung der Bibliotheksarbeit die Lacher stets auf seiner Seite. Seine Äußerungen wurden zurückhaltender, wenn wir nicht unter uns waren, wenn Referenten des Rates des Bezirkes oder gar des ZIB anwesend waren. Einmal stellte er in meiner Abwesenheit die Schillerbüste, die sonst auf einem Ehrensockel in der Bibliothek stand, an meinen Platz und setze Schiller meinen Hut auf.

Ein anderes Mal kam ich nach Neuhaus, da feierte er nicht. Er sagte „komm Helmut, ich will dir etwas zeigen". Wir gingen in die „Ausleihe", einen mit Büchern vollgestopften schäbigen Laden in der Hauptstraße. Hier entliehen die Neuhäuser Erwachsenen und Kinder ihre Literatur. Nach Neuhaus kamen leider keine Absolventen, so dass die Ausleihe von angelernten Kräften betreut wurden, die ihre Erfahrungen sammelten, als Neuhaus noch keine Kreisstadt war. King stellte mir eine Studentin der Leipziger Fachschule vor, die im 4. Studienjahr in Neuhaus ihre Abschlussarbeit schreiben sollte und zugleich als Leiterin der Abteilung Ausleihe eingesetzt wurde. King beobachtete mich. Ich holte tief Luft, nicht, weil ich nichts von seiner Personalerweiterung wusste, sondern weil ich so ein schönes Mädchen, mit schwarzen Korkenzieherlocken und strahlenden Augen noch nicht einmal im

Film gesehen hatte, geschweige denn in einer Bibliothek. Ich vergaß den King und die Welt. Wir sprachen dann über Belangloses, um meine Verblüffung und Verlegenheit zu vertuschen. Ich war neidisch auf König, denn er konnte sie jeden Tag sehen – er war neidisch auf mich, weil sie mir sofort freundlich zugetan war. King musste am Abend mit seinem Hund nach Hause, ich traf mich mit der Schönen zum Abendessen.

Ich wohnte im 4 km entfernten Lauscha, im einzigen Hotel, das es weit und breit gab. Sie erzählte mir von Tschiedert und seinem Kreis von jungen attraktiven Studentinnen. Tschiedert war der Lehrer, der Weltliteratur an der Fachschule unterrichtete. Die Mädchen seines Kreises trafen sich außerhalb der Vorlesungen und Seminare bei ihm zu Hause. Dort begeisterte er sie für die Moderne. Sie hingen an seinen Lippen, wenn er über Sartre oder Camus sprach. Ihre Wangen erglühten, wenn er ihnen Texte von Proust und Joyce, Kafka und Rilke vorlas, Literatur, die, um das Mindeste zu sagen, nicht im Zentrum des Lehrplans stand. Ich habe Tschiedert nie gesehen, habe auch kaum mit anderen über ihn gesprochen. Schließlich ging er nach Stuttgart, wohin er wohl damals schon geistig auf dem Weg war. Ich war nicht neidisch auf ihn, denn die Schöne begleitete mich nach Lauscha und konnte sich auch an anderen Gesprächsthemen erfreuen, die außerhalb anspruchsvoller Literatur lagen.

Wir wanderten mindestens zweimal zwischen Neuhaus und Lauscha hin und her, ehe wir herausfanden, dass Küssen noch kein Treubruch sei. Als der Morgen graute, kamen wir gerade wieder in Neuhaus an. Wir gestanden uns gegenseitig, noch nie soviel geküsst zu haben wie in dieser Nacht. Vielleicht war sie ja zum Küssen gemacht.

Um das Zusammengehörigkeitsgefühl zwischen Kreisbibliothekaren und Kollegen aus Suhl zu fördern und natürlich auch etwas für die Fortbildung zu tun, gab jährlich gemeinsame Arbeitswochen. Einmal, Anfang der 70er Jahre, fanden sie im Waldhaus bei Römhild statt. King wollte über Nacht nach Hause fahren. Ich versuchte ihn zu überzeugen, mit uns allen den Abend zu verbringen, denn wir warteten schon auf seine Storys und Witze. „Nein", sagte King, „in meinem Alter schläft man zu Hause". Heute denke ich, er wollte seinen Hund nicht warten lassen. Das bibliothekarische Leben des King nahm ein trauriges Ende. Als er endlich eine neue Bibliothek erhielt, wir hatten das von Suhl aus organisiert, erschien er uns eher bekümmert, als dass er sich kümmerte. Wir hatten mit dem Rat des Bezirkes diskutiert, gerechnet und argumentiert. Schließlich wurden Bau und Einrichtung eingeplant. Der Bibliotheksbau funktionierte wider Erwarten. Der Kreisbibliothekar brauchte nichts weiter zu tun, als seine neue Bibliothek in Empfang zu nehmen. Als dann auch die Möbel fertig waren, schickten wir sogar den Kollegen Albrecht Schumann (von dem das nächste Kapitel handelt) nach Neuhaus, um die Einrichtung zu beaufsichtigen. Herr und Hund rannten verloren zwischen den Regalen umher. Als Kings Hund bei der Einweihung der neuen Bibliothek immer noch ziellos zwischen Regalen und Gästen pendelte, meinte ich, dass der Hund nicht recht zur neuen

Bibliothek passe. Ich legte King nahe, ihn besser zu Hause zu lassen. Darauf wurde erst der Hund und dann sein Herrchen krank. King wurde bald darauf berentet. Ich erfuhr erst spät, dass Walter schwer erkrankt sei. Und als ich Genaueres wissen wollte, war er schon tot. Tut mir leid, Walter, hättest deinen Hund doch im neuen Arbeitszimmer schlafen lassen sollen. Mein Vater hätte gesagt, alte Bäume verpflanzt man nicht.

Eine Generation später sagte ich: „Wir haben etwas falsch gemacht". Uns ging alles nicht schnell genug. Wir preschten vor und arbeiteten für die Anderen, dabei hätten wir die Anderen überzeugen müssen in unserem Geiste mitzuarbeiten. Lieber langsamer, aber dafür mit allen. Der Widerspruch war in uns, weil wir meinten, keine Zeit zu haben. Nach vielen Jahren, in Berlin, sagte mir die mit dem ländlichen Bibliothekswesen vertraute Brigitte Rehbein: „Seien Sie nicht so ungeduldig, selbst wenn wir eine gute Idee zum Gesetz gemacht haben, braucht es noch viele Jahre, bis sie sich durchgesetzt hat, bis sie unten angekommen ist". Sie hatte recht und unrecht zugleich. Letzteres deshalb, weil ich weiß, dass die Menschen in Neuhaus bis heute auf ihre neue Bibliothek hätten warten müssen, wenn wir nicht so ungeduldig gewesen wären. Sie hätten weniger gelesen. ...

Spaß am Verändern und am Bauen

Spaß am Verändern hatte Albrecht Schumann. Ich kannte ihn aus Zeiten, als er Praktikant in Meiningen war und mit uns Bibliotheken von der Thekenausleihe auf die Freihandausleihe umstellte. Er hatte viele Ideen, von denen sich manche auch verwirklichen ließen. Sein Name kam mir wieder in den Sinn, als die Leitung der Bibliotheken des Kalikombinates neu zu besetzen war. Aber nicht er sollte die Verantwortung für die drei Kalibibliotheken übernehmen, sondern seine Frau, die ein Jahr früher in Leipzig mit der Fachschule fertig geworden war. Sie hatte bis dato die Stadt- und Kreisbibliothek in Bad Salzungen geleitet. Auch im Sinne der Familienzusammenführung schien es gut zu sein, wenn wir ihn aus Leipzig nach Suhl holten. Zwei freie Planstellen für verantwortliche Funktionen in einem Kreis waren eine Seltenheit. Außerdem wollte ich die 68 Gemeinden des Grenzkreises in der Rhön, unweit von Fulda, mit einem kreativen, zupackenden Kollegen besetzt wissen. Also ging ich zur Leipziger Schule, zu Helmut Topp, und holte Schumann ein halbes Jahr vor Studienjahresende in die Praxis. Ich täuschte mich nicht, dass er sich hier wohler fühlen würde als an der Schule. Kaum war er da, besorgte er sich einen „rumänischen Bullen", das war ein schweres Transportfahrzeug, das leider das knappe Benzin geradezu soff. Schumann ging höchstpersönlich zum Ministerium, um die Freigabe für ein solches Fahrzeug zu erhalten. Einmal tauchte er in Magdeburg bei einer Verbandskonferenz auf, weil der zuständige Mitarbeiter des Ministeriums sich dort aufhielt. Seine Begeisterungsfähigkeit und Hartnäckigkeit schafften es tatsächlich, was vielen größeren Kultureinrichtungen nicht gelang: Er erhielt das

Fahrzeug und einen Fahrer gleich noch dazu. Nun konnte es losgehen mit der Verbesserung der Literaturversorgung den Gemeinden. Er erarbeitete einen Zentralkatalog, um alle Bestände des Kreises für alle Bibliotheken nutzen zu können. Er druckte Kataloge und verschickte sie an die Gemeinden. Er schaffte nicht nur neue Bestände in die Gemeindebibliotheken, sondern sortierte auch rücksichtslos ungenutzte Literatur aus. Da er sich nicht traute, diese Bestände in die Papiermühle zu geben, schließlich war der eine oder andere marxistische Klassiker darunter, kippte er sie einfach in die Straßengräben an der Grenze aus.

Später dachte ich mit Schrecken an diese Aktion. Als ein Kreisbibliothekar in Zeitz ähnlich großzügig Bestände aussonderte, fotografierte ein wenig wohlwollender Bürgermeister die entsorgten Bücher und schickte die Fotos dem Minister für Kultur. Die Kollegen kamen in ihrer Not zu uns ins ZIB. Wir konnten ihnen nur schwer helfen, weil Rechtsvorschriften besagten, dass der Bürgermeister in den Gemeinden seine Zustimmung zu den Aussonderungen hätte geben müssen. Die Kollegen wurden amtenthoben und verurteilt. Da konnte die vom Direktor des ZIB, Gotthard Rückl, beauftragte Rechtskommission des Bibliotheksverbandes nur mildernd wirken.

Bei Schumann ging glücklicherweise alles gut. Viele neue Leser nutzten die Bibliotheken in Bad Salzungen. Später schuf er ein Bibliothekskombinat mit über hundert Bibliotheken, dessen Chef er dann auch wurde. Nun musste auch seine Frau unter ihm dienen. Als er sich dann im ehrwürdigen Hauenschen Hof in Bad Salzungen eine größere, bessere und schönere Stadt- und Kreisbibliothek baute, meinte ich, einen so kreativen, respektlosen und kühnen Jungen könntest du auch in Suhl gebrauchen, und er wurde hier Abteilungsleiter für Bezirksarbeit und alsbald Stellvertretender Direktor.

Über die Story mit den Fahrbibliotheken ohne Maschinenteil wurde schon viel geschrieben. In der DDR wurden keine Fahrbibliotheken gebaut. Schumann sah aber nicht ein, warum deswegen keine optimale bibliotheksmäßige Literaturversorgung im ländlichen Bereich durchgeführt werden sollte. Die DDR konnte nicht bauen, Schumann baute. Er besorgte einen Bauwagen, der die Größe einer Fahrbibliothek hatte, stellte 5.000 Bücher und andere Medien rein, klärte mit Bürgermeistern und LPG-Vorsitzenden, dass diese „Fahrbibliothek" jeden Tag mit dem Traktor in eine andere Gemeinde des Gemeindeverbandes gefahren werden müsse. Er gab jedem Gemeindebüchereileiter einen Schlüssel für die Fahrbibliothek und in kurzer Zeit vervierfachten sich die Leser- und Entleihungszahlen. So entstanden in den Gemeindeverbänden Heldburg, Römhild und Geisa drei dieser Bücherautos. Sie erregten bei der Bevölkerung Aufsehen und brachten die Kultur aufs Dorf. Da war es nicht so schlimm, wenn mal eine dieser Fahrbibliotheken im bergigen Land umkippte.

Als Schumann seine Dienstzeit bei der Armee absolvieren sollte ging meine Stellvertreterin gerade in Schwangerschaftsurlaub. Ich ging zum Wehrkreiskommando, um Schumann freistellen zu lassen. Da wurde ich schon erwartet: Drei Obristen, fünf Majore und mindestens acht Hauptleute erwarteten mich. Ein Glück, dass ich genügend Selbstbewusstsein hatte. Bei den Herren angesehen zu werden, als wolle ich die Kampfbereitschaft der Nationalen Volksarmee untergraben, fand ich nicht gut. Ich besann mich auf einen Vortrag „Über den Anteil der öffentlichen Bibliotheken an der Wehrerziehung", den ich während einer Veranstaltung der Militärbibliothek in Dresden gehalten hatte. Ich konnte den Genossen erklären, dass die Bibliotheken das allerwichtigste auf diesem Gebiet seien und dass wir deshalb den Schumann dringend brauchen. Damit hatten die hohen Herren nicht gerechnet. Der geschäftsführende Oberst meinte, ihm sei die Bedeutung der Bibliotheken für die Wehrerziehung schon klar, aber Herr Schumann muss wohl oder übel seinen Dienst antreten, er sei schon mehrfach freigestellt worden und erreiche demnächst ein Alter, in dem er dann nicht mehr eingezogen werden könne. Da konnte ich nichts mehr machen und Schumann musste für ein Jahr in Erfurt, seinen Dienst zu absolvieren.

Als er zurück kam, kündigten sich in Suhl die Arbeiterfestspiele an. Da brauchte man einen Kulturhausleiter, der eine solche Aufgabe meistern konnte. Nun waren wir Schumann los.

Seine Kulturhausgeschichten müsste er selber erzählen.

Letztlich blieb er aber dem Bibliothekswesen erhalten. Als mich Ilse Behnert, die Direktorin der Wissenschaftlichen Allgemeinbibliothek Erfurt, fragte, ob ich ihr jemanden als Stellvertreter empfehlen könne, der Ideen hat, sagte ich ihr, dass sie es mit Schumann versuchen solle. Er wurde in Erfurt Stellvertreter, baute und baute, gab der Bibliothek ein neues Domizil und startete den Versuch, Teile der Bestände der Wissenschaftlichen Bibliothek mit denen der Öffentlichen Bibliothek zu vereinen. Das war nicht das Schlimmste. 1984 war Albrecht Schumann bei einer Veranstaltung in der Kinder- und Jugendbibliothek dabei, als ein Referent, der im Diplomatischen Dienst tätig gewesen war, zum Thema „Angst" einen Vortrag hielt. Das war ungewöhnlich für eine Bibliotheksveranstaltung. Vertreter des Theologischen Seminars und der Jungen Gemeinde artikulierten in der Diskussion ihre Angst vor den sowjetischen und amerikanischen Raketen. Schumann hat den Referenten wahrscheinlich in der Diskussion nicht genügend unterstützt. Er bekam jedenfalls eine Rüge, und ich stellte fest, dass auch in unseren Bibliotheken Intrigen gesponnen werden, wenn es um Posten ging. Das hatte ich so noch nicht erlebt. Die Bibliotheksdirektorin musste ihren Dienst quittieren, aber der Abteilungsleiter Kultur beim Rat des Bezirkes in Frankfurt/Oder nahm Albrecht Schumann auch mit Parteirüge, weil er einen guten Direktor für seine Bezirksstadt und seinen Bezirk haben wollte. Er meinte: „Nicht jede Delle im Stahlhelm eines aufrechten Kämpfers ist vom Feind verursacht".

Wenn Schumann in Berlin war, gingen wir bei schönem Wetter nach Feierabend zum Bierausschank des Opernkaffees in der schönsten Straße der Hauptstadt und erzählten uns Stories, die wir erlebt hatten – im Geiste saß Gorbatschow mit am Tisch. Wir träumten ein wenig in die Zukunft, sprachen über ein neues Buch von Christa Wolf oder Christoph Hein und lachten beim Bier über Leute, die nicht verstanden haben, dass die Neue Zeit schon angebrochen war. Ich erzählte ihm, dass ich einmal in einer Nachtbar mein Parteiabzeichen in die obere linke Anzugstasche gesteckt habe, weil ich beim Tanzen meine Gesinnung nicht gleich als erstes auf dem Anzugrevers sichtbar werden lassen wollte. Zuhause bückte ich mich, um Abfall in einen Eimer zu entsorgen, dabei fiel das Abzeichen in den Müll. Ich suchte und suchte und fand es nicht wieder. Mir wurde immer klarer, dass so ein Abzeichen nur etwas Äußeres sei. Gesinnung müsse man durch Haltung zum Ausdruck bringen. Um künftig keine unnützen Diskussionen heraufzubeschwören, trug ich, wie Schumann und Weigert, von dem noch zu reden sein wird, nur noch zu besonderen Anlässen einen Anzug. Pulli im Sommer, Pullover im Winter, das war die neue Kleiderordnung. So kleidete sich auch Erich Siek, der Stellvertretende Direktor des ZIB, nachdem er für eine Weile zu Hause ausgezogen war.

Was Albrecht Schumann heute macht? Er hat in Frankfurt/Oder nach der Wende eine neue Bibliothek gebaut, in der schon längst mindestens 60 Computer stehen. Er hat sie voll im Griff und misst sich mit den leistungsstärksten Bibliotheken in den alten Bundesländern. Sein neuestes Bauvorhaben ist eine Kinderbibliothek. Die Idee, das Bibliothekswesen weiter zu revolutionieren, hat ihn nie verlassen.

Das ganze Jahr „Woche des Buches"

Nach der Woche des Buches 1968 hatten wir eine tolle Presse. Es liefen über 100 Veranstaltungen. Schriftsteller von Rang und Namen waren da, darunter Christa Wolf und Erwin Strittmatter. „Können wir das nicht irgendwie fortsetzen?", fragte die Literaturreferentin vom Rat des Bezirkes, Inge Klein, „wir brauchten eine Stelle, die plant und koordiniert, könntet ihr das übernehmen?" Ich antwortete: „Ja, wir brauchen nur eine Planstelle". Bedenken der Kollegen räumte ich beiseite. Sie meinten, Hauptaufgabe der Bibliothek sei die Entleihung von Medien, nicht der Propagandarummel. Wenn wir den „Propagandarummel" zusätzlich machen können, dann steigt das Image, dann können wir mühelos mehr Mittel für Buchbeschaffung und Personal fordern. Also wollte ich den „Rummel". Wir bekamen die Planstelle, und Barbara Jähnert, die bislang für die Literaturveranstaltungen zuständig war, übernahm freudig diesen interessanten Job. Das Image unserer Bibliothek stieg weiter und darüber hinaus hatten wir Spaß und geistige Anregung. Bei dieser Gelegenheit besorgte ich mir einen Repräsentationsfonds, den ich immerhin zwei Jahre lang, bis zur nächsten Finanzrevision, behielt. Einen solchen Fonds hatten nur die Vorsitzenden der Räte und die Bürgermeister. Was man alles damit machen konnte, das verrate ich aber auch hier nicht. Eigentlich hatten wir schon das ganze Jahr so etwas wie eine „Woche des Buches". Mit Horst Bastian („Die Moral der Banditen") veranstalteten wir mindestens zweimal im Jahr eine 14tägige Lesereise durch den Bezirk. Mit seiner respektlosen Art des Schreibens und seiner individuellen Art der Präsentation – er las nicht, sondern sprach seine Texte aus dem Stegreif – begeisterte er Hunderte und Tausende von Jugendlichen. Auch Heinz Knobloch war mindestens einmal im Vierteljahr Gast in Suhl oder Zella-Mehlis und sorgte für das Bekanntwerden des Feuilletons unter der Bevölkerung hinter dem Berg. Nicht selten waren seine Feuilletons im Suhler Milieu angesiedelt, und es passierte auch, dass man selber zur literarischen Gestalt wurde. Hansgeorg Stengel, Lyriker und Eulenspiegelautor, erschien außer zur „Woche des Buches" auch regelmäßig im Herbst zur Pflaumenernte. In dieser Zeit ergriff unser Jochen, wie gesagt, die Initiative und buk vorzüglichen Pflaumenkuchen. Jahrelang, jedes Mal, wenn der Pflaumenkuchen fertig war, kam Hansgeorg Stengel bei mir zur Tür herein. Als er einmal nicht erschien, schickten ihm die Kollegen eine Blechbüchse mit Pflaumenkuchen. Ein viertel Jahr später bedankte er sich und schrieb, dass er das Glück hatte, mit einem Trawler nach Japan fahren zu können, er hätte deshalb den Suhler Pflaumenkuchen sausen lassen müssen. Leider erreichte ihn der Pflaumenkuchen in ziemlich üblen Zustand. Das Interessanteste waren die Abende mit den Schriftstellern nach der Veranstaltung. In Berlin fuhren die Schriftsteller nach der Lesung nach Hause. In Suhl mussten sie in einem Hotel übernachten. In der Bar des Hotels „Thüringen-Tourist" kam es dann zu ausführlichen Gesprächen. Erst kürzlich sagte Heinz Knobloch zu einem Dritten über mich: „Wir lagen in unserem Gesprächen auf einer Linie". Ich erfuhr, was es im Vorstand des Schriftstellerverbandes Neues gab, oder welche Probleme Heinz Knobloch z.B. mit seinem Fontane-Feuilleton, beziehungsweise mit einem Admiral hatte. Er schrieb 1972 in das Schriftstellertagebuch von Barbara Jähnert: „Das ist sehr gut, wenn die Schriftsteller bei ihrem Lesen und Vorlesen und Beantworten beobachtet werden, denn sie kennen sich selber kaum und wissen nur wenig von sich – wie gut, wenn ihnen da hin und wieder mal ein gescheiter Satz entlockt wird durch produktive Zuhörer. Wenn auch das von einer Bibliothek eingearbeitet wird, gehört es zwar kaum zu ihren Aufgaben, aber zu ihrem gesellschaftlichen Wohlbefinden."

Mit Heinz Knobloch konnte man Überraschungen erleben. Das meinte auch Heidi Riedel, als sie einmal bei unseren montäglichen Buchbesprechungen im Kollegenkreis ein Buch von Knobloch mit der Bemerkung vorstellte: „Da bin ich gestern fast aus dem Bett gefallen". In „Man sieht sich um und fragt" auf Seite 61 lässt Heinz Knobloch einen Buchhändler, der wenig über die Märcheninteressen von Erwachsenen wusste, sagen: „Das Märchen kommt zu Bütten, der weiß nicht recht, was er damit soll. Ist denn das was für Erwachsene? Er erinnert sich aber an die Zahl aus Suhl, da ist dort eine repräsentative Umfrage gewesen, Göhler hat es gesagt, da kam doch erstaunlich viel Interesse für Märchen und Sagen bei erwachsenen Lesern zutage, bei erwachsenen Lesern, das muss auch ein Buchhändler wissen, nicht bloß der Bibliothekar".

Die attraktive Heidi gehörte zum Suhler Inventar. Sie begann mit 15 als Lehrling, wurde dann Bibliothekarin und beherrscht die ganze praktische Szene der Suhler Bibliothek, sicher bis zur Rente.

Ich erfuhr auch, wie Horst Bastian mit Alkohol am Steuer umging. Eindrucksvoll waren die Beziehungen, die Bastian zu Arbeitern im Simson-Werk knüpfte. Die Arbeiter waren so begeistert von ihm, dass er in ihre Brigade aufgenommen wurde.

So etwas gab es nur selten. Er revanchierte sich, indem er die ganze Brigade am Abend in die Bar einlud. Dabei wurde das Honorar der letzten 14 Tage vertrunken. Ein anderes Mal eröffnete er in Suhl die Ausstellung seines Freundes, des Graphikers Peter Muzeniek. Muzeniek, dessen eindrucksvolle Graphiken noch heute im „Eulenspiegel" zu sehen sind, hatte Bastian zur Hochzeit die Graphik „Raub der Europa" gewidmet. Auf ihr ist ein Stier mit dem wilden schwarzen Kopf Bastians zu sehen, der seine Britta raubt. Muzeniek schenkte mir diese Originalgraphik aus Dankbarkeit für die von uns organisierte Ausstellung.

Bastian war eine Instanz. Nicht wegen seines zerbeulten Autos, dessen Tür in den 60er Jahren nur mit Bindfäden festgehalten wurde, er faszinierte die Jugendlichen mit dem freien Vortrag seiner Texte und seinem Roman „Moral der Banditen". Solcher „Banditenbande" gehörte er einst an. Seine Geschichten schrieb er im Café „Sybille" in der Karl-Marx-Allee in Berlin, wo ein Tisch für ihn reserviert war. Eines nachts, ich war zufällig dabei, bat ihn die Kellnerin darum, „seinen" Tisch mit anderen Gäste besetzten zu dürfen, wenn er auf Tournee war. Horst wollte das nicht. Als die Kellnerin hartnäckig blieb, wollte Horst nicht mehr höflich bleiben. Er beschimpfte sie. Daraufhin flog er mit der Bemerkung „du bist schließlich nicht Jack London" für immer aus dem Café raus. Er verbrachte sein weiteres Schriftstellerleben im etwas luxuriöseren „Café Warschau", gleich schräg gegenüber. Hätte die Kellnerin Horst bei Lesungen mit Jugendlichen erlebt, hätte sie ihr Vergleich mit Jack London nachdenklich gestimmt. Er verabschiedete sich vierzehn Tage vor seinem Tode – er hatte Krebs – von seinem Publikum im Veranstaltungssaal der Berliner Stadtbibliothek mit einer großartigen Lesung.

Natürlich gab es das eine oder andere Mal auch Ärger mit der Suhler „Regierung". Die Schriftsteller waren aufgefordert, neue Lebensbereiche und gesellschaftliche Probleme zu gestalten, sie sollten „Neuland" entdecken, Menschen sensibilisieren, um einen Beitrag zur Neugestaltung der menschlichen Beziehungen zu leisten. Dabei lebten sie immer mit dem Problem, ob ihre Kunst in das augenblickliche kulturpolitische Konzept der Partei passte. Schriftsteller wie Stefan Heym und viele andere kümmerten sich nicht um diese Konzepte, sondern schrieben, was ihnen ihr Gewissen gebot. Eines Tages erfuhr ich, dass die Bibliothekare in Meiningen ohne unsere Koordinierungsmöglichkeiten in Anspruch zu nehmen eine Tournee mit Stefan Heym durch den Bezirk Suhl organisiert hatten. Zu Ernst Lehmann, zum Ratsmitglied für Kultur beim Rat des Bezirkes, bestellt, wurde ich gefragt, was da los sei. Erst haut der Kreisbibliothekar von Bad Salzungen nach nur 14 Tagen Tätigkeit in den Westen ab, dann flattert der Staatsanwaltschaft eine Klage gegen einen Bibliothekar, der sich sexuell vergangen hat, ins Haus und nun wird eine Tournee mit Stefan Heym durch den ganzen Bezirk geplant. Man hätte nichts gegen die eine oder andere Veranstaltung, aber muss es gleich eine ganze Tournee sein? Wenn so etwas noch mal vorkommt, dann. ... Nachträglich verstehe ich sogar das Ratsmitglied. Er wurde in einer Ratssitzung vom Vorsitzenden im Beisein der anderen Ratsmitglieder dreimal angezählt. Und jedes Mal musste er aufstehen.

Nun konnte ich beim besten Willen nichts für eine Republikflucht und noch weniger etwas für das sexuelle Vergehen eines Bibliothekars – aber ich war schon ganz schön sauer über das mangelnde Vertrauen der Meininger Kollegen. Wir hätten sicher einen Weg gefunden, der nicht so auffällig gewesen wäre. Mein Kommentar dazu war: „Das müsst ihr mit euren Abteilungsleitern Kultur bei den Räten der Kreise klären. Wir sind gegenüber den Mitarbeitern nicht weisungsberechtigt". Das Ratmitglied und der Abteilungsleiter Kultur wussten natürlich, dass unsere Autorität im Bezirk größer war, als die der Städte und die der Abteilungen Kultur beim Rat des Kreises.

Im Prinzip wurde kein Bibliothekar eingestellt, ohne uns zu fragen, und es gab keine größere Veränderung im Bibliotheksgeschehen, ohne uns zu konsultieren, obgleich das nicht erforderlich war. So brachte unsere freiwillige Verantwortung für das aktive literarische Leben natürlich auch Probleme mit sich. Ein anderes Mal wurde ich wieder zur Bezirksleitung der SED bestellt. Um literarische Veranstaltungen der Bibliotheken zu unterstützen gaben wir Anleitungsmaterialien für Veranstaltungen zu den verschiedenen gesellschaftlichen Höhepunkten heraus. Solche Höhepunkte zogen sich in der DDR mit dem 1. Mai, dem Tag der Republik, dem Jahrestag der Oktoberrevolution und vielen anderen Gedenk- und Feier-tagen über das ganze Jahr hin. In einem literarischen Veranstaltungsmaterial hatten wir ein Gedicht von Majakowski veröffentlicht, das zur Wachsamkeit aufrief, auch zur Wachsamkeit gegenüber der Obrigkeit. Ich erinnere mich, dass der Unterste der „Obrigkeit", ein Mitarbeiter der Kulturabteilung der Bezirksleitung der SED, mit mir sprechen musste. Seine Mahnung: „Wenn so etwas noch mal vorkommt, lassen wir den großen Hund los!" klingt mir heute noch im Ohr. Dennoch will ich nicht verschweigen, dass uns unser Ansehen zum Vorteil gereichte, es ließ uns nicht so schnell stolpern. Wenn die pompösen Orientierungen auf gesellschaftliche Schwer- und Höhepunkte kamen, brauchten wir nur die vorhandenen Konzepte aus der Schreibtischschublade zu holen. Im Kulturpolitischen Kalender war längst auf alles hingewiesen worden. Wir hatten schließlich Quartals-, Jahres- und Fünfjahrespläne und unser Ziel war es, zusammen mit unserer vorgesetzten Dienststelle, dem Rat des Bezirkes, die Bibliotheksentwicklung zu Gunsten der Bürger zu fördern. Niemals, wie manche unserer Fachkollegen es erfolglos versuchten, gegen sie.

Man ließ uns gewähren, teilte unsere Sorgen, gab uns Geld, wenn man konnte, verteidigte uns gegenüber Dritten, und die Damen der Abteilung protestierten, als sie auf Weisung der Bezirksleitung der SED mir mitteilen sollten, dass es sich für einen Leiter einer Kultureinrichtung nicht gehöre, einen Bart zu tragen. Sie teilten mir das nicht offiziell mit. Als ich einmal in Berlin den respekt- und bartlosen Kultursoziologen Professor Helmut Hanke traf, meinte er „du trägst den Bart, den ich verdiene". Für ihn hat sich in der Akademie der Gesellschaftswissenschaften wahrscheinlich niemand eingesetzt, als er mit einem schönen dunklen Bart aus dem Urlaub kam.

Eine andere Art der „ständigen Woche des Buches" erlebte der, der in die Kinderbibliotheken hineinschaute und das quirlige Leben der Kleinen bestaunte. Wie sie mit Büchern umgingen!

Leser wachsen nach

Leseförderung als Begriff findet man selten in der bibliothekarischen Fachliteratur der DDR. Vielleicht war das zu „westlich". Uns ging es darum, so viel Kinder wie möglich in die Bibliotheksbenutzung einzuführen, um die Entwicklung von dauerhaften Lesebedürfnissen, um Bibliotheksbenutzung als ein lebenslanges Bedürfnis. Wir wollten das Zurechtfinden in der Bibliothek lehren und die Katalogbenutzung üben, damit für schwierige Themen das richtige Buch selbständig gefunden werden kann. Das schafften wir bei mehr als der Hälfte aller Kinder im Land; im Bezirk Suhl waren 90 Prozent der Kinder eingetragene Bibliotheksbenutzer. Die 14- bis 18jährigen konnten immerhin etwa zu 40 Prozent als Bibliotheksbenutzer erfasst werden. Grundlage war ein flächendeckendes Netz von Kinderbibliotheken oder Kinderbuchabteilungen, die Klassenführungen durchführen konnten. Mit dem Ministerium für Volksbildung war verbindlich geregelt, dass die 2., 5. und 7. Klassen mit dem Deutschlehrer mindestens eine Doppelstunde in die Bibliothek geführt werden konnten. Das zeigte Wirkung. In vielen Fällen arbeiteten die Bibliothekarinnen auch mit den Kindergärtnerinnen zusammen. Wo es eine erweiterte Oberschule gab, da wurden die Schüler der 11. Klassen zur Vorbereitung des Abiturs ebenfalls in die Bibliothek geführt. Die Bibliothek war schließlich die einzige Quelle, in der systematisch geordnetes Wissen zur Verfügung stand. Clevere Schüler nutzten sogar die Unterrichtshilfen, denen ein einheitlicher Lehrplan zugrunde lag, oft zum Ärgernis der Lehrer. Was gelesen wurde, kann man bei Irmgard Dreßler nachlesen, die außerordentlich bemüht war, alle auftauchenden Probleme mit dem Volksbildungsministerium und mit der Bibliothekspraxis immer wieder neu in die Reihe zu bekommen. Auf der Grundlage ihrer empirischen Untersuchungen zeigte sie, wo sich in der Praxis Schwachstellen andeuteten. Irmgard Dreßler war viele Jahre zuständig für die Kinderbibliotheksarbeit in der DDR und somit auch für die Anleitung des betreffenden Arbeitskreises. Durch ihre umfangreiche Publikationstätigkeit und ihre Sprachkenntnisse hat sie sich hohe Anerkennung bei Kinderbibliothekaren in aller Welt erworben.

Die in der Praxis tätigen Kinderbibliothekare stellten sich mit ihren Leistungen selbst ein tolles Zeugnis aus. Es ist schwer zu beschreiben, mit wie viel Freude, Engagement, Liebe, Sachkenntnis, psychologischem Einfühlungsvermögen, Geduld und Selbstlosigkeit die am schlechtesten bezahlte Gruppe der Bibliothekare ihre Arbeit mit den Kindern verrichtete, den Kontakt zu den Lehrern pflegte und dabei ideenreich jährlich Tausende Veranstaltungen über Literatur organisierte bzw. selbst durchführte.

Ein Beispiel: In Suhl war die Stelle des Bezirksverantwortlichen für Kinderbibliotheksarbeit frei. Ich ging zur fachlich besten, klügsten und leistungsbereitesten Kinderbibliothekarin, sie war in Meiningen tätig, und fragte, ob sie die höher dotierte Stelle in Suhl annehmen würde. Sie antwortete mir nicht, sondern bat mich in die Ausleihe. Kaum waren wir im Ausleihraum, da bestürmten sie gleich vier

Mädchen, Fräulein Dinter, Fräulein Dinter können sie mir helfen. Die Erste suchte ein Buch, das ihr helfen könne, besser mit ihren Eltern klar zu kommen, die Zweite fand kein Sachbuch zu ihrem Hobby, die Dritte hatte einen Vortrag vorzubereiten und die Vierte flüsterte Gisela Dinter etwas ins Ohr. Dann schaute meine Meininger Bibliothekarin auf, lächelte und fragte mich, ob ich das für eine Arbeit am Schreibtisch aufgeben würde? Ich verstand, lächelte zurück und war vergeblich und nicht vergeblich nach Meiningen gefahren.

Auf dem Heimweg von Meiningen nach Suhl dachte ich, dass man zur „Woche des Buches" in den Schulen Plakate anbringen müsste mit Hermann Hesses Äußerung „Der Umgang mit Büchern, die Kunst des Lesens ist einer klugen freundlichen Pflege so würdig und so bedürftig wie jeder andere Zweig der Lebenskunst".

Mir ist es dann gelungen, die quirlige, aktive, lustige, aber zugleich energische Ursula Götze aus der Kinderbibliothek Hildburghausen für diese Tätigkeit zu gewinnen. Sie hat die Kinderbibliothekare so motiviert, dass schließlich mit großem Abstand anteilmäßig die meisten Kinder im Land in unseren Bibliotheken lasen. Einmal kam sie zu mir und sagte: „Seit ich weiß, dass meine Mutter mit 60 Jahren soviel tanzt wie noch nie in ihrem Leben, habe ich keine Angst mehr vor dem Altwerden".

Zeitschriften in Öffentlichen Bibliotheken oder Man konnte, wenn man wollte

Suhl hatte wie viele andere Städte Partnerschaften mit Städten in den Nachbarländern. Eine solche Partnerschaft führte uns nach České Budejovice, zu gut deutsch Budweis. Die Besuche waren nicht nur des Bieres wegen interessant, nein, die Kollegen hatten von uns unabhängige Erfahrungen bei der Gestaltung ihres Bibliothekswesens, und wir schauten durch die Brille unseres Bibliotheksystems in das andere Land. Wir besuchten auch Frau Direktor Houdková in ihrem Hluboka. Interessant war nicht so sehr ihr feudaler Wohnsitz im Schloss, sondern ihr Mann, der hier Chef einer Kunstgalerie war. Als wir uns brav die Galerie angesehen hatten, fragte er, ob wir auch die Galerie von hinten sehen wollten. Natürlich wollten wir. Das war nicht offiziell, denn die tschechischen Genossen hatten genau so viel Angst vor der modernen Kunst wie die deutschen, schließlich war ja alles dekadent – was sie nicht verstanden. Der Galeriechef verstand und erklärte, zeigte abstrakte Kunstwerke von faszinierender Wirkung, die auch zu dieser Zeit in keiner DDR-Galerie hingen.

Aber wir waren der Bibliotheken wegen in Budweis. Die Hauptbibliothek war vom Ansatz so etwas wie eine öffentliche wissenschaftliche Bibliothek für Stadt und Bezirk. Eigentlich das, was wir auch wollten, nur unheimlich verstaubt. Hier fehlte die Modernität des Mannes von Frau Direktor.

Anders die kleinen Bibliotheken. Sie faszinierten mich unter einem einzigen

Gesichtspunkt: Sie hatten wahnsinnig viel Zeitschriften, die auch gelesen und zerlesen wurden. Unsere Dorfbibliotheken hatten nur ihre Fachzeitschrift „Der Bibliothekar". In den größeren Bibliotheken, einschließlich der Stadt- und Kreisbibliotheken, lagen selten mehr als 10 bis 30 Titel in der Auslage. Das ließ mich künftig nicht mehr los.

Mir sind auch noch die Dorfgaststätten in der Tschechoslowakei in Erinnerung. Du trittst dort ein, schielst auf einen leeren Platz und ehe du dich gesetzt hattest, standen schon die gefüllten Bierseidel vor dir. Wenn ich das mit meinen lahmen DDR-Kneipen verglich. ...

Die Zeitschriften gingen mir nicht mehr aus dem Kopf. Zu Hause analysierte, diskutierte und forschte ich. Zeitschriften waren oft eine größere Mangelware als Bücher. Es gab jeweils nur eine limitierte Auflage, die selten erhöht wurde, und wenn, dann nur unwesentlich. Bei Büchern gab es manchmal Nachauflagen. Nachdem die Zeitschriften beim Benutzer eingeführt waren, stieg der Bedarf, aber die Kioske erhielten immer nur die gleiche Stückzahl. An eine Erhöhung der Abos war auch nicht zu denken. Nur dann, wenn jemand ein Abo aufgab, konnte ein neues vergeben werden. Das geschah am häufigsten bei den Kinderzeitschriften insbesondere bei „Bummi", „Atze" und „ABC-Zeitung", wenn die Kinder dem jeweiligen Alter entwachsen waren.

Schließlich ermittelte ich die Entleihungsintensität in Suhl und anderen größeren Bibliotheken, stellte eine Liste von 100 der meistgelesensten Zeitschriften auf und fragte beim Postzeitungsvertrieb, ob sie diese Titel unter dem Aspekt einer Mehrfachnutzung für die Öffentlichen Bibliotheken beschaffen könnten. Die Partei verlange ja schließlich berechtigt die optimale Befriedigung der Bedürfnisse der Bevölkerung. Nach der Beratung mit mehreren Chefs erklärte man mir, sie würden es versuchen. Ab wann? Ab 1. Januar. Natürlich versuchte ich nun die Leiter der Stadt- und Kreisbibliotheken zu überzeugen, einen nennenswerten Teil ihrer Mittel für Zeitschriften bereitzustellen. Leider meinten sie, dafür wäre kein Geld vorhanden, sie bräuchten ihre Mittel zum Aufbau neuer Schallplatten- und Kassetten-Bestände. Nun versuchte ich es beim Rat des Bezirkes. Tatsächlich, ich erhielt Geld für ein beträchtliches Abonnement, entsprechend meinen Vorschlägen für alle hauptberuflich geleiteten Bibliotheken des Bezirkes – für ein Jahr. Am 1. Januar 1970 rollten die Zeitschriften in den Bibliotheken an. Vor einer der nächsten Beratungen sagte man mir, ich solle mich vorläufig nicht bei den Kollegen sehen lassen, sie wären sauer auf mich. Ein Monat später meinte man, nun könne ich mich wieder sehen lassen. Die Leser- und Entleihungszahlen seien rasant gestiegen. Die Kollegen entschuldigten sich für ihren Unmut und die meisten Bibliotheken erhöhten ihre Zeitschriftenbestellung sofort und andere für das nächste Jahr. Von da an war ich bemüht, das Suhler Zeitschriftenmodell durch Publikationen und Fachbeiträge republikweit zu propagieren. Später, im ZIB, gelang es mir, mit Hilfe des Ministerium für Kultur und dem Zentralen Postzeitungsvertriebsamt sowie den Abteilungsleitern Bestand und Erschließung der bezirklichen Bibliotheken einen systematischen Bestandsaufbau auf allen Ebenen wirkungsvoll zu organisieren. Die Abteilung Planung und Leitung im ZIB gab mir mit Orientierungszahlen Schützenhilfe. Ihre Angst, dass die neuen Medien die Buchentleihungen nach unten drücken könnten, war unberechtigt.

Albrecht Schumann analysierte die Nutzung von Zeitschriften im Bezirk Erfurt und publizierte seine Ergebnisse, Siegfried Schiller, der Hauptabteilungsleiter für die Öffentlichen Bibliotheken in Berlin, forderte auf einer Tagung die Direktoren auf, nun doch dem Suhler Beispiel zu folgen.

Die Zeitschriften-Entleihungen pro Einwohner zwischen Suhl und den anderen Bezirken verhielten sich 8 : 1. Dieser Unterschied war nur langsam und mit großem Überzeugungsaufwand bis in die letzte Gemeinde hinein zu überwinden. Von 1970 bis 1989 stiegen die Entleihungen der Zeitungen und Zeitschriften in den Staatlichen Allgemeinbibliotheken von 1,3 auf fast 10 Millionen. Der Kraftakt hatte sich gelohnt.

III. Universitätszeiten

Die kleine Universität in Thüringen

Das „freudige Kennen lernen" des Neuen hat mir in den fünf Jahren Sondershausen soviel Spaß gemacht, dass ich weiter freudig Sinnvolles kennen lernen wollte. Erste Bemühungen, Psychologie zu studieren, schlugen fehl. Als Bedingung dafür wurde ein pädagogischer Beruf vorausgesetzt. Dann kam für mich nur noch die „Lehre von der Liebe zur Weisheit", die Philosophie, in Frage. Fernstudium in Jena bedeutete, alle 14 Tage um halb 4 Uhr aufstehen, um den Zug, der mich nach Jena bringen sollte, zu erreichen. Ich habe ihn in den fünf Jahren von 1961 bis 1966 nicht ein einziges Mal verpasst. In Erfurt stiegen dann meine Mitstudenten, ein Major aus irgendeinem Armeestab, der Direktor des pädagogischen Bezirkskabinetts und ein Vorsitzender eines Rates des Kreises in mein Abteil. Ich hatte schon Plätze freigehalten und die Skatkarten gemischt. Wollte ich am Abend Bier trinken, so musste ich gewinnen. Das war eine harte, aber reale Situation. Das Taschengeld reichte nicht zum Bier. In den letzten Studienjahren konnte ich manchmal mit unseren Kurierfahrzeug nach Jena fahren.

Im ersten Jahr wurden Prüfungen absolviert, die an allen Universitäten vorausgesetzt wurden. Mein Studienbuch weist eine 4 in der „Geschichte der Kommunistischen Partei der Sowjetunion" auf. Erste Frage des Prüfenden: „Was hat Ihnen besonders gefallen?" Antwort: „Nichts". Zweite Frage: „Was haben Sie vermisst. Was würde Sie denn interessieren?" Antwort: „Die Kultur". Dritte Frage: „Was hat Lenin auf dem III. Gesamtrussischen Kongress des Jugendverbandes zur Kultur gesagt?" Heute weiß ich, dass er sich gegen Oberflächlichkeit wendete und unter anderem sagte: „Kommunist kann einer nur dann werden, wenn er sein Gedächtnis um all die Schätze bereichert, die von der Menschheit gehoben wurden". Damals wusste ich nichts.

Auch bei einer anderen Prüfung im Grundstudium hatte ich Mühe. Ich hatte mich gemeinsam mit Hans-Jürgen Lohmann auf die Prüfung vorbereitet. Lohmann war Bibliothekar in Güstrow, Schwerin, Erfurt und im Suhler Simson-Werk gewesen. Dann wurde er Kreissekretär beim Kulturbund in Suhl, danach Parteisekretär im ZIB und schließlich Bibliothekar am Philosophischen Institut bei der Akademie der Wissenschaften. Lange Zeit waren unserer Familien freundschaftlich miteinander verbunden.. Seine erste Frau Irene, war Kinderbibliothekarin. Nachdem ich den beiden in Güstrow autogenes Training beigebracht hatte, kamen auf einmal drei Kinder an. Und jetzt studierte Hans-Jürgen auch Philosophie in Jena. Ich hatte ihm bei der Prüfungsvorbereitung eine ganze Menge erzählt. Womit er dann auch Glück hatte, er kam mit dem von mir Erzählten dran. Ich dagegen hatte wieder eine blöde

Frage. Da sagte doch der Dozent zu Hans-Jürgen, er möge doch dem Helmut Göhler ein wenig helfen, da er ja auch in Suhl wohne. Hans-Jürgen erzählte mir, dass er es nicht fertig brachte, dem Dozenten zu sagen, dass er seine Antwort auf meinem Wissen aufgebaut habe. Aber er versprach ihm, mir zu helfen.

In Vorbereitung auf die Prüfung „Geschichte der Philosophie" habe ich alle europäischen Denker und ihre Bezüge zueinander auf ein riesiges Tafelbild gemalt. Ich ging von Demokrit und Platon aus, die ja die materialistische und die idealistische Denklinie begründeten und charakterisierte bis zur Neuzeit alle auf der jeweiligen Linie fußenden Philosophen. Professor Lange, ein Hegelspezialist, stand zehn Minuten vor meinem Machwerk, wackelte immer wieder mit dem Kopf hin und her, schüttelte sein Haupt und sagte, so etwas habe er noch nie gesehen. Für Studenten reiche es vielleicht, aber sonst nicht. In der Abschlussprüfung hat er mir aber als Einzigem eine „Eins" gegeben.

Das Schwierigste und Schlimmste während des Studiums war für mich das Fach Russisch. Meine Mitstudenten hatten entweder beim Abitur oder bei einem Fachschulabschluss das Fach absolviert. Manche hatten sogar in der Sowjetunion ein Studium abgeschlossen. Als wir unsere erste Russischarbeit schrieben, kannte ich noch nicht mal alle Buchstaben. Es half mir auch nicht, dass jeder von uns abwechselnd für die Russischlehrerin einen Blumenstrauß auf dem Jenaer Markt kaufte. Ich habe ihr mindestens fünf Blumensträuße geschenkt. Mein Ziel, das Fach Russisch zu bestehen, habe ich dadurch erreicht, dass ich ständig einen Packen Vokabeln in der Tasche hatte und diese an jeder Bushaltestelle, im Bus, im Auto oder in irgendeiner Pause, je nach Grad der Beherrschung, von einer Tasche in die andere wandern ließ. In der Abschlussarbeit mussten wir u.a. die Rede von Chrustschow auf dem VI. Parteitag der SED übersetzen. Da diese Rede nicht so umfangreich war und von allen politisch Interessierten zur Kenntnis genommen wurde, kannten wir sie fast auswendig. Selbst an die West-Journalisten auf der Tribüne gerichtete Formulierungen wie „meine Herren, Ihre Uhr ist abgelaufen" waren uns geläufig.

In diesem sonst sehr anregenden Studium blieb eins für mich unbefriedigend. Wir wurden von der Verschiedenartigkeit und Fülle des Stoffes der philosophischen Systeme in der Geschichte der Philosophie, der Erkenntnistheorie, Logik, Ethik, Ästhetik regelrecht zugeschüttet. Wir ertranken förmlich in der Informationsflut. Nach der Erarbeitung und Vertiefung des Wissens blieb uns aber kaum noch Zeit und Muße zum eigenen schöpferischen Denken. Dennoch hatten wir exzellente, souveräne Lehrer in den Professoren Mende, Klohr und Lange. Sie forderten uns auch in der Weise, dass sie uns an gemeinsamen Seminaren mit Theologen teilnehmen ließen, die in klassischer deutscher Philosophie ausgezeichnet vorbereitet waren. Zwischen Direktstudenten und Fernstudenten wurde kein Unterschied gemacht. Einer meiner großen Vorteile war der relativ gut ausgebaute Philosophiebestand in meiner Bibliothek, für den ich natürlich sorgen konnte. Im Gegensatz zu meinen Mitstudenten hatte ich in der Regel die Sekundärliteratur zur Verfügung oder konnte sie zumindest beschaffen. Meine gute Note in Philosophiegeschichte hatte ich zum Beispiel einer neueren Dissertation über Ludwig Feuerbach zu danken, in der Bewertungen enthalten waren, von denen die Prüfenden kaum Kenntnis hatten.

Unser Ethiklehrer war der hervorragende Wolfgang Herger. Er hatte über die Ethik Kants promoviert und ließ uns an seinem Wissen teilhaben. Herger ging, nachdem er uns die Ethikprüfung abgenommen hatte, von Jena nach Berlin und wurde Sekretär für Studentenfragen beim Zentralrat der FDJ. Später wurde er verantwortlicher Abteilungsleiter für Sicherheitsfragen im ZK der SED. Ich sah ihn in den siebziger und achtziger Jahren nur noch am 1. Mai auf der Tribüne neben Erich Honecker stehen. Von Ethik war nichts mehr zu hören, später hörten wir von seiner Verurteilung in einem Mauerprozess.

Wenn in den Pausen kein Skat gespielt wurde, wurden Witze erzählt. Mir wurde bewusst, woher in der DDR die politischen Witze kamen. Die neuesten und schärfsten Witze erzählte der erste Bezirkssekretär der FDJ aus Gera und ein Oberst der Staatssicherheit, der sich sonst in politischen Gesprächen sehr zurückhielt. – „Walter Ulbricht mischte sich gern unter das Volk. Es ist verbürgt, dass er gern auch mal seinen Bewachern ausriss. Auf dem Alex sieht er eine Riesenschlange von Leuten und denkt sich, stell dich mal an und schaue, was es gibt. Nach einer kleinen Weile dreht sich der vor ihm Stehende um, stutzt kurz und geht. Nach fünf Minuten geschieht mit dem nächsten Vordermann das gleiche. Der dreht sich um, sieht Walter Ulbricht, überlegt kurz und geht. So geht das noch eine Weile bis Ulbricht den Nächsten, der sich umdreht und gerade gehen will, fragt: ‚Sag mal, wonach steht ihr hier eigentlich an?' Antwort: ‚Eigentlich stehen wir hier nach Ausreiseanträgen, aber wenn du auch einen willst, brauchen wir ja keinen mehr' ".

Das Fach Logik, im dritten Studienjahr, sorgte für Überraschungen. Der Dozent Helmut Metzler, ein Mathematiker, Philosoph, Kybernetiker und Wirtschaftswissenschaftler, Schüler des namhaften Kybernetikers und Philosophen Georg Klaus, jünger als die meisten von uns, wurde später Chefplaner von Zeiss. Er fragte uns, ob er das Fach so abhandeln solle, wie es allgemein üblich ist oder ob wir etwas lernen wollten. Er meinte, Vielwisser haben wir in diesem Lande genug, es fehlen uns die Könner. Unser Ja zum Lernen führte allerdings dazu, dass am Jahresende von ehemals zwanzig Studenten nur noch zehn vorhanden waren. Die andere Hälfte hatte freiwillig aufgegeben.

Im Fach Ethik beschäftigten wir uns natürlich auch mit der gegenwärtigen Lebensweise. Welche Rolle spielt die Religion in unserer Gesellschaft? Was glauben die Menschen, wenn sie den Glauben an Gott verlieren? Wir kamen darauf, dass im Mittelpunkt menschlicher Gefühle das Glück steht, das ganz individuelle und das seiner Nächsten. Die Sozialismustheoretiker erklären das menschliche Glück aus den Beziehungen des Einzelnen zur Gesellschaft, immer nach dem Motto: Es lohnt sich nur im Kollektiv individuell zu sein. Sicher hat auch diese These einen wahren Kern. Im vierten Jahr des Philosophiestudiums ließ der Druck auf das Gehirn nach. Ausgerüstet mit dem Wissen der Denker der Vergangenheit waren wir jetzt bereit, eigene neue Denkmodelle zu schaffen.

Ich schrieb damals ein Essay über das Glück, in dem ich in der Geschichte der Weisheiten großer Denker kramte. Heute gibt es Hunderte von Büchern über das Glück, und man kann sich seine eigene Variante zusammenbauen. Bei Schopenhauer entdeckte ich damals eine Verarbeitung aller bisheriger Glücksauffassung von der Antike bis ins 19. Jahrhundert. Er fasste das, was er als Voraussetzung für das Glück empfand, in einer für mich bis heute einleuchtenden und brauchbaren Weise zusammen: „Was einer in sich ist und an sich selber hat, kurz die Persönlichkeit und deren Wert, ist das alleinige Unmittelbare zu seinem Glück und Wohlsein. Alles andere ist mittelbar; daher auch dessen Wirkung vereitelt werden kann, aber die der Persönlichkeit nie. Demnach also sind die subjektiven Güter, wie ein edler Charakter, ein fähiger Kopf, ein glückliches Temperament, ein heiterer Sinn und ein wohlbeschaffener, völlig gesunder Leib, zu unserem Glücke die ersten und wichtigsten; weshalb wir auf die Beförderung und Erhaltung derselben viel mehr bedacht sein sollten, als auf den Besitz äußerer Güter und äußerer Ehre. Was nun aber, von jenen allen, uns am unmittelbarsten beglückt, ist die Heiterkeit des Sinnes: denn diese gute Eigenschaft belohnt sich augenblicklich selbst. Wer eben fröhlich ist, hat allemal Ursache, es zu sein: nämlich eben diese, dass er es ist. Nichts kann so sehr, wie diese Eigenschaft, jedes andere Gut vollkommen ersetzen; während sie selbst durch nichts zu ersetzen ist. Einer sei jung, schön, reich und geehrt; so fragt sich, wenn man sein Glück beurteilen will, ob er dabei heiter sei: ist er hingegen heiter; so ist es einerlei, ob er jung oder alt, gerade oder bucklig, arm oder reich sei; er ist glücklich".

Er nennt drei Quellen des Genusses, das wären die Kräfte der Reproduktionskraft (Essen, Trinken, Schlafen), der Ablenkung und der Reize (Sport, Spiel, Wandern, Jagen, ja sogar Kampf und Krieg) und der Sensibilität (Lernen, Denken, Beschauen, Lesen, Malen, Dichten, Musizieren, Erfinden, Philosophieren usw.) Letzteres sei die höchste Form. Je edler die Art der Beschäftigung, desto häufiger und wahrscheinlicher ist mit der Wiederkehr des Glücksempfindens zu rechnen. Und ich füge hinzu: Je größer die Wirkung des schöpferischen Aktes auf andere Menschen ist, umso intensiver, häufiger und wirkungsvoller ist das individuelle Glückserlebnis. Je mehr man mit eigenem Tun andere glücklich macht, desto deutlicher erfolgt eine Rückwirkung auf das eigene Sein. Den Schopenhauer habe ich im Kopf behalten, der Essay ist mir verlorengegangen. Ich weiß nur noch, dass ich auch schrieb: „Seine Freude in der Freude des anderen finden zu können, ist ein Geheimnis des Glücks."

In der Folgezeit kamen nun die Professoren zu den Fernstudenten. Wir mussten eigene philosophische Systeme entwickeln und zur Diskussion stellen. Mein anthropologisch geprägtes System wurde von den Mitstudenten zerrissen, aber vom Professor als möglich erachtet. In Jena wurden die Traditionen der „Lehre vom ganzen Menschen" gepflegt. So nahm es nicht Wunder, dass in der Diplomprüfung zur Geschichte der Philosophie die Thesen von Marx über Feuerbach im Mittelpunkt standen. Die dritte Feuerbachthese begleitete mich fortan: „Die Lehre, dass die

Menschen Produkte der Umstände und der Erziehung sind, veränderte Menschen also Produkte anderer Umstände und geänderter Erziehung sind, vergisst, dass die Umstände eben von den Menschen verändert werden und dass der Erzieher (durch diesen Prozess, *H. G.*) selbst erzogen wird." Diese augenscheinlich einleuchtende Idee vertiefte meine Vorstellungen von der Veränderung des Denkens der Menschen mit Unterstützung der Literatur und half, diese auf eigener Erfahrung beruhenden These zu präzisieren.

Ein Versuch, diese Gedankengänge zu vertiefen und meine Diplomarbeit über die Ästhetik von Georg Lukács zu schreiben, scheiterte, weil in Berlin ein Aspirant am „Institut für Gesellschaftswissenschaften" seine Dissertation über den berühmten „Renegaten" schrieb. In der DDR wurde vieles abgestimmt, um Doppelarbeit zu vermeiden. Der Nachteil war die Eine-Meinungs-Gesellschaft, zu der wir wurden. Besagter Berliner Doktorand war kein anderer, als Dr. Günter Fröschner, der künftige Dozent am Institut für Bibliothekswissenschaft und Betreuer meiner Dissertation. „Unser kleines, schmales Land", sagte Anna Seghers. Saß man mit ein paar intelligenten Leuten in der Kneipe zusammen, stellte man ganz schnell fest, dass man drei, vier gemeinsame Bekannte hatte.

Zusammen mit Germanisten und Slawisten

Literaturpropaganda wurde in unserem Land groß geschrieben. Die Chefs der Kultur und der Partei überschätzten allerdings die Rolle der Propaganda. Dafür unterschätzten sie die Wirkung der vermittelten Literatur. Veranstaltungen über Literatur zählten bei ihnen mehr als Entleihungen. Ich unterschätzte diese Veranstaltungen nicht, vor allem, wenn sie, wie das häufig geschah, die Bürger anregten, ihre individuellen Probleme öffentlich zu machen. Meist gehörte Geschick und viel Wissen dazu, um auf das Kunstwerk zurückzuführen und es immer wieder in den Mittelpunkt des Geschehens zu holen. Um hier neue Stufen zu erklimmen, fanden wir einen reizvollen Weg der Fortbildung. Über Fernstudenten hatten wir gute Beziehungen zu den Kulturwissenschaftlern, Germanisten und Slawisten der Leipziger Karl-Marx-Universität. Mit ihnen vereinbarten wir einen Zyklus zur Literaturgeschichte besonderer Art. Gegenwartsautoren wurden in ihrem Verhältnis zur Literaturgeschichte betrachtet und analysiert. „Der Wundertäter" von Strittmatter wurde mit dem Tumben Toren von Grimmelshausen verglichen. Christa Wolfs Günderode in „Kein Ort Nirgends" wurde zu Kleist in Beziehung gesetzt und die „Romantiker" der DDR-Lyrik mit denen der richtigen Romantik usw. Dieser Vorlesungszyklus ging über mehrere Jahre, jeden Monat ergriff ein namhafter Professor das Wort. Die Teilnehmer erhielten zum Schluss ein entsprechendes Zertifikat der Universität. Es nahmen etwa dreißig Bibliothekare an dieser Fortbildung teil.

Bei einer „Heine-Vorlesung" erlebten wir einen peinlichen Zwischenfall. In der Regel kannten unsere Kollegen die Referenten. Es war mit ihnen vereinbart, dass sie mit dem Fahrzeug der Bibliothek vom Erfurter Bahnhof abgeholt wurden. Einmal wurde es versäumt, so eine Vereinbarung zu treffen, und der Referent musste in Erfurt umsteigen und per Bahn kommen. Ich selbst konnte aus dienstlichen Gründen an der „Heine-Vorlesung" nicht teilnehmen. Um die Mittagszeit erschien eine aufgeregte Kollegin bei mir und sagte: „Professor Dr. Dr. Dietze möchte mit Ihnen Essen gehen". Ich war über den doppelten Doktor erstaunt, dachte mir aber nichts weiter. Ich holte ihn also ab. Das Angebot im Gewerkschaftshaus behagte ihm nicht und eine andere vernünftige Gaststätte gab es nicht in der Nähe. Das Hotel „Thüringen Tourist" war an diesem Tag geschlossen. So konnte ich nur auf die Bahnhofsgaststätte verweisen.

Auf dem Weg zu dieser weniger gastlichen Stätte sagte er unvermittelt: „Machen wir Manöverkritik". Was denn nun, war hier die Generalität unter sich? Ich wusste nicht, wie mir geschah, und fragte zögernd nach Ursache und Zusammenhang. Es stellte sich heraus, dass dieser vernachlässigte Gast der Dekan der Gesellschaftswissenschaftlichen Fakultät der Leipziger Universität war. Mir wurde es ein wenig schwummrig und ich ahnte, dass etwas schief gegangen war. Irgendwie bekamen wir aber alles auf die Reihe. Der Wodka, den ich ausgab, brachte ihn schließlich trotz des unwirtlichen und von ihm sonst sicher nicht gekannten Ambientes der Bahnhofskneipe in eine redselige Stimmung. Noch nie hatte ich in so kurzer Zeit so viel über die USA erfahren. Er war gerade von einer Vorlesungsreihe zurückgekehrt. Er sprach von Vorträgen, die er unvorbereitet und aus dem Stand heraus halten musste, weil ihn ja die jeweilige Universität „eingekauft" habe, und von Überfällen auf offener Straße. Als ich ihm eine Rückfahrt per Auto anbot, beharrte er darauf, abzureisen, wie er angekommen ist. Jetzt wurde die Chose zu einer Schwejkiade. Seine weitere Entwicklung habe ich dann aufmerksam verfolgt: Er wurde Vorsitzender der Nationalen Gedenkstätten in Weimar. Die Leipziger Dozenten und wir bemühten uns darum, ähnliche Fehler in Zukunft zu vermeiden. Vielleicht hätte ich mich besser um die Dozentenliste kümmern sollen. Aber normaler Weise konnte ich mich auf meine Mitarbeiter verlassen. Bei den Bibliothekaren, die den dreijährigen Lehrgang absolvierten, wurde dies bei der nächstmöglichen Gehaltszulage berücksichtigt, und das Zertifikat kam in die Personalakte. Der größte Gewinn aber war der Genuss des „freudigen Kennen Lernens". Der Cheforganisator dieser Veranstaltung, Professor Walfried Hartinger, sagte mir vor ein paar Jahren: „Schade, dass wir die Vorlesungsreihe damals nicht publiziert haben. Eine solche Darstellung gibt es bis heute noch nicht".

Väterliche Freunde

Fast jeder Mensch hat väterliche Freunde. Ich hatte viele. Einer fällt mir sofort ein. Er sah aus wie Voltaire und konnte seine Gedanken sprudeln lassen wie ein Weltmeister. Nur, er konnte sich nicht aus dem Stand heraus konzentrieren. Hier trieb der Alkohol sein Spiel mit ihm. Er hieß Lorenz Waligora. Er schrieb wenig, aber was er schrieb, hat Bestand. U.a. hat er über Karstedts „Zur Soziologie der Bibliothek", zur „Annotation" und zur Benutzerforschung geschrieben. Wir hatten zwei gemeinsame Interessen: die Soziologie und den neuen Bibliothekstyp der „Wissenschaftlichen Allgemeinbibliothek des Bezirkes" (WAB [B]). Vor dem Krieg hat er neben seinem Fachschulstudium bei namhaften Soziologen der Leipziger Schule studiert. Er interessierte sich deshalb für jedes Pflänzchen auf diesem Gebiet. In Suhl hatten wir ein solches Pflänzchen, das noch begossen werden musste. Einmal waren wir zu einer Studienreise in Berlin. Bei dieser Gelegenheit wollte ich von Lorenz „mein Pflänzchen" begießen lassen und mit ihm reden. Wir redeten und redeten, bis spät in die Nacht hinein. Über die Frankfurter Schule, über den zweiten Weltkrieg und die Kriegsgefangenschaft in Afrika, über seine Tätigkeit als Lehrer der Jenaer und Berliner Bibliotheksschule und seine Zeit als Leiter der Geraer Bibliothek. Er konnte wunderbar erzählen. Wir tranken Wein und schärfere Sachen. Für den Rest der Nacht richteten wir uns in einem Zimmer ein, um noch weiter reden zu können. Morgens um fünf, ich war gerade eingeschlafen, tippte er mir an die Schulter und sagte: „Du, was ich noch sagen wollte ...". Und er entwickelte eine komplette Theorie der WAB (B). Ich war zu müde, um alles mitzuschreiben. Die Berliner Kollegen gaben mir einen entscheidenden Rat: „Helfe dem Lorenz zwei bis drei Kannen Kaffee und eine Flasche Wodka ein, habe eine hübsche Sekretärin zur Hand, die stenografieren kann, und lass mitschreiben". Lorenz sprach dann druckreif. Die Investition von Kaffee und Wodka hat sich gelohnt. Ich habe es jedenfalls versucht und war mit dem Ergebnis zufrieden. Als Lorenz mit Wolfgang Mühle gemeinsam eine Dissertation schreiben wollte, besuchte ihn Mühle in Kleinmachnow, wo er wohnte. Mit Hilfe von Kaffee, Zigaretten und Wodka wurde die ganze Nacht hindurch gearbeitet. Am Morgen, als sich die Umrisse der Dissertation abzeichneten, sagte Lorenz zu Wolfgang: „Ich muss mal schnell etwas zum Frühstücken einkaufen". Wolfgang freute sich auf die frischen Brötchen. Doch Lorenz kam freudestrahlend mit einigen Schachteln Zigaretten, einem Päckchen Kaffee und einer Flasche Wodka zurück. Sie haben die gemeinsame Arbeit nie verteidigen können. Später, in seinen einsamen Zeiten hatte Lorenz nur noch einen Zahn im Mund.

Geblieben ist von unseren gemeinsamen Bemühungen eine publizierte „Einführung" zu einer Interessenuntersuchung, ein Gutachten zur WAB-Entwicklung in Suhl sowie viele Erinnerungen an Waldspaziergänge zum Domberg und an Gespräche über die Zukunft des Bibliothekswesens.

Lorenz war mit der ebenfalls druckreif sprechenden Johanna Waligora-Rittinghaus verheiratet. Er erlebte gerade noch die ersten Schritte der WAB-Entwicklung in Suhl. Dann starb er in Frankfurt, wohin er gezogen war, nachdem er dort eine Kinderbibliothekarin geheiratet hatte. Er starb nicht an einem Magenleiden oder anderen Folgen des Alkoholismus – es war nur ein Äderchen in der Lunge geplatzt. Die Ärzte waren machtlos.

Ein anderer väterliche Freund war Erich Schröter. Ihm ist eigentlich die Existenz des Zentralinstitut für Bibliothekswesen zu danken. Als ihn Paul Wandel, der Minister für Volksbildung, Anfang der 50er Jahre im Treppenhaus des Ministeriums fragte: „Was könnte man denn für die Entwicklung des Bibliothekswesens tun, wir haben noch Kapazitäten", kam ihm die Idee, ein Bibliotheksinstitut in der Art des Hofmannschen Instituts für Leserkunde im Leipzig der zwanziger Jahre einzurichten. Es entstand das Zentralinstitut für Bibliothekswesen. Erich Schröter hat auch die Fachzeitschrift „Der Bibliothekar" gegründet und die Berliner Büchereischule ins Leben gerufen. Nach Jahren der Diskriminierung arbeitete er im Zentralinstitut auf dem Gebiet der Statistik, des Neuererwesens und des ländlichen Bibliothekswesens. Er war maßgeblich an der einheitlichen Bibliotheksstatistik und der zentralen Herausgabe von Zetteldrucken beteiligt.

Um die Beziehung zur Praxis nicht zu verlieren, hatte jeder wissenschaftliche Mitarbeiter des ZIB einen Patenbezirk. Schröter hatte sich den Bezirk Suhl ausgesucht. Nachdem er mich in Suhl untergebracht hatte, kam er regelmäßig zu mir, um nachzufragen, welche Erfahrungen ich gemacht habe. Aber sicher auch, um zu prüfen, ob ihm seine Empfehlung für Suhl keine Enttäuschung bereitete. Einen Standardsatz von ihm behielt ich ständig im Hinterkopf: „Denkt daran, dass euer kleiner Bezirk mit seinen acht Kreisen sich überschaubar darbietet und ein ganz tolles Terrain für Modelle, Experimente und Untersuchungen abgibt". Bibliotheksunterricht, Blockleihverkehr, Einführung in die Bibliotheksbenutzung, soziologische Untersuchungen aller Art, Entwicklung von Bestandszentren, Kurierdiernst zu den wissenschaftlichen Bibliotheken in Weimar, Jena, Erfurt und Ilmenau, beispielhafte Entwicklung von Zeitschriften- und AV-Beständen, Dutzende von Dokumenten zur WAB-Entwicklung sind Beispiele, die diesem Schröterschen Gedanken Tribut zollten.

Er wurde Sylvester 1965 in Berlin beerdigt. Helmut Topp und ich waren anwesend. Gotthard Rückl hielt die Trauerrede. Als wir aus dem Krematorium kamen und der Kamin schwarze Wolken über den Friedhof blies, kam es zu einer makabren Situation. Peter Günnel schnupperte und fragte mich: „Riecht du es? Es riecht nach Erich".

Kurz vor Mitternacht waren wir wieder in Suhl. Meine Frau hatte keine Lust auf den obligatorischen Sylvestergang durch die Suhler Gaststätten. Es wäre das erste Mal, das wir ihn nicht unternommen hätten. Erich hätte nicht verstanden, wenn ich jetzt nicht zu meinen Kollegen ginge. Dort konnten wir allen unseren Freunden und Kollegen ein frohes und gesundes Neues Jahr wünschen und ein paar Worte des Gedenkens über Erich Schröter wechseln. Solange man an jemanden denkt und über ihn spricht, ist er nicht tot. Im Gewerkschaftshaus war die Mehrzahl unserer Kollegen beim Feiern und in sehr guter Stimmung. Selbst Hilmar Fischer, unser Fahrer, der uns eben noch von Berlin nach Hause gebracht hatte, war schon kräftig dabei, das Neue Jahr zu begrüßen.

Freundschaftlich verbunden war ich auch dem Leipziger Ästhetikprofessor Erhard John. Bei ihm hat meine Schwester Kulturwissenschaft studiert, wie auch die Biskys, die Weigerts und viele andere, die in der Kultur der DDR eine Rolle spielten. Er freute sich, wenn er seine Schüler in der Praxis erleben konnte und wenn sie ihn auf ihren Spezialgebieten überflügelten. Mit seiner Ästhetikfibel (Einführung in die Ästhetik) hat er geschockt, herausgefordert und vor allem vielen Kulturleuten ein elementares Rüstzeug in die Hand gegeben. John gehörte zur „alten" Wissenschaftlerschule. Er verblüffte immer wieder mit seinem fundamentalen Wissen. Er griff schlafwandlerisch in die Kiste der Weltkunst und -literatur hinein und zog im Bedarfsfall das Richtige heraus. Er kannte Herder und Lessing auswendig und hatte Hegel parat. Ein Schalk, ein Glatzkopf mit riesigem Schädel und einem clownhaften breiten Mund, der meistens lächelte. Er hatte enge Beziehungen zum landschaftlich schönen Bezirk Suhl und machte hier seine „Mucken". Er erzählte mir, dass er dabei das ästhetische Wissen der Leute an der Basis kennen lernen wollte, auch das seiner ehemaligen Schüler. Er lernte dabei fast so viel wie wir in seinen Fortbildungsvorträgen. Mich mochte er, weil meine Schwester Gertraude zu seinen ersten Fernstudenten gehört hatte und er immer wieder ihre im Vergleich zu anderen fundamentale kulturelle Bildung, die sie sich als Buchhändlerin und Bibliothekarin angeeignet hatte, bewunderte. Auch sprach er mit mir von Gertraude, nicht von Fräulein Göhler.

Er freute sich über meine Zusammenarbeit mit Frau Bisky bei der Durchführung von soziologischen Untersuchungen in Suhler Betrieben, wies mich aber auch darauf hin, dass die Biskys alles was sie miterarbeiten auch für ihre individuellen Zwecke nutzen. Meiner Meinung nach war das legitim. Als ich einmal bei Biskys in Leipzig auf Almut wartete, trainierte Lothar die Intelligenz seines anderthalbjährigen Sohns. Jens, heute Kolumnist der Süddeutschen Zeitung, musste ausgeschüttete Streichhölzer einsammeln.

Zu John hatte ich aus mir unerklärlichen Gründen einen guten Kontakt, denn meist war er eher distanziert. Er sprach mit mir über seine Fernstudenten, über Privates und kam zu mir in die Bibliothek. Meine Frau Helma, die zunächst bei ihm promovieren wollte, blieb dann aber bei ihren Berliner Soziologen. John nahm viele Herausforderung an, nicht nur die seiner Gegner in der Berliner Ästhetikschule. Es faszinierte mich, als er schließlich selbst künstlerisch aktiv wurde und im Goya-Film eine exponierte Charakterrolle übernahm. In ihm kam mir eine Persönlichkeit näher, von der ich mir wünschte, wir hätten davon Tausende im Land.

Ein anderer Kulturpapst der 60iger Jahre war Fred Staufenbiel. Ihm war es zu danken, dass die Kultursoziologie in der DDR zu einem relativ frühen Zeitpunkt einen ihr gemäßen Stellenwert erhielt. Er war bei der Akademie für Gesellschaftswissenschaften für die Kulturwissenschaft zuständig und wusste, dass diese eine empirische Grundlage brauchte. Staufenbiel kreierte den Arbeitskreis Kultursoziologie, las alles, was deren Mitglieder erforschten und schrieben. Er war es auch, der mich recht bald drängte, mich der Kritik der professionellen Soziologen aus Film, Funk und Fernsehen, dem Jugendforschungsinstitut und der Universitäten zu stellen. Das war ein gewaltiger Schritt nach vorn, in ein neues Wissenschaftsgebiet. Später beschäftigte er sich in Weimar mit der Soziologie der Stadt und wollte mich in seinen thüringischen Arbeitskreis haben. Leider hatte ich keine Zeit dafür. Noch heute ärgere ich mich, dass ich diese Zusammenarbeit ausgeschlagen habe.

Dann kamen die Berliner Karin Hirdina, Günter Mayer, Wolfgang Heise u.a. mit ihrer „Ästhetik der Kunst". „Ästhetik des Widerstands" (nach Peter Weiss) lautet das erste Kapitel und war das Programm des Buches. Was in diesem Buch über die Chance einer weltweiten Koalition der Vernunft, der Kunst und Kultur der Menschheit geschrieben wurde, ist heute noch lesenswert. Das Buch war ein Schritt in eine neue, andere DDR. Angeregt davon, lagen später Walter Benjamin, Herbert Marcuse und Robert Weimann zur Lektüre auf meinem Nachttisch. Als die Berliner Ästhetiker ihr Programm in die Praxis umsetzten (und mich dabei einbezogen), dachten junge Karl-Marx-Städter Bibliothekare, die Revolution sei ausgebrochen. Darüber erzähle ich in einem späteren Kapitel.

Im Präsidium des Bibliotheksverbandes

Die acht Jahre Mitgliedschaft im Präsidium des Deutschen Bibliotheksverbandes von 1966 bis 1974 waren für den ehemaligen Landarbeiter und Zimmermann mehr als acht Jahre Universität. Es war Gotthard Rückl, der mir diese Studienjahre verordnete. Konkret hieß das, sich mit den Bibliotheksstrukturen zu beschäftigen, mit internationalen Trends auseinander zu setzen, Konferenzen durchzuführen, vor unbekannten Gremien zu sprechen, auf Bibliothekspolitik Einfluss zu nehmen, Probleme der anderen Bibliotheksbereiche und ihrer Persönlichkeiten kennen zu lernen. Ich setzte mich fair mit den Präsidiumskollegen auseinander, ich widersprach ihnen und stimmte ihnen zu, ich brachte mich ein und rang um Anerkennung. Die Argumente zu Entwicklungsfragen von den Generaldirektoren der Deutschen Staatsbibliothek und der Deutschen Bücherei, den Direktoren der Dresdner Landesbibliothek, der Akademiebibliotheken und der Medizininformation zu hören, war aktueller und informativer, als es Vorlesungen an der Universität in der Regel sein konnten. Meist waren die Beratungen mehrtägig. Am Abend konnte man bei einer Flasche Wein immer noch um Verständnis für die unterschiedlichen Positionen werben, falls es in der Hitze der Diskussion am Tage nicht gelungen war. Gewiss, es wurde hart im Interesse der einzelnen Bibliothekszweige gerungen. Während der Realisierung der Suhler WAB-Konzeption stand ich wiederholt bei meinen „wissenschaftlichen" Kollegen im Kreuzfeuer der Kritik. Manchmal wurden unfaire Mittel angewandt. Wenn ein Bibliotheksdirektor und Professor der Slawistik eine nicht ganz stichhaltige Prämisse setzte und darauf logisch und folgerichtig ein ganzes Gebäude stellte, war das schwer zu durchschauen. Gott sei dank hatte ich formale Logik studiert. Das half mir, hinter das Gefüge solcher Argumentation zu sehen.

Nachdem die Bibliotheksverordnung samt ihren Durchführungsbestimmungen Gesetz geworden war, gab sich der Verband den Auftrag – es war die große Zeit des Erarbeitens von Prognosen – eine solche für das Bibliothekswesen zu erstellen.

Wahrscheinlich war es Absicht, dem jüngsten Direktor einer Bezirksbibliothek, die auch noch die kleinste des Landes war, die Leitung einer solchen Arbeitsgruppe zu übertragen. Mitglieder waren Ernst Wirkner von der Zentralstelle für gesellschaftswissenschaftliche Information, der permanente Kritiker Erwin Marks und vom Institut für Bibliothekswissenschaft Frau Dr. Marianne Helbig. Mein Ziel war es, die Deutsche Bücherei Leipzig zur Leiteinrichtung für das Öffentliche Bibliothekswesen zu entwickeln und das Zentralinstitut für Bibliothekswesen dort zu installieren. Die Deutsche Staatsbibliothek und das Methodische Zentrum sollten die Leiteinrichtungen für die wissenschaftlichen Bibliotheken werden. Daraus wurde nichts, aber immerhin kursierte im ZIB die Frage, wer mit nach Leipzig gehe.

Der Verband arbeitete mit zahlreichen Kommissionen und Arbeitsgruppen, die Fach-, Land-, Kinder-, Ausbildungskonferenzen u.ä. ausrichteten. Solche Konferenzen trugen We-sentliches zur Gewinnung von neuen Denkansätzen und zur Weitergestaltung des Bibliothekswesens bei. Die Bezirksgruppen des Verbandes bewegten durch regelmäßige Berichterstattung so manches, sie konnten im Territorium vieles erreichen. Den Vertretern einer Berufsinteressenvertretung öffnete sich manche Tür auf den verschiedensten Ebenen, die sonst verschlossen blieb.

Wenn ich mich als Bezirksverbandsvorsitzender beim Ratsmitglied für Kultur oder bei der SED-Bezirksleitung anmeldete, wurde ich mit größerer Achtung empfangen, als wenn ich als Bibliotheksdirektor kam. Als letzterer hatte ich auch kaum die Möglichkeit ein Gespräch mit dem zuständigen Sekretär der SED-Bezirksleitung zu führen; in solchen Fällen wurde man schon beim Abteilungsleiter abgebremst. Falsche Entscheidungen rührten in der DDR oft daher, dass die Informationen von unten nach oben so gefiltert wurden, dass oben nur das ankam, was das Wunschdenken der Partei- und Staatsführung bestätigte.

Gewiss gab es in der Behandlung der Kultureinrichtungen eine Rangfolge. Der Intendant des Meininger Theaters hatte eine größere Chance gehört zu werden, als der Bibliotheksdirektor. Das Theater war viel ideologieintensiver. Das nahm ich in Kauf, wenn ich dafür im Herbst eines jeden Jahres die nichtverbrauchten Investitionsmittel des Theaters für Bücher oder andere Anschaffungen ausgeben konnte. Hätte man eine Ahnung über die wahren Möglichkeiten der ideologischen Einflussnahme der Bibliotheken auf die Bewusstseinsbildung gehabt, dann wäre uns keine Zeit zum Arbeiten geblieben. Wir hätten Berichte über Berichte schreiben müssen, wären überprüft worden und die Zahl der Sitzungen hätte sich vervielfältigt – und der Bibliotheksdirektor wäre in der Rangfolge weit vor dem Intendanten gewesen. Aber so war es nicht.

Eine internationale Konferenz der Bibliotheksverbände in Moskau

1970, anlässlich der 36. Session der internationalen Bibliotheksverbände bot sich für viele Bibliothekare aus den westlichen Ländern eine einmalige Chance, hinter den Eisernen Vorhang zu schauen. Mindestens 2.000 Bibliothekare kamen in der sowjetischen Metropole für eine Woche zusammen. Die DDR schickte eine offizielle Delegation und eine Besuchergruppe.

Ich hatte Glück dabei sein zu dürfen. Schließlich wurde eine solche Teilnahme über Reisekosten abgerechnet. Wir konnten an allen Veranstaltungen freiwillig und kostenlos teilnehmen – auch an den Ausflügen. Die Russen kamen kaum mit den vielen deutschen Delegationen zurecht. Beim Ausflug zum Kloster Sargorsk verwechselten sie uns mit der westdeutschen Delegation und wir bekamen tolle Frühstücksbeutel, die uns gar nicht zustanden. Unsere bundesrepublikanischen Fachkollegen mussten leider darben.

Auch beim Empfang der Kulturministerin, Frau Furzewa, kam es zu einer deutsch-deutschen Begegnung. DDR-Kollegen kannten solche Empfänge aus langjähriger Erfahrung. Bevor man sich auf Kaviar und andere Delikatessen stürzte, so wussten unsere „Fachleute", versteckte man Wodkaflaschen hinter die schweren Vorhänge, damit man auch dann noch etwas zu trinken hatte, wenn weit und breit die besten Sachen schon verzehrt waren. Als wir noch mit unseren gefüllten Wodkagläsern zusammenstanden, näherten sich uns einige von den trocken stehenden Bundesrepublikanern. Erwin Marks, der Sekretär des Bibliotheksverbandes, dann auch Direktor der Fachschule für wissenschaftliches Bibliothekswesen und später Bibliothekshistoriker am Institut für Bibliothekswissenschaft, und einige andere diskutierten gerade über die Vormachtstellung der Sachsen in der Metropole. Süberkrüb, der Sekretär eines der bundesrepublikanischen Bibliotheksverbände, meinte, auf unser gefüllten Wodkagläser schielend: „Wenn sich die Preußen und Sachsen noch streiten, dann dürfen wir wohl noch hoffen". Der schlagfertige Erwin Marks darauf: „Wissen Sie, Walter Ulbricht ist Sachse und seine Macht reicht von der Ostsee bis ins Erzgebirge, da können wir Preußen nichts machen. Aber denken Sie daran, Herbert Wehner (Fraktionsvorsitzender der SPD im Bundestag) ist auch Sachse." Um ihn zu trösten, füllte Marks ihm sein leeres Wodkaglas, und wir stießen auf Wehner an. Ein Erfolg blieb aber, wie wir wissen, aus.

Er blieb für mich auch an einer anderen Stelle aus. Am letzten Tag fragte mich die außerordentlich charmante italienische Delegationsleiterin, ob ich mit ihnen gemeinsam an einer nach der Konferenz vorgesehenen 14tägigen Rundreise durch die Sowjetunion teilnehmen könne, ich brauchte nichts zu bezahlen, sie hätten noch einen Platz frei. Ich musste tief Luft holen, weil ich das Angebot gar nicht fassen konnte. Die schöne Italienerin aber dachte, ich verstünde ihre in ausgezeichnetem Englisch vorgetragene Einladung nicht und sie wiederholte sie in akzentfreiem Deutsch. Wie konnte ich ihr erklären, dass mein Visum an die Konferenz gebunden ist und ich keine Chance hätte, es zu verlängern. Was sollte die Delegationsleitung sagen, wenn ich es dennoch versuchen wollte. Sie würden mich auslachen und noch etwas über Disziplin murmeln – also versuchte ich es gar nicht und ärgere mich noch heute über dieses Versäumnis. Nach allen bisherigen Erfahrungen sind die größten Sünden solche Unterlassungssünden.

Ein neuer Bibliothekstyp

Bei der Verwirklichung der Prozesse, die mit der wissenschaftlich- technischer Revolution in Berührung standen, kreuzten sich viele Gedanken, Probleme und Aufgabenstellungen. Das Wissen dieser Jahre verdoppelte sich auf vielen Gebieten in immer kürzeren Abständen. Dies zu erfassen, verlangte Sachkenntnis, die man bis dahin nicht überall erwarten konnte. Noch hatte der Computer nur in wenigen Bereichen Einzug gehalten, in den Öffentlichen Bibliotheken jedenfalls noch nicht. Die Bezirksstädte entwickelten sich durch die Vielzahl ihrer Aus- und Weiterbildungseinrichtungen zu Zentren der Kultur, Bildung und Wissenschaft. Die Leitungsorgane des Staates, der Wirtschaft, der Parteien und Massenorganisationen hatten unerhört hohen Qualifizierungsbedarf. Noch mehr in den Städten, in denen keine größeren Bibliothekszentren vorhanden waren. Ende der 60er Jahre ging es also auch um den Aufbau leistungsfähiger Bibliotheken in diesen Zentren.

In der Tschechoslowakei bahnten sich gesellschaftliche Veränderungen an. Die Leute gingen auf die Straße. Der Ruf nach mehr Freiheit suchte sich eine Gasse. Ich glaubte, dass es Krieg bedeuten würde, wenn das Land aus der sozialistischen Staatengemeinschaft herausbräche, andererseits erwartete ich einen großen Freiheitsschub, den ich auch für dringend notwendig hielt, wenn die ČSSR in der sozialistischen Staatengemeinschaft verbliebe. Ich dachte an die Galerie von hinten auf Schloss Hlubaka. Ich sah die Tschechen in der Nähe der französischen Kommunisten. Ich hatte immer wieder gesagt, dass ich mir den von ihnen erstrebten Kommunismus sehr interessant vorstelle. Aber dann rollten die Panzer der Staatengemeinschaft ein, und es blieb alles beim alten. Offiziell wurde das als Stabilisierung begrüßt. Der Frieden schien erhalten. Ich dachte an das Treffen zwischen Chrustschow und Kennedy in Wien. Dort vereinbarten die Großmächte eine Respektierung ihrer Territorien.

Ich kämpfte in dieser Zeit um Geld für Bücher und Zeitschriften, um Kontingentmittel (Valuta), um Planstellen für Fachreferenten, um den Neubau einer Bibliothek. Das hieß: Er-arbeitung von konzeptionellen Lösungen; ich bot Varianten an. Der Bezirk musste entscheiden. Aber auch Baukapazität war erforderlich. Geld bekam ich, Kontingentmittel für Nachschlagewerke und Lexika auch, mit den Planstellen und der Baukapazität war es schwieriger. Als mich der Bezirksarzt fragte, ob ich zugunsten eines Bezirkskrankenhauses, den Bibliotheksbau einige Jahre zurückstellen würde, entschied ich mich für die Gesundheit der Bevölkerung. Er wolle sich danach auch für den Bibliotheksbau einsetzen. Das Problem war, dass er das nicht mehr konnte. Er bekam nämlich nach Fertigstellung des Krankenhauses derart viele Probleme, dass es ihn seinen Posten kostete.

Ende der 60iger Jahre nahm mich Ernst Lehmann, der Abteilungsleiter Kultur beim Rat des Bezirkes mit nach Berlin ins Kulturministerium zur Planverteidigung. Es ging um den Fünfjahrplan 1970 bis 1975. Ich kam gerade vom Philosophen-Kongress „Zu Problemen der wissenschaftlich-technischen Revolution". Ich versuchte, die neuen Aufgaben, die sich für die Bibliotheken auf dem Gebiet der Naturwissenschaften und Technik ergaben, zu vermitteln. Da sich der zuständige Minister sich ausschließlich für Kultur verantwortlich fühlte, griff ich voll daneben. Er fragte unseren Abteilungsleiter, wen er denn da mitgebracht habe. Was ich da darstelle, das dürfte doch mit kulturellen Aufgaben nichts zu tun haben. Olav Koch, der Orchesterleiter des Meininger Theaters, kam wesentlich besser an. Er forderte zehn Planstellen für sein Ballett, weil mit dem gegenwärtigen kleinen Ballett keine kulturpolitische (auch keine andere, wie er am Abend zugab) Wirksamkeit zu erzielen wäre. Der Minister gab dem Bezirk die zehn Planstellen. Über die Vergabe sollte in Suhl selbst entschieden werden. Nach interner Auseinandersetzung zwischen Partei und Staatsapparat, in der es auch über meinen Verbleib als Direktor ging, sind alle zehn Planstellen an die Bibliotheken vergeben worden. In diesen Zeiten hieß es noch, dass man technikorientierte Leute im Kulturbereich nicht brauchen könne. Der Rat des Bezirkes schien aber zu wissen, was er an seinem Bibliotheksdirektor hatte. Die weiteren zentralen Orientierungen auf dem Gebiet des Bibliothekswesens schlossen dann die Unterstützung der wissenschaftlich-technischen Revolution mit ein. Der für das Bibliothekswesen zuständige Referent im Kulturministerium, WoSchu (wie wir Wolfgang Schumann nannten), konnte annähernd ermessen, welche Aufgaben sich für die Bibliotheken aus der wissenschaftlich-technischen Revolution ergaben. Er gab mir mit seinen künftigen Orientierungen Schützenhilfe. Der Philosophiekongress zeigte erst Jahre später seine Auswirkungen. Das war in der DDR immer so.

Mit dieser neuen Aufgabenstellung musste sich das Profil der Öffentlichen Bibliotheken ändern. In empirischen Untersuchungen ermittelte ich Begründungen. Die wurden aber von den Wissenschaftlichen Bibliotheken in Frage gestellt. Im Präsidium des Bibliotheksverbandes wurde um diese Frage gestritten, die Problematisierung des Gegenstandes in der Fachpresse rief kritische Geister auf den Plan. Das Skurrile an der Situation war, dass ausgerechnet der kleinste Bezirk des Landes, der mit der kleinsten Bezirkshauptstadt, die Angelegenheit problematisierte. Meine Untersuchungen zeigten den immensen Nachholbedarf bei den Beständen auf dem Gebieten der Naturwissenschaften und Technik. Die vorhandene Technikliteratur wurde stärker als die Kinderliteratur genutzt. Die Bestände waren zu diesem Zeitpunkt bereits vom Verschleiß bedroht. Dann der riesige Nachholbedarf an Zeitschriften! Ich hatte in Berlin, bei der Planverteidigung gesagt, dass man mit wenigen hunderttausend Mark eine Revolution in der Nutzung dieser Bestände erzielen könne. Das erschien den Kulturleuten und den Wissenschaftlichen Bibliothekaren seltsam. Wir wollten keine Konkurrenz zu den vorhandenen Wissenschaftlichen Bibliotheken entwickeln, sondern die vorhandenen „massenhaft auftretenden Literaturbedürfnisse" am Ort befriedigen. Wir beschäftigten uns mit der englischen „Public Library" und weiteten das vorhandene Spektrum des Literaturangebotes auf dem Gebiet der Zeitschriften, audiovisuellen Medien und der Regionalkunde aus. Ich ging zu profilierten Leitern von großen Bibliotheken, um von ihren Erfahrungen und ihren Sichtweisen zu profitieren. Werner Dux von der Bibliothek der Technischen Universität in

Dresden sagte mir: „Achtet auf die Literatur im Territorium, wenn *ihr* die nicht sammelt, differenziert erschließt und vermittelt, wer sollte es dann tun?" Das Territorium ist ein Kosmos im kleinen. Heute würden wir sagen: Es ging um Bibliotheken mit überörtlicher Wirksamkeit, um solche, mit Funktionen der Stufe 3 nach dem bundesrepublikanischen Bibliotheksplan von 1973. Wir schrieben aber erst das Jahr 1968. Schließlich fasste ich die Erkenntnisse und Forschungsergebnisse zusammen und verteidigte eine Doktorarbeit an der Humboldt-Universität zu Berlin – als erster Bibliothekar aus einer Öffentlichen Bibliothek. Am Vortag hatte es einen Gutachterstreit zwischen Professor Dr. Horst Kunze, Dr. Günter Fröschner und Dr. Gotthard Rückl gegeben. Am Abend dieses Tages saß ich dann bis weit nach Mitternacht im Hausflur von Günter Fröschner und wartete auf das letzte Gutachten. Dann die Verteidigung. Es war der heißeste Tag des Sommers 1971. Der Hörsaal war überfüllt. Fast alle Direktoren der Wissenschaftlichen Bibliotheken der DDR hatten Platz genommen. Johanna Waligora sagte später: Das war eine Verteidigung, wie ich sie nie wieder erlebte, in der es von allen möglichen Seiten kritische Fragen hagelte. Schließlich war ich der erste Bibliothekar aus der Bibliothekspraxis der Öffentlichen Bibliotheken, der in die „Bütt" stieg. Nur einer hatte mir vorab gesagt, dass er mich zum Standort der Bibliothekssoziologie fragen würde. Das war Heinz Werner; der Direktor der Berliner Stadtbibliothek. Nach einer anderthalbstündigen Diskussion mahnte mich der Vorsitzende der Prüfungskommission, Professor Dr. Hans Lülfing, ich möchte doch jetzt in der Auseinandersetzung mit Professor Dr. Kunze, meinem Hauptgutachter, im Sinne der Toleranz und Fairness einlenken. Kunze vermerkte seinerseits, dass wir uns zwar seit Jahren persönlich kennen, die Zeit aber zu wenig genutzt haben, um auch unsere Bibliotheken kennen zu lernen.

Bei dieser Verteidigung konnte es möglicherweise auch politische Schwierigkeiten geben. Kurz vor meiner Verteidigung ist der von Ulbricht offensiv geforderte systemtheoretische Ansatz zur Gesellschaftsbetrachtung, der auch im Zentrum meiner Arbeit stand, von der Parteiführung zurückgenommen worden. Doch niemand ist darauf eingegangen. Kluge Funktionäre akzeptierten die Systemtheorie als wissenschaftliche Methode, aber nicht als politische Möglichkeit, die Gesellschaft zu betrachten. Aber weder das Kulturministerium noch das Zentralkomitee der SED haben Funktionäre entsandt. Komisch, denn schließlich ging es um die wissenschaftliche Begründung eines Sachverhalts aus der 1968 vom Ministerrat beschlossenen Bibliotheksverordnung.

Ein wohlwollender Kollege sagte mir bei einem Büffet, welches meine Frau mit einer Doktorandin nach der Verteidigung hergerichtet hatte: „Jetzt hast du die Möglichkeit, beim Arzt und beim Friseur schneller zu einem Termin zu kommen." Das stimmt bis heute. In Suhl konnte ich mich aber auch mit einem Resultat verabschieden. Das, was in der Arbeit aufgeschrieben stand, ist in weniger als vier Jahren verwirklicht worden.

Die Dissertation war eine Grundlage für die weitere Planung, auch wenn ihr vielleicht etwas vom wissenschaftlichen Glanz fehlte. Ich konnte sogar verstehen, dass Rückl sie bei der Begutachtung mehrmals in die Ecke gefeuert hat, wie er mir später sagte. Es war der erste Versuch die Einheit von Logischem und Historischem bei der Analyse der Bibliotheksentwicklung unter besonderer Berücksichtigung konkret-soziologischer Beziehungen in einem Konzept für die Betrachtung der Bibliothekssituation in einem Territorium darzustellen. Dennoch: Es reichte für ein „cum laude".

Als ich von der Verteidigung zurückkam, reichte mir Ernst Lehmann, mein Dienstvorgesetzter die Hand zur Gratulation, wandte aber zugleich den Kopf ab und sagte: „Setz dich". Dann wusch er mir den Kopf. Ich hatte 60.000 Mark Schulden beim Bucheinkauf gemacht. Die Abteilung Finanzen verlangte ein Disziplinarverfahren. Er wusste nicht, dass Bruno Haid, der damalige Stellvertretende Kulturminister, mir vor wenigen Monaten bei einem Besuch in der Suhler Bibliothek, 100.000 Mark versprochen hatte. Bruno Haid fragte mich nach meinem Konzept und das schien ihn zu überzeugen. Dann wollte er wissen, ob er mir irgendwie helfen könne. Ja, ich brauche Geld für Bücher. Eine wissenschaftliche Bibliothek kann man nur mit Büchern aufbauen. Wie viel? Dann sprach ich von den hunderttausend Mark. Das war dreimal so viel wie heute, verglichen mit den Buchpreisen. Die Referentin war glücklicher Weise Zeugin des Gesprächs. Sie wurde geholt und ich beauftragt, die Angelegenheit mit dem Ministerium in Ordnung zu bringen. Das Problem war, dass Bruno Haid nicht mehr Stellvertretender Kulturminister war. Er musste gehen und hatte leere Kassen hinterlassen.

Nun erläuterten mir die Ministeriumskollegen, dass ich kein Geld bekommen könne, sie mir aber einen Gutschein über 60.000 Mark geben könnten, den ich beim Leipziger Großbuchhandel einlösen solle. Guter Trick. Da taten sie Nützliches und bauten ihre Lagerbestände ab. Ich aber saß mit meinen Schulden da. Bücher für hunderttausend Mark waren schon bestellt und zum Teil geliefert. Also kauften wir noch mal für 60.000 Mark Bücher. Nun waren wesentliche Bestandslücken geschlossen und der bibliotheksfreundliche Rat des Bezirks zahlte die Buchrechnungen – wie sie das gemacht haben, verrieten sie mir nicht. Wahrscheinlich war es wieder einmal ein nichtgeliefertes Gestühl für das Meininger Theater.

Wie ich mich in Polen verliebte

Helmut Göhler hatte im Bezirk Suhl eine soziologische Studie über Lesen, Leseverhalten und über den Zusammenhang von Interessen, Entleihungen und Beständen geschrieben. Aufmerksam wurde man auf die Studie erst richtig, als sie auf einer Tagung des Zentralkomitees der SED erörtert wurde. „In soziologischen Untersuchungen wurde festgestellt", so hieß es, „dass für den Anspruch an Literatur nicht die Stadt oder der ländliche Bereich prägend sind, der Anspruch an Literatur wird in erster Linie vom Bildungsniveau geprägt". Das war unter anderen ein Ergebnis unserer Studie.

Als unser Zentralinstitut Ende der 60er eine Studienreise nach Warschau plante, wurde unser Rat des Bezirkes gefragt, ob er einverstanden wäre, wenn ich mitführe. Das putzte erstens mein Image auf, und zweitens war ich sowieso begeistert, ein Stück Welt besser kennen zu lernen. Ich wurde mit Zloty ausgestattet, um eine Woche die polnischen Fachzentralen in Warschau und Stettin zu besuchen. Unsere polnischen Kollegen waren starke Empiriker, die sich in Frankreich und in der USA ein gutes fachliches Gerüst verschafft hatten. Es war phantastisch, ihre Arbeit kennen zu lernen und dann am Abend mit den großen Chefs zu speisen.

Unsere Betreuerin war eine Bibliothekarin, die im Warschauer Ghetto, während der Nazibesetzung Soziologie studiert hatte. Sie sprach deutsch und erzählte uns vieles, was in keinem Buch stand. Wäre damals ihr Studium entdeckt worden, hätte es ihr Leben und das der Lehrenden gekostet.

Wenn sich der Abend neigte und meine Kolleginnen Johanna Waligora und Edith Schurzig sich zur Ruhe begaben, begann meine zweite Studienreise. Zunächst ging ich ins Pressezentrum, um die „Welt" und den „Spiegel" zu lesen. Aber Warschau bot mehr. Es erhielt zum Beispiel ein repräsentatives Freundschaftsgeschenk von der Sowjetunion, den Kulturpalast, über dessen architektonischen Wert bzw. dessen Zuckerbäckerstil sich heute noch die jungen Generationen die Mäuler zerreißen. Trotz allem, er prägt immer noch das Bild der Innenstadt. In ihm wurde modernes Theater gespielt und fanden täglich Dutzende Veranstaltungen statt. Eindrucksvoller als ein Stück von Peter Weiss war für mich der Besuch einer Bar. Junge Leute, ein Pärchen, saßen mit mir am Tisch. Er fragte mich, wie ich zu Hitler stünde, ich müsse die Frage beantworten, sonst könne er nicht mit mir reden. Die Angst vor den Deutschen war seinen Augen abzulesen. Er stotterte, als er mir sagte, dass seine Familie in Auschwitz umgekommen sei und er als Vierjähriger erleben musste, wie Vater und Mutter für die Gaskammer bestimmt wurden. Er sollte auch mit. Aber Freunde hätten ihn gerettet und verborgen. „Nackt unter Wölfen" von Bruno Apitz war schon erschienen. Ich konnte meine Erschütterung glaubhaft machen, und wir unterhielten uns über eine Welt, in der so etwas nie mehr vorkommen dürfe. Seine Freundin schaute mir derweil liebevoll in die Augen. Als dann die Nacktänzerinnen auftraten (im sowjetischen Kulturpalast!) zog sie uns an die Tanzfläche, um besser zuschauen zu können. Sie fasste ihn bei der Hand, mit der anderen streichelte sie mich, ohne dass er es merkte. Meine Gefühle brachen auseinander – erst Hitler, dann das.

Am nächsten Abend ging ich vor das Hotel, um wieder Warschauer Luft zu schnuppern. Dort standen einige junge Männer mit einem jungen hübschen Weib. Kaum war ich bei ihnen, da fragten sie mich, ob ich mit dieser Dame tanzen gehen wolle. Eine fremde Stadt, ein hübsches Mädchen, was kann es besseres zum Kennen lernen geben. Ich hatte den Eindruck, dass wir beide glücklich waren. Wir hakten uns unter, als kennten wir uns schon ein Leben lang, lachten und gingen froh unseres Weges. Es schien alles echt bei uns beiden. Sie fragte mich nach meinem Geld, ich zeigte ihr mein ganzes Vermögen. Sie sagte, es wird reichen – aber sie wusste nicht, dass ich damit fast noch eine Woche, einschließlich Hotelkosten, leben musste.

Sie lief mit mir zum wieder erstandenen rekonstruierten wunderschönen Altstadtmarkt. Bevor wir in eine Kellerbar gingen, sagte sie mir ihren Namen, ich solle sie beim Vornamen nennen und nichts von Prostitution erwähnen, denn dann würde sie eingesperrt. Schock! So etwas hatte ich noch nicht erlebt. Ich zahlte hundert Zloty Eintritt – Getränke inklusive – und wusste nicht recht, was ich machen sollte. Im Keller, es kam mir so vor, als ob mindestens zwanzig Stufen nach unten führten, nahmen wir in einer kuscheligen Nische Platz. Aus ihrer Handtasche holte sie mindestens ein Dutzend Briefe und Postkarten, – Dankschreiben aus England, der Schweiz, Frankreich und nicht zuletzt aus der Bundesrepublik für ihre „Liebesdienste". Aus der DDR war keines dabei. Als sie merkte, dass mich die Briefe nicht vom Hocker rissen, holte sie ein zweites Päckchen aus der Handtasche, Bilder. All meine Illusionen zerstoben, als ich sie in allen möglichen und unmöglichen Stellungen mit Liebespartnern sah. Ich täuschte vor, auf Toilette zu müssen, und floh enttäuscht die lange Kellertreppe hoch. Enttäuscht von einer nur eine Stunde lang währenden Illusion. Am nächsten Tag wechselte ich aus Finanzgründen das Hotel und stieg für ein Drittel des Geldes in einer Absteige ab, in der Männlein und Weiblein zusammen in einem Zimmer schliefen. Die Geschichte ist noch nicht zu Ende. Am nächsten Abend wurden wir zu Tschaikowskis „Schwanensee" eingeladen. Auf einmal, mich rührte der Schlag, das war sie! Eine der Tänzerinnen! Im Programm waren ihre Namen aufgeführt. Ich wusste, dass ihr Name auf deutsch „Wange" bedeutete und fragte meine Betreuerin, ob so ein Name im Programm stünde. Sie nickte. Beinah hätte ich mich in eine Balletteuse verliebt. Sollte ich traurig sein? Von da an erzählte ich unserer Betreuerin meine nächtlichen Erlebnisse mit Polen und Polinnen. Die Soziologin erklärte mir daraufhin das Land und seine Geschichte. Von der Dreiteilung Polens bis heute, und wie die Polen in unterschiedlicher Weise ihr neues Land und ihr neues Leben in die Hand nehmen. Wenige Jahre später erlag Kazimiera Ankudowiczowa einem Krebsleiden. Ihr Mann, Janucz Ankudowicz, einer der bedeutendsten Literatursoziologen der damaligen sozialistischen Länder, erzählte mir später, dass seine Frau durch die Fragen zu meinen Nachterlebnissen die Deutschen besser verstehen gelernt habe. Es habe sich bei ihr ein neues, verständnisvolleres Verhältnis zur jüngeren Generation aufgebaut – trotz ihrer fürchterlichen Erlebnisse im Warschauer Ghetto. Eigenartig, auch bei mir zeigten die Gespräche mit der Soziologin über meine Warschauer Nächte Wirkung. Ich entwickelte eine innere Beziehung zum neuen Polen, zu seinen kreativen Menschen, seinen Künsten, seiner Geschichte und seinen schönen Frauen – wie zu keinem anderen Land der Welt.

Direktorenkonferenzen und ein Stück russische Seele

Jeder der 14 Bezirksbibliotheks-Direktoren fuhr gern zu den mehrtägigen zentralen Beratungen und zur jährlichen Arbeitswoche. Jedes Mal war das Klima harmonisch und die Unterbringung gut. Man teilte mit Freunden das Zimmer, erzählte, diskutierte und beriet die halbe Nacht. Die Konferenz bot Informationen aus erster Hand. Der zuständige Minister, Klaus Höpcke, brillierte mit neuen Sachverhalten der Literaturentwicklung der DDR, es wurde über Titel, die noch nicht auf dem Büchermarkt waren, und über Schriftsteller, bedenkliche und weniger bedenkliche, gesprochen. Der respektlose Helmut Hanke, Professor an der Akademie für Gesellschaftswissenschaften, Verfasser des Buches „Freizeit in der DDR" wertete ketzerisch neuere kultursoziologische Untersuchungsergebnisse aus und erregte sich darüber, dass die Semperoper in Dresden viel zu wenig von Arbeitern besucht würde. In der DDR würden die Kultur-Millionen nicht richtig ausgegeben. Er bekam Streit mit seiner Partei und wurde gefeuert, weil er Dinge feststellte und sagte, die nicht sein durften. Lothar Bisky, inzwischen Direktor der Hochschule für Film und Fernsehen, nahm ihn als Professor zu sich und sorgte dafür, dass seine Studenten auch Ketzerisches kennen lernten.

Vom Leipziger Buchgroßhandel wurden die Ergebnisse der Buchmarktforschung ausgewiesen. Der Buchhandelsdirektor der zentralen Leitung sprach problemorientiert über die Sorgen des Vertriebs. Wenn das Kulturministerium einlud, waren die Bezirksdirektoren des Buchhandels mit von der Partie, Bibliothekare und Buchhändler hatten schließlich im Ministerium die gleichen Chefs. Mit den Buchhandelsdirektoren hatten wir Probleme wegen der Veräußerung von regionalkundlicher Literatur, mit denen die Antiquariate ihren West-Export-Plan zu erfüllen suchten. Unsere Forderung war: „Vorkaufsrecht für die Bibliotheken. Kein Ausverkauf unseres kulturellen Erbes". Manchmal, wenn es Schwierigkeiten in der Zusammenarbeit mit den Verlagen gab, tagten wir auch noch mit den Absatzleitern der Verlage. Denen gegenüber listeten wir auf, welche Verlage den Informationsdienst nur ungenügend mit Manuskripten versorgen und mit welchen Verlagen die Zusammenarbeit hervorragend lief.

Jahrelang, als die Bibliotheksdirektoren noch allein tagten, kamen wir einmal im Jahr eine Woche im Verlagsferienheim Kühberg (bei Annaberg-Buchholz) zusammen. Der Heimleiter bemühte sich um eine angenehme familiäre Atmosphäre. Er begrüßte uns namentlich und wir fühlten uns fast zehn Jahre lang bei ihm wie zu Hause. Die Veranstalter sorgten abendlich für Kulturprogramme. Jedes Mal trat ein Schriftsteller oder ein anderer herausragender Gast auf. Auch Günter de Bruyn war da.. Wir erlebten Sondervorlesungen des Belletristik-Abteilungsleiters Eberhard Günther, dem späteren Verlagsleiter des Mitteldeutschen Verlages in Halle, über Heinrich Böll und Günter Grass, über die er promoviert hatte, und entdeckten eine Hausbar im Keller, in der dann auch Wirtinnen-Verse zur Laute gesungen wurden. Abends plauschten die einen, andere spielten Skat – manchmal bis früh. Die Mittagspause verlängerten wir bei schönem Wetter, so dass die umliegenden Berge, einschließlich des höchsten Berges der DDR bestiegen, bzw. erwandert werden konnten. Beim Spazieren wurden Konzepte entwickelt, Bauten und Umbauten von Bibliotheken geplant. So entstand damals auf einer Wanderung mit Peter Günnel das Konzept für die Suhler Kinderbibliothek. In die Gestaltung der unterschiedlichen Ebenen ist sogar die Hochhaus-Kanalisation mit eingearbeitet worden. Es entstand eine Kinderbibliothek mit Charme, welche die Saalfelder nachzubauen versuchten, und von der Franz Fühmann, der Schriftsteller, in der Widmung in seinem Kinderbuch, „Die dampfenden Hälse der Pferde im Turm von Babel" sagte, die Suhler Kinderbibliothek wäre die schönste des ganzen Landes.

Bei den späteren Tagungen, ging es immer wieder um Geld, d.h. um eine wissenschaftlich und finanziell abgesicherte Planung der Leistungen und der Finanzierung, es ging darüber hinaus um die Einführung der EDV in die Bibliotheksarbeit, um Personalplanung, um Ausbildungsfragen, um alles, was die Direktoren in ihrer praktischen Arbeit interessierte. Sie nutzten ihr Vorschlagsrecht für die Gestaltung der Tagesordnung. Für den Direktor des ZIB, für die Abteilungsleiter, waren diese Tagungen auch von großer Wichtigkeit. Wir erfuhren die Praxisprobleme hautnah und konnten unsere Arbeitsplanung entsprechend ausrichten.

Rückl hielt sich meist im Hintergrund. Für ihn waren diese Zusammenkünfte etwas Außerordentliches. Er griff souverän in dem Moment in die Diskussion ein, in dem es angebracht war. Er fasste in seiner von Weltsicht und Routine geprägten Auffassung die Ergebnisse einer Tagung oft geradezu genial zusammen. Entsprechend bereitete er diese Konferenzen im Institut vor und nach. Auch hier donnerte er seine Sprüche heraus, mit denen er sich auf seine Art gegen eine unverständige Obrigkeit wehrte: „Wenn sie uns das Ding von hinten wieder reinschieben, dann beißen sie auf Granit". Seine Standhaftigkeit gegenüber den wissenschaftlichen Bibliotheken in Sachen WAB(B) charakterisierte er so: „Wir haben schon aus den komischsten Ecken Wind bekommen" oder „Da es nicht gelang, mich mit Schulterklopfen aufzuweichen, versucht man es jetzt mit der Axt". Wenn es nicht so ging, wie er wollte, hieß es: „Mit dem Blick auf die großen Bibliotheken kriegt auch die Klapperschlange kalte Füße". Letztlich ging es ihm um die Entwicklung eines leistungsfähigen Bibliothekssystems, die dem Auftrag, zur Herausbildung der allseitig gebildeten Persönlichkeit beizutragen, gerecht werden konnte.

Viele Intellektuelle und große Teile der Leser in Öffentlichen Bibliotheken – immerhin ein Viertel der Bevölkerung – hatten über die Literatur eine besondere Beziehung zum Land des „Großen Bruders", vor allem zu seinen Menschen. Das ist für einen Bundesbürger sicher schwer nachzuvollziehen. Da wirkte Literatur, da wirkten Freundschaften, da wirkte das Land in seiner schlichten Schönheit, der Kaukasus, das Schwarze Meer, die Eremitage in Leningrad, der Kreml und die U-Bahn-Stationen in Moskau, die wie Paläste gebaut sind, und der Gorki-Park mit den Lesenden und den Schachspielern. Wenn wir dort waren, kamen uns überall auf den Straßen die Gestalten aus den Büchern von Dostojewski, Tolstoi und Puschkin entgegen, aber auch die Trümmer eines von Deutschland verursachten Krieges waren noch nicht überall geräumt. Das Leid zeichnete noch immer die Gesichter. Die Wunden, vor allem die der Seele, waren noch nicht alle verwachsen. All dies war den Menschen anzusehen. Jeder dritte Mann trug eine Kriegsverletzung. Warum erzähle ich das? Weil wir mit diesem Land, seinen Problemen und Erfolgen lebten. Auch hier waren es die Schriftsteller, die dem Lande helfen wollten und sich der Kritik einer mächtigen Partei stellten. Ein Aufatmen ging durch unsere Republik, als nach Stalins Tod Ilja Ehrenburgs „Tauwetter" erschien. Erik Neutsch schrieb gleich nach Erscheinen von Galina Nikolajewas „Schlacht unterwegs" die „Spur der Steine", und Strittmatter gestaltete im „Ole Bienkopp", wie ein fortschrittlicher Mensch am Sozialismus und seinen Dogmatikern, kaputt ging. Das waren erste Schritte, dann kam Tschingis Aitmatow. Er gestaltete die russische Seele Dostojewskis und Tolstois, Gorkis und Scholochows auf neue Weise. Wir waren hingerissen von der Phantasie und dem Märchenton des „Weißen Dampfers". Wir dachten, so etwas gäbe es gar nicht mehr. Und als „Der Tag zieht den Jahrhundertweg" früher als in der Sowjetunion auf unseren Büchertischen lag, konnten wir die russische Seele in ihrer Einsamkeit und Weite neu entdecken. Auf einmal war sie auch ein Stück von unserer Seele. Bei manchen ging das ganz tief. Sie entdeckten ein Stück ihrer eigenen Seele, ihr war etwas hinzu gewachsen. Denn wir waren ja auch ein Stück von diesem neuen Leben. So etwas gibt es nicht noch einmal in der Weltgeschichte.

Nun hatten wir eine Kollegin unter den Direktoren, Waltraud Reißland aus Neubrandenburg, der dieses Stück neue Seele so zu schaffen machte, dass sie abends, wenn sie Zeit hatte nachzudenken und zu plaudern, nicht anders konnte, als dieses Stück, das eigentlich nicht zu ihr gehörte und doch zu ihr gehörte, zu ertränken. Wir saßen zu dritt oder zu viert oft mit ihr zusammen und leerten eine Flasche nach der anderen und sprachen über das neue Leben mit seinen Schönheiten und Schwierigkeiten. Von Aitmatow war bei ihr immer die Rede. Man konnte sich geradezu vorstellen, dass es auch, wenn man in ihren Armen lag, nichts anderes als Aitmatow geben konnte. Man konnte spüren, wie dieses Stück russische Seele in unsere Leiber fuhr und das Leben veränderte. Ihr blieb nicht viel Zeit. Sie lebte ihr Leben intensiv aus und starb dann. Aitmatow wurde für mich ein Heiliger.

Die geheimnisvolle Freundin

Als Chef einer Stadt- und Bezirksbibliothek hatte ich manche bemerkenswerte Vorteile. Ich verwaltete einen eigenen Haushalt, hatte Hoheit in Personalfragen und musste bei Personalveränderungen in den Leitungen der Stadt- und Kreisbibliotheken gefragt werden. Ein weiterer Vorteil war, dass ich mich alljährlich nach Leipzig in die Fachschule zu Absolventeneinsatzgesprächen begeben konnte, um mir entsprechend dem zugeteilten Kontingent Absolventen auszusuchen. Obwohl die Schule eine gewisse Vorauswahl schon getroffen hatte, konnte ich eine direkte Personenwahl wahrnehmen.

Suhl benötigte für die Auswertung von empirischen Untersuchungsergebnissen eine mathematisch interessierte Absolventin, die in der Lage war, theoretisch zu arbeiten. Helmut Topp, mein Vorgänger in Suhl und jetziger Direktor der Fachschule, präsentierte mir eines seiner Schmuckstücke. Nur – sie war im Zusammenhang mit der Havemann-Affäre aus der SED ausgetreten. Das brauchte ich aber niemandem zu sagen. Ich benötigte eine angehende Wissenschaftlerin und keine Parteifunktionärin. Also nahm ich die Beststudentin, deren Vater Physiker war.

Sie arbeitete sich relativ schnell in ihr Arbeitsgebiet ein. Neben dem normalen Ausleihdienst stand sie mir für die Auswertung einer größeren Untersuchung zur Verfügung. Sie arbeitete freiwillig über ihre Arbeitszeit hinaus, weil es ihr Spaß machte, mir jeden Tag neu erarbeitete Ergebnisse auf den Tisch zu legen. Wir kamen täglich zusammen, öfter als mein Zeitlimit erlaubte. Sie schrieb zeitgleich ihre Abschlussarbeit über eine differenzierte Nutzungsanalyse einer Stadt- und Kreisbibliothek. Zu diesem Zeitpunkt erschien „Buridans Esel" von Günter de Bruyn. Im kleinen Bezirk Suhl diskutierten die Kollegen darüber, ob wir als Vorbild für das Buch gedient haben könnten. Die Studentin der Leipziger Fachschule, das Wohnen in einer mickrigen Berliner Hinterhauswohnung, alles stimmte. Nur eins stimmte nicht: der verheiratete Kollege, der angeblich nicht wusste, von welchem Heuhaufen er fressen sollte. Er wusste. ... Ich nenne sie Petra und Peter, und Ähnlichkeiten sind rein zufällig. In einem Märchen sowieso.

Ein Märchen: Petra und Peter

Sie war erst dreimal sieben Jahre alt

Die Uhr der Barockkirche in der Stadt zwischen den Bergen teilte regelmäßig mit nachhallendem Klang die vielen Liebesnächte, von denen beide nicht wussten, wann sie endeten, in Stunden auf. Der Raum, in dem sie die schönsten Stunden ihres bisherigen Lebens verbrachten, war ein Dienstzimmer. Beide hatten Angst, entdeckt zu werden.

Sie hieß Petra, hatte wunderschöne Augen und war die beste Studentin ihres Jahrgangs. Sie war erst dreimal sieben Jahre alt. Peter, das war der Mann, war aber schon zweimal sieben Jahre verheiratet, als er mit ihr die Liebe neu entdeckte. Sie liebten sich Wochen und Monate in einer Zeit, in der noch niemand die „Pille" erfunden hatte. Nach einem halben Jahr gestand sie ihm, dass sie einen Sohn erwarte. Denn ein Sohn sollte es werden, sie wünschte es sich so sehr.

Peter wusste nicht, ob er sich ihr ganz zuwenden sollte. Peter hatte Frau und Kinder. Freunde konnte er nicht um Rat fragen, weil er sie in Konflikte gestürzt hätte. Denn sie meinten, Peter führe eine gute Ehe. Er ging viele Abende in den Wald und befragte die Bäume, den Bach, die Tiere und die Sterne am Himmel. Die ganze Natur sagte: Er solle lieben, wenn er geliebt würde, es gehöre zum schönsten,

122

was ein Mensch auf der Erde erleben könne. Ein glücklicher Mensch ist der, der liebt und geliebt wird. Sie liebten sich innig, doch Petra war traurig. Es käme einem Wunder gleich, wenn verheiratete Männer sich wegen eines Mädchens von ihrer Familie trennten, hatte ihre Mutter gesagt. Petra wollte an Wunder glauben. Weil er zu Hause schon lange nicht mehr glücklich war, übte sich Peter im Wunder vollbringen. Er wollte nicht, dass seine neue Liebe traurig sei.

Eines Tages war sie sich nicht mehr sicher, ob ihr Kind ein Junge würde. „Einen Jungennamen habe ich", sagte sie und fragte nun: „Wie soll es heißen, wenn's ein Mädchen wird?" Peter antwortete ihr: „Wähle einen Namen aus dem Land deiner Großmutter, damit das Mädchen viele Fragen stellt nach der Heimat ihrer Vorfahren. Sie befragte die Mutter nach Vornamen aus dem Land ihrer Eltern, und sie fand einen, der beiden gefiel. Noch bevor dem Kind das Licht der Erde geschah, stellte sie Peter die Frage der Fragen. Er sagte ihr: „Wenn zwei sich lieb haben und sich von ganzem Herzen wollen, sollte man allen zeigen, dass man zusammengehört. Nur der Spiegel der Gemeinsamkeit muss wie ein Augapfel gehütet werden. Hat er einen Sprung, vermag ihn keiner zu kitten. Die Hineinschauenden werden sich ewig gespalten sehen. Also hüten wir ihn".

Petra wurde nachdenklich, denn sie hatte in den letzten Jahren viel Pech mit zerbrechlichen Dingen. Zuerst schmiedeten sie Pläne. Das Land, die Stadt, die Fabrik – alle hatten einen Plan, warum sollte für ein Leben zu zweit ein Plan weniger wichtig sein? So schmiedeten sie dann den einen Plan fürs Leben. Nichts wollten sie als gegeben ansehen, alles sollte sich ständig verändern. Sie schaute ihm beim Pläneschmieden mit ihren strahlend schönen Augen an, die von langen seidigen Wimpern beschirmt wurden. Sie sprachen vom Meer, von den Bergen, von den vielen Kindern, die sie haben werden, von Menschen, denen sie helfen wollen, vom Reichtum der Künste, der sie bereichern werde, von der Wissenschaft, der es an mathematischer Methodik fehle, und von ihrer Liebe, die sich einfügt in diese Unendlichkeit. Sie sprachen von den wenigen Jahren einer großen Zeit, die sie erleben und mitgestalten durften, und vom nicht einfachen Weg zum Glücklichsein. Sie hatten das Gefühl, alles sei interessant wie noch nie. Es sei eine Lust zu leben. Sie hatten sich viel ausgedacht. Wollten sie es verwirklichen, mussten sie aus einem Leben zwei machen.

Die Fee

Die Liebenden trafen das erste Mal im Haus am Wald zusammen, um sich besser ins Herz schauen zu können. Sie sonnten und liebten sich zwischen Bäumen, Sträuchern und – im Bett. Die Menschen wussten zu dieser Zeit noch viel zu wenig über die Liebe. Deshalb konnten Peter und Petra auch nicht wissen, dass die Fee der Liebe ihr schönstes Spiel mit ihnen trieb. Petra war sieben Tage lang in jeder Nacht mindestens sieben Mal glücklich, und die Tage waren voller Sonnenschein. Ausdruck ihres Glücklichseins war ein ständiges Lächeln. Sie wollte in den Augen ihres

Geliebten eine Fee der Liebe sein. Auch ihr kleiner Sohn war schon da. Petra erhielt von der Fee der Liebe ein neues Antlitz.

Als Peter mit dem jungen Tag erwachte, stand Petra vor dem Spiegel, kämmte ihr langes blondes Haar, in dem sich die Morgensonne brach, und schaute sie versonnen an. Er sah ihr Gesicht im Spiegel und war verzückt vom feenhaften Glanz. Im Spiegel sammelte sich ein Hauch von Morgenröte, und aus dem Antlitz leuchtete das Glück der Liebesnacht. Er nannte sie von diesem Tag an „Fee".

Da sie nichts von der Fee der Liebe wussten, ahnten sie auch nicht, dass der Feenglanz an Bedingungen geknüpft war. Er verschwindet, wenn der Spiegel der Gemeinsamkeit gesprungen, das dritte Mal ein Stück von ihm abgebrochen oder wenn einer der beiden mit einem anderen Partner siebenmal glücklich gewesen ist. Sie wussten ebenso wenig, dass die Fee all denen, die ihr Antlitz trugen, dreimal Hilfe anbot, bevor sie alles zurücknahm.

An diesem Morgen kam der Postbote. Peters Kinder, seine kleine Tochter und sein kleiner Sohn, schrieben aus einer Welt, die für die beiden Liebenden schon Geschichte war. Die Kinder wollten den neuen Bruder und die „Tante" kennen lernen. Sie wussten nicht, was sie während der Ferien tun sollten, denn ihre Mutter war krank. Da wurde die Fee traurig, weil sie ihr Glück teilen sollte. Im Plan waren nur die geraden Strecken, die nach vorn führten aufgeschrieben und nun plautzte die Vergangenheit herein und wirkte in die erste Gemeinsamkeit hinein. Der Spiegel überzog sich mit einem Hauch Ärgerlichkeit. Die Fee holte ein Tuch und versuchte ihn wieder blank zu polieren. Sie dachte an die schwere Geburt ihres Sohnes, an die Kleinstädter, die eine ledige Mutter noch immer schief anschauten. Sie dachte an eine künftige Familie mit Vater, Mutter und Kindern an einem Tisch mit einem farbigen Tischtuch, und sie fragte nach dem Sinn der Worte eines Briefes von Peter, den sie bald nach der Geburt des Sohnes erhalten hatte. In ihm hieß es: „Nun wünsche ich der tapferen Fee und dem kleinen Erdenbürger, dessen Arme weit ins 21. Jahrhundert hineinreichen werden, das Beste, was sich auf der Welt wünschen lässt, dass sie ihr Sein dazu nutzen mögen, an einem winzigen Punkt in der Palette der Weltgeschichte ihr „Ich" einzuritzen und die Welt formen zu helfen. Anders gesagt: dass sie im Mosaik der Zeit ein schimmerndes Steinchen werden". Sie rieb und rieb immer noch den Spiegel blank. Sie dachte, dass Zweisamkeit und Ruhe, Wärme und Liebe jetzt gut täten. Erst danach konnte die Fee schlafen – der Spiegel war blank. Sie lächelte in der folgenden Nacht aber nicht mehr siebenmal, sondern nur noch sechsmal. Als sie das siebente Mal lächeln wollte, klingelte der Wecker. Peter musste aufstehen, um die Kinder vom Bahnhof abzuholen.

Hochzeitsreisen

Zum Tag der Hochzeit wünschte sich die Fee Brautschleier, Kranz und das schönste Blumenbukett der Welt. Sie bekam alles (und die Friseuse ihr Trinkgeld). Sie wollte den Schleier, weil sie als Kind die Kinder der Mutter großgezogen hatte. Sie hatte keine Zeit, selbst Braut zu spielen. Das Blumenbukett wollte sie, weil sie selten schöne Blumen geschenkt bekam. Der Kranz sollte Leben und Tod verbinden. Er sollte etwas zusammen halten, von dem sie fürchtete, dass es auseinander fiele noch ehe sie es voll erkannt habe. Die Fee wollte glücklich sein, ohne zu wissen, dass Glück täglich neu erworben werden muss. Man spielte Musik von Johann Sebastian Bach und sprach schöne Worte vom gegenseitigen Nehmen und Geben, von Ehrlichkeit und Treue, von Kindern, Staat und Gesellschaft. Es gab ein Hochzeitsmahl, Blumen streuende Kinder, schöne Geschenke von Freunden und Verwandten, gute Wünsche, tiefsinnige Gespräche beim Wein, in dem Wahrheit liegen soll. In der Nacht zog die Fee ihr weißes Spitzennachtgewand an – Peter sah nie wieder ein solch schönes –, nahm ihr Brautbukett, stellte sich vor den Spiegel und fragte: „Wer ist die Glücklichste im ganzen Land" und „Wer ist noch glücklicher als ich?" Sie wusste nicht, dass die Fee der Liebe in des Spiegels Hintergrund stand und geheimnisvoll lächelte. Als sie sich in der Nacht der Nächte, die es für jedes Paar nur einmal gibt, das zweite Mal geliebt hatten, wurde sie nachdenklich und fragte Peter, wie das mit der großen Liebe sei, wie lang sie halte und was sie tun solle, wenn sie eines Tages nicht mehr da sei.

Am nächsten Morgen, als die Sonne noch nicht zu hoch am Horizont stand, verließen Peter und Petra ihr Hochzeitsbett, um in die Stadt der Künste zu fahren, die für sie eine Woche lang auch die Stadt der Liebe wurde. Die „Sixtinische Madonna", die Schätze des Grünen Gewölbes, die Schlösser elbauf- und elbabwärts waren der Auftakt für ihr neues Leben. Die Fee hatte den Wunsch, eine Tochter zu bekommen, die nach dem Land der Großmutter fragen sollte, und ließ Peter unablässig zu sich kommen. Er war schon ganz blass und mager.

Am letzten Tag aber fiel die Fee von einem Barhocker. Peter fing sie auf und legte sie auf eine Bank. Er musste lange warten, bis sie wieder zu sich kam. Als sie erwachte, lächelte sie, fasste ihn bei der Hand und zog ihn aufs Zimmer. Hinter dem strahlend schönen Spiegel zeigte die Fee der Liebe ihr schönstes Lächeln und sagte: „Wenn du Dein Leben liebst, dann nutze die Zeit, denn aus ihr besteht das Leben."

Weil die Hochzeit so über alle Maßen schön war, organisierte die Fee zwei Hochzeitsreisen, eine kleine und eine große. Zur Stadt der Künste führte die kleine Hochzeitsreise. Die Fee und Peter borgten sich Geld, um mit der kleinen Tochter aus der Vergangenheit, die nun bei ihnen bleiben sollte, und ihrem kleinen Sohn ins Land der Paprikas und Pfirsiche fliegen zu können. Sie landeten bei Freunden in einer Stadt an der Donau. Die Fee zeigte Peter in der Nacht Stadt, Burg, Weinkeller und Restaurants. Am nächsten Morgen fuhren sie weiter an einen großen See. Dort aßen sie Mais und handelten auf dem Bauernmarkt. Die Fee wusste noch nicht genau, ob die kleine Tochter schon in ihr wächst.

Die Süße der Pfirsiche, die Schärfe des Paprikas und der Wohlgeschmack des Weines ließen ihre Kräfte nie erlahmen. Doch nach 20 Sonnentagen mussten sie in ihre Heimat zurück. Dort fuhr die Fee mit dem kleinen Sohn in die große Stadt, um weiter zu studieren. Peter fuhr mit seiner Tochter in die Berge.

Die Trennung dauerte lange. Umso größer waren die Freuden des Wiedersehens zwischendurch. Sie ließen die Liebe neu und anders erwachen. Dennoch musste Peter öfter mal den Spiegel putzen. Kaum hatte die Fee Boden unter den Füßen, schimpfte sie auf den Alltag. Peter war des Glaubens, dass man Kraft schöpfe aus schönen Erlebnissen. Die Fee aber hatte sich nicht ausgeruht, es wuchs die Tochter in ihr.

Die Fee kam in die Stadt zwischen den Bergen, um ihr Kind zur Welt zu bringen. So wie der Plan es vorsah, wurde es ein wunderschönes Mädchen mit schwarzen Locken. Der Spiegel erstrahlte in neuem Glanz. Niemand brauchte ihn zu putzen. Die Geschwister schlugen vor Freude Purzelbäume. Die Fee wünschte sich in der Klinik die schönsten Leckereien, die interessantesten Bücher – und ein Häkelzeug. Sie wollte ihrer Tochter Sachen häkeln.

Sie gingen zurück ins Haus am Wald und verlebten schöne Tage. Vater, Mutter und Kinder saßen am Tisch mit dem bunten Tischtuch, und das Mädchen lag in der Wiege. Auf dem Schreibtisch lag das erste gemeinsam geschriebene Buch. Es fehlte nie an Freunden und Freundlichkeiten. Sie waren glücklich und zufrieden. Peter nahm alle Kinder mit in die Stadt zwischen den Bergen und war ihnen Vater und Mutter zugleich. Die Fee ging indes in die große Stadt, um ihr Studium abzuschließen. Sie mieteten sich ein Haus mit Garten, Spielplatz und Laube, in dem sich die Kinder tummeln konnten. Die Fee kam nur zweimal im Monat nach Haus. Die große Tochter wurde eine kleine Mutti für die über alles geliebte kleine Schwester. Die anderen Schwestern, die beim Arzt, fragten den Vater, wie man zu einer so schönen Tochter komme. Des Vaters Gedanken waren bei seiner Fee und er hatte nur wenig Zeit. So konnte er es ihnen weder erklären noch zeigen.

Der Spiegel bricht

Eines Tages aber war die Zeit heran, in der die Fee nach Hause kommen sollte, um eine liebe Mutter und Frau zu sein. Der Vater und die Kinder schmückten das Haus und kauften Blumen. Doch die Fee glaubte, immer noch nicht genug gelernt zu haben und in der großen Stadt bleiben zu müssen. Eine tiefe Traurigkeit überkam die Familie, die vergeblich auf ihre Ankunft wartete. Vater und Kinder warteten viele Tage und Wochen. Eines Tages war sie da, und alle freuten sich.

Der Mond schien ins Zimmer und die Kinder schliefen, als der Vater ganz ernst wurde und die Fee fragte, ob es sich gelohnt habe, Kinder und Mann so lange warten zu lassen. Ihr hätte an guten Ergebnissen gelegen, ohne solche wäre sie überhaupt nicht nach Hause gekommen, sagte die Fee. „Aber die Kinder haben ihre Mutter und ich meine Frau gebraucht", meinte Peter daraufhin. Die Antwort darauf war: „Dann hättet ihr euch eben eine Mutter, die sich gebrauchen lässt, suchen müssen". Sie hatte nichts verstanden, und Peter wurde traurig. Es gab einen großen Knall und ein Stück vom Spiegel der Gemeinsamkeit brach ab. Betroffen schauten sie sich an und waren ganz unglücklich. Da Peters Fee bitterlich ins Kopfkissen

weinte, bemitleidete sie die Fee der Liebe, denn noch immer trug Petra deren Antlitz. Sie kam eines Nachts, setzte sich auf Petras Bettrand und wollte helfen. Petra
beklagte sich, dass Peter so böse sei. „Hat er nicht gut für deine Kinder gesorgt, als
du nicht bei ihnen warst?", fragte die Fee. Petra antwortete trotzig: „Es sind doch
auch seine". Die Fee fragte weiter: „Tut es ihm leid, dass er dir weh getan hat?" „Ja,
es tut ihm leid, er hat sich entschuldigt". „Nun gut", sprach die Fee zu Petra, „dann
geh sieben Tage in das Haus am Wald und denke über eure Liebe nach". Sprach es
und verschwand.

Petra wollte wieder gut sein, brachte es aber nicht übers Herz, das auszusprechen. Sie mühte sich jedoch, Peter durch ihr Verhalten zu signalisieren, sie sei wieder die Seine. Sie ging allein ins Haus am Wald, wie ihr die Fee geheißen hatte.
Peter schrieb ihr einen langen Brief, den sich die Fee aufhob, und den sie immer,
wenn sie in Sorge war, aufs neue las.

Die Fee schaut in die Zukunft

Sie dachte über ihre Liebe nach. Von der sie früher glaubte, sie reiche für zwei
Leben. Nun hatte sie zwei Kinder, ein Haus und einen Mann, der lieb zu ihr und den
Kindern war, und Freunde die Menge. Der Großvater und die Großmutter kamen zu
Besuch und freuten sich der Enkel. – Nur sie war nicht mehr froh, weil vom Spiegel
der Gemeinsamkeit ein Stückchen fehlte. Aber er war noch nicht gesprungen. Sie
sah ihr Antlitz nicht gespalten. Sie stand vor dem Spiegel, in dem Peter sie das erste
Mal als Fee erkannte, kämmte ihr langes blondes Haar und war traurig, dass Peter
und die Kinder nicht bei ihr waren.

In Gedanken sah sie ihre Kinder mit Peter am bunt betuchten Tisch sitzen, sah,
wie Peter mit ihnen sprach, ihnen vom großen und kleinen Leben erzählte, sie lobte
und tadelte und lieb zu ihnen war. Peter hatte die kleine Tochter auf seinem Schoß
und gab ihr zu essen. Es war, als wäre er glücklich mit den Kindern und traurig,
weil seine Fee nicht bei ihm war.

Als die Fee am nächsten Morgen wieder in den Spiegel sah, erschrak sie. Am
Tisch mit dem bunten Tischtuch saßen jetzt die große Tochter, der Sohn, die kleine
Tochter, Peter und sie selbst und – ein viertes Kind. Sie war überrascht, als sie am
bunt gedeckten Tisch im Nebelschleier die Familie mit vier Kindern sitzen sah. Die
Fee hatte einen ganz kleinen Sohn auf dem Schoß. Sie waren alle ein Jahr älter. Sie
ahnte, dass die Fee der Liebe ein Spiel mit ihr trieb. Peter erzählte gerade, wie es
war, als die große Tochter, das Nikolaustags- und Sonntagskind, klein war. Sie hörte
die Tochter Fragen stellen, die von Sorge geprägt waren. Denn oft hörte sie, wie die
Eltern sich stritten.

Petra fragte sich, was sie tun würde, wenn Peter zu streiten anfinge. Sie
beschloss, dann einfach nicht mitzustreiten. Nun war die Fee nicht mehr so traurig,
sie ging in der Sonne spazieren, dachte weiter über sich und die Liebe nach und
freute sich schon auf den nächsten Morgen. Am nächsten Morgen sah sie lächelnd

zu, wie der Kleine mit seinen ungeschickten Fingern selbst das Brot vom Tisch nahm und in den Mund steckte. Die Fee erzählte gerade die Geschichte von ihrem Mädchentraum, drei Kinder haben zu wollen, einen klugen und zärtlichen Mann an ihrer Seite, der sie ständig umwarb. Sie erzählte davon, dass sie immer lernen wolle um einmal eine große Wissenschaftlerin zu sein. Über Peters Gesicht huschten Schatten, weil er als Vater der gemeinsamen Kinder in der Erzählung der Fee nicht vorkam.

Dass die Fee im dritten Jahr einen weiteren Sohn haben werde, erfüllte sie mit großer Zufriedenheit. Sie ging an diesem Abend früh zu Bett und übte sich in ihrer Lieblingsbeschäftigung: Sie las Märchen. Am nächsten Morgen erlebte sie im Spiegel, der das vierte Jahr der Zukunft zeigte, wie eng Geburt und Tod beieinander liegen. Sie saßen in großer Trauerrunde, und der Neffe des Großvaters erzählte von der Urgroßmutter, die niemandem in der Runde bekannt war. Er erzählte von ihrer Ähnlichkeit mit der Fee und dass sie sich als fromme und gute Frau große Achtung erworben hatte. Die Erzählung des Großvaters ließen ein vergangenes Jahrhundert lebendig werden. Erst jetzt wurde sich die Fee der Gunst bewusst, Leben und Tod vorausschauen zu können. Sie dachte an diesem Tag viel darüber nach und nahm sich vor, zum Großvater ganz besonders lieb zu sein. Den zu erwartenden kleinen Sohn wollte sie, wenn es soweit wäre, sofort zu ihm bringen, damit er ihn kennen und lieben lerne.

Der nächste Tag war trübe, und das fünfte Jahr spiegelte sich nicht mehr in so schönem Glanz wie die vorangegangenen. Peter und Petra saßen am Tisch. Sie schrieben und schrieben. Sie zankten sich darum, wie man besser und wirkungsvoller schreiben könne. Drei Kinder saßen in einer Ecke und spielten allein, die große Tochter war inzwischen nicht mehr im Haus. Das bunte Tischtuch war abgenommen, damit man eine bessere Schreibunterlage habe. In den Vasen fehlten die blauen Glockenblumen, und die Gesichter waren traurig. Wenn man genau hinschaute, konnte man denken, dass Peter und Petra sich in einen anderen Liebeskreis wünschten. Obwohl alle Voraussetzungen gegeben waren, die Liebe in ihrer Vielfalt auszukosten. Sie arbeiteten und schauten nicht auf. Erst als die Sonnentage sich häuften, breitete sich ein Lächeln auf ihren Gesichtern aus. Sie legten den Stift zur Seite, holten die Fahrräder aus dem Keller und fuhren mit den Kindern in den Wald.

Eines Tages verblasste der Spiegel. Petra war betroffen und wusste nicht, was sie tun sollte. Sie ahnte Schlimmes für ihr Liebesglück. Am sechsten und vorletzten Morgen hatte Petra eine Vision. Die Fee der Liebe gab ihr ein, nicht die einzige für Peter zu sein.

Peter fuhr für sieben Tage ans Meer, um über sich und die Fee nachzudenken. Er liebte das Meer, welches er erst spät kennen gelernt hatte. Er liebte es so, wie die Fee den Wald liebte. Er baute sein Zelt an der Steilküste auf, damit er das Meer rauschen hören und den Wind spüren konnte.

Am ersten Tag brauste der Sturm von der Seeseite über das Land. Das Meer brüllte. Statt Strand waren nur Wellenberge zu sehen. Am zweiten Tag ließ das

Unwetter nach. Das Meer begann zu rauschen und die Wellen zu tanzen. Am dritten Tag trat Stille ein. Das Meer lag wie ein Spiegel, die Sonne brannte vom Himmel, und die Wellen plätscherten nur.

Peter lag in seiner Sandburg und ließ sich bräunen. Staunend sah er, wie sieben weiße Schwäne auf dem spiegelglatten Wasser auf ihn zu schwammen. Er ging hin und fütterte sie mit Brot. Als er zur Burg zurückkehrte, erwartete ihn eine Überraschung, die in Verwirrung umschlug. Die Schönste der Schönen war vom Himmel herabgestiegen und lag in seiner Burg. Er dachte an das Märchen von der Prinzessin mit Haaren so schwarz wie Ebenholz, Lippen so rot wie Blut und Haut so weiß wie Schnee.

Sie schrieb die Worte, die sie ihm sagen wollte, in den Sand. Doch der Sand war trocken und die Buchstaben verrieselten gleich nachdem sie geschrieben. Sie schrieb: Sei still und sprich kein Wort. Nimm mich in deine Arme und warte nicht. Peter schaute sich verschüchtert um. Er sah sechs Schwäne in Richtung Sonne majestätisch davonziehen. Vergeblich suchte er den siebenten Schwan. Sonst war weit und breit niemand zu sehen. Zärtlich wandte er sich der Schönen zu, küsste und herzte sie und war froh, dass ihm so viel Liebe entgegengebracht wurde. Sie hatte ihm aber nicht sagen dürfen, dass nach dem Aussprechen von mehr als sieben Worten der Zauber vorüber ist.

Die Sonne ging unter und es wurde kühl. Er nahm sie mit in sein Zelt. Als er sich erklärte, schaute sie ihn so erschrocken an, dass er wusste, er dürfe jetzt nicht weiter reden. Sie schlief ein, und er bewachte ihren Schlaf. Mit Sonnenaufgang hatte auch sie schon sechs mal ge-lächelt. Als sie das siebente Lächeln auf den Lippen hatte, sagte er: „Nein! Wach auf!"

Bevor Peter zu sich kam, fleuchte ein Schwan zum Zeltausgang hinaus und flog über das Meer davon. Als Petra diese Vision erlebte, stieg Bitternis in ihr auf. Sie konnte aber nicht weinen wie vordem, wenn ihr Unrecht geschah. Die sechs Zukunftsvisionen wurden ihr undeutlich. Nichts passte zueinander, weil sie den Zusammenhang von Glück und Unglück noch nicht kannte.

Die Fee der Liebe bemerkte Petras Unerfahrenheit und erschien am sichenten Morgen in dem Spiegel, in dem Peter sie zum ersten Mal als Fee erkannte, und sprach zu ihr: „Liebe Petra, frage dreimal tausend Jahre ab und du wirst sehen, die Liebe ist so stark wie der Tod und Leidenschaft so unwiderstehlich wie das Totenreich. Die Liebe erträgt alles, glaubt, hofft und duldet. Wahre Liebe gibt mehr als sie empfängt. Allerdings leidet der stärker Liebende mehr als ein kaltherziger Egoist. Lerne unterscheiden". Die Fee der Liebe stellte Petra die Aufgabe, herauszufinden, was ihre Liebe wert ist. So sprach die Fee der Liebe und ward fortan von Petra nicht mehr gesehen.

Petra wusste nicht, ob sie weinen oder lachen sollte. Sie hat die Fee der Liebe nicht verstanden und alle Chancen, die sich boten, dem Alltag geopfert. Sie hätte noch gern erfahren, wie das siebente Jahr ausschaut. Peters Brief und die Worte der Fee machten ihr bewusst, dass ihre Liebe nicht standhalten würde. Sie wollte Peter auch einen Brief schreiben. In ihm sollte stehen, dass der Alltag so große Gefühle wie die Liebe nicht zuließe, dass man die Wohnung mindestens jeden dritten Tag sauber machen müsse. Man müsse Wäsche waschen und Essen kochen; das verbrauche das Gefühl. Von den Sachen, die Peter ständig in der Gegend herumliegen ließ, ganz zu schweigen. Die kleinen Dinge stehen den großen entgegen. Sie wollte ihm schreiben, dass sie noch auf dieser Welt glücklich werden wolle, ihr sei es nicht gegeben, eine Frau zu sein zu sein, deren Liebe sich erst in einem zweiten Leben erfüllte. Sie wolle weiter nach dem Glück suchen.

Märchen und Wirklichkeit

Am Fuße des Domberges

1972 zogen Petra, die jetzt Helma heißt, ich und die Kinder innerhalb Suhls um – von der winzigen Wohnung in der Rüssenstraße in das Haus am Fuße des Domberges. Noch heute wundere ich mich, wie wir das Leben meisterten. Schulkind Haik, Kindergartenkind Sven und Krippenkind Mailis mussten versorgt, Lebensmittel und Getränke für eine fünfköpfigen Familie mit Tragetasche und Kinderwagen bei Hitze, Eis und Schnee eine steile Stiege hochgeschleppt werden. Dorthinauf kam kaum ein Auto. Wenn Hilmar, der Kraftfahrer, mich zu einer Dienstfahrt abholte, hielt er unterhalb des Berges. Oben im Haus wurde Mailis, unsere Huschi, groß. Sie lernte später als die anderen Kinder laufen. Sie huschte auf den Händen durch die Zimmer. Meine Blutgruppe und die meiner Frau stimmten nicht überein. Und im Krankenhaus hatte man bei ihrer Geburt, 1971, versäumt, einen Blutaustausch vorzunehmen. Aber Garten, schönes Wetter und die Kaninchen trugen dazu bei, dass sich Mailis wohl fühlte. Und bald lernte sie auch laufen. Mit kleinen Stöckchen überall im Garten herumstochernd, stieß sie einmal in ein Wespennest. Ich sah gerade noch rechtzeitig, wie eine riesige Wespenwolke aus dem Nest aufstieg und sich auf Mailis stürzen wollte, rannte sie zu retten, und wir flüchteten in Richtung Haus. Gerade rechtzeitig vor dem Schwarm schlugen wir die Haustür zu. Das hätte schief gehen können. War es jene Wespenjagd, die Mailis. später bewog, Diplombiologin zu werden?

Arne ist zu seinem Ärger, gerade noch kurz vor unserem Umzug nach Berlin 1974 in Suhl auf die Welt gekommen. Er wollte gern Berliner sein, schließlich ist er in der Hauptstadt groß geworden. Als Günnels uns in unserer neuen Berliner Wohnung besuchten, zeigten wir ihnen eine Überraschung. Arne lag in unserem Schlafzimmer wie ein kleines Bündel auf dem Ehebett. Niemand von den Berlinern hatte davon etwas geahnt.

Eie Reise mit fünf Fahrrädern

Einmal wohnten die großen Jungen einen Sommer lang bei uns. Wir richteten 1972 unser Gartenhaus für den Sommeraufenthalt ein, weil Christel bei ihrem Bruder in

Dresden zu einer Kur weilte. In diesem Sommer gingen wir auf große Fahrt. Wir starteten mit fünf Rädern, je eins für Helma und Helmut, zwei für die großen Jungen und ein etwas kleineres für unser großes Mädchen, das damals gerade elf Jahre alt war. Der Kleinste war der dreijährige Sven. Die „Großen", hatten einen Kindersattel auf dem Fahrrad, so dass Sven abwechselnd mit den Brüdern oder den Eltern fahren konnte. Wir radelten durch Thüringen, machten einen Abstecher ins Tschechische und kamen dann nach Schmilka an der Elbe, wo wir einen Ferienplatz hatten. Zu Beginn der Fahrt brachte Hilmar, unser Fahrer, die Räder der Eltern und von Haik auf die Bergkuppe des Thüringer Waldes, die Jungen strampelten per Rad hinauf. Die erste Nacht im Thüringer Wald verbrachten wir auf einem romantischen Zeltplatz in einem Sechsmann-Zelt. In der Nähe von Schleiz übernachteten wir in einer Scheune im Heu. Jeder hatte außer den nötigsten Sachen eine Decke bei sich.

Mit der Eisenbahn fuhren wir nur die Strecke von Plauen auf dem Erzgebirgskamm nach Bad Brambach. Von dort radelten wir nach Karlovy Vary hinunter, genau in die Filmfestspiele hinein. Der Festivaltrubel lud uns jedoch nicht ein, in Karlsbad zu verweilen. Hingegen stellten Helma und die großen Jungens hier fest, dass ich mir einen Bart stehen lassen sollte.

In Kenigsperg landeten wir bei einer Familie, die unseretwegen ihre Wohnung räumte. Sie stellten sie uns für eine Übernachtung zur Verfügung. Unser Mädchen schlief bei irgendeiner Oma. Die letzte Nacht in Tschechien schliefen wir dann in einem leeren Bahnhofsraum auf dem Fußboden. Alle Kinder erklärten, sie hätten noch nie so gut geschlafen, wie in dieser Nacht. Punkt 10.00 Uhr standen wir, ohne eine Panne gehabt zu haben, nach mehreren hundert Kilometern am Schlagbaum an der Grenze bei Schmilka. Eine halbe Stunde später konnten wir unsere Quartiere beziehen, und ich durfte nach Dresden fahren, um den kleinen Berti vom Bahnhof abzuholen. Auch für ihn hatten wir einen Ferienplatz. Wenn wir zu siebent in unsere Feriengaststätte einmarschierten, erregten wir jeden Tag die höchste Aufmerksamkeitsstufe bei den anderen Feriengästen. Von Schmilka aus besuchten wir, meist mit den Rädern, die Festung Königstein, Bad Schandau und die Bastei bei Rathen. Um sich das Klettern zu ersparen, sprang Erf, unser Großer, mehrmals von einem Felskuppe zur anderen. Er wollte ins Gipfelbuch, und sei es um den Preis, uns einen Herzinfarkt zu verursachen.

Zur Zeit unserer großen Radtour nach Schmilka war Arne noch nicht auf der Welt, und die kleine Mailis wurde für diese Zeit im Schleusinger Kinderheim abgegeben. Aber später, bei einer Reise nach Bulgarien, da durfte Mailis mitfahren und Arne musste in einem Heim in der Schönhauser Allee bleiben. Dort wurde er von netten Tanten in einen großen Raum mit einem meterhohen Spielzeugberg geführt, und im Nu waren die Eltern vergessen. Hier sollte er drei Wochen ohne Mutti und Vati spielen. Er malte uns dann – weil wir ihn allein gelassen haben – einen großen schwarzen Vogel mit einem gelben Schnabel.

In den nächsten Jahren fuhren wir dann in den Sommerferien häufig an die Ostsee. Der Gewerkschafts-Feriendienst in Suhl verwaltete zurückgegebene Ferienplätze. Wenn man sich von heute auf morgen entscheiden konnte, bekam man meistens einen interessanten Platz. Erwachsene zahlten 30 Mark, für die Kinder war es kostenlos. So kamen wir nach Schloss Spieker, nach Warnemünde, lernten Usedom und Rügen kennen. Aber es gab auch manches Schlimme – und noch Schlimmeres.

Die Großen machen Sorgen ...

Als Erf und Lars nicht mehr unter väterlicher Aufsicht standen, fühlten sie sich frei wie ein Vogel. Sie wollten Abenteuer erleben, und das größte Abenteuer schien für sie zu sein, es knallen und stinken zu lassen. Eines Tages teilte man mir telefonisch mit, dass Lars im Krankenhaus läge, ich solle ihn doch mal besuchen. Als ich das Zimmer betrat, schaute mir ein Mensch entgegen, dessen Kopf total in Binden gewickelt war. Nur Augen und Nasenlöcher guckten heraus. Auf dem Nachttisch lag eine verschmorte Brille. Dieses in Binden gewickelte Etwas sagte, bevor ich etwas sagen konnte: „Wenn du denkst, dass ich mich jetzt nicht mehr mit Chemie beschäftige, hast du dich geirrt". Später wurde Lars Chemiefacharbeiter. Doch vorher beschlagnahmte die Polizei mehr als ein Kilo Schwarzpulver in der Wohnung an der Schmiedefelder Straße. Sein großer Bruder wurde zu einer Jugendhaftstrafe verurteilt, weil er in der Apotheke die entsprechenden Chemikalien „besorgt" hatte. Auf das Konto des großen Bruders kamen noch einige Mutproben: eine Fassadenkletterei am Dachrinnenfallrohr der Schule und die Entwendung der Schulkasse, die 35 Mark enthielt. Auf Grund einer Amnestie standen z.Z. alle Jugendhaftanstalten leer. Da man Arbeitskräfte für die mit der Haftanstalt verbundenen Betriebe brauchte, wurde Erf für zwei Jahre aus dem Verkehr gezogen. Mit 16 Jahren! Ohne Bewährung! Nach meinem zweiten Besuch in Torgau konnte ich den Anstaltsdirektor so weit überzeugen, dass er Erfs Akten gründlich las und daraufhin eine vorzeitige Haftentlassung beantragte. Meine Bürgschaft nahm Erf nicht an, er wollte die etwas freieren Möglichkeiten bei seiner Mutter ausleben. Er hat dann eine Maurerlehre abgeschlossen. Eine unglückliche Liebe setzte seinem Lerneifer aber Grenzen. Er schmiss das Abitur an der Volkshochschule ein halbes Jahr vor dem Abschluss.

... die Kleinen nicht minder

Der Probleme waren natürlich noch mehr. Wir waren nach Berlin umgezogen und wohnten in der Leninallee. Als ich eines Tages abends nach Hause kam, saß Mailis mit ihren Freundinnen vor der Tür und tafelte. Eis, Schokolade, Süßigkeiten en Gros. Wie bei einem Kindergeburtstag. Auf die Frage, woher sie all die schönen Sachen hätten, sagte ein Mädchen: „Das hat uns meine Mutti gekauft". Die Gelage wiederholen sich, und eines Tages kam eine Verkäuferin mit der sechsjährigen Mailis an der Hand und erzählte mir, dass Mailis mit anderen Mädchen erwischt worden sei, wie sie mit einem Einkaufswagen voller Süßigkeiten dort hinausfuhr, wo man sonst hinein fährt. Das schien schon über lange Zeit so gegangen zu sein. Mailis und

Haik hatten wohl Erfahrungen ausgetauscht. Aber bei Haik ging es damals nur um eine einzige, winzig 50-Gramm-Tafel Schokolade.

An sonnigen Wochenenden erholten wir uns am Milasee. Unsere Kinder fuhren auf dem 40 Meter tiefen See Boot. Das Wasser war ganz klar. Die Begeisterung ergriff sogar unseren inzwischen zweieinhalbjährigen Arne, auf den ich noch mehrfach zurückkommen werde.

Er nutzte eine unbeobachtete Situation, stieg in ein Boot und warf alles, was er beim Rudern den Großen abgeschaut hatte, in die Waagschale. Zu meiner Verwunderung schaffte er es zu rudern. Seine Mutti und Sven hechteten hinter ihm ins Wasser, um ihn zu retten. Ich filmte die Angelegenheit vom sicheren Strand aus und ließ mich deshalb von den Umstehenden beschimpfen.

Mit Arne auf großer Fahrt

Als Arne drei Jahre alt war, musste ich mir etwas Besonderes überlegen. Schließlich sollte die Mutti ihre Dissertation zu Ende schreiben. Wir fuhren per Fahrrad an die Ostsee, Arne auf dem Kindersattel, Zelt und ein paar Sachen auf dem Gepäckträger und im Rucksack. Für mich sollte das ein Fitnesstraining werden. Die erste Etappe endete in der Jugendherberge in Joachimsthal. Eigentlich nahmen sie nur Jugendliche bis 28 als Gäste auf. Da musste ich schon auf unser Durchschnittsalter pochen. Die Dame an der Rezeption akzeptierte lächelnd unsere jeweils 26 Jahre. Wir ruderten ein wenig auf dem See und schliefen uns dann ordentlich aus. Unser Po brauchte unbedingt Erholung. In der Jugendherberge in Anklam ging es ähnlich zu. Platzmangel zwang uns zum getrennten Schlafen. Arne war so müde, dass er das hinnahm, wenn auch mit einigen Tränen in den Augen. Nun ging es über Usedom an die Ostseestraße. Wir freuten uns beide auf das Meer und rasten die Straße bergab dem Wasser zu. Zur Sicherheit hatte ich meine Geld- und Ausweisbörse im Hemd verborgen. Sie sollte nicht beim Fahrradfahren aus der Hosentasche fallen. Als ich Arne eine versprochene Brause kaufen wollte, merkte ich, dass wir ohne Geld und Ausweis da standen. Wir gingen noch mal den Weg zurück, doch blieben ohne Erfolg. Ohne Ausweis war man im Osten in etwa ebenso schlimmer Lage wie im Westen ohne Geld.

Wir gingen zur nächsten Polizeistation und meldeten den Verlust. Danach fuhren wir zum Zeltplatz nach Ückeritz, wo die Dame von der Rezeption mich erkannte. Ausnahmsweise bekamen wir einen Zeltplatz ohne Geld und Ausweis zugewiesen. Das war der erste Schritt. Nun ging es darum, Geld zu beschaffen, um mit Helma telefonieren zu können. In der Nähe hatten wir einmal einen FDGB-Ferienplatz gehabt. Die Wirtin konnte mich noch nicht vergessen haben. Tatsächlich, sie borgte mir 50 Mark. Helma schickte mir 150 Mark. Leider an meinen Namen. Es bedurfte unendlicher Überredungskünste, um ohne Ausweis an das Geld zu gelangen. Schließlich hatte man Mitleid mit uns beiden. Nun konnten wir 14 Tage leben und auch anstandslos wieder zurück fahren. Der Verlust von Personal- und Dienstausweis wog schwerer. Man hatte eine Menge bürokratischen Kram zu erledigen.

Aber letztlich winkte uns doch noch das Glück. Nach drei Tagen fand ich nämlich einen Zettel an meinen Zelt – ich solle zum Altersheim nach Anklam kommen. Dort war mein Ausweis gefunden worden. Ich setzte mich mit Arne aber ohne Gepäck erneut aufs Rad und fuhr die 50 bis 60 Kilometer nach Anklam. Dort stellte sich folgender Sachverhalt heraus: Bei einer leicht verwirrten Frau, die aus einem Heim ausgerückt und wieder eingefangen worden war, fand man meinen Ausweis; das Geld fehlte. Ein ursprünglicher Verdacht, sie könne mich ermordet haben, stellte sich bei meinem Erscheinen als gegenstandslos heraus. Jetzt waren wir wieder richtige Menschen, hatten Geld und Ausweis. Nachdem Arne an diesem Tag im Zelt eingeschlafen war, ging ich in die Zeltgaststätte um meine wiedererlangte Existenz zu begießen. Auf einmal tippte mich eine Frau auf die Schulter und fragte, ob das meine Tochter wäre, die auf dem Zeltplatz nach dem Pappi schriee. Ich drehte mich um und bedeutete ihr, dass ich nur einen Sohn dabei hätte. Und doch war Arne mit seinem hübschen blonden Bubikopf gemeint. Künftig ließ ich Arne mindestens zwei Stunden schlafen, ehe ich mich weg wagte.

Am letzten Tag erlebte ich so etwas, wie in dem Märchen von den sieben Schwänen erzählt – und dann war der Zelturlaub zu Ende. Wir fuhren auf unserem Fahrrad wieder gen Süden und ich wog fünf Kilo weniger.

Dann verteidigte Helma ihre Dissertation; und die 10 Ehejahre, die wir gemeinsam verbracht haben, waren auf den Tag genau zu Ende. Helma wollte ein noch größeres Glück suchen. Das Glück erschien ihr in Gestalt eines Nachbarn, mit dem sie losging und ihr Leben lebte. War es Glück, war es Unglück? Über die Schönen des Landes lernte ich die geistigen Hinterhöfe der Stadt, in der ich lebte, kennen und erfuhr, was die Menschen bewegte. Ein neuer Lebensabschnitt begann. In ihm gab es sogar eine Puppenspielerin. Mit all dem hatte ich nicht mehr gerechnet.

Später, als ich im tiefsten Prenzlauer Berg wohnte, gab es Kinderbegegnungen von unerhörter Begebenheit. Eines Tages kam ich von Arbeit, da saßen Sven und Mailis auf den Stufen in der 5. Etage meines Hinterhauses in der Liselotte-Hermann-Straße. Sie durften mich eigentlich nicht mehr sehen. Sie sind von Muttern und Herrn Neumann ausgepietscht, um mich zu besuchen. Natürlich war ich über den überraschenden Kinderbesuch sehr erfreut.

Die nächsten Wochen bemühte ich mich, mittwochs pünktlich von der Arbeit zu kommen, um mit den Kindern zu erzählen und zu spielen. Eines Tages kamen die Kinder nicht mehr. Die Mutter hatte erfahren, dass Sven in der Sportgemeinschaft schwänzte und betrieb Ursachenforschung, gemeinsam mit einer Psychologin. Statt der Kinder kam ein bitterböser Brief, in dem mir der weitere Umgang mit den Kindern untersagt wurde. Als ich in der nächsten Woche, wieder an einem Mittwoch, nach Hause kam, saß Arne auf der Treppe. Offiziell hatte er Rettungsschwimmertraining, inoffiziell kam er zu mir. Er sagte, dass er sauer sei, dass die Großen ihn ständig außen vor ließen. Wenn die das können, könne er es schon lange. Aber eines Tages nach Wochen, als der Schwimmlehrer bei einer Elternversammlung die Mutter fragte, warum Arne nicht mehr zum Training komme, ahnte sie etwas. In der

Folge rief mich die Psychologin an, in spätestens vier Wochen wäre es soweit, dass die Kinder wieder ihren Vater besuchen dürften. Und sie durften – was Psychologen doch alles vermögen.

Die Entdeckung einer neuen Beziehung zu Leonore und die nächsten Kinder – eigentlich hatte ich mich nur auf sieben eingestellt – gehören mit den „Ausreißern" schon in einer anderen Zeit, die zu schildern, hier, den Rahmen sprengen würden. Schließlich musste ich nun Prinzipien und Glückzahlen einen neuen Stellenwert geben.

Das Leben des Großvaters

Als mein Vater 1978 starb, fuhren die Enkelkinder nach Leipzig. Dorthin kam auch Oswin, mein Cousin aus Hartmannsdorf; Vorsitzender der landwirtschaftlichen Produktionsgenossenschaft des Dorfes und Vorsitzender des Kirchenvorstandes. Sie erwiesen dem Großvater die letzte Ehre. Bei der Gelegenheit machten sich die Kinder mit seinem Leben vertraut. Der Großvater war das achte Kind eines Erzgebirgsbauern. Er erlebte das Kaiserreich, die bürgerliche Republik, die faschistische Diktatur und die sozialistische Republik. Er war ein einfacher und ehrlicher Mann, der versuchte, allen treu zu dienen. Im ersten großen Krieg des 20. Jahrhunderts wurde er mit dem Eisernen Kreuz dekoriert, später bekam er das goldene Ehrenkreuz der deutschen Polizei und eine Aufbaunadel der Nationalen Front in Gold. Als er ein Jahr alt war, starb sein Vater, mit sechs musste er Kühe hüten und mit vierzehn durfte er bei einem Bäcker das Handwerk erlernen und schwere Mehlsäcke tragen. Im ersten Weltkrieg wurde er in Frankreich an der Somme verwundet und gasvergiftet, in Siebenbürgen nahm er allein eine Kompanie Rumänen gefangen, die nicht mehr schießen wollten. Als Polizist heiratete er unsere Mutter, eine Hauswirtstochter. Im Januar 1933 zeigte er den Fahrer des Führers Adolf Hitler an. Dann trat er der Nazi-Partei bei, weil er zwei kleine Kinder hatte und Beamter bleiben wollte. 1944 musste er Häftlinge nach Buchenwald bringen. Was er vor dem Tor des Lagers sah, reichte, um zu Hause die Führerbilder abzunehmen. Die Amerikaner steckten ihn in das Gefangenenlager in Bad Kreuznach, beinahe wäre er für immer dort geblieben. Nach dem Krieg arbeitete er im Braunkohlenbergwerk Böhlen, zuerst als Gleisarbeiter, dann als Kontrolleur im Gaswerk. Durch Umsicht konnte er es vor einer Explosion retten. Als Rentner hielt er das vom Verfall bedrohtes Haus in Ordnung, damit es erhalten bliebe.

Er schimpfte ein Leben lang: erst auf den Lehrmeister, dann auf den Kaiser, später auf die Republik und die Nazis und schließlich auch auf den Sozialismus. Zwischendurch auch auf uns, seine Kinder. Dennoch war er von Herzen gut. Er gehörte zu denen, die das Gesellschaftsgefüge zusammenhalten, die nicht im Glanze der Geschichte stehen. Eigentlich gebührt solchen Leuten ein Denkmal. Er pflegte seine liebe Frau aufopfernd und verlängerte dadurch ihr Leben um Jahre. Mit Liebe sorgte er sich um Kinder und Enkel. Er wollte das Gute, Ehrliche und Korrekte, welches ihm seine Mutter vererbt hatte, weitergeben. Er stammte von einem Bauernhof im Osterzgebirge, den sein Großvater vor 150 Jahren erbaut hatte. Durchs Haus lief eine Wiesenquelle mit dem Geschmack von Mineralwasser. Im tiefen Keller herrschte sommers wie winters die gleiche Temperatur. Auf dem großen Boden standen riesige Truhen, in die wir als Kinder neugierig lugten und aus denen ich Säbel und Gardeuniform des Urgroßvaters hervorholte, die ich mir heimlich überzog. Der Urgroßvater gehörte zu den freien Bauern, die Pferd und Reiter stellen mussten und beim König in der Garde dienten. In den Ställen des Bauernhofes standen Pferde, Schweine, Kühe, Kälber und Schafe. Im Heuschober konnte man von Balken zu Balken springen und sich einige Meter tief ins weiche Heu fallen lassen. Dort erlebten ich und meine Schwester die schönste Zeit unserer Kindheit. Vor dem Bauernhaus steht eine Kastanie, auf die ich als Kind kletterte. Auf ihr kletterte schon der Großvater herum Unter ihr wurden am Feierabend die schönsten Volkslieder gesungen. In diesem Haus wohnten die Urgroßeltern und Großeltern, wurde der Vater geboren und mindestens 50 andere Kinder.

Als der Großvater starb gab es ein Problem. Sein Schwiegervater, der Schlosser Hermann Arnhold, Vorarbeiter bei der Firma Bleichert in Leipzig-Gohlis, mein Großvater, war ein außerordentlich sparsamer Mensch. Er sparte und sparte, um sich in Leipzig ein Mietshaus zu kaufen. Seine Kinder und Enkelkinder sollten ein sorgenfreieres Leben haben. Seine Frau musste ebenfalls sparen. Sie erhielt pro Woche nur fünf Mark Wirtschaftsgeld.

In der sozialistischen DDR wollte niemand ein solches Haus erben, man hatte nur Sorgen und Nöte damit. Es gab keine Handwerker und kaum Material, um das Nötigste in einem solchen Haus selbst zu reparieren. Der Großvater kroch noch mit 80 aufs Dach und besserte Dachziegel aus, stoppte den an der Hauswand rieselnden Putz mit etwas Kalk und Zement. Es war trostlos. 12 Wohnungen, 30 Mark Miete für eine Zweizimmerwohnung. Die Toilette befand sich im Treppenhaus eine halbe Etage tiefer. Keiner wollte das Haus haben. Meine Schwester nicht, ich nicht, meine Kinder nicht – nur der zehnjährige Sven hätte es gern gehabt. Als wir beim Anwalt die Verzichtserklärung unterschrieben, sagte der Anwalt, dass er nun die Adressen der Geschwister des Vaters und deren Kinder bis ins dritte Glied haben wolle. Zur Verwunderung des Rechtsanwaltes bekam ich einen Lachanfall. Er war empört. Nein, ich rechnete. Vater hatte sieben Geschwister. Der älteste Bruder hatte zwölf Kinder. Die anderen folgten mit sieben, acht, fünf, vier und drei Kindern. Diese hatten auch wieder fünf bis neun Kinder. Ich bin auf etwa 250 Verwandte in der vorgegebenen Erbschaftsfolge gekommen. Und tatsächlich, bis auf einen sind alle aufs Amt gegangen und haben an Eides statt erklärt, dass sie das Haus nicht wollen. Sie entrichteten 30 Mark Verwaltungsgebühr und waren aller Sorgen ledig. Der Sohn einer Schwester meines Vaters, der armen Stenzel-Martha aus Reichenau, meldete ganz zum Schluss Interesse an und erhielt den Zuschlag. Im nächsten Leben, in der neuen Bundesrepublik, verkaufte er es für 500.000 DM an einen Makler aus Essen.

Von der Provinz in die Hauptstadt

1973 verhandelte Gotthard Rückl mit dem Abteilungsleiter Kultur beim Rat des Bezirkes Suhl (der Rang entspräche etwa dem eines saarländischen Kultusministers), mit Ernst Lehmann, über meinen allmählichen Übergang von Suhl nach Berlin. Zunächst sollte ich als Stellvertreter des Ratsmitgliedes für Kultur fungieren, um mir Erfahrungen bei der Arbeit im Staatsapparat anzueignen. Es hätte mich auch gereizt, für ein paar Jahre die Kulturpolitik eines solch überschaubaren Bezirkes prägen zu helfen. Da waren die Meininger, das Theater mit seiner Bedeutung in der Geschichte der Theaterkunst. Ich suchte sowieso die Gespräche mit den verschiedenen Intendanten. Ich hatte Fritz Bennewitz, Alexander Reuter, Wilhelm Thielmann u.a. bei den Arbeitsbesprechungen der Kulturabteilung des Rates des Bezirkes kennen gelernt. Ich wollte sie ermuntern und bestätigen und hätte sie gern angeregt, die Meininger noch mehr aus der Provinz herauszuheben. Die historisch getreue Wiedergabe der Stücke war das Anliegen der Meininger seit 1874. Sie brachten das Ensemblespiel zu vorher nicht gekannter Höhe und vertraten damals ihre Kunst in Moskau und Petersburg, Paris und Wien. Die neuen Meininger hatten in den 50er und 60er Jahren bemerkenswerte Ansätze bei der Brechtrezeption gemacht. So herausragende Schauspieler wie Christel Gloger, Eberhard Esche und Frido Solter fingen in Meiningen an. Groß herausgekommen sind sie dann in Berlin. Berliner Intendanten, insbesondere Helene Weigel, sicherten sich hier ihren künstlerischen Nachwuchs.

Die Kaderleiterin des Rates des Bezirkes war die Ehefrau des SED-Bezirkssekretärs Hans Albrecht. Wegen meiner Westvergangenheit lehnte sie meine Mitarbeit im Staatsapparat strikt ab. Schade.

In der Suhler Bibliothek gab es aber noch genügend Arbeit. Es waren noch einige Dokumente fertig zu stellen. Die „Wissenschaftlichen Allgemeinbibliothek des Bezirkes", diesen Status hatte sie inzwischen erhalten, sollte Beispielcharakter bekommen. Außerdem konnte ich seit Herbst 1974 bereits an den Leitungsbesprechungen des ZIB teilnehmen, die alle 14 Tage stattfanden. Da wir auf Grund unserer vier Kinder Haik, Sven, Mailis und Arne den Status einer kinderreichen Familie besaßen, bekamen wir noch vor meinem Amtsantritt in Berlin eine der viel begehrten Neubauwohnungen in der Leninallee (heute Landsberger).

In Suhl wohnten wir steil oben, aber dennoch am Fuße eines Berges, des Domberges. Wenn wir es geschafft hatten, „oben" zu sein, dann war es so, als wären wir im Urlaub. Drei Zimmer in einem wunderschönen Einfamilienhaus, ein riesiger Garten mit Spielwiese. Das Gras wurde von Kaninchen und Meerschweinchen kurz gehalten, Erdbeeren und Rosenknospen wurden kurz vor ihrer Reife von in unserem Garten äsenden Rehen verspeist. Manchmal standen wir bei Sonnenaufgang mit einem Knüppel im Garten, um die sonst so lieblich anzuschauenden Tiere zu verjagen. Als wir im Herbst 1975, eine Woche vor Arnes Geburt, erfuhren, dass wir in Berlin eine Wohnung bekommen sollten, bedauerten wir doch, diese wunderschöne

Wohnlage gegen eine in der Suhler Altstadt tauschen zu müssen. Es war ein Abschied auf Raten. Bei Schnee und Eis wäre es unmöglich gewesen, die Möbel den schmalen Hohlweg hinunter zu bekommen. Ein Kumpel bot an, mit einem von seinem Betrieb geborgten Traktor nebst Hänger uns beim Umzug zu helfen. Die Schubkraft des Hängers war so groß, dass bereits bei der ersten Fuhre, drei waren geplant, der Traktor umgekippte. Damit war der Umzug für diesen Samstag gestoppt. Der restliche Tag wurde gebraucht, um den Traktor mit Winden und Flaschenzügen wieder auf die Räder zu bekommen. Da alle Betten auf dem Hänger waren, mussten wir uns Notquartiere in der alten und neuen Wohnung schaffen. Am Sonntag Abend waren dann alle Sachen in der neuen Wohnung. Helma konnte eine Woche später in Ruhe Arne zur Welt bringen. Nach zwei Monaten zogen wir um nach Berlin. Als sie Arne zur Welt brachte, war ich gerade zu einer Präsidiumssitzung des Bibliotheksverbandes in Weimar. Vom Wochenbett aus organisierte sie, dass ich ganz schnell abgeholt wurde.

Die großen Jungen, die uns beim Umzug tüchtig geholfen haben, kamen nun jedes Wochenende, um die vielen Kaninchen, die wir nicht mit nach Berlin nehmen konnten, verspeisen zu helfen. Ich perfektionierte mich im Schlachten und Fellabziehen.

„Auf der Mauer", in der Regionalabteilung, wurde für mich ein provisorisches Zimmer eingerichtet, so dass ich für ein halbes Jahr noch in Suhl ein Standbein hatte. Dabei lernte ich einiges vom Suhler Alltagsleben kennen, das mir bis dahin verschlossen war. Zum Beispiel in Kneipen wie „Dombergs Ansicht". Bier trinkende Frauen kannten meine großen Söhne. Von ihnen erfuhr ich einiges von deren Befindlichkeit. Die weibliche Sicht auf sie interessierte mich.

Doch dann musste Abschied gefeiert werden. Die Kollegen bereiteten mir ein Fest in der neuen Kinderbibliothek, Bier und Wein aus Fässern gab es, ein Spanferkel und einen riesengroßen Laib Emmentaler. Am nächsten Tag ist es mir schwer gefallen, den Bibliotheksschlüssel, den ich fast 20 Jahre lang in der Tasche trug, an meine Nachfolgerin, an Monika Meyer abzugeben.

Monika brachte in ihrer Abschiedsrede, die fern von vielen offiziellen Verabschiedungen lag, zum Ausdruck, was uns in vielen Jahren der Zusammenarbeit verbunden hat. Sie sprach von unseren gemeinsamen Aktionen bei der Einführung einer neuen Systematik und davon, dass wir die ersten bei der Umstellung der Bibliotheken auf Freihand waren und darüber, was wir getan haben, um beim Lesen der Bürger in Bibliotheken an die Spitze der Republik zu gelangen. Sie sprach von den ersten größeren soziologischen Untersuchungen im Bibliothekswesen und von unserem Weg zur Wissenschaftlichen Allgemeinbibliothek. Sie erwähnte mein Trampen durch den Bezirk und mein Mauerneinreißen, ich hätte in manchen Köpfen einiges gerade gerückt, die Mitarbeiter mit ihren Problemen nie allein gelassen und geholfen, wo ich konnte. Es schien ihr wichtig, das zu sagen. Dass die Kollegen mich immer nur in Eile in Erinnerung hatten und mich weder müde noch mutlos kannten und sie mein Engagement für die Familie schätzten, hat mich besonders gefreut.

Monika hat sich in den folgenden Jahren mit der Einführung der EDV und der Schaffung einer eigens dafür vorgesehenen Abteilung einen Namen gemacht. Jedes Jahr bin ich einmal nach Suhl gefahren, um mit ihr in einen mehrstündigen Gespräch über Probleme der Bibliothek und des Landes zu sprechen. Es waren Gespräche, die Mut machten. Zum Frühstück gab es bei Monika immer meine Lieblingsspeise – Hackepeterbrötchen.

Man fragte mich auf der Straße und bei Beratungen: „Wie kannst du nur den in wunderschöner Landschaft gelegenen, bibliotheksmäßig intakten, dir hohe Anerkennung zollenden Bezirk aufgeben?" Es hieß: „Hier bist du König, in Berlin siebenter Lanzenträger". „Ich verliere Suhl und gewinne die Republik" war meine Entgegnung. Nur eine Malerin, Frau Seibt, beglückwünschte mich, dass ich es schaffte, der Enge der Provinz zu entweichen, um in einem anderen Umfeld ein Stück Welt zu gewinnen.

Wenn ich auf meine Zeit in Suhl zurückschaue, fällt mir auf, dass ich mir in jeder meiner Entwicklungsetappen Ziele gestellt habe, die meinen Erfahrungen und Fähigkeiten entsprachen. Auch den Voraussetzungen, die ich in der vorangegangenen Etappe erwerben konnte. Als Bibliothekar in der methodischen Abteilung konnte ich meine Mecklenburg-Erfahrungen einbringen, als Abteilungsleiter standen mir die differenzierten Kenntnisse über die Bibliotheken des Bezirkes zur Verfügung. Die wissenschaftliche Grundlage bildeten die Erkenntnisse, die ich mir während des Studiums an der Universität in Jena erwarb. Wichtigste Arbeitsgrundlage für meine Tätigkeit als Direktor war die genaue Kenntnis des Bezirkes. Hinzu kamen die Erfahrungen, die ich als Mitglied des Präsidiums des Bibliotheksverbandes sammeln konnte, und die Ergebnisse meiner soziologischen Untersuchungen. Mit diesem Erfahrungsschatz und einer Dissertation über die Entwicklung von Wissenschaftlichen Allgemeinbibliotheken im Territorium kam ich nach Berlin.

In Berlin angekommen, bekam ich keineswegs den Schlüssel des Instituts überreicht. Ich bekam lediglich ein kleines Zimmer. Ich hatte zunächst weder eine Sekretärin, noch stand mir ein Wagen zur Verfügung. Nicht einmal eine Kaffeetasse nannte ich mein eigen. Herbert Partzsch, der wissenschaftliche Sekretär des Direktors, erwies sich als Freund und brachte mir am ersten Tag meiner Einsamkeit eine Tasse Kaffee. Für die bin ich ihm heute noch dankbar. Als ich nach einigen Wochen eine Abteilung übernahm, in der 20 Kollegen die Bereiche Informationsdienst, Literaturpropaganda und Arbeit mit dem Benutzer bearbeiteten, fragte ich Gotthard Rückl, ob ich so etwas wie eine Antrittsrede halten solle. Nein, keine Antrittsrede, nur abgegrenzte, wichtige Aufgaben benennen und die dann lösen, war seine Empfehlung. Er gab mir den Auftrag, die Adaption der sowjetischen Klassifikation, der BBK, vorzunehmen. Von der hatte ich bisher nur von fern gehört, kannte sie aber nicht. Sie wurde in der Suhler Provinz nicht angewandt. Als ich sie mir anschaute, merkte ich, dass eine Adaption höchstens für die naturwissenschaftlichen und technischen Gebiete in Frage kam. Man musste das vorhandene Denkgebäude der „De Bruynschen Systematik" nutzen und zu einer Klassifikation weiterentwickeln.

Ansonsten würden Bibliothekare und Nutzer nur unnötig belastet. Dass der Rückgriff auf die bisherige Systematik sinnvoll war, zeigt, dass diese Klassifikation heute noch in den Bibliotheken der neuen Bundesländer angewandt wird. Die Einkaufszentrale (EKZ) in Reutlingen nimmt dankenswerterweise auch für die KAB eine Zentralklassifizierung vor. Katrin Lehmann hat sie von Anfang an bearbeitet und betreut. Nach der Wende hat sie beim Deutschen Bibliotheksinstitut die in den alten Bundesländern am häufigsten verbreitete Klassifikation ASB nach Prinzipien der DDR Klassifikation bearbeitet. Also, nicht nur der „grüne Pfeil", der in der DDR den Kraftfahrern unter bestimmten Voraussetzungen das Rechtsabbiegen bei einer Rotschaltung der Ampel erlaubte, wurde übernommen. Viele westdeutsche Städte haben diese den Verkehrsfluss fördernde Regelung übernommen.

Jedenfalls lag nach meinem Amtsantritt die neue Klassifikation, wie angekündigt, den großen Bibliotheken in einem Entwurfsexemplar als Neujahrsgabe vor. Vorher musste ich viele Warnungen in den Wind schlagen, die mich zur Vorsicht mahnten. Man hielt es nicht für möglich, ein solches Unternehmen in so kurzer Zeit fachgerecht abzuschließen. Meine Vorgängerin hatte den Fertigstellungstermin mindestens dreimal verschoben. Gerechterweise muss erwähnt werden, dass das Ministerium nie grünes Licht für eine Veröffentlichung gegeben hatte. Bevor ich nach Berlin ging, hatte ich mit den zuständigen Kollegen im Ministerium ein kameradschaftliches Gespräch. Ich beteuerte, nur dann in die Fachzentrale gehen zu wollen, wenn ich im Sinne der Bibliotheksentwicklung unterstützt würde und nicht gebremst. Die zugesagte Unterstützung wurde mir immer zuteil, auch ohne dass mir das jemand schriftlich gab. Wir kannten uns.

Noch etwas anderes war sehr nützlich. Ich hatte in meinem Leben noch nie eine Gehaltsforderung gestellt. Auf Grund des neuen Status der Suhler Bibliothek als „Wissenschaftliche Allgemeinbibliothek des Bezirkes" wurden die Leitungs- und Fachreferentenstellen recht gut bezahlt, jedenfalls für DDR-Verhältnisse. Der Direktor bekam das ansehnliches Gehalt von fast 1.800 Mark. Rückl konnte mir nur 1.500 zahlen. Meine Meinung war: Ich feilsche nicht um 50 Mark, aber dieser Unterschied ist mir zu groß, schließlich sei das siebente Kind unterwegs. Nun musste Rückl wohl oder übel mit seiner vorgesetzten Dienstelle klären, wie es mit mir weitergehen solle. Das Ergebnis war, dass das Gehalt der anderen Abteilungsleiter von 1.250 auf 1.500 Mark angehoben wurde und der Stellvertretende Direktor sowie der Abteilungsleiter „Bestand, Erschließung und Benutzung" fast so viel erhielten wie ein WAB-Direktor.

In Berlin hoffte ich, mich mehr mit meinem Hobby, der Benutzerforschung, beschäftigen zu können. Doch daraus wurde nichts. Die diffuse Situation auf dem Gebiet der Bestände in Bibliotheken aller Größenordnungen zwang mich, den Schwerpunkt meiner Arbeit auf bestandskonzeptionelle Tätigkeit zu setzen. Darum hatte ich mich in Suhl nicht zu kümmern brauchen. Das hat Siegfried Kunath, der Abteilungsleiter Bestand, in vorzüglicher Weise erledigt. Da nicht entliehen werden konnte, was nicht vorhanden war, ließ ich fast ein Dutzend Empfehlungslisten entstehen. Gemeinsam mit den Mitarbeitern des Informationsdienstes (ID), den Verantwortlichen für Kinderbibliotheksarbeit und für audiovisuelle Medien sowie der Arbeitsgruppe „Bestand", also mit Praktikern, wurden für die verschiedensten Bestandsteile und Bibliotheken unterschiedlicher Funktion, also für Dorf-, Stadt-, Zentral- und Kreisbibliotheken Hinweise erarbeitet. Bei dieser Gelegenheit konnten auch die konzeptionellen Leitlinien des Informationsdienstes, die zunächst sehr konservativ und vorwiegend der „hohen" Literatur zugewandt waren, verändert und auf eine mehr den Bedürfnissen der Benutzer angemessene Form, zugeschnitten werden. In ihr hatten auch Krimi und Unterhaltungsroman ihren Platz. Die den realeren Bedürfnissen der Bevölkerung zugewandte Politik der Honecker-Ära trug Früchte.

Ich wusste natürlich, dass die theoretische Grundlegung für die Arbeit der öffentlichen Bibliotheken längst erfolgt war. Nach meinen Erkenntnissen ging es jetzt um die theoretische Vertiefung, eine aktive Unterstützung der Praxis bei der Lösung ihrer Aufgaben sowie die Einführung rationeller Arbeitsmethoden. Eine Bestandskonferenz hatte unter der Regie meiner Vorgängerin Lisgreth Schwarz stattgefunden. Johanna Waligora hatte eine Konferenz über die „Ausleihe als Kernstück bibliothekarischer Arbeit" durchgeführt, in Schwerin gab es eine Konferenz zur Kinderbibliotheksarbeit und Konferenzen zur Bibliotheksarbeit auf dem Lande sollten dieser Entwicklung voran helfen. Gotthard Rückl und Peter Günnel erarbeiteten hierzu zukunftsweisende Orientierungen.

Die Bibliotheksverordnung hob nunmehr das einheitliche Bibliothekswesen auf ein höheres Podest. Als Präsident bzw. Vizepräsident des Bibliotheksverbandes war Gotthard Rückl mit der Vorbereitung und Durchführung von Verbandskonferenzen beschäftigt. Dazu nutzte er auch die Kapazität seines Instituts. Zum Beispiel wurden Landkonferenzen des Bibliotheksverbandes nunmehr gemeinsam mit der Zentralbibliothek der Akademie für Landwirtschaftswissenschaften und anderen landwirtschaftlichen Einrichtungen, einschließlich des zuständigen Ministeriums, durchgeführt. Damit wurde eine Vertiefung und Verbreiterung des Wissensstandes erzielt. Auf dem Gebiet der Kinderbibliotheksarbeit ging es ähnlich zu. Eine entsprechende Konferenz wurde gemeinsam mit dem DDR-Zentrum für Kinderliteratur und anderen pädagogischen Einrichtungen organisiert. In dieses Gefüge konnte ich einen praktischen Er-fahrungsschatz (Benutzerforschung, Aufbau von bezirklichen Bibliotheken und Bibliotheksbeständen) einbringen, und ich konnte relativ selbständig schalten und walten.

1976, als ich gerade ein Jahr in Berlin war, hob mich eine Meldung aus dem Sattel – Biermann, der Liedermacher und Sänger, ist ausgewiesen worden! Ein offener Brief, den eine Reihe namhafter Schriftsteller – Volker Braun, Franz Fühmann, Stefan Hermlin, Christa Wolf und andere – unterschrieben hatte, war im Neuen Deutschland zu lesen: „Wolf Biermann war und ist ein unbequemer Dichter – das hat er mit vielen Dichtern der Vergangenheit gemein. Unser sozialistischer Staat müsste, eingedenk des Wortes aus Marxens „18. Brumaire", demzufolge die proletarische Revolution sich unablässig selbst kritisiert, im Gegensatz zu anachronisti-schen Gesellschaftsformen eine solche Unbequemlichkeit gelassen nachdenkend ertragen können. Wir identifizieren uns nicht mit jedem Wort und jeder Handlung Wolf Biermanns und distanzieren uns von den Versuchen, die Vorgänge um Bier-mann gegen die DDR zu missbrauchen. Biermann hat nie, auch nicht in Köln, Zweifel darüber gelassen, für welchen der beiden deutschen Staaten er bei aller Kri-tik eintritt. Wir protestieren gegen seine Ausbürgerung und bitten darum, die beschlossenen Maßnahmen zu überdenken".

Für mich war etwas klar geworden: Es gab in der DDR so etwas wie eine Welt-sicht von oben, die in der Schule, der Zeitung und im Fernsehen vermittelt wurde, und eine von unten. Der Mensch kann seine Umstände verändern, hieß es, er ist Subjekt dieser Verhältnisse. Und dann machte dieser Mensch jeden Tag aufs Neue die Erfahrung, dass er nur Objekt ist. Kunst und Literatur sollten dazu beitragen, diesen Widerspruch zu lösen. Das eigentliche Problem war, je höher man in der Lei-tungshierarchie der Gesellschaft stieg, um so mehr Möglichkeiten der Veränderung hatte man, um so mehr verlor man aber auch den Bezug zur Basis. Den Herrschen-den fielen die Widersprüche, unter denen die Mehrzahl der Menschen in diesem Land lebten, nicht mehr auf. Da brauchte man einen Brecht, eine Seghers, einen Biermann, auch die anderen, die den Brief unterschrieben hatten, und Tausende mehr, um das den Menschen in dieser Gesellschaft bewusst zu machen. In Suhl und Meiningen sieht man die Welt anders als in Berlin. Ich hoffte, dass die beschlosse-nen Maßnahmen überdacht würden – vergeblich.

Die Leitung des Zentralinstituts für Bibliothekswesen

Alles Sachsen, nur der Stellvertretende Direktor war Preuße. Das war Berlin. Bei den Sitzungen, wie lange sie auch währten, wurde selten eine gemeinsame Pause gemacht, mit Ausnahme vielleicht der Mittagspause. Das Essen nahmen wir in einer der umliegenden Mensen ein. Es war immer wieder überraschend, dass der Direktor bereits mit dem Essen fertig war, wenn der letzte sich gerade erst hingesetzt hatte. „Wie man isst, so arbeitet man", war seine These. Bei den Beratungen der „Groß-köpfigen" brachte entweder jeder seine Kaffeetasse mit oder die Sekretärin klopfte an und reichte dem jeweiligen Chef eine Tasse oder ein Kännchen Kaffee. War Geburtstag oder eine Auszeichnung zu feiern, erwartete die Runde am Ende der Ver-anstaltung einen entsprechenden Umtrunk. Als mein jüngstes Töchterchen auf die Welt kam, niemand hatte etwas gewusst, gab mir meine Frau eine Flasche „Napo-leon" – etwas seltenes in der DDR – mit, damit die Tochter entsprechend eingeführt würde. Die Überraschung war groß, und Peter Günnel meinte, bei der Sorte könne ich auch künftig bleiben.

Direktor Rückl sagte man einen lockeren Umgangston und eine weitgesteckte Toleranzgrenze für individuelle Besonderheiten bei sich und anderen nach. In der

142

Rage einer engagierten Rede rutschten ihm die tollsten Sprüche raus. Die waren dann natürlich noch jahrelang in Umlauf. Der Beispiele sind viele, hier nur eine kleine Auswahl: „Die Leiter einer Dorfbibliothek kann man nicht wechseln wie ein Hemd, alle halben Jahre einen neuen" oder „Für bestimmte Zwecke ist das Buch nach wie vor praktischer als der Ton" oder „Manche Bibliothekare sind gezwungen, nur mit den Augen zu sehen" oder „Es ist kein Zufall, dass Punkt 2 nach Punkt 1 auftaucht" oder „Es gibt schöne Sachen, die man im Dunkeln machen kann".

Seine Auswahl des Personals erfolgte nach bemerkenswerten fachlichen und menschlichen Kriterien. Die Erfolge seiner Mitarbeiter waren auch seine Erfolge. Er ließ den Einzelnen seine Probleme auf Konferenzen, Beratungen aber auch bei den Dienstbesprechungen selbst darstellen. Referate, die er hielt, arbeitete er im wesentlichen allein aus. Das war für einen Institutsdirektor in der DDR durchaus unüblich. Brachte aber Punkte bei den Mitarbeitern. Ein größeres Problem hatte er nur, wenn er den eigenen handgeschrieben Text wieder lesen sollte. Das konnte nur Elfriede Hübner, seine Sekretärin. Es machte ihm Spaß, die Leute zu fordern bzw. herauszufordern, aber auch zu fördern. Bekam jemand Schwierigkeiten mit der Obrigkeit, stellte er sich vor denjenigen. „Nur", so sagte er, „wenn sich einer selbst das Messer in den Bauch rammelt, dann kann ich auch nichts mehr machen".

Einmal saß der Alte, wie er von den Sekretärinnen genannt wurde, mit seinem persönlichen Referenten, die Haare zerzaust, in seinem Dienstzimmer. Als ich in sein Zimmer schaute, ließ er den Kopf hängen. Er sah aus, als verstünde er die Welt nicht mehr. Seine wichtigsten Abteilungsleiter hatten sich gerade scheiden lassen. Nun kam auch noch Erich Siek, Stellvertreter und Kaderchef, im Pullover, ohne Anzug und Schlips. Da steckte etwas dahinter. Erich war zu Hause ausgezogen. Gotthard schüttelte mit dem Kopf und konnte die Welt nicht mehr verstehen. Dabei war er es, der sinngemäß sagte, lasst potente Männer um mich sein, die sind schöpferisch und haben Ideen. Wo der Ofen aus ist, da entfliehen die Gedanken. Na ja, er hielt es wahrscheinlich mit dem Lyriker Walter Werner, dem Freund und Chef der Schriftsteller in Suhl, der mir mal sagte, „da muss man sich doch nicht gleich scheiden lassen". Walter Werner war einer, der seine Erde fühlen, riechen und schmecken musste, einer, der den Alltag des Tätigen und die ihn umgebenden Dinge zum Humanen in Beziehung setzte. Seine Äußerungen hatten den Grund in seinem Wesen: Er war ein Baum, den man nicht umpflanzen konnte, der seine Erde brauchte. Rückl war auch ein Baum in seiner Erde. Erich aber auch, das war ja das Verwunderliche. Die Abteilungsleiter wollten einen neuen Grund unter die Füße bekommen, wollten sich selber umpflanzen, in eine neue Erde. Aber das sind andere Geschichten.

Erich Siek war Germanist, Kommunist und „Kabarettist", der sich mit aller Liebe um das Berufsbild und die Ausbildung des Bibliotheksnachwuchses, des Bibliotheksfacharbeiters kümmerte. Er schrieb Beiträge, hielt Referate, leitete Arbeitsgruppen, schrieb eine Dissertation – alles zu diesem Thema. Erich Siek wollte den Facharbeiter zu einem kleinen Bibliothekar machen, der auch eine Bibliothek oder Zweigstelle leiten könne. Andere wollten eher bessere Hilfskräfte für die Bibliothekare. Die Diskussionen um die Aufgaben des Facharbeiters gingen meterhoch und wurden wahrscheinlich erst beendet, als uns einmal ein westlicher Bibliotheksassistent ins Haus schneite. Erich war auch Kaderchef, d.h. Personalchef. Er sorgte sich um ein gutes Betriebsklima und unterstützte seinen Direktor dabei, gute Leute zu finden. Beide halfen auch Gestrauchelten, eine neue Startbasis zu finden. Aber nicht nur das, Erich Siek war auch ein guter Leiter des sogenannten Parteilehrjahres. Er stellte Fragen, die niemand zu stellen wagte. So fragte er zum Beispiel: „Warum gehen die Leute nach den Westen und kommen nicht in den Osten?" Er verlangte von jedem Einzelnen eine Antwort. Niemand konnte sich drücken, auch wenn er sonst großzügig war. Er bereitete sich immer gründlich vor und provozierte die Leute, um sie zum selbständigen politischem Denken anzuregen. Er hatte seinen Marx gelesen. Nicht alle, die es vorgaben, hatten das getan. Beim ZK sagten einige, er wäre ein Renegat. Er erhielt trotzdem seine Orden. So war die DDR eben. Er war auch der entscheidende Mann für Publikationen. Er las jede, bevor sie gedruckt wurde. Und das waren viele – zwanzig bis dreißig pro Jahr.

Einmal hatte ich Ärger mit ihm. Jutta Schäfer aus Dresden hatte in unserem Auftrag eine tolle Publikation zur Bestandskonzeption der Stadt- und Kreisbibliotheken geschrieben, sie wird heute noch zitiert. Natürlich war noch mancher Fehler drin. Was man aber leicht hätte beheben können. Ich war sauer und meinte, die Schäfer-Schrift wäre das Beste, was das ZIB auf diesem Gebiet je herausgegeben hätte. Da lenkte Erich ein. Er stellte eine Kollegin frei, welche diese Publikation überarbeitete.

Das war aber nicht alles. In seinen Träumen kam der Renegat zum Vorschein. Er sprach im Schlaf, wenn er in fremden Betten lag. Auf Konferenzen, so erzählten „Mitschläfer" – Einzelzimmer gab es nicht – im kleinen Kreis von Erichs Träumen, in denen Landschaften und Gedichte aus der Mark Brandenburg von zentraler Bedeutung waren. Er hatte was Fontanesches. Oft aber riss ihm im Traum der Geduldsfaden, er haderte mit der DDR-Politik. Im Traum ließ er sogar Kampfgruppen antreten, um die „Wucherbuden" zu stürmen. Die Wucherbuden waren die „Intershops", in denen es gegen Westmark Produkte gab, die nicht aus der Palette der heimischen Produktion kamen. Im Traum zürnte er auch, wenn ihn die Obrigkeit geärgert hatte, was häufig vorkam. Da kommandierte er den Betreffenden an die Wand und gab den Befehl: „Feuer". In Beratungen saß er häufig neben Rückl an der Stirnseite des Beratungstisches und pinselte – wir wussten es – in seinem Tagebuch. Einmal erzählte ich ihm von „Anna". Da sagte er, das ist ja eine Wahnsinnsgeschichte. Da würde ich eine Novelle draus machen. Dieser Äußerung ist es zu danken, dass „Anna" hier Eingang gefunden hat.

Auch den Abteilungsleiter für „Leitung und Planung", Peter Günnel, kannte ich schon lange bevor ich ins Institut kam. Schon als Methodiker in Suhl hatte ich mit ihm zu tun. Der Aufbau eines stabilen, abgestuften Bibliothekssystems und einer dauerhaften Struktur war für ihn Auftrag und Profession. Dazu gehörte die Siche-

144

rung der Finanzen und die exakte Bestimmung der Funktion der einzelnen Bibliotheken. Nicht zuletzt war er der „Meister" des Bibliotheksbaues.

Bei letzterem hatten wir in Suhl längere Zeit miteinander zu tun. Für fünf Entwürfe, von denen auch einer in Architekturzeitschriften Furore machte, zwang er mich immer wieder, Aufgabenstellungen zu formulieren. „Wenn die Aufgabenstellung der Bibliothek vorliegt, dann haben die Architekten nur noch den Rest zu erledigen".

Er sagte nicht, was zu machen ist, nein, er führte durch Fragen seinen Gegenüber in die von ihm gewollte Richtung. Das war seine Stärke. Er brachte seinen Gesprächspartner dahin, selbst zu erkennen, was er tun musste. Ich beneidete ihn um diese Gabe. Ich wollte immer schneller zum Ziel kommen, nicht erst über Umwege, über den Denkmechanismus meines Partners. Trotzdem wusste ich, dass Günnels Weg der bessere war. Jeder hat eben Eigenschaften, die ihn auszeichnen oder eben auch nicht. Bei vielen Gläsern Bier sprachen wir in den Jahren unseres Zusammenwirkens die Strategien ab, mittels derer wir gemeinsam wichtige Aufgaben lösen und die entsprechenden Ergebnisse in die Praxis umsetzen wollten. Meine Kollegen waren zum Teil sauer über unser relativ gutes Zusammenwirken. Die Abteilungen standen in Konkurrenz. Aber ich blieb meinem Prinzip treu, alles für die gemeinsame Sache zu nutzen, die Verbessung der Bibliotheksarbeit zur Förderung des Lesens im Lande. In unseren beiden Abteilungen wurde das Wesentliche für die Förderung der Bibliotheksarbeit entwickelt. Dazu gehörte auch das Projekt der Wissenschaftlichen Allgemeinbibliotheken in den Bezirkshauptstädten. Theoretisch hat Peter Günnel zur Entwicklung eines solchen Bibliothekstyps entscheidendes beigetragen, ich habe mich von Suhl aus stärker der praktischen Umsetzung gewidmet, einschließlich der Erarbeitung verschiedenster Konzeptionen. Aber bleiben wir beim Bier. Peter hatte mit mir einmal etwas Wichtiges zu besprechen. Er lud mich zum Essen ein. Als ich kam, stand schon ein halber Liter auf dem Tisch. Im Laufe des Gesprächs kam noch ein Halber dazu. Plötzlich schreckte ich auf, Mensch, ich habe doch Fahrschule (mit 52). Schnell ein paar Pfefferminze und dann los. Der Fahrlehrer sagte, Herr Göhler, Sie waren heute so ruhig und sicher wie selten, machen Sie weiter so, ich werde Sie jetzt zur Prüfung anmelden.

Ein weiteres Standbein des Instituts war natürlich die Fachinformation und die Bibliothek. Das Institut besaß eine hervorragende Fachbibliothek. Nicht nur Bücher, auch Konferenzmaterialien, ausländische Fachliteratur aus Ost- und Westeuropa, Zeitschriftenauswertung und Informationsdienste standen uns zur Verfügung. Dafür sorgte der Chemnitzer Fritz Kunz, der sich mit dem dortigen Direktor, einem Politnik (dem einzigen dieser Art in den Bezirksbibliotheken), nicht vertragen konnte. Ihm folgte Hans Riedel, der mit Frau Margot Wille einen wichtigen Anteil bei der Erarbeitung eines sehr interessanten Bibliothekslexikons leistete, das von Gotthard Rückl und Horst Kunze herausgegeben wurde. Hans Riedel und Fritz Kunz, später Helga Klingner, sorgten mit dem „Informationsdienst Bibliothekswesen" und den Beständen der Fachbibliothek dafür, dass die Bibliothekare im Land ein Instrumentarium erhielten, das ihnen ermöglichte, den jeweiligen Weltstand auf dem Gebiet des Bibliothekswesen zu studieren. Der pfiffige Fritz Kunz entwickelte Tauschsysteme, mit denen er, ohne große Valutamittel zu beanspruchen, die wichtigste Literatur beschaffte.

Bleibt noch Herbert Partzsch, der langjährige persönliche Referent von Gotthard Rückl. Er war unser gutes oder schlechtes Gewissen, je nachdem. Er mahnte, erinnerte und half, die Planberichte rechtzeitig zu liefern. Er sorgte für eine korrekte Protokollierung, bereitete Tagungen und Konferenzen vor. Seiner Unentbehrlichkeit wegen bekam er schließlich eine eigene Abteilung: „Zentrale Koordinierung". Als ich noch in Suhl war, musste er eine große Beratung in Themar organisieren. Die Experten aus allen Bezirken reisten an, um ein neues Register zur „Systematik" zu erstellen. Die Tagung in Themar zeitigte einige wichtige Ergebnisse. Einmal erkannte man, dass eine neue Klassifikation vonnöten ist, zum anderen fand Herbert Partzsch, der das Klassifikationsgebiet Naturwissenschaft bearbeitete, dort seine Frau und nicht zuletzt, ich lernte den Potsdamer „Philosophen" Dr. Helmut Oehlandt kennen. Wir beide erarbeiteten auf der Stelle einen neuen Gliederungsvorschlag für die das Fachgebiet Philosophie.

Beinahe hätte ich jemanden vergessen, dem ich viel verdanke: Johanna Waligora. Sie war schon im Rentenalter, als ich ins Institut kam, und gehörte nicht mehr zum engeren Kreis der Leitung. Es gab manches, was uns verband. Vieles in unserem Leben lief ähnlich ab, nur zeitversetzt. Johanna, das Arbeiterkind aus Lüdenscheid in Westfalen, wurde ein Jahr vor dem ersten Weltkrieg geboren. Sie wuchs in einem streng pietistischen Elternhaus auf, erzogen in der tätigen Hinwendung zum Menschen, jenseits der strengen Regeln der Amtskirchen. Das prägte sie. Mit 14 musste sie als Büroangestellte Geld verdienen. Über Abendstudium an der Volkshochschule und die Handelsschule hat sie sich eine breite Bildung erworben, die ihr 1938 die Möglichkeit gab, Bibliothekarin zu werden. Das war ein früh gehegter Wunsch von ihr. Sie besuchte die Volksbüchereischule in Leipzig. Ihre Wege führten sie von der Stadtbibliothek Hagen über die Volksbüchereistelle in Erfurt zur Thüringischen Landesstelle für Bibliothekswesen. Hier war der spätere Verleger Joseph Witsch ihr Chef und Lehrer. Dessen Erfahrungen nahm sie begeistert an. Danach ging sie nach Brandenburg, wo sie den Auftrag erhielt, die Landesbibliothek zu übernehmen und aufzubauen. Noch in den frühen Fünfzigern arbeitete sie einige Zeit in der Berliner Stadtbibliothek.

Nach Gründung des Zentralinstituts für Bibliothekswesen suchte man Bibliothekare, die Führungsfähigkeiten hatten und den neuen Aufgaben gerecht werden konnten. Ihr Blick aufs Ganze bestimmte ihr Denken und Handeln, ihr Reden und Fühlen. Dabei schaute sie immer über die Bibliotheken hinaus. Sie sah die Bibliothek in engem Bezug zu Literatur, Kunst und Kultur, dahinter standen für sie Menschen, die Lesenden, die Bibliotheken benutzten.

Sie sah das Ganze und beachtete das Detail und verlor sich dennoch nicht in Kleinlichkeiten. Wer vermag das schon. Sie war freundlich, zuvorkommend und zurückhaltend, sie konnte zuhören. Sie verstand es, behutsam und ohne jemanden zu verletzen das darzulegen, was für sie wichtig war. Wissenschaftlich exakte Betrachtungsweise, menschliche Großzügigkeit und Toleranz waren für sie keine Gegensätze. Ich lernte Johanna Waligora in Hildburghausen näher kennen. Als Teilnehmer der „1. Bitterfelder Konferenz" sollte ich dort vor Kreisbibliothekaren eine Auswertung vornehmen. Ich schoss in jugendlichem Überschwang über das Ziel hinaus und meinte, die Bibliotheken müssten nun alles tun, um die Schreibenden Arbeiter zu unterstützen. Johanna griff diesen Gedanken auf, hob ihn behutsam in seinen kulturellen Kontext und führte ihn auf die Hauptaufgaben der Bibliotheken zurück.

Bei vielen Waldspaziergängen in meiner thüringischen Bibliotheksheimat lernte ich sie näher kennen. Die Ausleihe „als Kernstück bibliothekarischer Arbeit" und die Leserkunde beschäftigte sie als Analytikerin ein Leben lang. Ihre Ideen und wissenschaftlichen Arbeiten waren eine theoretische Grundlage für wesentliche Veränderungen im Bibliothekswesen der DDR. Indem sie vom mündigen Bürger ausging und den Bibliothekar nicht als Vormund für die Benutzer einstufte, hatte das Einfluss auf die Einrichtung von Freihandbibliotheken zu einem relativ frühen Zeitpunkt. Ich weiß, dass diese Frage sehr kontrovers diskutiert wurde. Johannas Ideen setzten sich durch, und ich weiß, dass auch in den anderen sozialistischen Ländern die Umstellung auf Freihand nach diesem Vorbild erfolgte.

Noch Anfang der achtziger Jahre hegte ich Träume. Sie unterschieden sich vom Bibliotheksalltag in der DDR. Ich wollte das Land von außen ansehen. Wie der Direktor als Vizepräsident der Weltorganisation IFLA, aber auch wieder anders. Plötzlich ergab sich eine tolle Gelegenheit, eine Riesenchance. Indonesien suchte einen UNESCO-Berater für den Aufbau seines Bibliothekswesens. Er sollte ein Jahr lang im Lande wirken und für 190 Millionen Menschen eine bibliotheksmäßige Leseförderung aufbauen helfen. In einem Land mit 10.000 Inseln. Das nährte meine nie verklungene Abenteuerlust. Ich rechnete mir Chancen aus. Wer hatte schon im ländlichen Bibliothekswesen gearbeitet, eine Stadt- und Bezirksbibliothek geleitet, eine Wissenschaftliche Allgemeinbibliothek aufgebaut, in einer Fachzentrale eine Führungsposition bekleidet. Der Spruch meines Direktors wirkte wie eine kalte Dusche: „Ich kann dich nicht ein Jahr lang entbehren" Punkt. Aus. Die DDR nominierte dann einen anderen Kandidaten, eine Frau ohne praktische Kenntnisse über des öffentliche Bibliothekswesen. Margot Weiß, die Ministergattin, meinte entsetzt: Sind die blöd, wissen die nicht, dass in einem islamischen Land eine Frau als Regierungsberater keine Chance hat. Die DDR vergab eine Chance nach der anderen. Den Zuschlag erhielt dann ein Bibliotheksdirektor aus Frankreich. Ich war traurig. Aber irgendwie berührte es mich auch, dass ich nicht entbehrlich zu sein schien.

Später, viel später schaute ich mir die Welt an, die äquatorialen Gebiete Afrikas, Asiens und Amerikas, und merkte, dass europäische Staatsmänner, ganz gleich, welcher politischen Zugehörigkeit, ihre Bürger – simpel gesagt – verscheißern, wenn es darum geht, den Zustand der Welt und unsere Stellung in ihr darzustellen. Traurig daran ist, dass die Eliten ihre Version vom Abendland oder vom Sozialismus selber glauben, sei es aus Unwissenheit oder aus ideologischer Beschränktheit heraus. Reflexionen darüber bleiben aber einer künftigen Publikation vorbehalten.

Benutzerforschung weltweit

Warschau, Prag, Budapest, Sofia, Moskau und Tallin sind Städte, in denen ich dank internationaler Beratungen die Straßen und Hotels kennen lernte, manchmal auch ein Stück vom Umland. Alle zwei Jahre fanden Konferenzen über Lesen und Leseverhalten in jeweils einer anderen Hauptstadt statt. Dabei lernte ich Bibliotheken und viele andere Kultureinrichtungen wie Kirchen und Museen kennen. Natürlich auch die Kollegen. Nicht selten besuchten wir sie auch zu Hause bei ihren Familien und lernten damit ein anderes Stück Leben kennen. Die Klöster um Moskau muss man gesehen haben, auch die gläubigen Menschen, die noch nach 70 Jahren Sowjetherrschaft in den Kirchen des Klosters inbrünstig um die Erlassung ihrer Sünden beteten. Schon im Zug nach Sargorsk rutschten sie betend auf den Knien. Diese Bilder vertieften und beeinflussten mein Denken über dieses riesige Reich. Ich lernte auch die anderen sieben Klöster um Moskau kennen. Mischa, Soziologe in der Forschungsabteilung der Leninbibliothek, Parteisekretär und Neffe des Patriarchen von Moskau, Mischa Afanasiev führte mich, und ich machte dabei die Bekanntschaft mit einer respektlosen, ja geradezu reaktionären Dolmetscherin, die eine Generalstochter war. Sie alle sprachen eine andere Sprache als das „Neue Deutschland" oder die „Prawda". Mischa, der Parteisekretär, versprach mir noch viele Erlebnisse, die nie in die Zeitung kommen würden, wenn ich mit ihm in einige andere Sowjetrepubliken führe; aber ich müsse Zeit mitbringen, vier Wochen wären das Wenigste. Dabei solle ich bedenken: Hundert Jahre sind keine Zeit; tausend Kilometer keine Entfernung und sto (hundert) Gramm Wodka kein nennenswerter Alkoholkonsum. Leider konnte mir niemand die vier Wochen für eine Studienreise geben. Vielleicht lag es auch an mir, ich habe mich nicht zielstrebig genug um eine solche Reise gekümmert.

Die Forschungen zum Lesen und zur Benutzerforschung standen in der DDR und auch anderswo nicht im Brennpunkt des ideologischen Interesses. Wir bekamen ungefilterte Informationen, wir durften unsere Ergebnisse unzensiert publizieren, ganz im Gegensatz zu anderen Einrichtungen, in denen empirisch geforscht wurde. Bibliotheken waren wohl weniger wichtig bzw. sie schienen ideologisch weniger brisant zu sein. Die eigentliche Brisanz unserer Forschungsergebnisse ist nie begriffen worden. Literatur war in allen sozialistischen Ländern auf Grund des Papiermangels so etwas wie Mangelware, die nur wenige in normalem Umfang kaufen konnten. Nun las der interessierte Teil der Bevölkerung – eine intelligente Mittelschicht von mindestens 25 Prozent – fluktuierend bis 50 Prozent – in öffentlichen Bibliotheken und beschaffte sich auf diese Weise die erforderliche Lektüre.

Eine differenzierte Betrachtung des Lesens in Bibliotheken führte also zu einer Interessenforschung, deren Ergebnisse Aussagen zur Interessenlage großer und auch maßgeblicher Teile der Bevölkerung zugelassen hätten. Ich habe mich gewundert, dass die Soziologen der Bundesrepublik unsere Ergebnisse nicht nutzten, um Aussagen größerer Reichweite zu gewinnen. Wie die DDR-Funktionäre haben auch sie sie unterschätzt. Übrigens, nicht nur auf diesem Gebiet gibt es Ähnlichkeiten in der Verhaltensweise maßgeblicher Personengruppen. Wir haben selbstverständlich unsere Forschungen mit anderen Freizeituntersuchungen verglichen und im Prinzip eine Deckungsgleichheit festgestellt. Ein Bildungssystem mit Regelungen für eine einheitliche Schulbildung, einer Grundausbildung an allen Universitäten und Hochschulen, einheitlichen Grundprinzipien in der Weiterbildung fördern ähnliche Interessenlagen. Vergleichende Untersuchungen zwischen unseren Ländern, nach einheitlichen Kriterien durchgeführt, waren immer für die Mehrzahl der Beteiligten nützlich und gaben Anregung für eigene Forschungen.

Die einschlägigen Forschungseinrichtungen waren bei den methodischen Abteilungen der jeweiligen Staatsbibliotheken angesiedelt, sie arbeiteten für alle Bibliotheken des Landes. Am interessantesten waren die Fragestellungen der polnischen Kollegen, die sich gleich nach 1945 mit soziologischen Fragen beschäftigten und daher über einen größeren Erfahrungsschatz verfügten. Streit darüber war vorprogrammiert, meist wurde er am Abend beim Essen mit Wodka weggespült. Meine erste Konferenz als Delegationsleiter erlebte ich in Prag. Im Hotel teilte ich das Zimmer mit einem Kollegen, der eine Tasche mit Hochprozentigem mit sich führte. Mir rutschte das Herz in die Hose, denn ich musste am nächsten Morgen die Konferenz leiten, und es waren harte Auseinandersetzungen zwischen den Kollegen aus Warschau, Budapest und Moskau zu erwarten. Ich wollte mich vorbereiten und musste, um in Ruhe gelassen zu werden, einen Doppelten nach dem anderen kippen. Trotz des noch vorhandenen Alkoholspiegels im Blut konnte die Auseinandersetzung auf eine Ebene gehoben werden, die es ermöglichte, am Abend zu einer Einigung zu kommen. Es ging um die erste gemeinsame Untersuchung „Dynamik des Lesens", zu der die Leninbibliothek in Moskau ein Papier erarbeitet hatte.

Wieder zu Hause, wurde die Konferenz von Günter Fröschner, einem der Teilnehmer, vor Studenten der Humboldt-Universität ausgewertet – locker und mit vielen Aphorismen garniert. Eine Fernstudentin aus Rostock, Elvi Wendt mit der ich mich oft nach Lehrveranstaltungen traf, wiederholte mir eine seiner Formulierungen: „Göhler ritt für Deutschland". Sie wollte sich ausschütten vor Lachen.

Für die Vorbereitung und Durchführung weiterer Konferenzen wurden nicht nur Forschungsergebnisse veröffentlicht, sondern auch gemeinsame Pläne für die Forschung auf dem Gebiet der Benutzer- und Leserforschung erarbeitet.

1980 organisierten die polnischen Kollegen eine gemeinsame Tagung mit dem zuständigen Round Table der IfLA-Kommission „for Research on Reading". Hier war es dann auch möglich, ein weltweites Verzeichnis über Aktivitäten und Ergebnisse der Forschung aller Mitgliedsländer zu erarbeiten und herauszugeben. Es fanden auch Begegnungen mit Forschern aus der Bundesrepublik statt. Zwischen uns gab es zwar keine Sprachbarrieren, dafür mussten andere Barrieren abgebaut werden. Als ich 1980 in Warschau mein Referat in Englisch hielt, schaute mich die Kollegin Valerija Stelmach aus Moskau verwundert an. Damals war mein Englisch leider noch nicht so gut. Ich ließ mir den Vortrag von meiner Kollegin Dr. Irmgard Dreßler ins Englische übersetzen und auf ein Band sprechen. Als ich mit drei kleineren Kindern im Erzgebirge, in einem Bungalow des Bibliotheksverbandes, Urlaub machte, übte ich frühmorgens, bevor die Kinder aufstanden, stundenlang, um das Referat in gutem Englisch vortragen zu können. Ein Engländer lobte mich und fragte, wo ich das Oxford-Englisch gelernt habe. Ich gab das Lob an meine Kollegin weiter. 1988 wurden auf einer Konferenz, die ebenfalls in Warschau stattfand, auffallende Stagnation des Lesepublikums, verstärkte Gleichgültigkeit bzw. negative Einstellung zum Buch, immer geringere Ansprüche der Leser, Lesegeschmack auf niedrigem Niveau und Schwierigkeiten bei der rationellen Ergänzung der Bibliotheksbestände in allen sozialistischen Ländern konstatiert. Von tschechischen Kollegen wurde über den „Scheiß" gesprochen, der von West-Verlagen über die Massen ausgekippt würde. Im Sozialismus galt das Gottfried-Keller-Wort: „Ich würde das Volk zwingen, entweder etwas Gutes, Belehrendes oder gar nichts zu lesen. Ich würde auch eine Zensur einführen; aber nur für geistlose und mittelmäßige Bücher. Welch ein Vorteil für die großen Talente."

Im Juni 1989 fand in Leipzig anlässlich einer Konferenz über die „Zukunft des Lesens" eine Sitzung des IFLA Round Table statt. Vorsitzende war Valerija Stelmach, meine Kollegin aus Moskau. Sie sprach jetzt so schnell Englisch, dass ich sie kaum verstehen konnte. Eine Öffnung war deutlich zu spüren. Gorbatschow ließ grüßen. Ein Jahr vorher hatte sie mir ausrichten lassen, sie wünsche, dass uns Perestroika und Glasnost' erspart blieben.

Kongresse der Soziologen

An der Universität in Jena gab es Dozenten, die etwas von Soziologie verstanden. Professor Klohr begründete einen Lehrstuhl für Religionssoziologie, der später wieder gestrichen wurde, weil er mit der Kirche gemeinsame Untersuchungen durchführte und sich auf der Wartburg mit hohen Kirchenvertretern traf. In Potsdam war es Professor Braunreuther, der das Tabu brach und sich als erster Wissenschaftler in der DDR der Soziologie widmete. In Berlin setzte Johanna Waligora die Tradition der Leipziger Schule auf dem Gebiet der Leseforschung fort. Meinen Einstand als Bibliotheksdirektor gab ich mit einer empirischen Untersuchung zum Verhältnis von Bestand, Entleihungen und Leseinteressen. Ich hoffte durch wissenschaftlich begründeten Anspruch bibliothekspolitischen Einspruch erheben zu können. Nur so konnte man in der DDR etwas verändern. Jedenfalls habe ich im Bibliothekswesen diese Erfahrung gemacht. Als Professor Staufenbiel die Göhler/Ullmann-Publikation sah, und erfuhr, dass dieses Büchlein inzwischen eine Göhler/Göhler-Broschüre hätte sein können, sagte er: „Da ist bei euch ja noch etwas Nützliches herausgekommen, bei den meisten kommt nichts derartiges heraus".

Unser Dozent für Philosophiegeschichte, Professor Erhard Lange, war sauer, dass ich das Thema meiner Jahresarbeit „Das Menschenbild im Kapital von Karl Marx" nicht weiterbearbeitete, sondern meine empirischen Forschungen zum Gegenstand der Diplomarbeit machte. „Na, Göhler, für den Tag arbeiten, was? Die Wissenschaft und Nachwelt sind Ihnen wohl gleichgültig?" Nein, ich wollte das Lesen in der Gesellschaft mit allen zur Verfügung stehenden Möglichkeiten fördern. So ging ich mit der Soziologie zu meinem und ich hoffe auch zum Nutzen der Bibliotheksbenutzer ein neues Partnerschaftsverhältnis ein. Das „marxistische Menschenbild", die „vielseitig gebildete Persönlichkeit" war geistiger Hintergrund einer individuellen Utopie. Sinn und Ziel meines Strebens war es, herauszubekommen, wie, wann und in welchen Zusammenhängen Literatur auf die Persönlichkeiten Einfluss hat. Diese Fragestellung gewann nunmehr durch empirische Fakten allmählich eine wissenschaftliche Grundlage.

Der Boden war fruchtbar für solches Denken. In der DDR gab es rund 1.000 Soziologen. Sie fanden Wesentliches über das Verhalten der Menschen in Betrieben, bei der Arbeit, in Freizeit, Bildung und Familie heraus, repräsentativ ermittelte Einzelheiten und Erkenntnisse über das Freizeitbudget von unterschiedlichen sozialen Gruppen und Altersstufen. Es war wichtig zu wissen, dass Frauen trotz Gleichberechtigung doppelt so viel Zeit für den Haushalt verbrauchten als ihre Männer und dennoch wesentlich mehr Zeit für das Lesen übrig hatten. Unter der Jugend waren ein Drittel kulturell, gesellschaftlich und beruflich außerordentlich kreativ, ein weiteres Drittel ließ sich unter bestimmten Bedingungen zur Aktivität anregen, während ein restliches Drittel sich gegenüber allen möglichen Aktivitäten passiv verhielt. Diese und andere Aussagen waren für die Interpretation unserer eigenen Ergebnisse bzw. neuer Fragestellungen und Hypothesen von großer Bedeutung. Soziologen erklärten auf Grund dieser Erkenntnisse, dass die Etablierung einer kommunistischen Gesellschaftsordnung noch mindestens 200 Jahre dauere. Solche Äußerungen fanden natürlich keinen Niederschlag in Zeitungen oder anderen Publikationen. Die Parteiführung nutzte nur die Ergebnisse, die gerade in das jeweilige politische Konzept passten (was wir auch heute noch beobachten können). Manchmal wurde hinter vorgehaltener Hand gesagt: „Unsere Menschen sind noch nicht soweit". Der Kardinalfehler der Herrschenden war, dass sie bestimmen wollten, wie weit „unsere" Menschen zu sein haben.

Auf Soziologie-Kongressen wurden erforschtes Wissen und Erfahrungen über den gegenwärtigen Stand der Entwicklung gebündelt und für die einzelnen Bereiche aufbereitet. Ich legte im Arbeitskreis Kultursoziologie, der vom Kultursoziologen Lothar Bisky geleitet wurde, auch unsere Ergebnisse vor. Wir konnten auf allen Kongressen neben Fernsehen und Rundfunk auch zur Buchmarkt- sowie Jugend- und Freizeitforschung einen entsprechenden Beitrag leisten.

Die Steigerung der Entleihungen seit ca. 1965 drückte ein intensives Leseinteresse aus. Es steigerte sich trotz und mit der Entwicklung der Massenmedien. 1988 wurden fast 120 Millionen Entleihungen verzeichnet. Zum Vergleich: Im selben Jahr wurden in der DDR 150 Millionen Bücher hergestellt. Dieser Vergleich ist für die Einordnung der Bibliotheksleistungen relevant. Traditionelle Aufgaben wurden auf einem hohen Niveau fortgeführt. Und es kamen neue Aufgaben hinzu. Die Informationsleistungen mussten verbessert und den audiovisuellen Medien mehr Aufmerksamkeit geschenkt werden. Später knüpfte ich engere Kontakte zu Hallenser Literatursoziologen und Leipziger Jugendforschern. Auf dem Gebiet der Jugendforschung wurde zwar nur wenig veröffentlicht, doch konnten wir durch Vorträge und persönliche Gespräche Wichtiges für unsere Arbeit erfahren.

Außerdem standen wir mit Soziologen wie dem Kinderbuchautor Hannes Hüttner im Austausch. Auch die Forschungsergebnisse der Pädagogischen Akademie sowie des DDR-Zentrums für Kinderliteratur konnten wir durch unterschiedliche Beziehungen zur Kenntnis nehmen. Mit der Abteilung Buchmarktforschung des LKG hatten wir enge Arbeitskontakte, schließlich waren wir der gleichen Hauptabteilung im Kulturministerium nachgeordnet. Wir nutzten diese Aussagen auf Tagungen, Konferenzen, Weiterbildungsveranstaltungen, und wir behandelten sie im Beirat für Benutzerforschung.

Fast unbegrenzte Möglichkeiten zum Verändern

In meiner Abteilung arbeiteten zwanzig fachlich versierte Kolleginnen und eine Sekretärin. Da mussten individuelle Besonderheiten beachtet werden. Da mussten der Ton locker gehalten und die Toleranzgrenzen weit gesteckt werden. Es wäre ungerecht, mich zu beklagen oder die Kolleginnen im einzelnen zu charakterisieren. Aber ich wollte als Mann nicht allein bleiben zwischen all den ehrgeizigen, tüchtigen und fachkundigen Damen.

Zwei, drei Männer gab es zwar auch, aber die waren nicht unbedingt geeignet, sich mit den Praktikern aus den Bibliotheken zu unterhalten, wie es für unsere Tätigkeit notwendig gewesen wäre. Ich wusste aus meiner Zeit in Suhl, dass die Bibliothekare vor Ort schon gern wüssten, was die Mitarbeiter des ZIB von der einen oder anderen fachlichen Frage hielten.

Damals hatten mir Kollegen aus dem ZIB auch von ihren Problemen erzählt. Dabei erfuhr ich mehr über das Institut, als mancher im Institut selbst. So ist mir das Einarbeiten in meine neue Tätigkeit nicht schwergefallen. Natürlich war ich auf einzelnen Gebieten nicht so fachkundig wie meine Kolleginnen, z.B. bei der Herstellung des Informationsdienstes, der Bibliographie, der Kinderbibliotheksarbeit usw. usf. Sie beschäftigten sich ja schließlich den ganzen Tag mit diesen Gegenständen.

Eines der wichtigsten Instrumente, welche wir im Zentralinstitut für Bibliothekswesen herstellten, war der „Informationsdienst für den Bestandaufbau ...". Der ging wöchentlich in alle hauptberuflich geleiteten öffentlichen und betrieblichen Bibliotheken. In ihm wurden alle Erstauflagen der Belletristik und Kinderliteratur und die Mehrzahl der Sach- und Fachliteratur, also die in der DDR erschienene Literatur angezeigt. Wenn auch bibliothekarische Fachliteratur nur in unterschiedlicher Intensität rezipiert wurde, der ID, wie er hieß, wurde nicht nur gelesen, er wurde gebraucht. Sicherte er doch, dass die Bibliotheken die Mangelware Buch erhielten, mit hoher Wahrscheinlichkeit sogar in den notwendigen Staffelungsgrößen, wenn sie diese über die Abteilung Bibliotheken beim Leipziger Buchgroßhandel bestellten. Der ID informierte, annotierte, katalogisierte, klassifizierte, wertete. Er empfahl auch, in welchem Bibliothekstyp das entsprechende Buch in welcher Staffelung angeschafft werden sollte. Schließlich sicherte er auch die Bestellung des bibliotheksfertigen Buches, und er war die Grundlage für die zentrale Herstellung von Zetteldrucken. Er war von größtem Rationalisierungseffekt für die Öffentlichen Bibliotheken. Jede Woche herrschte vor der Endredaktion große Hektik. Es gab Ärger mit den Verlagen wegen nicht rechtzeitig zur Verfügung gestellter Manuskripte, und manchen Trouble mit den Praktikern, weil manchmal Bücher aus unterschiedlichen Gründen erst verspätet angezeigt wurden. Aber: Jede Woche lag ein ID pünktlich auf dem Tisch der Bibliothekare im Land. Und das alles, bevor überhaupt eine öffentliche Bewertung, eine Buchkritik erfolgt war. Verlage und das Börsenblatt für den Deutschen Buchhandel nutzten nicht selten unsere Vorarbeit. Wer die DDR kannte, vermag sich vorzustellen, dass dieses mit manch kritischer Auseinandersetzung verbunden war. Zentrale Stellen und Verleger monierten, dass wir an der Qualität des einen oder anderen Buches einiges auszusetzen hatten.

Ich wusste aus eigener Erfahrung und aus den Gesprächen mit ehemaligen Kollegen, den Direktoren und Abteilungsleitern, den Ministerialbeamten und der Zentralbibliothek der Gewerkschaften, was die Praxis brauchte. Es musste einiges verändert werden. Aber das ging nur mit neuen Leuten, nicht mit der historisch gewachsenen Mannschaft. Als erstes besorgte ich mir eine neue Sekretärin. Das wurde dann meine Sekretärin, nicht die der Abteilung. Ohne sie wäre vieles nicht erreicht worden. Zwischen Tür und Angel hörte ich, der Abteilungsleiter solle sich endlich mal zwischen seiner Sekretärin und seinen Fachgebietsleitern entscheiden. Ohne eine zuverlässige Sekretärin kann eine so große Abteilung nicht geleitet werden. Es würde ein Rad im Getriebe fehlen. In dieser Situation hatte der Direktor eine gute Idee. Er gab jedem Abteilungsleiter eine Assistentenstelle. Ich kämpfte um die kluge und fleißige Pastorentochter Katrin Lehmann aus dem Sekretariat des Bibliotheksverbandes. Sie kam und beschäftigte sich mit einem der Hauptprobleme der Abteilung, der Schaffung einer neuen Klassifikation. Sie machte das so gut, dass sie nach der Wende, vom Deutschen Bibliotheksinstitut aus, auch die ASB, die Systematik der Bibliotheken der alten Bundesländer, einer Neubearbeitung nach den Prinzipien der DDR-Klassifikation federführend unterzog.

Dann war es notwendig, die Abteilung mit einigen Kollegen zu ergänzen. So holte ich mir den Fachreferenten für Belletristik, Albrecht Weigert, aus Suhl. Er war ein Kenner der literarischen Szene und ein unkonventioneller Kollege. Er wusste durch seinen Freund Ralf Schröder, dem Lektor für sowjetische Gegenwartsliteratur beim Verlag Volk und Welt, was in Moskau unter den Literaten gesprochen wurde. Dieser Ralf Schröder war eine historische Persönlichkeit in der DDR. Im Zusammenhang mit der Harich-Affäre ist er verurteilt worden und hat jahrelang im Zuchthaus Bautzen gesessen. Nach seiner Entlassung war er in ständigem Gespräch mit russischen Schriftstellern, vor allem Jurij Trifonow und den als Anwärter auf den Nobelpreis gehandelten Tschingis Aitmatow. Trifonow und Aitmatow sind nur Beispiele. Um aber so ein Riesenpotential an Literaturinformationen für das Zentralinstitut nutzbar zu machen, brauchte man einen Weigert. Gewissermaßen waren wir ja eine Informationsstelle, die Auskunft gab über die Literaturproduktion eines ganzen Landes. Ich brauchte ihn als Diskutanten und Informanten, als Anreger, Kumpel, Warner und Vertrauten. Allerdings bekam ich mit ihm auch Probleme. Er wusste nicht immer, auch am Biertisch nicht, wann er sein internes Wissen zum Besten geben konnte. Einmal hatten wir interne Informationen vom stellvertretenden Minister Klaus Höpcke über ein Buch von Werner Heiduczek. Heiduczeks „Tod am Meer" erschien in der zweiten Hälfte der 70er Jahre, und der sowjetische Botschafter Abrassimow intervenierte wegen des Erscheinens bei Erich Honecker. Heiduczek hatte ein Tabu gebrochen, er schilderte Vergewaltigungen durch sowjetische Soldaten im Jahr 1945. Der Botschafter hat das Buch wohl als Diskreditierung der Roten Armee aufgefasst. Höpcke hatte auf einer Beratung mit Schriftstellern, bei der ich anwesend war, darüber mehr oder weniger intern berichtet. Intern deshalb, weil die Intervention als Einmischung in die inneren Angelegenheiten der DDR gewertet werden konnte. Als auf einer Tagung mit den „Fachreferenten für Belletristik" der bezirklichen Bibliotheken über das Buch gesprochen wurde, wusste natürlich Weigert über den Sachverhalt, er hatte sein Wissen aus einer anderen Quelle – in der DDR konnte auf dieser Ebene kaum etwas geheim gehalten werden. Er sprach an, dass durch die Intervention des sowjetischen Botschafters das Buch sehr problematisch geworden sei. Dies konnte ich nun nicht dementieren. Hinzu kam, dass gerade in diesen Tagen in Leipzig die Anzeige von Heiduczeks Buch auf allen Litfasssäulen prangte. Es wurde als „Buch des Jahres" angepriesen. In Leipzig befand sich auch das Generalkonsulat der Sowjetunion. Das war zuviel für die Staatssicherheit. Es kam aber noch dicker. Entsprechend einer Äußerung von Höpcke hatte ich auf der Tagung erwähnt, dass Bibliotheken es vermeiden sollten aus falsch verstandenem und vorauseilendem Gehorsam geplante Veranstaltungen mit Christa Wolf abzusetzen. Ganz gleich, wer das verlange, die entsprechende Bibliothek solle sich mit Klaus Höpcke in Verbindung setzen. Nun war ein Name gefallen, und ich weiß, dass man sich mit Höpcke in Verbindung gesetzt hat und nicht nur mit ihm. In allen Bezirksstellen der Staatssicherheit tickte die Fernschreiber und verkündeten, dass alles, was auf unserer Beratung gesagt wurde, nicht stimme. Alle Beteiligten wurden samt ihrem Direktor nach Berlin geladen und Höpcke, der Stellvertretende Minister, musste nun ein schriftlich ausgearbeitetes Referat – er sprach sonst ohne Manuskript – über die Bedeutung der DDR-Literatur, vorlesen. Rotzig und trotzig. Unser Direktor sorgte dafür, dass ich die „Aktion" unbeschadet überstehen konnte. Er aß wochenlang nur Cornflakes, weil ihm die Angelegenheit auf den Magen geschlagen war.

Ich holte mir noch einen Mann. Es war Klaus Pohlenz aus Dippoldiswalde, der in der Kommission Katalogisierung durch besondere Akribie aufgefallen war. Er wurde so etwas wie Chefredakteur des Informationsdienstes. Von dem Tag an gingen die Beschwerden über sachliche Fehler bei der Katalogisierung und Klassifizierung zusehends zurück.

Die besten Ergebnisse erreichten wir in Arbeitsgruppen, Kommissionen und anderen, sogenannten kollektiven Gremien. Ohne diese Zusammenarbeit mit der Bibliothekspraxis hätte das Institut bei weitem nicht seine Leistungsfähigkeit aufrecht erhalten können. Außerdem machte es Spaß, vorhandene Erfahrungen und vorhandenes Wissen zu bündeln. Die Kollegen in der Praxis kamen gern, sie waren froh, sich einmal aus dem Bibliotheksalltag zurückziehen zu können, eine schöne Unterkunft zu bekommen und das eigene Wissen für die Allgemeinheit zur Verfügung stellen zu können. Das Ganze geschah abgestuft: Es gab regelmäßige Tagungen der leitenden Mitarbeiter, Beratungen zu wichtigen Aufgabenkomplexen mit allen Bezirken, Beratungen mit Spezialisten zu einzelnen Themen und zur Herstellung von Arbeitsmaterialien. Durch gegenseitige Rücksichtnahme und angemessene Erörterungen entstand eine Atmosphäre, in der man frei und offen Probleme diskutieren konnte, wenn sie nach vorn und nicht zurück führten. Mein Prinzip war: miteinander, nicht gegeneinander. Auf der Grundlage dieses Prinzips haben sich in der Abteilung Bibliothekare zusammengefunden, mit denen es Spaß machte zu arbeiten und denen die Arbeit Spaß machte. Es war wie in Suhl.

Natürlich hatte ich auch Sorgen, z.B. mit der Bewältigung des Materials, das bei mir auf dem Schreibtisch landete. Bald waren wir fünfundzwanzig Mitarbeiter. Sie erarbeiteten Konzeptionen und Vorträge, erforschten Benutzungsverhalten in den Bibliotheken, schrieben Briefe, bereiteten Beratungen mit Arbeitsgruppen vor, verfertigten Publikationen – und alles landete auf meinem Schreibtisch. Der Schreibtisch war riesengroß. Früher irgendwann hatte mal ein Staatssekretär für Kirchenfragen daran gesessen. Als wir unser Dach aufstockten, wurde der Schreibtisch von den Kraftfahrern auseinander genommen. Sie meinten, die Riesenplatte eigne sich hervorragend als Dach für einen Kaninchenstall. So war das in der DDR. Ich protestierte, besann mich meiner Zimmermannkünste und nagelte den Schreibtisch so zusammen, dass niemand das Malheur bemerkte, wenn er nur oberflächlich hinschaute. Nun konnten sich die geistigen Produkte meiner Kollegen wieder ablagern. Laut Unterschriftenordnung musste ich den ganzen Schriftverkehr unterzeichnen und für alle Publikationen meiner Abteilung Imprimatur erteilen. Mit der Bearbeitung der Papiere und der Post, mit der Vorbereitung der internen Beratungen und

Dienstbesprechungen wäre ich voll ausgelastet gewesen. Aber das allein hätte mir keinen Spaß gemacht. Ich besuchte und leitete noch Veranstaltungen, bereitete Publikationen vor, hielt Vorträge, beriet mich im Institut, mit den Bezirken und verschiedenen gesellschaftlichen Einrichtungen, auch mit Soziologen, die sich auf irgendeine Weise mit dem Lesen beschäftigten. Das allein hätte mich auch ausgelastet. Aber ich hatte ja den riesengroßen Schreibtisch, dort konnte ich alles ablegen und stapeln. Das war gar nicht gut. Vor allem für die Kollegen, die erwarteten, dass ihre Produkte so schnell wie möglich praxiswirksam würden. Meist blieb ich dann über den Feierabend hinaus im Institut. Am Abend klingelte kein Telefon, hielten keine Kollegen Rückfrage, da konnte ich die Schriftberge ungestört abarbeiten. Nur, die kritischen Blicke meiner Frau musste ich auch aushalten.

Manchmal ging auch etwas schief

Nicht alles war eitel Freude und Sonnenschein. Nicht immer waren wir erfolgreich. Wenn wir auch den Namen „Zentralinstitut" trugen, wir waren niemandem gegenüber weisungsberechtigt. Die Entwicklung und Koordinierung der Bibliotheksarbeit der Öffentlichen Bibliotheken war unser Zuständigkeitsbereich. Ein solches Institut für Bibliothekswesen musste sich natürlich besonders um die Entwicklung der Beziehungen zwischen Theorie und Praxis kümmern. Dazu wurde neben der Schriftenreihe „Bibliotheksarbeit heute" extra eine neue, leuchtend orangefarbene Publikationsreihe mit dem Namen „Beiträge zu Theorie und Praxis" geschaffen, in dessen Heft 6 ich mich mit Helma verewigt habe. Auch später habe ich dann noch manches, mitunter heute noch interessantes Heft mit initiiert. Das reichte aber für ein so bedeutendes Institut nicht aus. Man musste etwas Seriöses, Dauerhaftes gestalten. So kam die Leitung des Instituts auf die Idee, ein Kollektiv zu etablieren, das ein wissenschaftlichen Ansprüchen genügendes „Handbuch für Staatliche Allgemeinbibliotheken" erarbeiten und herausgeben sollte.

Der Anspruch war hoch und die Voraussetzungen und Möglichkeiten der einzelnen Mitarbeiter unterschiedlich. Unser Direktor hatte zum Beispiel für das Schreiben eines historisch gehaltenen Einführungskapitels kaum Zeit. Aber niemand hätte es so gut gekonnt wie er. So ging es auch anderen. Schließlich wollten wir das Handbuch in einzelnen blasslila gehaltenen Heften, herausgeben. Das Lila stand für Hoffnung, aber es war eben zu blass. So kam es, dass nicht einmal ein Viertel der im Handbuch vorgesehenen Kapitel publiziert wurden. Als Norbert Stroscher, Rückls Nachfolger, auf den ich noch zu sprechen komme, kurz vor dem Ende fragte, wer noch ein Handbuchmanuskript für eine Publikation im Schreibtisch zu liegen habe, zögerte ich ein Moment. Aber die drei Wochen für eine Überarbeitung des Teiles „Benutzung" hatte ich wirklich nicht. Das Manuskriptfragment enthielt manches noch heute Lesenswerte. Mein Anteil an der großen Handbuchidee verschwand wie fast das gesamte Projekt auf nimmer Wiedersehen in der Versenkung.

Das Schicksal des Handbuches war auch das Schicksal anderer Projekte. Günter Fröschner wollte mit mir und dem Leipziger Dozenten Hans Boden ein Lehrbuch zur „Bibliotheksbenutzung" schreiben. Ein Inhaltsverzeichnis wurde veröffentlicht und Boden legte seinen Teil vor. Nach einigen Jahren zog Hans Boden sein Manuskript zurück, weil Fröschner und Göhler nicht zu Potte kamen.

Ich gebe zu, wir haben neben eigenständiger wissenschaftlicher Arbeit manches nur aus der Erfahrung heraus, oft mit der linken Hand, dargestellt und geschrieben. Das ging bei der Herstellung von Handbüchern und Lehrbüchern nicht. Hier bedurfte es einer anderen Form von Wissenschaftsorganisation, die damals neben den anderen zu lösenden Aufgaben nicht zu bewältigen war. Zielstrebig hätten wir Dozenten der Fach- und Hochschulen, sachkundiges Personal aus der Bibliothekspraxis und Abschlussarbeiten von Studenten in die Herstellung der Manuskripte einbeziehen müssen.

Eine Tagung im Gästehaus des Ministerrats

Wir hatten eine besonders freundliche und kluge Kollegin in unserer Abteilung. Sie war nicht nur Bibliothekarin, sondern auch Gattin des Stellvertretenden Ministerpräsidenten der DDR Gerhard Weiß. Weiß war zugleich so etwas wie ein Chef im „Rat für gegenseitige Wirtschaftshilfe sozialistischer Länder" (RGW).

Frau Weiß versuchte, (arbeits-)moralisch und kameradschaftlich immer ein gutes Vorbild zu sein. Und sie überlegte sich ständig, wie sie die Vorteile ihrer gesellschaftlichen Stellung auch für die Bibliotheken und für ihre Kollegen nutzen konnte. Eines Tages kam sie zu mir – es muss 1981 gewesen sein – und meinte, wir müssten einmal gemeinsam mit den Abteilungsleitern „Benutzung" und den Abteilungsleitern „Erwerbung und Erschließung" der Bezirksbibliotheken eine Tagung zu den Problemen mit den neuen Medien, mit der Betreuung von Heranwachsenden und mit unseren empirischen Forschungen durchführen. Diese Probleme seien sowohl für den Bestandsaufbau als auch für die Benutzerberatung von Bedeutung. Die Beratungen der Gremien (so etwas wie Kommissionen) fanden sonst immer getrennt statt. „Und wo tagen wir mit 35 bis 40 Leuten?", fragte ich. Margot wusste Rat. „Ich werde mich darum kümmern, ob ein Gästehaus des Ministerrats irgendwann mal freie Kapazität hat." Alsbald stand uns das Leipziger Gästehaus – ich würde sagen, so etwas wie ein Drei- oder Vier-Sterne-Hotel – kostenlos zur Verfügung. Die Kellner bedienten im Frack und auch sonst war alles bestens. Es wurden Vorträge über die Medienentwicklung, über Ergebnisse der Jugendforschung, der empirischen Forschung im Bibliothekswesen, über Zeitschriften in Öffentlichen Bibliotheken und ähnliches gehalten. Nicht alles, was vom Rednerpult aus erzählt wurde, nahmen die Kollegen an. Die Praxis galt als wichtiges Kriterium, deshalb wurde hier ja auch diskutiert und monologisiert. Andere Akzente wurden in den Pausen und an den Abenden gesetzt. Da kamen Leute zusammen, die sich sonst selten trafen. Es wurde böhmisches Bier und ungarischer Wein getrunken, gefachsimpelt, und es wurden Witze erzählt, von denen mir einer als besonders aufschlussreich über das Leben in der DDR erschien:

> *Ein Arbeiter aus Angermünde wird für hervorragende Leistungen nicht mit einem Orden, sondern mit einer Reise ausgezeichnet. Nicht mit irgendeiner Reise, nein, mit einer Reise nach Paris. Als er zurückkommt erzählt er seinen Kollegen von der Stadt, vom Eifelturm, von Notre-Dame, vom Louvre und vielem mehr. Schließlich fragt einer neugierig: „... und die Mädchen?" „Ja, ganz toll die Pariserinnen, schööööne Frauen, die Reizwäsche mhm, das Vorspiel ... „Ja, und dann?" „Dann war alles wie in Angermünde".*

Es war Helmut Oehlandt, Abeilungsleiter für Bestandsaufbau in Potsdam, der uns diesen Witz präsentierte. Trotz Sprechbehinderung war er ein Star im Witze erzählen.

Die Kollegen fühlten sich im Gästehaus immer wohler, mindestens so wie zu Hause. Es ging nicht nur dezent zu. Die Kellner huschten nicht mehr nur an den lustigen Kollegen vorüber, sie mahnten gegenüber den Kollegen, mir und Frau Weiß eine dem Haus angemessene Seriosität an. Es muss ein Nachspiel gegeben haben, denn Frau Weiß sagte, ihr Mann habe eine Woche lang nicht mit ihr gesprochen.

Anders ging es zu, als Frau Weiß ihren 60. Geburtstag feierte und einige Kollegen eingeladen waren. Es erschienen natürlich auch Freunde der Familie Weiß. Auch diesmal bedienten Kellner im Frack. Mir blieb der Mund offen stehen, als ich Dieter sah. Dieter Albrecht, von dem ich wusste, dass er Stellvertretender Vorsitzender der Staatlichen Plankommission war. Das entscheidende Gremium, in dem koordiniert, geplant und entschieden wurde, was gebaut und nicht gebaut wurde, welche Industrieanlagen importiert wurden und welche Großprojekte und Betriebe nicht weitergebaut werden durften. Mit Dieter Albrecht und Rolf Andrich verbrachte ich meine Kindheit auf den Straßen, Plätzen und Bahndämmen des Leipziger Nordens.

Rolf hatte mich im Satire-Magazin Eulenspiegel, in einer „Eule", einem satirischen Porträt über Personen und Persönlichkeiten, entdeckt, das kein anderer als Erich Loest geschrieben hatte. Der Schriftsteller Loest war sieben Jahre im Knast, weil er sich für eine demokratische Umgestaltung des Landes einsetzte. Durch ihn hatte ich wieder Kontakt mit Rolf. Wir wollten uns treffen, Dieter einbezogen. Bei diesen Treffen zur Leipziger Messe heiße ich mal wieder Peter.

Blick in die Vergangenheit

Sie saßen zusammen, drei Fünfzigjährige, die sich 35 Jahre nicht mehr gesehen hatten. Die sich in ihre Kindheit zurück tasteten. Die Erlebniskette, die sie mit der frühesten Jugend verband, war trotz tausender Ereignisse, die dazwischen lagen, nicht unterbrochen. Dieses „weißt du noch?" war kein krampfhaftes Kramen im Vergangenen.

Das Schwimmbad, die Rietschke, ein brennnesselbewachsenes Rinnsal am Rande der Großstadt, in der wir mit Pfeil und Bogen nach Bisamratten jagten, dann die Straße mit ihren Hinterhöfen, ihren Zäunen und Planken, die erklettert und übersprungen werden mussten, sollten in der Stunde, die der Doktor der Ökonomie und Minister von seiner Zeit erübrigen konnte, lebendig werden.

Sie sprachen über das Murmelspiel und darüber, dass sie keine Weiberhengste waren. In der Schule waren Jungen und Mädchen getrennt, und der Spott war ihnen gewiss, wenn sie sich mit einem Mädchen unterhielten.

Nun saßen sie bei Weinbrand und Wodka und lachten, grinsten und feixten unbefangen wie Kinder über die Erlebnisse in der Kindheit. Sie entdeckten, dass sie alle drei etwas von ihrer Kindheit bewahrt hatten. Das Lachen wurde von Minute zu Minute natürlicher. Jeder von ihnen hatte Lachfältchen an den äußeren Augenwinkeln. Sonst war ihre Haut glatt. Nicht einmal der graue Bart von Peter und der rotgraue von Rolf konnten das verdecken. Das lachende Gesicht von Dieter erinnerte genau wie früher durch seinen großen breiten Mund an einen Clown. Da war es – dieses fröhliche, herzhafte, sympathische, das ganze Gesicht erfassende Lachen von Dieter und das verschmitzte, leicht hintergründige mit strahlend-funkelnden Augen verbundene Lachen von Rolf. Sein Lachen kündige den nächsten Jugendstreich an. Peters Lachen ging in ein zurückhaltend heiteres Lächeln über. Sein Bart verdeckte die Lachgrübchen nicht, die ihm damals schon im Gesicht standen. Sein Lachen war ein wenig randständig und ging manchmal in verlegenes Lächeln über, so wie man ihn auch am Rande mancher Streiche sah, die er nur dann mitmachen konnte, wenn er zu Hause ausriss und verschwieg, mit wem er außer Rolf und Dieter noch herumtobte. Während Rolf und Dieter von der Kindergärtnerin, von den Lehrern, von der Turmhasche auf dem 10-Meter-Turm des Schwimmbades, von Mutproben, von nützlichem Tun und Geldverdienen beim Tennisbälle aufsammeln sprachen, dachte Peter über das Lachen in der Kindheit nach, das einen solch herzhaften Nachklang hatte – trotz Studium und harter Arbeit, Misserfolg und Demütigung, deren Bewältigung je nach Charakterveranlagung unterschiedlich ausfiel. Konnte ihr Lachen wirklich das der Kindheit sein? Lacht man so, wenn man Kind ist? Sie grinsten, feixten und lachten herzhaft. Eigenartig, es war ganz natürlich. Nichts da von dem kühlen, spöttischen, bitteren, auch boshaft höhnischen Lachen, welches im Lauf des Lebens, manchmal auch unter Verlusten gewonnen wurde. Auch das überfreundliche, verbindliche, gewinnende Lächeln, gelernt und anerzogen in der Schule des Lebens, war in der Garderobe abgegeben worden.

Peter versuchte sich selbst zu ergründen. Was war es, das sie drei, ein Zimmermann, ein Maurer und ein Bergmann über sich hinauswachsen ließ. Waren es die verwegenen Kinderspiele, die Straßenschlachten, von denen die Elternhäuser, in denen es einfach, ordentlich und ehrlich zuging, nichts wissen durften? Waren es die nächtlichen Fliegeralarme im Luftschutzkeller, die sie formten, waren es die Mutproben, denen sie sich ständig selbst unterzogen: z.B. das Granatsplittersammeln aus der Dachrinne eines zwanzig Meter hohen Hauses? War es der Sprung aus dem Fenster des Hochparterres oder über die zehn Stufen im Treppenhaus, das Klettern über die Planke oder das verbotene Spiel am Bahndamm? Oder war es Peters Großvater, der sie nageln, feilen, hobeln und anstreichen lehrte? Waren es die Eltern? Peters Vater war Polizist, dafür bezog er Prügel von anderen Kindern, die zuvor von ihren Eltern dazu aufgewiegelt wurden. Rolfs Vater hatte den Traumjob aller Straßenkinder – er war Straßenbahnführer. Einmal in seinen Leben musste er das Auffangfallgitter seiner Straßenbahn in Bewegung setzen, als der fünfjährige Rolf rennend die Straße überqueren wollte und vor der fahrenden Bahn hinfiel.

Dieters Vater war Tabakhändler. Bei ihm holte ich die Wochenration für meinen Vater, eine Schachtel „R 6" und ein Tabakpäckchen, Marke „Olanda". Dieter hatte bei seinem kometenhaften Aufstieg immer wieder die Kritik der Mächtigen zu verdauen. Er stamme aus kleinbürgerlichen Verhältnissen, sagten sie, und ließen ihn zu spüren, dass es eine Gnade sei, ohne proletarische Herkunft in der Wirtschaft des Landes seine Stimme erheben zu dürfen. Das waren Erlebnisse, die dem Lachen nicht förderlich waren. Sepp, der Lehrgeselle von Peter, ein Vater von zwölf Kindern, war über das Lachen, Grinsen und Lächeln von Peter so fassungslos, dass er fast täglich meinte: „Dir wird das Lachen noch einmal vergehen".

Und Peter dachte an die Prüfungen, die dem Sprung von der Planke gleichkamen, an neue Aufgaben, die schwer zu packen waren und mehr Mut kosteten, als der Sprung ins tiefe Wasser ohne richtig schwimmen zu können. Wenn sie es damals nicht probiert hätten, wie hätten sie es dann je schaffen können? Die Eindrücke der Kindheit verlöschen nicht. Hat dies etwas zu tun mit dem Lachen der Kindheit, das geblieben war oder wieder hervorgeholt werden konnte? Sie waren mehr als dreimal so alt als zu dem Zeitpunkt, an dem sie sich das letzte Mal gesehen hatten. Sie kannten die Geschichte des anderen nur in Umrissen. Wodka und Weinbrand verdichteten ihre Erzählungen. Sie hatten wenig Zeit, und es war, als hätten sie es abgesprochen – jeder erzählte eine Geschichte aus seinem Leben, die ihn mit der Kindheit verband.

Dieter erzählte eine Geschichte vom Rande des Weltgeschehens. Er hatte einen Regierungsauftrag in Havanna zu erfüllen. Sein Flugzeug für den Rückflug war ausgefallen und Dieter musste mit seinen Freunden einen Tag warten. Er verbrachte diesen Tag unter Palmen, geschützt vor den Strahlen der Tropensonne, in einem Schwimmbad mit einem 10-Meter-Turm. Kindheitserinnerungen regten sich. Er wollte die Chance nutzen und den Freunden zeigen, was er noch konnte. Die Wette galt – drei Flaschen Kuba-Rum. Dieter stand auf und erkletterte mit jeder Sprosse Kindheits-Turmgeschichten. Als er oben stand, war er in der Erinnerung bei seinem ersten Sprung als Zehnjähriger. Und nun begann es. Er war auf einmal der zehnjährige Dieter, der Feigling geschimpft wurde und dem man, als er oben stand, die Sprossenleiter weggenommen hatte, ohne dass der Bademeister es merkte. Niemand wurde auf den Turm gelassen. Dieter sollte seine Mutprobe bestehen. Als Dieter merkte, dass die Leiter hinter ihm weg war, war ihm, als kämen alle Ängste, die er je ausgestanden hatte, auf das Plateau gekrochen. Ähnliche Gefühle hatte Dieter auch jetzt auf dem Zehn-Meter-Turm in Äquatornähe. Nur, diesmal hatte er sich selbst die Leiter weggenommen, indem er seinen Mut über-, und die fast vierzig Jahre, die seitdem vergangen waren, unterschätzt hat. Er sprang, die Augen geschlossen, den Kopf nach unten, todesmutig – und übersprang sich damit selbst. Die Freunde zu Hause freuten sich über die drei Flaschen Kuba-Rum, die er zusätzlich im Gepäck hatte. Als er seine Erzählung beendet hatte, strahlte und lachte er über das ganze Gesicht sein fröhliches, herzhaftes, sympathisches, clowneskes Lachen.

Ihr Leben war verteufelt ähnlich verlaufen. Alle drei hatten sich in den Nächten des Studiums weit ab von der Hochschule weitergebildet. Jeder von ihnen hatte sich einen Titel erarbeitet, den er zum Namen tragen durfte. Jeder von ihnen war im Land nicht nur unter Fachleuten bekannt. Konnten sie das Lachen der Kindheit zurückrufen, weil sie durch das ständige Lernen und Sich-prüfen-lassen jung geblieben waren?

Jeder hat in seiner Weise zugepackt, als es galt zuzupacken beim Bau des gemeinsamen Hauses in ihrem Land. Gezahlt wurde ihnen nicht nur in der Münze der Währung des Landes. Sie hatten schöne Erlebnisse, erfuhren Freundschaft und Liebe. War es nicht überhaupt die Liebe zu den Geliebten, die ihnen das Lachen der Kindheit erhalten hat?

Als Peter dieses dachte, erzählte Rolf schon seine Geschichte. Er war verheiratet und hatte einen Sohn. Als sie fünfzehn Jahre glücklich gewesen waren, kam eine Schlechtwetterperiode. In dieser Zeit begegnete ihm eine junge Frau, von der er nicht wusste, wo er ihr schon einmal begegnet war. Sie nahm ihn mit. Er kam in unsere Straße. Sie wohnte im Haus zwischen dem von Peter und Rolf. Wir kannten sie als mickriges kleines Mädchen, das bestenfalls unsere Spiele störte. Mädchen waren anders. Sie beobachten, hören und sehen anders, haben kleine Geheimnisse, die sie tuscheln und kichern lassen, und sie spielen mit Puppen, während die Jungen sich Straßenschlachten liefern. Möglich, dass darin die Ursache liegt, dass Frauen sich nach Jahrzehnten selten so unbefangen begegnen, wie Männer. Es sei denn, sie könnten noch gemeinsam tuscheln und kichern. Rolf, der streng gegen sich, seinen Sohn und seine Studenten sein konnte, wurde neugierig auf dieses Mädchen. Sie war fünf Jahre jünger als wir und hatte aus diesem Blickwinkel unsere Spiele beobachtet. Sie kannte uns. Und Rolf mochte sie schon als kleines Mädchen. Rolf erlebte seine „Turmgeschichte". Auch er glaubte, man hätte ihm die Leiter weggenommen, über die er zu sich und seiner Familie zurückzukehren konnte. Sein Fall war härter. Nach einer kurzen Zeit der Liebe starb die junge Frau an Krebs. Das Schicksal warf Rolf eine Strickleiter zu, und er kehrte zurück. Ihn reute, dass er es durch eigene Schuld verloren hatte. Wir tranken Wodka ohne ein Wort zu verlieren.

Ihre Mienen waren ernst, sie schauten auf die Uhr. Ihre Zeit war fast um. Dieter gab einige Minuten dazu. Peter stieg mit seiner Erzählung eine Leiter hinab in die düstere Ecke ihrer Kindheit, in die Zeit der Schulterriemen, Koppelschlösser, Halstücher und Fahrtenmesser. Er sprach von der Wiederbegegnung mit einem Jungvolk-Führer des Tausendjährigen Reiches. Er kannte die Literatur des Landes und fand seinen Jungzug- Fähnlein- und Jungstammführer unter den Bücherschreibern wieder. Es gibt viele, die als Kinder durch Verführung zum Führer wurden. Sie wussten nicht, was sie taten. Dennoch durften sie sich nicht über den Tag und über die eigene Geschichte hinwegschreiben, indem sie taten, als hätte es diese Zeit nie gegeben. Haben sie es vergessen oder träumten sie noch davon, dass sie uns als Elf-jährige zwangen, einem Antifaschisten aufzulauern und ihm eine Bierflaschen über den Schädel zu ziehen. Peter war als Kind gezwungen worden, einem wehrlosen Mann auf den Schädel zu schlagen. Schon damals dachte er, so müsse es sein, wenn man einen Menschen kreuzigt. Er hatte kurz vorher den Schlag abgebremst, mehr hatte er damals nicht zu tun vermocht, aber die anderen schlugen zu. Der blutig zer-schlagene Kopf verfolgte ihn zwanzig Jahre lang nachts im Traum.

Nun war auch das da, kaum zu sehen, das bittere Lachen, das unter Verlusten gewonnene. Sie wurden schweigsam und versprachen sich, diese „Führer" aufzusu-chen und ihnen Fragen zu stellen, auch wenn mehr als ein Drittel eines Jahrhunderts vorüber gegangen war. Das waren sie sich und der Geschichte schuldig.

Als Peter und Rolf sich von Dieter, ihrem Minister-Spielgefährten verabschiede-ten, und der beflissene Ministersekretär ihnen in ihre Mäntel half, war auf einmal das vermeintlich an der Garderobe abgegebene, verbindliche, freundliche, erlernte Lächeln auf den drei Gesichtern. Man versprach, sich bald zu besuchen. Das ironi-sche, verzweifelte und kokette Lachen hatten sie sowieso nicht dabei. Sie gingen nicht, ohne Dieter die Frage gestellt zu haben, ob wenigstens während des Beisam-menseins das Abhörgerät ausgeschaltet gewesen wäre.

Benutzerforschung. Ein Weg zur Förderung des Lesens und der Bibliotheksbenutzung

Die bibliothekswissenschaftliche Forschung lag in der DDR beim Institut für Bibli-othekswissenschaft und wissenschaftliche Information der Humboldt- Universität zu Berlin. Alle wissenschaftlichen Arbeiten der Doktoranden des Instituts mussten vor der offiziellen Verteidigung in den jeweiligen Forschungsbeiräten beraten wer-den. Die Leitung der Forschungsbeiräte wurden auch Instituten übertragen, die For-schungen auf dem jeweiligen Gebiet leisteten.

Der Beirat für die Benutzerforschung kam zum ZIB, und ich durfte den Beirat leiten. Dem Beirat gehörten außerdem die Fachgebietsleiterin und Ministerpräsi-dentengattin Margot Weiß, die Filmregisseursgattin Rotraud Proll und die Soziolo-gin Ingeborg Stachnik an. Hinzu kam noch die weltweit unter Fachleuten bekannte Dr. Irmgard Dreßler, die für die Kinderbibliotheksarbeit in der DDR verantwortlich war, und die sich mit der empirischen Forschung beschäftigte.

Der zuständige Dozent von der Universität war Dr. Günter Fröschner. Er war Stellvertreter, Inspirator, Kritiker und Mentor. Weitere Mitglieder waren Lehrer der

Leipziger Fachschule, Vertreter des wissenschaftlichen Bibliothekswesen, die Forschungsabteilung des Buchhandel, bzw. des LKG, und Vertreter der Zentralbibliothek der Gewerkschaften. Durch die Beteiligung der unmittelbar Forschenden konnten alle Projekte im Land auf diesem Gebiet beraten werden. Die internationale vergleichende Untersuchung „Dynamik des Lesens" und die „Magdeburg-Untersuchung" wurden hier vorbereitet. Auch standen sieben Dissertationsvorhaben im Beirat zur Diskussion. Vier davon wurden realisiert. Da diese Vorhaben durch den Beirat betreut wurden, wuchs dem Beirat auch eine gewisse Praxisbetreuung zu. Meine zahlreichen „Doktorkinder" holten sich hier Anregung und standen Rede und Antwort. Alle „Doktorkinder" beschäftigten sich mit Fragen, die der Verbesserung der Bibliotheksbenutzung dienten. Die Themen reichten von der Anwendung mathematischer Methoden bei der Berechnung und Analyse von Bibliotheksprozessen über das Verhalten der Benutzer im Prozess der Literaturauswahl bis zu den Leistungen des bibliothekarischen Fachpersonals.

Einmal kam ein Aspirant zu mir, der mich in meine Vergangenheit zurückschickte. Ein Bibliothekar aus Greifswald. Er hatte eine Studentenbefragung durchgeführt und hoffte, sich damit den Doktorhut erwerben zu können. Zunächst musste ich ihm bedeuten, dass ein wenig Theorie dazu gehöre, dann, dass er vergleichende Untersuchungen benötige und bestimmte Ergebnisse auch mathematisch absichern müsse. Er wollte sich nicht so richtig mit solch einer erweiterten Aufgabenstellung befreunden. Gesprächsweise versuchte ich seine Möglichkeiten und Voraussetzungen zu testen. Auf einmal gab Berührungspunkte. Wir hatten vor dreißig Jahren die gleiche Freundin: Sonja. Er hat sie mir, dem Zimmermann, ausgespannt. Er war mir damals wohl intellektuell überlegen. Sonja weinte und wusste nicht, was sie machen sollte. Doch, sie wusste. ... Ich erlebte sie noch mehrmals. Sie kam mich auf meinem Schloss in Mecklenburg besuchen, und zwei Jahre später fand ein Gegenbesuch statt. Ich war Bibliothekar in der methodischen Abteilung der Bezirksbibliothek Suhl. Sie Bibliothekarin in der Stadt- und Kreisbibliothek Schmalkalden. Als ich dort hinkam, traf ich sie. Die Leiterin wurde sauer, weil ich mich etwas länger, als ihr notwendig erschien, mit Sonja unterhielt anstatt mit ihr. Sonja hatte einen entscheidenden Anteil an der Entwicklung meines bibliothekarischen Lebens. Mein Aspirant ist über seinem Vorhaben gestorben. Ich hätte gern seine Dissertation betreut. Es blieb von ihm nur ein Artikel in der Fachzeitschrift, der von seinem Direktor – gewissermaßen als Nachruf – veröffentlicht wurde.

Die Mitglieder des Forschungsbeirates haben in Dutzenden von Fachbeiträgen und Publikationen ein sehr detailliertes Bild über das Leseverhalten der DDR-Bürger auf der Grundlage der Bibliotheksbenutzung gegeben. Die in den Bibliotheken der DDR ermittelten statistischen und empirischen Daten dürften weitgehend als zuverlässig betrachtet werden. Die Bibliotheken verfügten über die differenzierteste Kulturstatistik der DDR. Die Richtigkeit der Zahlen wurde durch das ZIB bei der zentralen Auswertung auch sachlich überprüft. Die empirischen Forschungsergebnisse waren zuverlässig und hielten einem Vergleich mit den Ergebnissen aus differenzierten Untersuchungen, die in den verschiedenen Bereichen mit unterschiedlichen Methoden durchgeführt wurden, stand. In parallel laufenden Untersuchungen wurden nach unterschiedlichen Kriterien ähnliche Ergebnisse erzielt. Die Ergebnisse wiesen nach einem Vergleich mit Ergebnissen von Bevölkerungsbefragungen der Buchmarktforschung je nach Hypothese nur leichte Akzentverschiebungen aus, die den Grundergebnissen nicht widersprachen. Ähnliche Untersuchungen im Sinne von Langzeitstudien erfolgten auch für die Kinderleser. Ein Fachbeitrag von mir, der ein Stück „Lesegeschichte" darstellt, ist in der Festschrift für Professor Horst Kunze, anlässlich seines 80. Geburtstages, veröffentlicht worden.

Leseförderung. Auszug aus einem Fachbeitrag

Die Steigerung der Entleihungen der letzten zwei Jahrzehnte (1965: 56 Mill., 1987: 108 Mill.) zeigt die Ernsthaftigkeit, mit der die öffentlich Bibliotheken versuchten, ihre Kultur-, Bildungs- und Informationsfunktion wahrzunehmen. Traditionelle Aufgaben wurden auf einem hohen Niveau fortgeführt, neue kamen hinzu. Die Entleihungen erhöhten sich auf dem Gebiet der Belletristik für Erwachsene von 28 auf 34 Millionen, für Kinder von 18 auf 26 Millionen. Auf dem Gebiet der Sach- und Fachliteratur einschließlich Zeitungen und Zeitschriften stiegen die Entleihungen um das Dreieinhalbfache (von 10 Mill. auf 36 Mill). Die audiovisuellen Me-dien erreichten nach nur wenigen Jahren ihrer Bereitstellung, d.h. nach 1971, mit rd. 12 Mill. ebenso wie die Zeitschriften jeweils mehr als zehn Prozent der Gesamtentleihungen. Der Trend setzt sich mit jährlichen Steigerungsraten von etwa je ein Zehntel bei Zeitungen und Zeitschriften und AV-Medien (vorwiegend Tonträger) fort. Die umfangreichen und differenziert erschlossenen Bibliotheksbestände boten auf dem Gebiet der Informationstätigkeit insbesondere durch präsente Informationsbestände, auf dem Gebiet der Territorialkunde durch Sammeltätigkeit, auf dem Gebiet der Literaturpropaganda durch Konsultationsstellen neue Qualitäten bei der Bedürfnisbefriedigung. Erweiterte Öffnungszeiten, Entwicklung eines netzinternen Leihverkehrs gehörten neben der Suche nach benutzerorientierten Darbietungsformen zum Bemühen der Allgemeinbibliotheken, um den ständig steigenden Anforderungen gerecht zu werden. Hemmend wirkten sich ungenügende, mit dem Wachstum der Bestände (1965: 22 Mill., 1987: 60 Mill. BE) nicht Schritt haltende Bereitstellung von Personal, Räumen, Möbeln und technischen Geräten aus. In diesem Kontext steht das Anliegen des Beitrages: eine Interpretation der Entleihung der Belletristik, eines wesentlichen, den Traditionen der Öffentlichen Bibliothek besonders verpflichteten Teils, zu versuchen, die Entleihung der „Literatur im engen Sinne als dichterische Schöpfung" zu betrachten.

Die traditionellen Künste behaupten sich auch heute trotz vielseitiger Angebote im Ensemble einer immer vielfältiger werdenden Medienlandschaft. Für die DDR wird festgestellt, dass die quantitativen Dimensionen der Nutzung, vor allem der traditionellen Angebote und künstlerischen Leistungen sich Mitte der 80er Jahre reproduzieren und als relativ stabil erweisen. Das gilt auch für das Lesen und die Bibliotheksbenutzung als komplexes Verhalten, das in eine Vielzahl von Lebensprozessen eingebunden ist. Empirische Forschungen stellten fest, dass diesem Verhalten neben kurzfristigen Anforderungen aus der Lebenstätigkeit vor allem habituelle Verhaltensdispositionen zugrunde liegen, die nur längerfristigen Veränderungen unterworfen sind, so dass mehr die Stabilität unterschiedlicher Interessen-Strukturen sichtbar und bestätigt wurde. 3,5 Mill. Bürger im Alter von über 14 leihen in Allgemeinbibliotheken durchschnittlich zehn Bände Belletristik aus. Dies vollzieht sich seit zehn Jahren nahezu unverändert, eher von Rückgängen als Steigerungen begleitet. Es handelt sich dabei um fast ein Drittel der Entleihungen (1965 waren es noch 50 Prozent).

20 Prozent der Belletristikentleihungen entfielen auf das nationale und internationale Kulturerbe; 40 Prozent auf die Gegenwartsliteratur und 40 Prozent auf die Unterhaltungsliteratur. Trotz des relativ hohen Stellenwertes der Unterhaltungsliteratur bei der Entleihung gab es keine soziale Gruppe, die sich ausschließlich auf diese Literatur konzentrierte. Die öffentlichen Bibliotheken waren gut beraten, als sie sich beim Bestandsaufbau elitären Auffassungen widersetzten und auf Leseinteressen reagierten, die die Differenziertheit der Bedürfnisse berücksichtigten. Massenhaft vorhandene, allgemeine und spezielle Bedürfnisse sollten von allen hauptberuflich geleiteten Allgemeinbibliotheken befriedigt werden – also auch der häufig auftretende Anspruch auf Anspruchsvolles. Die Theorie des „Hochlesens" als absolutes Postulat stand nicht mehr zur Diskussion, aber zugleich wurde diese Möglichkeit auf der Grundlage eines vielfältigen Angebotes eingeräumt. So stand in den Diskussionen, die das Angebot der Bibliothek betrafen, objektiv bedingt, nie die Frage nach hoher oder niederer Kunst, nach Grenzüberschreitungen von Kunst zur Nichtkunst oder von Wissenschaft zur Populärwissenschaft. Maßstäbe bildeten sich heraus in Richtung der Meisterung des jeweiligen Genres (z.B. nach Wissenschaftlichkeit bei der Sach- und Fachliteratur). Es entwickelten sich auch neue Maßstäbe bezüglich der kulturpolitischen Anforderungen sowie der Differenzierung der Bedürfnisse einer vielschichtigen Benutzerstruktur.

Der Leseförderung in ihrer Gesamtheit zu dienen ist eine Strategie, die Massenmedien veranlasst, auf anschauliche Weise auf Literaturinhalte aus Erbe und Gegenwart neugierig zu machen. Erforderliche Hinweise auf die Beschaffung dieser Literatur in Bibliotheken und, wenn möglich, im Buchhandel zu geben. Wir brauchen eine Literaturpropaganda, die gegenüber der Öffentlichkeit Stellenwert und Bedeutung des Lesens für Phantasie und Kreativität, nicht zuletzt auch für ein Zurechtfinden im Leben und im Beruf und in der Medienlandschaft herausarbeitet. Es muss dergestalt auf gegenwärtige und künftige Bildungskonzeptionen Einfluss genommen werden, dass bereits im Aus- und Weiterbildungssystem der Erzieher die Inhalte vermittelt werden, mit denen die Bibliothek die Bildungsprozesse zu unterstützen vermag. Die Beziehung zwischen Familie und Bibliothek über die Vorschulerziehung und Schulerziehung muss so überzeugend gestaltet werden, dass die Eltern erkennen, dass Lesen und Bibliotheksbenutzung zum Erfolg in der Schule und im Beruf beiträgt. Das sind An-regungen, deren Verwirklichung im Normalfall nur Tatkraft, Begeisterungsfähigkeit, Fachwissen kosten und nur geringe Investitionen erfordern.

Das gilt auch heute noch. Es bietet sich an, zehn Jahre vorauszuschauen, auf den 90. Geburtstag von Professor Dr. Horst Kunze.

Professor Kunzes 90. Geburtstag

Es war kein viertel Jahr mehr bis zur Jahrtausendwende. Professor Dr. Horst Kunze, langjähriger Generaldirektor der Deutschen Staatsbibliothek „Unter den Linden", feierte seinen neunzigsten Geburtstag. Der neue Generaldirektor hatte veranlasst, dass Kunzes nunmehr auch schon hochbetagter Fahrer, ihn, wie zu alten Zeiten, von zu Hause abholte und zum Festakt, zu seiner letzten Arbeit, brachte. Mehrere Generationen Bibliothekare kamen als Gratulanten. Mehr grau und runzlig als schwarz und blond. Alles, was jemals Rang und Namen im Bibliothekswesen der DDR hatte, war vertreten. Der Lessing-Saal reichte nicht aus. Die Gäste mussten in den nächstgrößeren Saal umziehen, damit die Festredner vor einem ehrfurchtsvoll sitzenden Publikum ihre Weisheiten darbieten konnten. Aber nur ein sechzig Jahre alter Abteilungsleiter der Staatsbibliothek, Dr. Karl Schubarth-Engelschall, konnte den Zuhörern ein lebendiges Kunzebild vermitteln – aus eigenem Erleben. Der heitere, geistvolle, tolerante aber auch strenge Professor und Generaldirektor stand im Rampenlicht. Neben mir saß aufmerksam Gotthard Rückl, langjähriger Präsident des Deutschen Bibliotheksverbandes und Weggefährte von Kunze, der unser lindgrünes Buch lobte. Vor mir ebenfalls einer, Helmut Rötzsch, der mich auf eine harsche Kritik des Buches im Börsenblatt aufmerksam machte. Im Gang ging ebenfalls ein ehemaliger Präsident, Karl-Heinz Jügelt, kopfnickend vorbei. Keiner der Festredner erwähnte, dass Kunze Gründer und erster Präsident des Bibliotheksverbandes der DDR war. Vom Bibliothekslexikon war keine, von seinen Lehrbüchern kaum die Rede. Ein Stück Geschichte wurde geboten, aber die Lücken rochen nach Vergessen. Ein Vortrag sprach von seinem Zu-Hause-sein in der Bildenden Kunst. Kunze hatte gerade einen neuen Klemke-Band erarbeitet und herausgegeben. Seine Publikationen zählten 73 Katalogeinträge in der englischen Nationalbibliothek. Welch ein Lebenswerk. Drei nur in Darmstadt, immerhin einer Wirkungsstätte des Jubilars. Weder der sich erinnernde Assistent noch der Beitrag der Pirckheimer-Gesellschaft konnten seine Schaffensjahre so lebendig werden lassen, wie dies in der Rede des Abteilungsleiter so glanzvoll geschah. Vor vielen Jahren, als es um die Stellung der großen Bibliotheken in der DDR ging, sagte Kunze zu mir: „zwei Bibliotheken von der Größe der Deutschen Staatsbibliothek und der Deutschen Bücherei waren in Gesamtdeutschland schon zu viel – man sollte mal über eine Bibliothek mit unterschiedlichen Standorten nachdenken." Heute sind es vier, bzw. zwei mit zwei Standorten. Ein anderes Mal in tiefster DDR-Zeit: „Entscheidend sind Inhalt,

Größe und Leistungsfähigkeit einer Bibliothek. Die Staatsbibliothek hat schon drei Gesellschaftsordnungen überstanden ...".

Eines Tages erzählte ich Horst Kunze – es war in den 1970er Jahren – dass Heinrich Ullmann, den er kannte, mein Schwiegervater sei. Er gratuliere mir zu einem so lustigen Schwiegervater. Als ich ihm, den höchstens 1,55 m großen Professor unser lindgrünes Buch übergab, sagte er: „Hallo Göhler", und ich sagte: „Bleibe noch lange gesund, Doktorvater". In seinen und meinen Augen leuchtete – trotz der Anstrengungen des Tages – ein Stück bisher noch ungeschriebene Lebens- und Bibliotheksgeschichte auf.

Ein Schluck Wasser

Unsere Gruppe der „Deutsch-sowjetischen Freundschaft" hatte, es muss 1983 gewesen sein, einen jungen Wissenschaftler von einem Moskauer Universitätsinstitut gebeten, uns einen lebendigen Überblick über das politische und gesellschaftliche Leben in der Sowjetunion zu geben. Oh Graus, niemand hatte geahnt, dass der Mann sachlich begründet gegen die herrschende Klasse der Sowjetunion ins Feld zog: Keine Entwicklung, weder in der Wirtschaft noch anderswo, Stagnation auf allen Lebensgebieten, Breschnew sei wie ein Schluck Wasser. Es bewege sich nichts, und der große Generalsekretär wolle auch gar nichts bewegen. Wir wollten es nicht glauben. Die Medien redeten eine andere Sprache. Auch in den Westmedien fand man nichts dergleichen. Von der Weltmacht Sowjetunion ist die Rede. Viel später, kurz vor ihrem Tode, fragte ich einmal Margot Weiß: „Zu welchem Zeitpunkt bekam Gerhard Weiß, stellvertretender Ministerpräsident der DDR, eine Ahnung davon, dass die Existenz des Sozialismus von den eigenen Leuten in Frage gestellt wurde?" Margot erzählte, dass Gerhard Anfang der 1980er Jahre einmal von einer RGW-Sitzung verzweifelt nach Hause kam und sagte, er wisse nicht, wie es weiter gehen solle. Sämtliche sozialistische Länder hatten sich mit der Weltbank über eine Konvertierbarkeit von Rubel und Dollar geeinigt, da kam Breschnew und sagte „Njet". In 18 Jahren Breschnewherrschaft hat sich das Land lahm gelaufen. Genau wie bei uns: Erster Tagesordnungspunkt einer Beratung im Politbüro, so sagte ein Witz, „Hereintragen des Politbüros und Absingen des Liedes ‚Wir sind die junge Garde' ".

Um mich in dieser mir neu erscheinenden Welt zurecht zu finden und Zeit zum Nachdenken zu gewinnen, besorgte ich mir für 30 Mark einen Ferienplatz vom Gewerkschaftsbund. Was ich hier erlebte, war so, als käme ich vom Regen in die Traufe.

Es bewegte sich in unserem Land nicht viel, dennoch, den Ferienplatz für nur 30 Mark gab es noch, bei voller Kost und Logis. Es war Herbst und die Gewerkschaft hatte noch einen Platz in einem Thüringer Dorf frei. Ich wollte die Natur genießen, lesen und schreiben, vielleicht auch ein paar kluge Leute kennen lernen. Da passierte es.

Bis dahin hatte ich viel Schönes und viel Skurriles erlebt. Ich hoffte, dass mir davon noch viel begegne, glaubte aber nicht, dass mir jemals noch eine Hexe über den Weg laufen würde. Von deren Art wusste ich, und ich wusste, dass es sie, wissenschaftlich betrachtet, eigentlich nicht gab und nicht geben durfte. Aber es gab sie doch. ... Mir dämmerte, dass in es einer Welt der unendlichen Möglichkeiten zwischen Himmel und Erde noch mehr gibt als Teufel und Hexen.

Von Hexen

Jedes Dorf hat seinen Trottel. Ein armer einfältiger von Krankheiten des Körpers und/oder des Geistes geplagter Mensch, der sich oft seiner Lage nicht bewusst ist. Je trottelhafter einer ist, um so mehr Chancen haben die ungeschickten, dummen und willensschwachen Menschen im Ort, nicht als solche erkannt zu werden.

Nicht so genau wusste ich, ob heute noch jedes Dorf auch seine Hexe habe. Den Erzählungen der Großeltern zufolge gab es immer eine, die behext war, oder die die Männer behexte, die Wunder vollbrachte mit Kräutern, Handauflegen, Kartenlegen oder Wahrsagen. Manchen wurde der „Böse Blick" nachgesagt, anderen, dass sie vom Teufel besessen seien. Da sie Unheil stifteten, ließen die Bauern diese Besessenen nicht in ihre Ställe, in Sorge, dass ihr Vieh behext würde und Tiere erkrankten, starben oder dass Kälber mit zwei Köpfen zur Welt kämen.

Wo andere sich ein Leben lang mühten, gegen Krankheit und Tod anzugehen, konnten sie mit wenig Aufwand Heilung und Besserung stiften. Früher hatte ich eine solche Hexe im Dorf meines Onkels kennen gelernt. In der neuen Zeit, dachte ich, seien sie ausgestorben. Als Kind wusste ich sofort, dass sie eine Hexe war, weil sie so aussah, wie die in meinem Märchenbuch, mit tiefen Falten im Gesicht, krumm mit Stock und Kopftuch, Kindern Angst einflößend. Sie hatte einst meinen Onkel geheilt. Sie hatte ihn, als die Ärzte keinen Rat mehr wussten, von einer schlimmem Blutkrankheit befreit.

Nichtsahnend, dass es heute noch Dorfhexen geben könnte, stolperte ich in reiferen Jahren über eine. Sie versteckte ihr Alter unter Schminke und schicker Kleidung. Sie hatte das Temperament eines jungen Mädchens, redete klug über das Leben und verschlang es, wahrscheinlich gerade wegen ihres hohen Alters. Das Dorf war kein richtiges Dorf, die Bauern keine Bauern mehr. Die Genossenschaft des Nachbardorfes beackerte die Felder und die Kinder der Bauern vermieteten ihre Zimmer und Scheunen an Urlauber und verdienten sich so im Schlaf ihr Geld. Wenn Urlauberabend war, kam die Hexe auf den Saal und tanzte. Vorn, in der Kneipe, saßen die Männer des Dorfes und vertranken das im Schlaf verdiente Geld. Dorthin ging die Hexe und tanzte mit einem nach dem anderen, bis diese nicht mehr konnten oder mit ihr nach Hause gehen wollten. Noch wusste ich nicht, dass es die Hexe des Dorfes war.

Nach dem letzten Tanz saß sie auf einmal auf meinem Schoß. Da ich mehr als eine Flasche Wein getrunken hatte, fand ich sie kennen lernenswert. Ihr Lachen war hexisch. Daran erkannte ich sie. Es war ein zickiges, nach hinten gepresstes Lachen einer alten Frau. Es war so, wie ich mir das hässliche Lachen meiner Bilderbuchhexe vorstellte. Indes, die zweite Flasche Wein, von der ich auch ihr zu trinken gab, ließ mich noch neugieriger werden – auf etwas, dessen letzte Verbrennung vor zweihundert Jahren stattgefunden hat. Sie sagte, ihr Feuerstuhl stünde vor der Tür, wenn ich wolle, könne ich einsteigen, sie würde mich durch die Lüfte entführen. Meine Neugier war irgendwie nicht zu bremsen. An der Hausecke stand ein grauer Trabant. Bevor wir einstiegen, führte ich sie, um ihre Diesseitigkeit zu prüfen, an einen dort stehenden Eisenpfahl. Sie schlug dagegen. Ihr schmerzhaftes Stöhnen ließ mich an ihrer Hexhaftigkeit zweifeln. Als sie nun wenig Anstalten machte, ihren Feuerstuhl in Bewegung zu setzen, schaltete ich den Motor ein, ließ den Scheinwerfer aufleuchten und sagte ihr, ich wäre der Teufel, und sie habe mich in ihr Hexenhaus zu fahren. Widerwillig, vor Schmerz stöhnend und jammernd, wie schlimm es bei ihr zu Hause aussähe, fuhr sie auf meinen Befehl ins Hexenhaus. Ich wollte wissen, wie eine Hexe wohnt, wie sie lebt und wollte ihre Hexengeschichten hören. Die dreimal doppelt verschlossenen Tore ihres Hauses wurden geöffnet und das Hexengefährt in der Garage gebracht. Als dann alles sechsmal wieder abgeschlossen war und ich ihr ein Dutzend Mal guten Gewissens bestätigte, dass ich mit keiner Hexe zusammen wohne, wagte sie, das mit Eisenriegeln vier mal gesicherte Haus, das sie allein bewohnte, zu öffnen und dann wieder abzuschließen. Ich dachte, zur Not könne ich ja durch eines der vielen Fenster flüchten. Später merkte ich, dass alle Fenster vergittert waren. Der dunkle Flur war von einer 15-Watt-Lampe beleuchtet, an den Wänden und auf dem Fußboden standen Vasen mit Wachsblumen, als wolle sie böse Geister anziehen. Das Wohnzimmer war ein Gruselkabinett. Wie kann ein zivilisierter Mitteleuropäer, dem ein ganzes Haus gehört, in einem 12 Quadratmeter großen Zimmer leben, in dem nicht mal Platz zum Ablegen war. Nur eine schmale Lauffläche von der Tür zum Bett und zum Wandschrank. Bilder an der Wand zeigten zwei junge Männer. Alle Bilder waren mit einem schmalen schwarzen Flor versehen. Auf kleinen Tischen standen Kerzen unterschiedlicher Größe. Dann zählte ich noch weitere 32 Kerzen auf Sockel und Schränken. Es fehlte die Luft zum Atmen in diesem Raum der Trauer. Auf Radio, Fernsehapparat und Schränkchen standen Erinnerungsfotos. Wieder die beiden Männer in unterschiedlichem Alter. Auf dem Tisch lagen Spielkarten, Kerzen, Bilder, Kunstblumen, Nippfiguren. Halt, da hing noch ein Stilleben eines bekannten Malers und Bildhauers Ein echter Stötzer. Sie erzählte, dass sie den Maler als junges Mädchen kennen gelernt und gezwungen habe, für sie Bilder nach vorgelegten Postkarten zu malen. Er tat es ihr zuliebe und gab dem Bild dennoch seine eigene Note. Eine Vase mit Sonnenblumen, die an Vincent van Gogh erinnerte. Sie sagte, der Maler hätte sich nicht so genau an die Vorlage gehalten. Bald kam sie mit einer Flasche Wein und den eben geputzten Weingläsern aus der Küche und sagte „du schaust auf die Bilder, wir liegen aber auf dem Friedhof". Ich lauschte der Geschichte vom Friedhof, das grässliche Hexenlachen wurde immer leiser. Ich bestaunte und bedauerte sie, denn sie wurde beim Erzählen immer älter und meiner Hexe im Bilderbuch immer ähnlicher. Fast traue ich mir nicht mehr, die Geschichte zu Ende zu erzählen.

Am 24. April vor zwanzig Jahren starb ihr schöner Mann eines mystischen Todes. Er wurde im Straßengraben tot aufgefunden, sein Auto stand einen Kilometer entfernt und verschlossen am Straßenrand; drei Jahre später, am gleichen Tag wurde ihr einziges Kind, ein Sohn, von einem flüchtigen Soldaten der Roten Armee niedergeschossen. Ein Jahr später, am gleichen Tag, starb der Vater, ein weiteres Jahr später, wieder an einem 24. April, kam der Bürgermeister und wollte Untermieter in ihr Haus einweisen. Fünf Jahre nach dem Tod des Sohnes weigerte sich die Einheit der Volksarmee, bei der ihr Sohn in Dienstausübung starb, ein Blumengebinde auf sein Grab zu legen.

Seit dieser Zeit lebte sie mit den Toten, denn sie hatte niemanden sonst. Sie lebte mit Eingaben und Beschwerden über die Ärgernisse, die ihr Nachbarn und Behörden bis hinauf zum Vorsitzenden des Kreises bereiteten. Man gab ihr auch immer Recht. Irgendwie merkte sie aber, dass sie ihr eigenes Leben wieder aufnehmen müsse, und sie begann dort, wo sie aufgehört hatte, Mädchen zu sein und ihren Mann kennerlernte. Sie ging ins Schützenhaus, wo sie damals die Herzen aller Jungen des Dorfes eroberte und mit ihnen tanzte, bis diese nicht mehr konnten. Es war jetzt der Tanzsaal der Urlauber, jener Saal, in dem sie auf meinen Schoß setzte. Nun tanzte sie mit den Männern des Dorfes, mit denen sie sich vor vielen Jahren schon einmal bis zum Umfallen drehte. Aber etwas erhielt sie nie wieder: ihr frisches mädchenhaftes Lachen. Das war dem einer Hexe gewichen. Gegen Mitternacht erfuhr ich, welch seltsame Bewandnis es damit hatte. Als sie ihren Jungen verlor, war sie voller Hass auf dessen Todbringer. Sie wollte wissen, was mit dem zwanzigjährigen Rotarmisten geschah, der auf der Autobahn ein Fahrzeug der Volksarmee anhielt und beide Insassen niederschoss, um dann mit dem Fahrzeug zu flüchten. Sie hätte wissen müssen, dass er von seinem Militärtribunal keine Gnade zu erwarten hatte. Man holte sie nach Moskau, sie sollte Anklage erheben und das Urteil sprechen. Sie forderte die Todesstrafe und wollte deren Vollzug erleben. Sie schrie hasserfüllt in den Gerichtssaal hinein bis sich ihre Stimme überschlug. Als die Mutter des Mörders weinend vor ihr niederkniete und sie um Gnade anflehte, konnte sie nicht mehr milde und freundlich sprechen. Ihr einst fröhliches Lachen war für immer dahin. Ein Teufelspakt?

Hexenhaft war nicht nur, dass sie ihre Lieben am gleichen Tag unterschiedlicher Jahre verlor, schon als junges Mädchen war sie anders als alle anderen. Der Vater verwöhnte sein erst im Alter gezeugtes Kind, die Mutter war bei der Geburt gestorben. Er zog, seiner Gesundheit wegen, von der See in die Berge. Er kaufte eine Bauernkate mit fünf Hektar Feld und etwas Wald sowie Kühe und Pferde ohne Ahnung von der Landwirtschaft zu haben. Schlitzohrige Nachbarn rieten ihm das Gegenteil von dem, was ein Landmann eigentlich tun müsste. Nach zwei Missernten kaufte er Bücher und lernte Winter für Winter, was gut für den Boden, Frucht und Tiere sei. Die anderen Bauern lasen noch keine Bücher, ihr Wissen um Feld, Flur und Vieh erbten sie von den Vätern und Großvätern. Nach drei Jahren legte die kleine Tochter zum Erntedankfest die größte Rübe, die im Dorf geerntet wurde, auf den Altar der Kirche. Den Bauern war klar, hier ging etwas nicht mit rechten Dingen zu, hier war Hexerei im Spiel. Der Vater verdiente gut, kaufte eine Dreschmaschine und ließ die Bauern des Dorfes, die noch mit Pferd und Wagenfuhre arbeiteten, bei sich anstehen. Das Teufelsding von Dreschmaschine sollte nun für gutes Geld das Getreide der Bauern dreschen, und diese brauchten nicht mehr den ganzen Winter über den Dreschflegel zu schwingen, um das Getreide aus den Ähren zu klopfen. Das war ungewöhnlich. Keiner von ihnen hätte sich so etwas wie eine Dreschmaschine anschaffen können. Dass er das konnte, da musste doch noch was anderes im Spiel sein. Vielleicht der Teufel?

Da der Vater den kleinen Sausewind abgöttisch liebte, bekam er die schönsten Sachen geschenkt. Die Dorfkinder träumten davon nur. Sie war die Einzige, welche Dreirad, Roller und Puppenwagen besaß. Sie lebte ihr einzigartiges Leben im Dorf und blieb einzigartig. Das beste Spielzeug, gute Noten in der Schule und die schönste Stimme im Kinderchor, auch das konnte nicht mit rechten Dingen zugehen – also war sie eine kleine Hexe. Hinzu kam, dass sie mit ihren schwarzen Haaren und feurigen Augen schöner und schöner wurde. Und dann war da noch etwas. Als sie älter wurde, hatte sie eine Draht-Foxterrier-Zucht. Eine Hundesorte, die keine Kinder mag. Meistens hatte sie vier Stück und ging mit ihnen spazieren. Die Hunde hörten aufs Wort, nur Katzen, Fuchs, Marder und Iltis durften ihnen nicht begegnen. Dann rissen sich die Hunde los. Mit einem tödlichen Biss ins Genick wurden die Katzen der Nachbarn, das Raubwild vom Dorfrand und mancher Fuchs zur Strecke gebracht. Katze und Hexe gehören zusammen wie Pech und Schwefel. Eine außergewöhnliche Hexe, die mit ihren Tieren die Attribute einer Hexe vernichtete. Das machte ihre Hexenhaftigkeit noch hexenhafter.

Als junges Mädchen hatte sie zwei Kleiderschränke voller Sachen, die sie natürlich zeigte. Allein, sich im Dorf zur Schau zu stellen, war ihr zu wenig. Also ging sie heimlich ins Nachbardorf und half bei einer Ärztin als Sprechstundenhilfe. Sie wollte Zahnärztin werden. Hier ist ihr der Teufel in den Arm gefallen, weil sie eine Hexe bleiben sollte. Sie infizierte sich bei der Krankenpflege. Eine Blutvergiftung sollte ihr der Arm kosten. Sie ließ sich den Arm nicht abnehmen. Der Teufel trieb sein Spiel. Entgegen allen Prophezeiungen der Ärzte blieb sie am Leben. Es ging eben nicht mit rechten Dingen zu. Dafür sollte sie für den Teufel als Hebamme Kinder auf die Welt bringen, damit die Hexen nicht aussterben. Nun kam noch ein schöner Mann dazu, ein hübsches Baby – und eine glückliche Ehe. Alles Teufelswerk, sagten die Dörfler.

Laut Teufelspakt währte ihr Glück nur zwanzig Jahre. Nun liegen alle auf dem Friedhof und sie hat das Lachen einer Teufelsbraut.

Zur Hebamme kamen nur wenige Menschen. Man munkelte, alle Kinder, die sie zur Welt gebracht, hätten mit dem Teufel einen Pakt geschlossen. Dabei geht es ihnen gut, sie erlernten einen tollen Beruf, verdienen reichlich Geld und fuhren einen protzige Wagen. Sie lebten in Freude und Frieden mit der Familie und den Nachbarn. „Das dicke Ende kommt noch", flüsterte man hinter vorgehaltener Hand. „Sie sind erst Mitte dreißig". Nach wenigen Jahren Hebammentätigkeit entzog man ihr die dörfliche Entbindungsgenehmigung. Sie störte sich nicht daran, dafür konnte sie ihren Mann, der beim Kreisamt eine wichtige Funktion inne hatte, viel intensiver belieben und behexen. Als dann alle auf dem Friedhof lagen und sie die Stimme der Frau Elster aus dem Kinderfernsehen bekam, da wusste man im Dorf, dass sie bestimmt am 24. April einen Pakt mit dem Satan geschlossen hatte. Es musste aber noch mehr im Spiel sein. Am 24. April des Jahres 1926 – es war ihr Geburtsjahr – wurde ihre Tante von einem Lustmörder umgebracht und genau ein Jahrzehnt später wird am 24. April ihre letzte Tante von ihrem Ehemann vergiftet. Wem das nicht reicht, an einen Bund mit dem Bösen zu glauben, der ist selber Schuld, so sagt man im Dorf.

Doch sie ist nicht untätig. Sie schiebt Schnee im Winter, wenn es geschneit hat früh morgens. Und spät abends noch einmal, denn der Schneepflugfahrer hat ihn ihr mit voller Absicht wieder vor die Tür geschoben. Sie ist tätig im Krankenhaus der Kreisstadt, hilft aber nicht mehr beim Kinder zur Welt bringen. Sie singt im besten Chor des Kreises. Doch kaum beginnt der Tanz im Dorf, beginnt die Hexe zu tanzen, wie ein junges Mädchen. Das kann doch nicht wahr sein. Sie will hundert Jahre alt werden, um all die in die Grube steigen zu sehen, die ihr Unrecht taten. Es gibt keine Anzeichen dafür, dass sie das nicht schaffen könnte.

Sie erzählte mir von ihrer Jungmädchenzeit, von den Modenschauen, jeden Tag andere Kleider, zum Kleid den passenden Hut, Mantel und Stiefel ganz exquisit, und das in den schlechten Zeiten. Sie erzählte von Reisen in die Hauptstadt und in die Messestadt, von ihren Abenteuern mit den Jungen der Nachbardörfer. Sie bestätigte sich als Hexe mit hexenhaftem Kichern.

Ob sie vom auf ihr lastenden Fluch noch geheilt werden kann? Ich übte mich in einer Form der Heilkunst, die der Magie nahe stand. „Bitte schau mich an, erzähl mir von deinem Kind, als es klein war und sprich langsam, ganz langsam", sagte ich ihr „und bitte ohne zu lachen". Sie erzählte, wie ihr Sohn Laufen lernen, vom Kindergarten, von der Schuleinführung und von seinen tollen schulischen Leistungen und, dass er Arzt werden wollte. Bald kamen ihr die Tränen – erst kickerte sie ein wenig, dann räusperte sie sich, dann weinte sie und sprach immer langsamer und lächelte, wenn die Erinnerung an ihre schöne Zeit sie überwältigte.

Da war es schon 4.00 Uhr morgens, der Tag brach an. Es war der 24. April, als ich sie verließ. Ich ging mit einer leisen Ahnung im Herzen, dass man manchmal auch den Teufel überlisten könne. Habe ich die letzte Hexe des sich verabschiedenden Jahrhunderts kennen gelernt? Ich schwöre bei meinem Leben und dem meiner Kinder, dass ich dies so und nicht anders erlebte.

Von der Freiheit der Andersdenkenden

Das Leben in meiner Abteilung ging trotz Hexen und Hexereien weiter. Aber es änderte sich, als der von mir sonst so geschätzte „Kaderchef" mir eine Kollegin als Stellvertreterin ausgesucht hatte, ohne sich vorher mit mir abzustimmen. Als meine Fachgebietsleiter dies erfuhren, ging eine der Kolleginnen zum Regal mit den Fachzeitschriften und fragte „Wer ist diese Kollegin?" Indem sie in den Namensregistern aller Jahrgänge blätterte, sagte sie: „Ich sehe sie nicht, sie existiert nicht." Ein Jahr lang musste sie in den einzelnen Fachgebieten hospitieren, um sich in die Prozesse der Abteilung einzuarbeiten.

Später, in der 2. Hälfte der 80er Jahre, als sie dann voll in Aktion war, gewann ich den Eindruck, dass sich meine Damen vor Abteilungsberatungen untereinander abstimmten, was für Probleme erörtert werden könnten, mir das Leben ... nun, nicht eben leichter zu machen. Das war am Anfang meiner Tätigkeit nicht so. Da stand mir Lore Rieck zur Seite, eine sachkundige liebevolle Kollegin, Frau eines Puppenspielers, die ebenfalls aus der Chemnitzer Ecke kam und sich voll einbrachte um mit Pohlenz den Informationsdienst, sachgerecht in guter Qualität regelmäßig erscheinen zu lassen und mir durch ihr gewissenhaftes Arbeiten und ihre Verlässlichkeit den Rücken freihielt. Aber jetzt waren schon Zeiten, in denen der Einzelne darauf bedacht war, sich in dieser und jener Art und Weise stärker zu profilieren.

Einmal kam eine Dame zu mir, die aus dem Verlag Neues Leben herausgeflogen war, weil sie gegen die sowjetischen Raketen demonstriert hatte und aus der Partei ausgetreten war: Vera Wollenberger. Später fuhr sie mit ihrem Sohn nach England. Sie hatte mit anderen auf der Kampfdemonstration zu Ehren von Karl Liebknecht und Rosa Luxemburg mit einem Schild „Die Freiheit ist immer die Freiheit des Andersdenkenden!" ihre Opposition zum Ausdruck gebracht. Wie gesagt, vorher saß sie bei mir und ich bot ihr eine Stellung an als Redakteur für die vielen Publikationen, die wir jährlich allein in unserer Abteilung herausgaben. „Das wäre zu schön um wahr zu sein", meinte sie und kam nicht wieder. Sie ging zu ihrem Stasi-Spitzel-Mann und züchtete Schafe. Vorher hatte der Personalchef in meinem Beisein zu ihr gesagt: „Sie dürfen bei uns alles sagen, nur mit einem Schild, auf dem steht ‚Die DDR ist Scheiße', auf die Straße gehen, das möchten wir nicht". Sie ging dann mit einem Schild. Natürlich ist gegen das Rosa Luxemburg-Zitat nichts zu sagen. Die ehemalige Genossin aus dem FDJ-Verlag, sie heißt inzwischen Vera Lengsfeld, ging dann konsequenter Weise zum Bündnis 90/Die Grünen und hatte im Bundestag ein Mandat. Kurz vor der Wahl 1998 wechselte sie zur CDU und saß wieder im Bundestag.

Anders war es mit einer anderen Bundestagsabgeordneten aus dem „Neuen Forum": Ingrid Köppe. Auch sie war Mitarbeiterin in meiner Abteilung, sie arbeitete bei Weigert im Fachgebiet Datenerfassung für die elektronische Datenverarbeitung. Sie war gut, nein, sehr gut, korrekt, konsequent und genau. Sie ist nach dem Tod ihrer Mutter im Frühjahr 1989 ausgeschieden und hat sich einer anderen Tätigkeit zugewandt. Wir dachten, sie will einer literarischen Beschäftigung nachgehen. Wir hofften dennoch, dass sie bei uns bliebe. Schließlich respektierten wir ihren Wunsch. Ingrid Köppe hat die Wende am „Runden Tisch" mitgestaltet und durch ihre scharfe Logik und ihren Gerechtigkeitssinn manches einer besseren Wendung zugeführt. Als Bundestagsabgeordnete von Bündnis90/Die Grünen hat sie sich ebenfalls für Gerechtigkeit eingesetzt. Sie hat geholfen, wo sie konnte, und gespendet, so viel sie konnte. Schließlich hat sie in einer Debatte Bundeskanzler Kohl gefragt, ob bei ihm finanziell alles rechtens sei. Er wollte daraufhin sein Verhältnis zum Bündnis90/Die Grünen überprüfen. Soweit hat es bis dato kein Bibliothekar gebracht. Jetzt studiert sie Jura an der Europa-Universität in Frankfurt/O. Es mögen viele zittern, wenn sie in die Politik zurückkehrt.

Die Macht der Verlage

Ich hatte das Glück, nahe am Machtzentrum des Landes zu stehen. Im Sozialismus gab es die Möglichkeit der Machtausübung auf jeder Ebene, sofern diese nicht im Widerspruch zum zentralen Machtanspruch stand. Macht ausüben zu können, zur Verwirklichung selbst gesteckter ethischer Ziele beizutragen, das war doch etwas. Anders war auch die Steigerung der Entleihungen eines hinter dem Wald gelegenen Bezirkes von einem der letzten zu einem der vordersten Plätze nicht zu erklären. Unser Ziel, positiv auf das Lesen einzuwirken, stand in Übereinstimmung mit den Zielen der Staatsmacht und den Zielen der SED – schon zu einem Zeitpunkt, als das „Leseland" noch nicht ausgerufen war. So hatte ich keine Schwierigkeiten, den unmittelbar herrschenden Ideen auf diesem Gebiet beizupflichten. Die Herrschenden akzeptierten mein Engagement und ich ihre Zielstellung, die in das Bildungs- und Informationssystem eingebettet waren. Sie durchdrangen alle gesellschaftliche Bereiche. Wir waren an einem Dreh- und Angelpunkt, der zur Veränderung des Lebens in diesem Land beitragen konnte und beigetragen hat. Ich konnte in Suhl wie in Berlin in meiner Arbeit eigene Schwerpunkte setzen, die logischer Weise in der Förderung des Lesens und der qualitativen Verbesserung der Bibliotheksarbeit ihre Zielpunkte hatten.

Zur qualitativen Verbesserung gehörte, die Weite und Breite der Literatur verfügbar zu machen. Die Voraussetzung dafür schufen die Verleger und Lektoren. Die Bedeutung des Verlagswesens der DDR, mit seinen 78 Verlage strahlte auf alle Lebensgebiete aus. Sie darf nicht unterschätzt werden. Was wären Politik, Wirtschaft, Wissenschaft und Kultur des Landes ohne die Verlage. Das Buch ist ein Transportmittel für Ideen, Anschauungen, Vorstellungen, für Politik und Ideologie. Die beiden Politbüromitglieder Kurt Hager und Günter Mittag nutzten zur Verdeutlichung ihrer unterschiedlichen Standpunkte „ihre" Verlage. Die vorwiegend ideologischen Positionen von Hager wurden im Dietz-Verlag und die „ökonomistischen" Positionen im Verlag „Die Wirtschaft" vertreten. Der Dietz-Verlag gehörte der SED.

Er hatte eine durch den Verlagsleiter und seine Hintermänner geprägte Position. Jeder gesellschaftliche Bereich hatte seinen Verlag, der sowohl die Buch- als auch die Zeitschriftenproduktion auf seinem Gebiet sicherte. Der Gewerkschaft gehörte der Tribüne-Verlag, der Freien Deutschen Jugend stand der Verlag „Neues Leben" zur Verfügung. Der Demokratische Frauenbund hatte den „Verlag für die Frau". Den Liberaldemokraten gehörte der Buchverlag Der Morgen, den Christdemokraten der Unions-Verlag, den Nationaldemokraten der Verlag der Nation, die Bauernpartei hatte den Landwirtschaftsverlag und der Kulturbund den Aufbau-Verlag. Hervorgehoben zu werden verdient der Kinderbuchverlag der Pionierorganisation mit seiner Vielfalt, seiner international hoch anerkannten Qualität der Kinderliteratur und seinen hohen Auflagen, die es den Bibliotheken ermöglichten, immerhin 70 Prozent der Kinder als ihre Benutzer zu erfassen und damit einen riesigen Beitrag zur Leseförderung zu leisten.

Die katholische Kirche publizierte im St.-Benno-Verlag und die evangelische Kirche in der Evangelischen Verlagsanstalt. Diese christlichen Verlage produzierten pro Einwohner ein Vielfaches an christlicher Literatur als ähnliche Verlage in der Bundesrepublik. Auch die Ministerien konnten entsprechend ihrer Gliederung und Bedeutung auf vergleichbare Verlage zurückgreifen. Deutlich auf den Gebieten des Gesundheitswesen, Pädagogik, Technik, Landwirtschaft, Verkehrswesen oder Militärwesen. Der Akademie der Wissenschaften gehörte der Akademieverlag. Darüber hinaus gab es noch einige Belletristikverlage, die der Hauptverwaltung Verlage direkt unterstanden. Das machte die Verlagslandschaft interessant, es kam kaum zu Doppelproduktionen, aber die Verlage waren auch konkurrenzlos. Mögliche Einseitigkeiten wurden durch die internationale Kooperation der Verlage wieder aufgehoben. Davon erzählen die vielen Lizenzausgaben. Höpcke hatte im Bereich des Kulturministeriums zwei Abteilungen, die sich höchstens bei der Forderung nach mehr Papier ins Gehege kamen: die Abteilung Belletristik und die Abteilung Wissenschaftliche und Fachliteratur. Die jährlichen Treffen zwischen Höpcke und den Verlagsleitern dieser beiden Gebiete fanden getrennt statt. Unsere Interessen, die für den „Informationsdienst für den Bestandsaufbau in Öffentliche Bibliotheken", wurden von mir wahrgenommen, ich nahm an beiden Zusammenkünften teil und verfügte damit über den notwendigen Informationsradius. Der ließ sich allerdings für uns nicht immer direkt ausschöpfen. Wissenschaftspolitik und Kulturpolitik standen jeweils sachbezogen im Vordergrund. Bei der Durchsetzung irgendwelcher Sachverhalte spielte nicht nur die Autorität des Literaturministers eine Rolle, sondern vor allem die Achtung vor seinem Engagement, seinen Sachkenntnissen und seinem Vermögen, die Interessen der jeweiligen Partner zu den eigenen und denen des Landes zu machen. Nicht zuletzt unterstützten rhetorische Fähigkeiten sein Durchsetzungsvermögen. Er stand zur Frankfurter Buchmesse den Journalisten Rede und Antwort, sprach in der Frankfurter Oper über Deutschland. Er förderte im Lande Autoren sowie Literatur und Lesen, wo er konnte, er bestaunte die Leistungsfähigkeit der Bibliotheken, nahm sogar ein Disziplinarverfahren in Kauf, um kritischer

Literatur zum Durchbruch zu verhelfen. Oft bewegte er sich auf des Messers Schneide, wusste aber, wo er abrutschen würde. Er beschwor, um Papier sparen zu können, 1988 die Verlagsleiter, die ewig gleichen Vorworte mit Lobeshymnen auf Partei und Parteitage wegzulassen (sicher auch um besser exportieren zu können). Er hielt eine Menge von der Soziologie, verfolgte die Entwicklungen in der Sowjetunion recht genau und kannte ihre wichtigen Schriftsteller persönlich. Er war zweifellos ein Mann der Perestroika.

Über Ergebnisse der Höpckeschen Literarpolitik redete Stephan Hermlin auf dem Budapester Kulturforum 1985, als er über seine Leseliste sprach. „Aber es gehört zu den Genugtuungen meines Lebens, dass in den letzten Jahren so viele große Autoren dieses Jahrhunderts – denn von früheren brauche ich nicht zu reden – Autoren, über die wir uns die Köpfe heiß geredet haben oder über die beredt geschwiegen wurde, zu Schriftstellern wurden, die bei uns erhältlich sind: Wir fuhren fort, Majakowski und Scholochow zu lesen, aber wir besaßen nun auch Pasternak, Anna Achmatowa, Marina Zwetajewa und Ossip Mandelstam, wir druckten die französische Literatur des Jahrhunderts von Proust bis Jean Genet und Michel Tournier, eine erweiterte Literatur wurde uns zugänglich in unserer eigenen Sprache, von Franz Kafka und Robert Musil bis zu Wolfgang Koeppen, Arno Schmidt und Günter Grass. Wir lasen die Dichtungen von T. S. Eliot, Auden, Dylan Thomas und die zeitgenössischen Amerikaner von Faulkner bis Norman Mailer. Ich halte die Lektüre von Marx, Engels und Lenin für unentbehrlich für wache und gebildete Menschen, aber ich halte auch Walter Benjamin, Ernst Bloch und Georg Lukács für äußerst lesenswert; es gibt sie in der DDR. Und ich freue mich, die ersten in der DDR verlegten Bände des großen Denkers und Entdeckers Sigmund Freud unter meinen Büchern zu haben. Mein Land ist auf literarischem Gebiet und auf dem Gebiet der Verbreitung bedeutender Literatur energisch vorwärts gegangen. Es hat sich in dieser Hinsicht nicht kleinlich und beschränkt gezeigt, es ist dabei, die Kinderkrankheit des Dogmatismus zu überwinden."

Eine Leseliste, die in einer Auswahl die Buchproduktion von 1985 bis 1990 widerspiegeln würde, dürfte zweifellos nicht weniger interessant sein. Interessenten empfehle ich die Buchproduktion des Verlages Volk und Wissen zur Kenntnis zu nehmen.

Im Frühjahr 1989, während der Leipziger Buchmesse, wurde Klaus Höpcke für krank erklärt und des Amtes enthoben, weil er die Resolution des PEN-Zentrum der DDR für die Freilassung von Vaclav Hável mit unterschrieb. Daraufhin hatte die Leitung des Schriftstellerverbandes, insbesondere Hermann Kant, bei Honecker mit dem Rücktritt gedroht. Auf einmal gesundete Höpcke sehr schnell und war eine Woche später wieder im Amt. Erwähnenswert ist auch, dass er, der „Oberzensor" am 1. Januar 1989 die „Zensur" (Druckgenehmigung) in der DDR abgeschafft hatte. Seiner Politik und der seiner Verleger muss ich auch insofern Respekt zollen, dass kaum ein nennenswerter Schriftsteller der Bundesrepublik – ich denke da an Andersch, Bachmann, Böll, Celan, Grass, Härtling, Hochhuth, Lenz, Schmidt, Walser – im Verlagsangebot der DDR fehlte. Das gilt auch für die internationale Literatur von Weltgeltung. Manch ein Nobelpreisträger war bei uns, aber noch nicht in der Bundesrepublik verlegt, als er den Preis erhielt. In der DDR stand z. B. Gabriel Garcia Marquez bei der Verkündung der Ehrung längst in den Bücherregalen, und vor einem viertel Jahrhundert erschienen schon Bücher von Chinua Achebe („Okonko oder das Alte stürzt" und „Der Pfeil Gottes"), der 2002 den Friedenspreis des Deutschen Buchhandels erhielt.

Ein wenig Lebenspraxis

Es wurde Zeit, dass mich mal jemand in die praktischen Sphären des DDR-Lebens hinunterzog. Literatur, Bibliotheken – das war sicher wichtig, aber das Leben hatte noch andere Seiten. So meinte es jedenfalls Hildegard. Die Chefröntgensassistentin war es auch, die mich in meiner hochgelegenen Hinterhauswohnung in der Liselotte-Hermann-Straße im Prenzlauer Berg, einer Wohnung mit Außentoilette und Ofenheizung, fragte: „Sag mal, ist das alles, was du in deinem fünfzigjährigen Leben an Reichtümern erarbeitet hast. Kein Bankkonto?" Sie blickte unmutig auf meine Helleraummöbel, auf die an der Wand hängenden Bücherregale und auf meine ausklappbare Doppelliege und entdeckte nicht einmal das zwölfbändige Meyers Lexikon. Weil sie nur einen Sohn hatte, konnte sie nicht wissen, wie viel sieben Kinder kosteten. Ich war mir des von ihr genannten Mangels gar nicht bewusst. Aber Hildegard sah noch mehr: Was, ein Mann mit fünfzig hat noch keine Fahrerlaubnis. Auch hier dachte ich, wozu? In Suhl hatten wir drei Fahrzeuge, in Berlin zwei. Hier fährt man auch besser mit den öffentlichen Verkehrsmitteln für 20 Pfennige – schon der Umwelt zuliebe. Das ließ sie nicht gelten. Sie war gewohnt, dass sie gut frisiert neben ihren chauffierenden Mann saß – nun musste sie mich fahren. Außerdem hatte sie in Hohen Neuendorf ein Grundstück, das ich nun mithelfen sollte, zu bearbeiten Ob die Rosen, die ich an der Hauswand des Bungalows pflanzte, heute noch blühen? Ich fand das mit dem Mitfahren gar nicht so doof wie sie. Dennoch, ich meldete mich schleunigst in der Milastraße in der Fahrschule an, und als ich nicht mehr bei Hildegard wohnte, bin ich nach üblicher einjähriger Wartezeit mit dem Fahrlehrer schon über die Schönhauser Allee gewechselt. Gangschaltung, Kupplung, Gas, Bremse; Handbremse, Blinker, Geschwindigkeit, nichts durftest du vergessen. Alles war neu.

Sie fragte mich noch etwas, wann denn meine Autoanmeldung fällig sei. Zunächst war ich verwirrt, dann klärte sie mich auf, dass wegen der zehnjährigen Wartezeit in diesem Land jedes Familienmitglied eine Autoanmeldung haben müsse. Sie ging dann sofort mit mir los, mich anzumelden. Sie überredete mich, uns einen Skoda zu leisten. Ich hatte keine Ahnung, wo wir in zehn Jahren die 20.000 Mark für einen Skoda hernehmen wollten. Jedenfalls bekam ich im Herbst 1989 die erfreuliche Nachricht, dass ich meinen Skoda abholen könne. Weder hatte ich Geld noch wollte ich einen Skoda.

Noch mal zurück. Nach der theoretischen Prüfung und der Idiotenwiese, auf der wir das Einparken übten, hatte ich die Puppenspielerin kennen gelernt. Außerdem gab es eine neue Verordnung, dass Dienstfahrten nicht zu Privatzwecken genutzt werden dürfen. Auch das von zu Hause abholen und das zurückbringen war privat. Das war für Gotthard Rückl, der eine Beinprothese hatte, ein Problem. Nun stand ich mit meinem Direktor, den fast zehn Jahre Älteren, der mit 60 nun auch die Fahrerlaubnis machte, im Wettbewerb. Wer besteht als erster die Prüfung? Beide haben wir es im ersten Anlauf geschafft. Für mich keine Frage, schließlich hatte ich bis dahin immer alle Prüfungen bestanden.

Ich nutzte alle Gelegenheiten, Fahrpraxis zu erwerben. Ich fuhr mit dem von Leonore, der Mutti meiner jüngsten Kinder, geborgten Trabbi, um ein großes, von Peter Günnel erworbenes, Viermannzelt nach Ückeritz auf Usedom zum Zeltplatz zu bringen. Oder ich fuhr in die Ferien in den Harz. Ich wollte testen, ob ich im Winter bei tiefen Schneerinnen auch schmale Bergwege hochkäme. Nun, dachte ich, jetzt bist du ein perfekter Autofahrer. Aber dann fuhr ich einmal, von Pankow kommend, die Berliner Straße entlang. Die Ampeln waren ausgeschaltet, und prompt übersah ich an der Vinetastraße einen Kleintransporter, der in die Mühlenstraße einbiegen wollte. Ein riesiger Knall und der Kleintransporter stand auf dem Kopf. Als sich alle um den Kleintransporter kümmerten, schwante mir, dass ich schuldig war. Die Polizei stellte das auf dem Kopf stehende Fahrzeug wieder auf die Räder, und sein Insasse fuhr weiter. Und ich war für ein viertel Jahr meine Fahrerlaubnis los. Der Rahmen des Fahrzeuges musste gerichtet und das Fronteil erneuert werden. In die Werkstatt durfte ich noch fahren, der Trabbi hatte auch das verkraftet. Aber die richtige Freude am Autofahren, die ich vorher hatte, stellte sich nicht wieder ein. Die kleinen Splitter und winzigen hellgrünen Plasteteilchen sahen meine Kinder noch ein halbes Jahr lang an der Kreuzung liegen. Sie schauten mich beim Vorbeigehen jedes Mal fragend an.

Aber das war nicht alles, was ich der klugen und vorausschauenden Hildegard zu danken habe. Sie fragte mich eines Tages wie viel Rente ich bekommen würde. Meine übliche Antwort war: „Mein Staat wird mich schon nicht verhungern lassen". Da machte mir Hildegard Beine. Worte wie Leichtsinn fielen, und sie wies darauf hin, dass meine Ehefrau nach meinem Ableben keinen Pfennig bekäme. Sie konnte nicht verstehen, dass ich den Werbern für die Zusatzrente immer wieder sagt: „Für das Geld kann ich einem meiner Jungens eine Hose kaufen." Ja, so war das. Dann bin ich doch mit hängendem Kopf zu unserer Ökonomiechefin gegangen und habe sie gebeten, mich nunmehr in die Zusatzrentenversicherung aufzunehmen. Das war nicht nur ein Glück für die Ökonomiechefin, sondern auch für meinen Rentenanspruch, obwohl ich es nicht nachgerechnet habe. Eigentlich verdiente Hildegard jeden Monat einen Blumenstrauß – aber vielleicht blühen ja noch die Rosen an der Hauswand ihres Bungalows.

IV. Reifezeiten

Umdenken und neue Universitäten

Das Ende meiner Studienzeit bedeutete nicht das Ende meiner Beziehungen zu Universitäten. Anfang der 70er Jahre hielt ich 14täglich in Berlin vor den Studenten der Humboldt-Universität einen Vorlesungszyklus über „Bibliotheksarbeit im Territorium". In den 80er Jahren holte mich Günter Fröschner zu den interessanten Weiterbildungsveranstaltungen des Instituts für Bibliothekswissenschaft für ehemalige Absolventen nach Wendisch-Rietz. Ich sollte Vorträge halten.

In Wendisch-Rietz habe ich auch mal eine Wette verloren. Eine charmante Kollegin aus Rostock, es war Elvi Wendt, wettete mit mir Mitte der 80er Jahre, dass über das System der Datenerfassung der öffentlichen Bibliotheken, Limba/Dalis, Anfang der 90er Jahre kein Mensch mehr reden würde. Das System war 1989 fast ausgereift. Die ersten gedruckten Kataloge erreichten schon die Bibliotheken. Dennoch Elvi Wendt hat Recht behalten. Die Datenbank war auf die in der DDR produzierten Literatur mit allen Raffinessen der inhaltlichen Erschließung ausgerichtet. Sie hatte Recht behalten, und ich habe meinen Kasten Sekt leider noch nicht bezahlen können. Die Kollegin, die jene Wette besiegelte, haben wir noch nicht wieder erreichen können.

1980 konnte ich in Warschau mit Forschern aus England, USA, Dänemark, Frankreich sprechen. Unter anderem auch mit dem berühmten Professor Robert Escarpit, den Begründer der Leseforschung, der uns dann auch im ZIB besuchte. Er betrachtete schon frühzeitig den literarischen Tatbestand als soziales Phänomen und untersuchte die soziale Dimension der Literaturgeschichte ebenso wie die sozialen Mechanismen des literarischen Handelns. Escarpit erzählte, wie der Bürgermeister seines Geburtsortes über den Fußballclub die ganze Stadt begeisterte und so von vielen politischen und sozialen Problemen ablenkte. Hintergründig bezog sich das auf die Sport-Euphorie, den hohen Leistungsstand und die gesellschaftliche Stellung des Sports in der DDR. Abendgespräche mit ungarischen und polnischen Kollegen eröffneten mir sozusagen die Möglichkeit, unser Land von außen zu sehen. Bei mir wurde ein neues Denken befördert, das an meinen Universitäten nicht zu erlernen war. Die ausländischen Kollegen sagten es nicht direkt, aber sie sahen in der DDR den Musterschüler Moskaus, der sich in der Ära Gorbatschow über den Lehrer erheben wollte. Die DDR weiß ja alles besser. ... Das war eine andere Art von Universität. Ich wurde in die Händel der Welt hineingezogen. Dieses andere, neue Denken begann schon, als mir mein Sohn Lars in den 70er Jahren in der Teestube an der Thomaskirche in Leipzig offerierte, dass er den philosophischen Europa-Zentrismus, der in unseren Universitäten gelehrt würde, nicht nachvollziehen kann, und er sich entschieden habe, seine Ethikstudien über Aristoteles und Kant zur Seite zu legen, um die Wurzeln des philosophischen Denkens im alten Indien zu studieren.

Aber es war nicht nur das. Einiges vom bisher Gelernten musste abgestreift werden. Das erfolgte radikal, als ich die Puppenspielerszene geriet und sah, wie Menschen in diesem Land ein alternatives Leben lebten. Im breiten Bett der Puppenspielerin erfuhr ich, was und wie im Prenzlauer Berg und anderen Hinterhöfen der DDR gedacht wurde. Aus Hunderten von Gesprächen mit Kolleginnen und Kollegen, mit Freunden und Fremden über unser Land ergab sich für mich ein verändertes Bild. Ich dachte an Marx, der einmal sagte „Es genügt keinesfalls, dass der Gedanke zur Wirklichkeit strebt, sondern die Wirklichkeit muss selber zum Gedanken drängen". Und es war Gorbatschow, der sinnbildlich in den Eisenbahnen und Bussen mitfuhr durch unser Land und sich an den Arbeitsplätzen festsetzte, sich mit Perestroika und Glasnost' in unser Gedächtnis grub. Und es waren die Diskussionen mit den ewig Gestrigen, die nicht begriffen, dass sich ein Land wie das unsere sich in der geschichtlichen Situation, in der es sich befand, einfach bewegen musste. Das waren wir unseren geistigen Vätern, die dialektisches Denken als Voraussetzung für richtiges Denkens ansahen, schuldig. Wenn wir uns jetzt nicht bewegten, so würden wir bewegt. Und so kam es dann auch.

Die folgende Geschichte wurde 1982 geschrieben und erzählt mehr vom Lande DDR als in den Geschichtsbüchern steht. Der Hinstorff -Verlag wollte die Erzählung nicht drucken. Sicher aus Angst vor der Obrigkeit. Das war in der lahmen Vor-Gorbatschow-Zeit.

Eine Liebe in einem fast vergessenen Land

Eine Entdeckung oder Vom Zauber der zu berühren vermag

Als ich sie kennen lernte, hatte ich zwei „Für-Dich-Ehen" mit Windelwaschen, Kinderversorgen und Frauenqualifizierungen von jeweils 12 Jahren hinter mich gebracht und wäre beinah mit einer liebenswerten MTA in eine „Für-Mich-Ehe" gestolpert – mit Kaffee-ans-Bett-bringen und Versorgt-und-gepflegt-werden, wie mancher Mann es sich nur in Träumen vorstellen kann. In unserem früheren Leben verbreitete die Frauenzeitschrift „Für Dich" das Traumidol einer gleichberechtigten Familie, wie sie nur selten zu finden war. Auf der Suche nach einer Frau, die sich wohl fühlt und Spaß am Leben hat, mit der man etwas anstellen konnte und bei der man etwas anstellen musste, begegnete mir auch manches Weib, das nicht darauf bestand, eine Für-Dich-Gemeinschaft zu führen.

Meine Freundinnen nannte ich so wie sie mir entgegenkamen. Ute, die nur echten Schmuck trug und bei jeder Begegnung andere Tausender um den Hals, am Arm und an den Fingern hatte, hieß *Diamanten-Ute*. Ines arbeitet bei mir um die Ecke. Sie kam meist mit ihrem VW zur Arbeit. Sie war meine *Golf-Dame*. Alle waren souverän.

Als ich versuchte, Gleichberechtigung in meinen Ehen zu praktizieren, hatten sich die Freundinnen emanzipiert. Mit diesen attraktiven Vierzigjährigen konnte man sich sehen lassen – auf der Straße, im Theater, am Badestrand. Verwöhnt von der Männerwelt gaben sie sich mit Zurückhaltung, sie nahmen die Geschenke der Welt selbstverständlich und huldvoll entgegen. Schließlich waren sie begehrt. Je begehrenswerter und seltener, um so teurer. So ist das Leben. Gilt für alles. Irgendwie mochten wir uns, aber eben nur irgendwie.

Mit der blonden Barbara war alles anders. Sie war auch groß und attraktiv, hatte einen Trabant und trug manchmal Brillanten. Als ich Barbara von *Diamanten-Ute*, der *Golfdame* und der liebenswerten *MTA.* erzählte, fuhr sie mich, von Schloss Rheinsberg kommend, auf der F 96 nach Berlin und fühlte sich als meine Geliebte. Wir kannten uns erst seit zwei Wochen, oder genauer: vier Nächte und einen Tag. Dieser Tag war heute. Sie holte mich aus Mecklenburg aus einem Bungalow ab. Ich hatte mich zurückgezogen, um zu arbeiten. Der Verlag wartete schon lange auf ein Manuskript. Als sie vor dem Bungalow stand, ihre blonden Haare zu zwei Zöpfen geflochten, sah sie aus wie Dreißig. Ich hatte noch zehn Seiten zu schreiben, brauchte noch einen Tag. An diesem Tag erzählte sie mir Dinge, die für sie wichtig waren: Vater ist im Krieg geblieben, Mutter hat sich im anderen Deutschland einen Mann gesucht, und sie wurde von den Großeltern erzogen. Der Großvater, die Schule und die Freunde auf der Straße hatten ihr beigebracht, was sie wissen musste. Weil sie Sehnsucht nach einer richtigen Familie hatte, kamen bald Mann und Kind – zu bald. Zehn Jahre lang führte sie eine mittelmäßige Ehe, bevor sie sich in einen Puppenspieler das erste Mal richtig verliebte. So sagte sie. Aber er war verheiratet.

Nun brachte sie mich in das romantische Rheinsberg, einen Ort für Verliebte, um vielleicht nochmals eine Liebe neu zu lieben. Sie muss unsicher gewesen sein, denn sie fuhr trotz zehnjähriger Fahrpraxis schon 30 km mit angezogener Handbremse, ohne dass wir beide es merkten. In meine Nachdenklichkeit hinein fragte sie zaghaft: „Wie nennst du mich denn?" Als sie so fragte, roch es schon deutlich nach verbrannten Gummi. Ich bat anzuhalten und meinte, wir müssen erst einmal abkühlen. Nicht viel Ahnung vom Auto – im Betrieb waren immer genug Kraftfahrer vorhanden, die Spaß am Reparieren hatten, – hielt ich den nächsten Trabant an. Der Insasse schimpfte über die Sonntagsfahrer, es war tatsächlich ein herrliches Sonntagswetter im Oktober, und murmelte etwas von „heißgelaufen" und „Bremsbacken fest". Er gab Ratschläge, wie die Hinterräder auseinander zu nehmen sind und stieg schnell wieder in sein Auto. Halb unter dem Auto liegend sagte ich „*Puppenspielerin*, gib mir mal dein Werkzeug". Ihr schien ein Stein vom Herzen zu fallen, dass ich sie so nannte. Als sie mir dann einen Schraubenschlüssel, einen Schraubenzieher und einen Hammer als ihr ganzes Werkzeug reichte, wurde mir trotz meiner Ahnungslosigkeit ganz schwer ums Herz. Mich rettete ein Geistesblitz: Handbremse!

Als wir anschließend 100 und mehr Sachen auf der F 96 fuhren, fragte ich „Wie hoch sind unsere Chancen, dass wir heil in Berlin ankommen?". Sie meinte

„1:1.000 für uns, wir haben kaum Gegenverkehr. Aber wenn du schon mal dabei bist, wie hoch sind die Chancen, dass wir zusammenbleiben?" Ich: „Immer? Hmm". Sie: „Auch 1:1.000, aber gegen uns." Ich: „Warum?" Sie: „Weil ich nicht zehn Jahre lang die Kopfkissen nass geweint habe, damit nun wieder alles von vorn beginnt." Ich wurde nachdenklich.

Der Versuch einer Selbstverwirklichung nach Jahren wirklicher oder scheinbarer Unterdrückung ist der Weg Tausender. Aber sie wollte nicht den Weg der Tausenden gehen. Sie wollte es anders machen. Besser. Mir schien, als wäre das Verlangen der sich Befreienden oft zu groß, als dass es die Welt hätte befriedigen können. Und sie, die sich Befreienden, waren zu klein, sich das zu nehmen, was ihnen die Welt bot. Immer hungrig, ständig essend, aber nie satt werdend – ein scheußliches Gefühl. Sie hatte sie beobachtet. Sie musste es anders machen. Sie mogelte sich eine Welt zurecht in der sie viele Maßstäbe einfach umkehrte, damit sie sich mit ihren Forderungen darin einpassen konnte. Kühl kalkulierte sie Verluste für Lebensgewinn ein. „Jeder Gewinn ist mit Verlusten verbunden", sagte sie. Die sogenannten Rechte des Mannes sollten auch ihr gehören. Barbara fuhr immer noch auf Tempo. Wahrscheinlich bemerkte sie meine Nachdenklichkeit, jedenfalls legte sie ihre rechte Hand auf mein Knie. „Geliebter, sag Geliebte zu mir. Eine Frau haben viele, nur wenige sagen zu ihrer Frau ‚meine Geliebte‘. Geliebte ist viel mehr als Frau zu sein." Ich nahm ihre Hand – sie war rau und spröde von der Hausarbeit, vom Puppen machen, vom Auf- und Abbauen des Puppentheaters, und küsste sie und ließ sie das von ihr gewünschte Wort hören. Ich ahnte nur, dass sie sich freute, denn es war ihr nicht anzusehen.

Sie kam mit den überkommenen Gefühlen nicht zurecht und schuf sich eine Welt neuer Gefühle – neues Denken. Sie versteckte ihre Gefühle unter dem Verstand, sie polte Herzenswärme in Zuneigung um, verwandelte Zärtlichkeit in Nähe, machte aus dem Mann einen Geliebten und verbarg ihr wahres Seelenleben tief in sich an Stellen, die andere schwer finden. Da passierte es, dass sie anders fühlte und anders verletzlich wurde. Sie war verletzlich, wo andere sich einen Panzer geschaffen hatten. Fragte man sie, ob sie glücklich sei, konnte es passieren, dass sie weinte, fragte man sie nach dem Tod, wurde sie gelassen und erzählte von ihm, fragte man nach dem Leben, so zeigte sie ihren Alltag mit kühnen Gedanken über Arbeit, Partnerschaft, Liebe, Kunst und natürlich Puppenspiel. Sie war mutig, viel mutiger als die meisten Männer, aber sie hatte dann, wenn sie eine Entscheidung in die Tat umsetzen musste, unheimlich viel Angst. Da war sie das kleine Mädchen geblieben, das Angst hatte, von dem Baum zu springen auf den es geklettert war. Nie jedoch, nie machte sie eine Entscheidung rückgängig, denn sie hatte gelernt, die Angst vergeht mit der Tat. So war sie anders und Vorbild für ihre vielen Freundinnen, die eine emanzipierte Frau braucht, um nicht von einem Mann abhängig zu sein.

Sie fuhr langsamer und schaute mich an. Ihre fragenden und wachen Augen sprachen nur undeutlich von dem, was sie fühlte. Sind Augen nicht aller Menschen innerer Spiegel? Verrät ein bestimmtes Leuchten nicht Begierde, der kühle Blick

Zurückhaltung bis Ablehnung und matter Glanz Krankheit und Mühsal? Ich wusste, dass die Schnoddrigen und Arroganten, die Höflichen und Eleganten ihre Gefühle zu verstecken suchen. Deren Augen erzählen von Angst und Schrecken, von Freude und Genuss, obgleich dies eigentlich nicht sichtbar werden sollte. Die Augen sagen alles. Sie nehmen das Kostüm des Siechversteckens vom Leib. Bei der Puppenspielerin war nichts davon, nur fragende, wache blaugraue Augen, ein wenig hervorgehoben durch das Türkis des Lidschattens. War dies immer schon so oder hatte sie sich mit ihrem Anderswerden nach innen verschlossen, damit niemand ihre Seele entdecke?

Sie fuhr an den Straßenrand und wir spielten das Spiel der Kinder, wer am längsten des anderen Blick aushält. Ich wusste, sie gewinnt mit ihren fragenden und wachen Augen, die ihre Seele versteckten. Unsicherheit, die in mir aufkam, mochte ich nie. Doch ich war selten unsicher, schon gar nicht gegenüber einer Frau. Diese, meine mühsam erworbene Sicherheit wollte sie brechen. Ich dachte an die kessen, frechen, dreisten, drallen Weiber, die mir auf den Baustellen und anderswo in zwei Dutzend Jahren zu Dutzenden begegnet sind. Bei ihnen durfte der Mann nicht unsicher sein. Sie hätten ihm die Hosen ausgezogenen. Nun diese fragenden Augen, denen ich noch immer standhielt.

Nach meinem 50. Geburtstag nun so etwas – eine Welt, an die man nicht ran kam. Nichts Hochgestochenes, Intellektuelles, nichts Abweisendes, womit man hätte einfach fertig werden können. Das hätte man kalt abfahren lassen können, einfach abkippen, nehmen und liegen lassen. Auch nicht Wärme und Geborgenheit, Aneinandererkuscheln. Da hätte man einfach reinkriechen können. Nicht mal eine Mischung davon. ... Wir schauten uns immer noch in die Augen. Ob sie sieht oder fühlt, was ich denke? Ich weiß nicht, was sie denkt oder denken könnte, fühlt oder fühlen könnte, weil sie anders fühlt und anders denkt als die Anderen. Auch wusste ich nicht, was sie weiß, weil sie viel wusste und es nicht zeigte, und ich nicht in ihren Augen ergründen konnte, ob sie Angst hatte, voller Liebe war oder was sie sonst noch fühlte. Mir blieb nichts anderes übrig, als mich ihren Lippen zu nähern und immer intensiver in ihre graublauen Augen mit den türkisfarbenen Lidschatten zu schauen, ihren Kopf festzuhalten, damit er nicht zurückweichen konnte. Als unsere Lippen zusammenkamen, sah ich mich erstmals lange und seltsam verzerrt in der Iris ihrer Augen spiegeln. Eine Entdeckung. Waren wir jetzt sicherer? Sicher kamen wir jetzt auch nach Berlin. Sie fuhr nur noch so schnell, wie sie durfte.

Wie es bei Barbara zu Hause aussah, brauche ich nicht zu beschreiben. Das hat Helga Schubert getan, eine Psychologin, die sich um die Rechte der Frauen in der werdenden Gesellschaft bemühte, indem sie manch unerhörte Begebenheit in die Literatur einbrachte. Das handgemalte Türschild, die kleine Tochter, die Stilmöbel, die mit Samtdecken und -kissen belegte breite Liege, die Plakate im Bad, die leeren Bilderrahmen, die Kokosläufer, der Fernsehapparat auf der untersten Reihe des Bücherregals – alles war da. Die Schubert vergaß zu erwähnen, dass alleinstehende Freundinnen ohne Nachthemd und mit ihren Geliebten unter einer Zudecke schlafen. Ich gewöhnte mich schnell daran. Außerdem lesen alleinstehende Freundinnen den „Sonntag", der jetzt „Freitag" heißt; sie versäumen keine Ausstellung von Weltrang – dafür fahren sie sogar in die Provinz.

Zuerst liebte sie mich, dann liebten wir uns beide, wollten unsere Wohnungen gegen eine größere tauschen, und zum Schluss versäumten wir die Liebe, die wir gepflanzt hatten, zu gießen. Das Ganze vollzog sich in 100 Tagen. Mich störte, dass es bei ihr nicht leicht war, die Prioritätenabfolge in ihrem Leben zu ändern. Zuerst kam das Puppenspiel, dann Ulrike, die kleine Tochter, dann kam der Beruf, mit dem sie Geld verdiente, dann kam ich und die Freundinnen. Am Anfang. Später rangierte ich erst hinter den Freundinnen. Eigentlich brauchte ich darüber nicht traurig zu sein, weil alle Puppenspiel- und Freundinnenfreien Nächte mir gehörten. Mein Name stand nie im Terminkalender, ich war dort, wo freie Zeit war. Zuerst war es viel, dann wurde es weniger, und dann waren die hundert Tage vorüber – und ich konnte endlich die letzten zehn Seiten meines Manuskriptes schreiben.

Aber nun zur Puppenspielerin. Sie hatte natürlich einen richtigen Beruf. Sie war Dozentin an einer Hochschule und konnte deshalb ihre unterrichtsfreie Zeit einteilen und sich mit Puppenspiel beschäftigen. Wenn man gut sein will, braucht man dafür viel Zeit. Unter den Bibliothekaren kannte ich nur eine Puppenspielerin. Außerdem brauchte man ein Auto. Richtige Puppenspieler, sofern sie nicht in der Greifswalder Straße spielten, haben kein Geld für ein Auto. Aber in der Greifswalder Straße spielten nach Ansicht der richtigen Puppenspieler damals keine richtigen Puppenspieler, meinte sie jedenfalls. Davon verstehe ich zu wenig. Die Puppenbühne in der Greifswalder Straße hatte ich nur deshalb in Erinnerung, weil meine Exfrau in ihrer Scheidungsklage schrieb: „ ... ins Puppenspiel musste ich mit den Kindern immer allein gehen." Damals wusste ich noch nichts von der Faszination eines gekonnten Puppenspiels. Ich weiß jetzt auch, dass richtige Puppenspieler im Prenzlauer Berg in einer Kommune leben, um sich über Wasser zu halten, dass sie das vereinnahmte Geld zusammenlegen, um Miete und Alimente aus der großen Kasse zahlen zu können; der Rest wurde aufgeteilt. Das brauchte meine Puppenspielerin zum Glück nicht mitzumachen. Sie hatte eine eigene Puppenspieltruppe, in der Studenten mitwirkten, die Möglichkeiten hatten, Zeit fürs Puppenspiel herauszuschlagen.

Um die Rangfolge einzuhalten, muss ich nun etwas über Ulrike sagen. Wenn eine Fee käme und ich einen Wunsch frei hätte, und wäre er noch so absurd, ich wünschte mir, Tochter (warum eigentlich nicht Sohn?) der Puppenspielerin zu sein. Die Kinder der Puppenspielerinnen, es waren meistens Töchter, trugen Namen von Kaiserinnen oder Königinnen. Sie heißen Katharina, Friederike, Anna oder Maria, Luise und Ulrike. Ulrike heißen wohl auch Fürstinnen und Äbtissinnen. Aber Ulrike war mehr. So hieß einmal die Geliebte des Dichterfürsten von Weimar, und es gab eine Ulrike Meinhof.

Es war seltsam. In die blonde Ulrike mit dem schmalen zarten Gesicht konnte man sich genau so schnell verlieben wie in ihre Mutter. Ulrike hatte ein tolles Kinderzimmer. Da waren keine Stühle, kein Tisch, kein Bett, dafür ein Podest und viele Kissen. Eine Truhe mit viel Tüll, mit alten Sachen und goldenen Schuhen. Die war mehr wert als jeder Schrank. Im Bücherregal standen die schönsten Märchen- und Bilderbücher und im Schallplattenregal alle Kinderschallplatten, die es damals zu kaufen gab. Vom Bett war nichts zu sehen. Man brauchte eine Leiter, um zu dem Zwischenpodest über der Tür zu gelangen. Neben der Schlafecke war noch viel Platz für ein Puppenzimmer und seine Bewohner. Und noch etwas: Die Wände durften da bemalt werden. Neben dem Kopfkissen leuchtete ein 5-Mark-Stück großer Mond die ganze Nacht. An der Wand klebte eine lebensgroße Fotografie von Barbara, so wie sie geschaffen war, als sie Riekchen unter dem Herzen trug. Da Riekchen nicht mit dem Sandmann ins Bett ging, weil sie noch soviel zu Spielen hatte, stand Mutti, Mami, Barbara oder wie sie gerade hieß, früh auf der Leiter und fütterte sie wach. Meine Freunde würden sagen, es wäre ein Wunder, wenn sich da ein Mann hielte. Das Größte für Ulrike war jedoch ihre Kosmetiktasche von der Westoma. Die Tasche war zu Ostzeiten ein Traum: zwei Spiegel, süßschmeckender Lippenstift, Rouge und Lidschatten und ein schwarzer Stift zum Augenbrauen nachziehen – ganz leicht abwaschbar, sogar der Lack für die Fingernägel ging ganz leicht wieder ab.

Als ich mit der geschminkten Ulrike mit der S-Bahn zum Weihnachtsmarkt fuhr, konnte ich gar nicht mehr verstehen, weshalb die vielen Muttis mich so giftig anschauten, während die kleineren Mädchen Ulrike und mich entzückt bewunderten. Aber das ist nicht alles. Puppenspielerinnen waren oft unterwegs. Da durfte Ulrike bei den Freundinnen übernachten, die Kinder hatten und in einem anderen Paradies wohnten. Am schönsten war es bei Katharina. Katharina wohnte in einem riesengroßen Bauernhaus. Katharinas Vater war Puppenspieler und ihre Mutter Keramikerin. Aber das war nicht wichtig. Wichtig war, dass man hier das ganze Haus betoben konnte, Hunde und Katzen Spielgefährten waren und es sogar ein richtiges Pferd gab. Aber Katharina war nur eine Möglichkeit. Die Freundin um die Ecke und die Nachbarin, die, wenn Mutti den ganzen Abend weg war, nur einmal nachschauen kam, und man dann fernsehen konnte bis das Bild flimmerte und man umfiel, waren aus Riekchens Sicht auch schau.

Ulrike hat auf diese Weise in ihrem sechsjährigen Leben schon viele Hunderte Filme gesehen und war dabei nicht einmal altklug geworden. Das konnte man eben nur bei Mutti. Wenn die große Schwester aufpassen durfte, gab es dies alles nicht. Man musste nach dem Sandmännchen schon ins Bett, durfte bestenfalls noch mal aufs Klo und wurde morgens nicht wachgefüttert. Mutti wollte nicht gern die große Tochter bei Ulrike haben, weil diese von ihr ganz anders erzogen worden war und Ulrikchen von ihr zu wenig motiviert wurde. Bei der großen Schwester sah es zu Hause so ähnlich aus wie bei Mutti, nur ein wenig poppiger – aber das nur nebenbei.

Die Fernsehfilm schauende Ulrike brachte mich auch einmal in Verlegenheit. In einem Dostojewski-Film war die Rede von der Seele, und Ulrike fragte: „Was ist das, eine Seele?" Ich überlegte, setzte Gleichheitszeichen zwischen Psyche und

Seele und wusste, dass ich damit gar nichts gewusst hatte. Derweil sagte Mutti ganz einfach: „Die Seele ist das, wo es weh tut, wenn du traurig bist und wo es schön ist, wenn Du Dich freust." Ich konnte nicht anders, ich musste Barbaras Seele lieb haben, weil sie so einfach und schön war. Manchmal fragt man nach dem Zeitpunkt, an dem sich Verliebtheit in Liebe wandelt. Genau an dieser Stelle muss so etwas passiert sein.

Ulrike lebte wie im Märchen. Mutti ließ sie darin leben, weil der Mensch nur einmal wie im Märchen leben kann. Nur so lange, wie er die Welt in gut und böse unterscheidet. Kinder glauben an Zauberspiegel, an Hexen und Prinzessinnen. Mutti begann ganz vorsichtig, Riekchen von der Zauberspiegelwelt in die Zauberwelt des Puppenspiels zu führen. Sie wünschte sich die Kraft, sie so lange von einer Zauberwelt in die andere zu führen, bis sie sich die lebendige Welt ständig für sich neu zu erschaffen vermochte. Gutes und Böses erlebte ich und vieles, was dazwischenlag, Teufeleien und Hexereien und manches zwischen Himmel und Erde, von dem der Mensch meint, das gäbe es nicht. Barbaras Welt hatte einen Zauber, der mich tief berührte.

Rembrandts Brauntöne

Die Sonne schien hell an diesem Tag. Ich hatte Durst auf ein gutes Bier und ging in den Bowling-Keller des Freizeitzentrums. Man kannte mich dort. Ich konnte auch ohne eine Kugel zu schieben mein Bier trinken. Außerdem sah ich gern, wie alle neune fielen. Dann kam sie. Sie hatte ebenfalls Durst, auch sie kannte man, und ich erhielt Gesellschaft an meinem Stammtisch. So lernten wir uns bei drei Glas Bier kennen. Weil es draußen warm war, hatte sie nur soviel an, dass sie Neugier weckte. Ihr langes blondes Haar fiel auf ihre nackten Schultern und machte noch neugieriger. Als sie das vierte Glas getrunken, schaute sie auf die Uhr und fragte, ob ich in ihren Studentenklub mitkomme. Dort spiele ein Puppenspieler aus Neubrandenburg das Rotkäppchen. Rotkäppchen bot eine Möglichkeit, meine Neugier zu befriedigen. Als der Wolf Rotkäppchen und Großmutter vergewaltigt hatte, gingen wir in eine Eckkneipe. Später auf dem Weg zu einer anderen Kneipe erzählte sie ihr Leben – dachte ich. Sie erzählte nur, was in der Kaderakte stand: Schule, Abitur, Bewerbung zum Germanistikstudium, Ablehnung, Lehrerstudium, EDV-Spezialisierung, praktische Arbeit und nun Dozentin. Einmal geschieden, eine große Tochter und eine kleine. Zwischendurch fragte sie mich, warum ich geschieden sei. Das fragen Frauen immer. Ich weiß nicht, ob andere Männer die Frauen danach fragen. Ich frage nie. Frauen erzählen es von selbst. Dass sie mich danach fragte, wunderte mich damals nicht, jetzt ein wenig, weil es nicht zu ihr passt – oder doch? Sie arbeitete das Gewesene zu Gefühlen um, in gute, schlechte, flache, tiefe, farbige und harmonische. Manchmal ertrinkt sie darin. Vielleicht versuchte sie, meine Vergangenheit in diesem Gefühlskomplex aufzuheben. Sie ließ jedenfalls nicht locker – wir werden es noch sehen.

Eigentlich hätte sie es wissen müssen, dass es nur wenige, immer wiederkehrende Antworten auf ihre Fragen gibt. Die meisten sind dabei noch unehrlich. Richter wissen es auch nicht viel besser. Was sollte ich sagen? Die erste Frau verließ ich, weil eine zweite da war; Die zweite wollte nicht ihr ganzes Leben mit nur einem Mann schlafen und zum Fremdgehen hatte ihr Mut und Erfahrung gefehlt. Den Scheidungsrichtern erzählten wir etwas anderes, gewiss nichts falsches. So einfach ist das. Natürlich gibt es jedes Mal hundert Gründe, die für eine Scheidung sprechen. Aber es gibt mindestens genau soviel, die dagegen sprechen, und die wollten wir nicht auflisten.

Mich störte, dass Barbara für die Frauen Verständnis zeigte. Ich bin in den Bowling-Keller gegangen, um beim Kugelschieben zuzuschauen, in den Kneipen interessieren mich die Kumpels und Kumpelinen. Verdammt, ich habe heute Abend nichts, gar nichts wahrgenommen – nur die Blondine mit den nackten Schultern, die Barbara hieß. Selbst das Rotkäppchen habe ich mit ihren Augen gesehen. Dauernd machten die Kneipen zu. Dann waren wir im Matthiaskeller des „Budapest". Ich weiß nur noch, dass die Geiger uns störten, als sie an unseren Tisch traten und wir uns etwas wünschen sollten. Wir saßen uns gegenüber und tranken Wein. Ich suchte ihre Augen. Aber die gaben keine Antwort auf die Fragen meiner Augen. Barbara gehörte zu den Frauen, die im Sommer ihre Figur durch lockere Kleidung nur wenig betonen. Erst als sie mir beim Reden über den Tisch ein wenig entgegenkam, zog sich der Stoff ihres Kleides straff. Ich erhielt Einblicke, die mich aus der Fassung brachten. Dass man seine Reize unter der Kleidung unverhüllt trug, kannte ich bisher nur von den großen Töchtern. Wir tranken soviel Wein, dass wir uns begehrenswert fanden und ich sie mit mir nach Hause nahm.

Wir liebten uns in dieser Nacht viele Male. Das Bett war schmal und ich hatte noch nicht erfahren, wie man mit alleinstehenden Freundinnen schläft. Wir waren gierig auf uns. Sie sagte, das letzte Mal wäre lange her. Als die Gier nachließ, schauten wir uns an und fanden uns noch immer gut. Ich verstand jetzt den Ausspruch des berühmten Malers, der meinte: „Wenn Gott keine Brüste geschaffen hätte, wäre ich kein Maler geworden". Sie lag da und schwieg. Wehmutsvoll, fast beklagend. Ihr war eine Zeit verloren gegangen, in der sie nicht die Geliebte eines Mannes war. Ihre Augen hatten einen dunklen Schimmer, sie zeigten Erfüllung und Sehnsucht zugleich. Das Bett war zu schmal. Der Morgen graute schon, als sie aufstand, um nach Hause zu ihrer kleinen Tochter zu fahren und um rechtzeitig vor ihren Studenten stehen zu können. Wir suchten ein Taxi. Als sie einstieg, nannte sie mir schnell noch ihre Adresse und sagte, ich soll auf dem Stadtplan nachsehen, wo ich langgehen müsse, um zu ihr zu kommen.

Die Nacht war ein Rausch. Nach zwei Stunden Schlaf war ich am Freitag Morgen noch trunken. Die nackten Schultern, das lange blonde Haar und die fragenden wachen Augen mit den türkisfarbenen Umrandungen hinderten mich, konzentriert zu arbeiten. Ich ertappte mich, wie ich auf die Blonde mit den nackten Schultern ärgerlich wurde. Die Sekretärin schloss ihren Schreibtisch ab und sagte „Feierabend". Ich hörte nicht, was sie gesagt hatte, und fragte nach. Bevor sie die Tür zuknallte, hörte ich noch ihr „Schlafen Sie sich mal ordentlich aus". Ich griff zum Telefon. Besetzt. Später erst wusste ich, dass Barbara oft stundenlang telefonierte. Ich hatte noch kein richtiges Bild von ihr. Kneipen, Alkohol und ihre Aufmachung, die Nacht bei mir, die langen blonden Haare. Sie hatte beim Trinken nicht gekniffen. Ein Weib, das mithalten konnte. Ich geh heute Abend einfach zu ihr.

Dann war ich auf dem Weg zu Barbara. Ich fand ihre Straße, fand ihr Haus und ihren Namen auf der Wohnungstafel. Fünfter Stock. Jedes Mal, wenn ich auf den Weg zu einer mir fremden Wohnung war, musste ich an eine scheußliche Situation denken, in der mein ganzes Ich für Minuten zum Teufel ging. Gedemütigt von einem Weib, wusste ich damals, vor vielen Jahren, nicht, wie ich aus diesem Schlamassel raus kommen sollte. Wie in einem immer wiederkehrendem Alptraum war die Geschichte da. Damals war es auch der fünfte Stock. Ein Haus ohne Fahrstuhl. Wir mussten bei der Rekonstruktion mit den einzelnen Mietern Termine festlegen. Erich, ein Brigadier war von einer Bewohnerin aus der Wohnung geworfen worden, weil er schon im Flur die Teppiche schmutzig getrampelt hatte. Ich sollte nun sehen, wie ich mit dem Weib klar kommen könne. Es ging um den Einbau einer modernen Heizung. Ich klingelte. Ein Summer öffnete. Ich zog die Sandalen aus und trat ein. „Geh ins Bad und dusch dich, es ist warm heute" rief mir eine freundliche, etwas dunkle Frauenstimme zu. Die Stimme war angenehm. Ich war tatsächlich verschwitzt – warum eigentlich nicht. Einmal mitmachen. Wenn sie hässlich ist, lässt sich immer noch die Notbremse ziehen. „Nun geh schon!" Dies war in so liebevoller Erwartung gesagt, dass ich gar nicht anders konnte. Die Teppiche lagen doppelt, die Tür zum Wohnzimmer stand auf. Ich war wie vom Schlag getroffen – die Wand, die ich sehen konnte, war von oben bis unten mit Spiegelglas versehen. Im Spiegel das Wohnzimmer: eine Frau, schwarzhaarig – fast unbekleidet bäuchlings einen riesengroßen schwarzen Kater malend, der in einem Korb saß. „Na, mach schon, ich warte auf dich" Die Stimme war belegt. Ich ging ins gekachelte Bad. Ein Dutzend Sprays auf einem langen Bord. Auch hier weiche Schaumgummimatten auf dem Fußboden. Es roch wie in einem Weiberbad. Die Dusche war gut. Als ich fertig war, rief sie zu mir „Komm gleich so wie du bist, ich habe etwas schönes zu essen" Na ja, dann ging ich eben so wie ich war. Ich war auf alles gefasst. Auf alle Fälle hatte ich den Überraschungseffekt auf meiner Seite. Sie konnte um Hilfe rufen, sie konnte schreien, sie konnte liebevoll sein. Aber mit Spott hatte ich nicht gerechnet. „He, he, Großer, wie kommen Sie hier herein? Was wollen Sie? Sie stand auf – nur ein Bikinihöschen an, etwa 35 Jahre, schön – und schaute mich verächtlich von unten bis oben an, denn ich war in Erwartung. Als erste Reaktion pfiff ich durch die Zähne und sagte „Donnerwetter, so ein tolles Weib hab ich nicht erwartet". Sie darauf „Mann, Sie haben Plattfüße, die meisten Männer haben Plattfüße". Dann wurde sie einen Schein freundlicher, aber voller Genugtuung, mich zu treffen: „Ich dachte, es wäre Karin, meine Freundin." Der Kater schlich mir schnurrend um die Beine. Er war sicher froh, nicht mehr Modell sitzen zu müssen. Ein raffiniert gemaltes Katzenbild – fast fertig.

Meine Angriffsstrategie war zusammengebrochen. Ich hatte keine Konzeption mehr
– sie hatte mich gelähmt. Ein wenig zerknirscht sagte ich: „Sie haben meinen Kumpel Erich die Treppe runter geschmissen, wir wollten uns revanchieren." Sie merkte, dass ich das Zimmer anschaute und war sich der Wirkung auf mich sicher. Das halbe Zimmer war mit riesigen beigefarbenen Couchsesseln ausgestattet. Die Wände waren in einem bräunlichen Ton gehalten, die Teppiche grau-weiß, die wenigen Möbel weiß. In Blickhöhe an zwei Wandseiten Bücherregale mit Kunstbänden. Das ganze dann zweimal, wegen der Spiegelwand. Sie ging ins Bad, warf mir einen Morgenmantel zu und zog sich selbst einen Bademantel über. Ich blödelte: „Warum das, jetzt können Sie nicht mehr „Spieglein, Spieglein an der Wand, wer ist die Schönste im ganzen Land" spielen. Sie fühlte sich ein wenig geschmeichelt und ging darauf ein: „Das mache ich nur, wenn ich allein bin, wenn ich mit meiner Freundin zusammen bin, gibt es keine Schönste". Sie ging mit mir in die Küche, nahm aus dem Kühlschrank zwei bombige Eisbecher, goss Eierlikör darüber und reichte mir einen. „Schießen Sie los, was wollen Sie, wer sind Sie?" „Kumpel von Erich. Es geht um die Heizung". „Herrlich, Kumpel vom Erich in Karins Morgenmantel. Vielleicht kommt Karin bald, sie mag manchmal Männer. Ich bin da nicht mal eifersüchtig". Sie setzte lässig hinzu: „Schauen Sie in den Ofen hinein. Der hat viel Geld gekostet. Elektrisch. Ich habe immer gut verdient. Das Geld für die Bilder habe ich in die Wohnung gesteckt. Der holländische Kachelofen hat mich ein Vermögen gekostet. Schauen Sie sich die Wohnung an. Machen Sie mir einen Vorschlag, was man verbessern kann". Ich hatte keinen Verbesserungsvorschlag und wollte noch, bevor Karin kam, die Wohnung verlassen.

Nun stand ich wieder in einem 5. Stock vor einem in Ton gebrannten Türschild, das Barbara und Ulrike auswies, und hatte den Finger auf der Klingel. Ich wünschte mir, dass Barbara nicht sagen würde, ich solle duschen gehen, weil es draußen warm sei. Als sie die Tür öffnete, zuckte ich zusammen. War sie es oder ihre Schwester? Die Frau war ihr ähnlich, sah aber strenger und älter aus. Eine hochgeschlossene seidene Bluse, die blonden Haare straff nach hinten gekämmt, dann zu einem Zopf geflochten und hochgesteckt. Doch ja, die fragenden blaugrauen Augen vom türkisfarbenen Liedschatten überdacht, sie waren es. Als ich die Wohnungstür hinter mir geschlossen hatte, lag für Sekunden ein Bündel, blond und braun, in meinen Armen. Ihre Farben, wie ich bald merkte. Es war sie, niemand anderes. Von nun an zeigte sie, dass ständiges Anderssein ihr Ich war. Sie begrüßte mich, als wäre ich schon hundert mal bei ihr gewesen, schickte mich ins Wohnzimmer, sagte, Susanne wäre da, sie sei auf der Durchreise und brauche Nachtquartier. Bei ihr könne sie nun nicht übernachten. Sie müsse deshalb schnell noch telefonieren, dann gäbe es Abendbrot. Sie rief Riekchen, die in ihrem Zimmer spielte, und stellte mich vor. Natürlich nur mit Vornamen. Drückte mir dann ein Tablett mit Rotweinflasche und Gläsern in die Hand und meinte, ich könne inzwischen die Flasche aufmachen und mich mit Susanne, die im Wohnzimmer warte, bei einem Glas Rotwein bekannt machen. Ich wusste nicht, wer Susanne war, aber sicher musste ich mich auch mit meinem Vornamen vorstellen. Ich ging also den Flur entlang. Es schien, als kämen aus allen Zimmern Bücherregale gelaufen. Das Telefon zwischen den Büchern. Das Wohnzimmer war in den Brauntönen Rembrandts gehalten, offenbar ihre Farben. Wahrscheinlich hatte sie auch die Schutzumschläge von den Büchern entfernt, wenn die Farben nicht passten. Perserteppich und Möbel schienen aus der Mitte des 19. Jahrhunderts zu stammen. Eine große Glasvitrine enthielt kostbare Gläser. Kein Glas glich dem anderen. Von der breiten Liege sprach ich schon. In der Ofenecke saß Susanne – frauliche Figur, hübsch, schwarzes Haar, strahlende Augen. Ein Tablett mit Rotwein und Gläsern in der Hand, eine junge fremde Frau in einer fremden Wohnung – eine bessere Situation, sich bekannt zu machen, kann man sich nicht vorstellen. Barbara muss sich ganz schön sicher sein, dachte ich. Wir hörten Barbara draußen telefonieren. Als sie zehn Minuten später uns mit einer Pizza erfreute, wusste ich von Susanne fast soviel wie von Barbara.

Sie hatte die Großstadt satt, war Lehrerin, Tochter eines bekannten Malers, ist mit Mann und Kindern vor wenigen Jahren in eine Bauernkate nach Mecklenburg gezogen, arbeitet beim Töpfer – früh in der Küche, nachmittags in der Werkstatt. Ihr Mann füttert die Schweine der LPG. Sie haben frische Luft und mistgedüngte Kartoffeln. Nun war sie auf der Durchreise. Die frische Luft in Mecklenburg habe sie verändert. Sie besuche einen Freund ihres Vaters. Als ich sagte, dass ich ihren Vater kenne, sagte sie „Bitte, bitte nicht petzen, ich meine, nichts meinen Vater sagen, über mich und seinen Freund".

Barbara deckte den Tisch und rief Riekchen zum Essen. Wir sprachen vom Töpfer, vom Vater und den Kindern. Der Mann wurde ausgespart. Nach dem Pizza essen bauten Barbara und Riekchen, während sie uns unterhielt, für Susannes Kinder zwei Puppen. Eine Katze und ein Schwein. Dann schickte sie Riekchen ins Bett und drückte mir ein Buch in die Hand. „Ich bring Susanne schnell in ihr Quartier. Mein ehemaliger Mann ist auf Dienstreise, und seine Wohnung steht leer. Meine große Tochter hat den Schlüssel, bin in einer halben Stunde zurück." Leicht verwundert beschäftigte ich mich mit der Lektüre. „Das Leben fängt mit 40 an". Nachdem ich mich über die Vorzüge der reifen Frau und ihrer Reize gegenüber jüngeren Männern belesen hatte, klapperte der Wohnungsschlüssel, und sie lag ein zweites mal an diesem Abend in meinen Armen. Dann erzählten wir stundenlang und tranken drei Flaschen Wein. Sie las mir ihr neuestes Puppenstück vor und zeigte mir ihre Puppen und Bücher vom Großvater. Nebenher erzählte sie, dass Susanne das erste Mal in ihrem Leben beim Freund ihres Vaters erfahren habe, was Glücklichsein bei einem Mann bedeuten kann.

Als ich am nächsten Morgen zum Frühstück in die Küche kam, ahnte ich angesichts der hundert Gewürzsorten, von denen ich nur die Hälfte kannte, dass Anderssein auch von der Küche ausgehen könne. Es war auch jedes Mal anders: Eintopf, Salate, Pizza, Sonntagsbraten, alles à la Barbara. Fast immer so schnell fertiggestellt oder vorbereitet, dass ich es kaum merkte. Die Krönung war ein chinesisches Essen, das man hierzulande kaum kannte: Reis, Bambusspitzen, Sojakeimlinge,

fünferlei Fleisch mit mir völlig fremden Gewürzen. Dazu Reisschnaps und selbst-
gemachter Reiswein – das Ganze heiß serviert in chinesischem Porzellan mit Stäb-
chen. Sie trug eine chinesische Bluse, die Zöpfe waren zum Kranz geflochten – eine
Variante. Jede Variante so, als wäre sie alltäglich. Jetzt war erst einmal Samstag
Morgen. Barbara mit blonden Zöpfen wie ein junges Mädchen. Riekchen wollte
ebenfalls Zöpfe haben. Sie war nicht wachgefüttert worden und hatte deshalb keine
Lust zum Essen. Als ich ihr Häuser und Tiere aus Brot schnitt, staunte Mutti, wie
viel ihre Tochter auf einmal essen konnte. Die wachen blaugrauen Augen erhielten
einen Schimmer von Wärme.

Ich wusste nicht, was ich machen sollte. Bleiben und das Wochenende gemeinsam verleben? Mir kam alles unheimlich schnell vor, und vieles war mir fremd. So
schob ich wichtige Arbeiten vor, die ich heute noch im Institut erledigen müsse.

Von Göttern und der Kramkiste der Weltkunst

Die Nächte der Liebe im breiten Bett ohne Schlafanzug und mit nur einer Zudecke
waren anders als die mit Anderen. Wir lebten unser Leben so intensiv, dass die Zeit
zum Geschichtenerzählen nie reichte. Es waren die kleinen und großen Geschichten
der Freunde und Kollegen, die Puppenspiel- und Theaterereignisse des Landes.
Geschichten, die unsere Literaten schrieben, und Geschichten aus der bedrohten
Welt, in die Barbaras große Tochter keine Kinder setzen wollte. Immer war es schon
Mitternacht, wenn Barbara durch das Anzünden der Kerzen zum zu Bettgehen
mahnte.

Nun erzählte Barbara „ihre" Geschichten. Eigentlich war ich geübt im Geschichtenerzählen vor und nach den Zärtlichkeiten. Bei ihr aber wurde ich häufig still, weil
sie Geschichten von der Geschichte der Menschen erzählte, und ich lauschte, weil
sie für mich neu waren oder von ihr neu erzählt wurden. Während die unzähligen
Kerzen, es müssen mehr als 100 gewesen sein, nieder brannten, erzählte sie mir von
Zeus dem Göttervater, von der Weisheit seiner Urteile und wie er es getrieben mit
den Göttinnen, und von Paris, dem er zuschob, das Urteil über die Schönste der Göttinnen zu fällen. Der hatte dann Aphrodite zur Schönsten erklärt, weil sie ihm heimlich die schönste Frau der Welt versprach, womit sie Helena meinte. Das war eine
Königstochter der Griechen. Deren Entführung durch Paris löste den größten Krieg
der alten Zeit aus. Barbara ließ Kassandra vor mir entstehen, die Priesterin, die
Schwester des Paris, die von Apoll, dem Gott der Künste, geliebt, die Fähigkeit des
Weissagens erhielt. Da sie ihm die Liebe versagte, versagte er ihr, dass ihre Rufe, ihr
Weissagen, je erhört werden. So erfuhr ich in den Nächten der Liebe von den Göttern
der Alten, von der Ruferin in der Wüste und davon, dass in allen Frauen auch ein
Stück der nicht erhörten Kassandra lebt. Und sie lehrte mich das eine Mal mehr mit
der Haut zu schlafen und das andere Mal mehr mit dem Kopf. Wenn sie spröde war
und ihre Schönheit kalt schien, erwärmte sie sich an meiner Haut; und das, was
spröde war, wurde unter der gemeinsamen Decke weich. Ich spürte nun auch, was

Nähe war und wusste ihr Wort „Wenn ich mit einem Mann nicht unter einer Decke schlafen kann, kann ich mit ihm nicht zusammenleben" zu deuten. Barbara sagte mir durch ihre Puppen, was ihr Liebes getan werden soll. Diese Art des Sprechens traf die Seele und den Körper. Wer erlebt schon, dass ihn der „kleine Prinz" zur Liebe auffordert. Vielleicht ist das überhaupt eine Möglichkeit, über einen gespielten Dritten zu sagen, was man vom jeweils Anderen gern möchte. Zu Menschen durch Puppen zu sprechen und etwas zu sagen, was im zwischenmenschlichen Geschehen viel zu wenig gesagt wird, war für sie wichtig. Und wenn mich nicht der kleine Prinz zum zu Bett gehen einlud, dann holte sie eine Gitarre und sang, was ihr einfiel. Von der Liebe, die sich erfüllt im Streben, einander wert zu sein, vom Nahesein zwischen Abendbrot und Frühstück, vom weißen Mondlicht, das nur an wenigen Tagen im Jahr ins Zimmer fällt und unsere Liebe bescheint.

So vergingen die Nächte. Und als ich viele Göttergeschichten von ihr gehört hatte, erzählte ich ihr Geschichten von Menschen, die in Wohnungen lebten, die sie als Hütte oder auch als Palast ausgestalteten. Ich erzählte ihr die Geschichte von der Spiegelwand und dem Kater im Korb; von Petra und Peter, die nach zehn Jahren sich immer noch liebten wie am ersten Tag und die Wohn- und Schlafzimmer als Paradies für ihre Kinder einrichteten; von anderen, die schräge Wände eines Dachgeschosses nutzten und zu einer romantischen Liebeshöhle ausbauten. Von der schwarzäugigen Nina aus Wladiwostok, die seit zehn Jahren in unserem Land lebt, und die ihre Wände mit orientalischen Samtstoffen behängte, um der Wohnung einen eigenartigen, fremdländischen Reiz zu geben, um so den Besucher in eine andere Welt zu versetzen. Von den Wissenschaftlern, denen es nichts nützte, dass sie ihre Wohnung als Bibliothek einrichteten, weil sie von unseren Presslufthämmern, den lärmenden Kippern und Mischern krank wurden. Ich erzählte auch von den Wohnungen, die man ungern besuchte, weil ihre Bewohner sie nicht wohnlich machten. „Die Wohnungen", so sagte ich, „sind wie die Augen, die oft mehr von einem Menschen erzählen, als diese überhaupt erzählen wollen. Schon manches Mal dachte ich, dass eine Geschichte der Wohnkultur in unserem Land mehr über den Staat aussagen würde als seine offizielle Geschichte.

Nun wollte sie nicht nur mit mir unter einer Decke schlafen, sondern genauer wissen, warum ich mich von meiner Frau und meinen Kindern getrennt habe, und ich erzählte ihr das „Märchen von der Suche nach Liebe". Nach diesem Märchen betrachtete mich Barbara mit anderen Augen. Sie schaute mich an und sagte: „Ich habe das Gefühl, als gehörten wir uns schon viele Jahre." Wir hatten uns in wenigen Tagen mehr vom Leben in unserem Land, aus der Kramkiste der Weltkunst, und von der Veränderung der Menschen um uns erzählt, als manche in einem ganzen Leben.

In dieser Zeit wollten wir unsere Wohnungen gegen eine andere tauschen und zwei kleine Leben gegen ein großes. Wir wollten nach Perlen tauchen und die Sterne vom Himmel holen. Barbara kam überraschend bei mir vorbei, holte mich aus meiner Junggesellenbude und nahm mich zu sich. Am nächsten Morgen brachten wir gemeinsam Ulrikchen in den Kindergarten. Anschließend nahm sie mich mit dem Auto mit zu ihrer Arbeit. Schon vorher hatte Riekchen gesagt, dass sie einen Pappi wie mich wolle. Eines Tages erzählte mir Barbara, dass sie bei einer Freundin war, die ihre Selbständigkeit aufgegeben hatte und nun einen anderen Namen trug. Die Freundin sagte, sie würde immer wieder heiraten, auch wenn es manchmal Streit gebe. Die neue Wohnung der Freundin, der neue Name, vor allem die Namensschilder an der Tür – alles war uns fremd. Sie hingegen befremdete, dass wir uns nie richtig streiten würden. Das alles war nichts für Barbara, und außerdem, was sollten die Freundinnen dazu sagen. Keine hatte das „Selbstständig-sein" schließlich so gut geschafft wie sie.

Aus dem anderen Deutschland kam die Mutter zu Besuch, dann die amerikanische Tante, die an einer Universität in den USA ein Feministinnen-College über neue DDR-Frauenliteratur leitete, und wir sprachen über diese DDR-Frauenliteratur, die von den Männern so wenig gelesen wurde. Das war schon alles fast wie Familie, und es sah aus, als hätte ich die Chance, einen Rangplatz vorzurücken. Freundinnen kamen und gingen, und langsam begannen wir uns auch zu streiten. Über das Leben in unserem Land, über Dinge, die bei ihr sonst keinen Streit hervorzurufen pflegten, denn mit ihren Freundinnen war sie einer Meinung. Im Traum befreite ich mich von ihr und war dennoch gefangen. Ich träumte von Puppen mit skurrilen Gesichtern, die an den Wänden ihres Arbeitszimmers hingen. Sie wurden lebendig, aber ich bekam kein Verhältnis zu ihnen, weil Barbara sie nicht führte. Wäre ein Kasper dabei, ich glaube, mit ihm hätte ich mich schnell anfreunden können. Aber Barbara meinte, wir brauchen kein Kasperle. Wir sind schon groß. Was soll dieser sentimentale Bursche uns dauernd dazwischen reden. Dann war Kasperl doch auf einmal da. Er plauderte munter darauf los und kommentierte mit Bauernschlauheit und Mutterwitz die vorangegangene Nacht. Anfangs war er mir unangenehm, zumal ich nicht wusste, wo er herkam, denn bei den Puppenspielerinnen habe ich ihn nicht gesehen. Nur Riekchen hat einen kleinen Kasperl, mit dem sie nicht spielte. Ich weiß nicht, ich glaube, wir Deutschen brauchen unseren Kasper, der Teufel allein tut's nicht. Es muss ja nicht der betuliche Seelentröster sein. Die anderen haben ja auch ihren Petruschka und ihre Pulcinella, ihren Harlekin und wie sie alle heißen. Zunächst nahm ich Kasperl nicht so ernst, wie er es verdiente, denn er war ein unbestechlicher Beobachter und Ratgeber.

Barbara fragte mich eines Tages, wie mir ihre Freundin Beate gefalle. Beate war eine schöne Frau, zehn Jahre jünger als Barbara, schwarzes Haar, blaue Augen, ebene Gesichtszüge. Barbara war ihr Vorbild, aber sie war selbst noch lange keine Barbara. Sie hatte eben erst begonnen, eine Barbara zu werden und mit dem eigenen, bisherigen Ich zu brechen. Als ich sie später in ihrer Wohnung sah, hatte sie gewonnen. Zu ihr gehörte mehr, als sie zeigte – auch zwei Kinder. Ich sagte zu Barbara „Blüten sind noch keine Früchte". „Weißt Du, ich muss arbeiten, an einem neuen Stück, da brauche ich Zeit – vielleicht kannst du solange zu Beate gehen, vielleicht vier Wochen bei Beate und vier Wochen bei mir. Außerdem, so wie der

Mensch eines Tages ablebt, so verbraucht sich auch die Liebe – lass mir Zeit, um uns unsere Liebe zu erhalten". Ich musste tief Atem holen, aber ich kam nicht zum Antworten, sie redete schon weiter. „Wir sollten uns aus traditionellen Auffassungen lösen. Die meisten heucheln sowieso nur. Schau Dir den Liebeskodex der Marie de Champagne aus dem Mittelalter an. Sie sagt zum Beispiel, dass wahre Liebe unter Eheleuten nicht möglich ist. Liebende tun alles ohne Gegenwert, ohne Befehl. Dagegen sind Eheleute von Gesetzes wegen verpflichtet, sich gegenseitig Wünsche zu erfüllen. Wahres Liebesglück gab es im Mittelalter nur außerhalb der Ehe. Die Geschichte der Liebe und der großen Liebenden weiß zu sagen, dass ständige Erfüllung die Liebe tötet.

Ich war zu verblüfft, um zu fragen, was sie von „Geborgenheit zu zweit", vom „Für-den-Anderen-dasein", von Vertrauen, Freundschaft und Verstehen des Anderen hält, und warum ältere Menschen einem geliebten Partner so schnell nachfolgen, wenn er nicht mehr ist. Da gibt es sogar eine Geschichte von einem Wellensittich, der einen Goldhamster so sehr liebte, dass er den ganzen Tag um dessen Käfig hüpfte. Die Tür konnte aufstehen, er verließ die Wohnung nicht, nur weil der Goldhamster in ihr lebte. Eines Tages starb der Goldhamster: Drei Tage später war auch der Vogel tot. Meine Gedanken überstürzten sich. Die Liebe führt zur Ehe, aber sie erhält sie nicht, weil sie eben vergänglich ist. Kinder und gemeinsame Erlebnisse könnten die Ehe erhalten, aber das hatten wir ja schon hinter uns. Und das mit dem Mittelalter wäre ja auch noch eine Diskussion wert. Schließlich gab es da manchen Kodex, an den wir heute nur mit Grausen denken können.

Fast schien es so, als würden wir das erste mal einschlafen ohne uns lieb zu haben. Wenn Kasperl jetzt da wäre, würde er seine Schlauheiten loswerden wollen. Sicher hätte er gesagt, in der Liebe regiert der Augenblick, man lebt ihn und kann ihn nicht verewigen. Außerdem, Liebe wird durch List und nicht durch Gewalt gewonnen. Jedes Erlebnis ist einmalig und unwiederbringlich, man kann es nur in der Phantasie noch mal nachvollziehen – und das ist eben das Unwirkliche. Und hier würde Kasperl betonen, wie wichtig das sei und dass für manche die Erinnerung alles ist, was sie haben. Barbara hatte mir einen Schock versetzt. Ich musste mit mir und ihr aufs Neue klarkommen. Da dachte ich, ich sei einen Platz vorgerückt, und nun das.

Nach vielen Wochen ging ich das erste mal wieder allein in eine Kneipe. Die Kellnerin im Bowling-Keller des Freizeitzentrums begrüßte mich wie einen lang vermissten Gast. Ich saß wieder an meinem Tisch – allein. Als sie mit der Bemerkung „Na, junger Mann, mal wieder da", mir den ersten halben Liter auf den Tisch stellte und ich ihr in die Augen schaute, wusste ich, dass ich seit meinem letzten Bowling-Keller-Besuch außer Barbara keiner Frau mehr in die Augen geschaut hatte. Erwischt. Und nun das Beate-Angebot. Ein Bier lang dachte ich an Beate. Es prickelte, und ich schwankte. Dann ein Nein, das von innen heraus sprach. Man kann ihm kaum wiedersprechen. Klingt komisch, aber es ist so. Ich kann es nicht erklären. Eine Schutzfunktion. Genauso wie beim Alkohol. An einem bestimmten

Punkt kriege ich keinen Schluck mehr runter. Durchbreche ich den Punkt, bin ich drei Minuten später auf der Toilette.

Als ehemaliger Zimmermann weiß ich, wie man ein Haus, welches man bauen will, planen muss. Entwürfe, Zeichnungen Statik, tausend Berechnungen, Materialbeschaffung usw. Man weiß wie es aussehen und wie es wachsen soll. Etage für Etage bis zum Richtfest und darüber hinaus. Im Leben zu zweit wollte ich es auch so: den Keller, die Etagen, das Dach. Doch niemand spielt das gedanklich mit mir durch Ob ich Barbara dazu bewegen könnte, ein solches Spiel zu spielen?

Warum funktionierte die Beziehung zu den Frauen bei mir nicht mehr so wie früher? Bin ich wählerischer, kritischer, älter geworden? Die liebenswerte MTA, die Diamanten-Ute und die Golf-Dame brauchten mich für irgend etwas. Aber sie brauchten mich ganz. Dann kommt so ein Weib wie Barbara und will mich nur halbtags. Werden hier die sogenannten Rechte des Mannes umgekehrt? Wie war das eigentlich mit den anderen? Der liebenswerten MTA wäre es in ihrer fraulich-mütterlichen Sorge fast gelungen, mich fett zu füttern. Sie wollte mit mir alt werden. Als das Fett an meiner Seele ansetzte, zog ich die Notbremse. In der Woche lief den ganzen Abend über die Glotze. Ich war sauer – sie spielte ständig mit drei Programmen. Wenn es wenigstens fünf gewesen wären. Schließlich habe ich doch manchmal die „Aktuelle Kamera" eingeschaltet, dann ging sie in die Küche. Sie sagte nichts, aber es herrschte Gewitterstimmung. Die Wochenenden waren mit Datsche, Geburtstagen und anderen Familienfeierlichkeiten ausgelastet. Drei Geschwister mit Ehepartnern und Kindern und die Eltern gaben genügend Anlass zu Feiern. Der Weinbrand ihres Vaters und die gute Küche der Mutter versöhnten mich. Es half beim fett füttern. Ich hatte ihr gesagt, dass ich nicht genau weiß, ob und wann ich sie heiraten kann. Wenn ich ihr zwölf dunkelrote Rosen schenke, sei es soweit. Als ich einmal zwölf Rosen kaufen wollte, gab es keine. Jedes zweite Wochenende war ausgebucht. Sie wollte nicht gern ohne Mann erscheinen. Dazu brauchte sie mich.

Ute brauchte mich zum Repräsentieren, nach außen. Wenn sie wohlartikuliert sprach, ahnte fast jeder, dass sie bei irgendeiner Akademie angestellt war. Sie war auch wirklich ein gescheites und ordentliches Mädchen, welches gerade das zweite Mal ihren Doktor machte. Ihre Ordner, Karteien, ihr Nähzeug, das Drum und Dran, eigentlich auch ihre Wohnung eigneten sich zu Ausstellungszwecken. Da passte ich nicht ganz rein. Wenn sie zu Herrn Professor eingeladen war, durfte ich sie nicht blamieren. In der ersten Zeit stellte ich mich darauf ein. Ute hatte etwas, was sie für mich interessant macht. Sie analysierte messerscharf ihre Umwelt. Ich hatte den Eindruck sie hatte für den jeweiligen Gegenstand eine Matrix, die sie zur Beurteilung unterlegt.

Wann, was, wo, warum, unter welchen Bedingungen. Eigentlich ein soziologisches Frageschema. Die Stufen ihrer Ergründung waren unterschiedlich. Nachdem sie so mein Leben und meine Verhaltensweise versuchte zu ergründen und sie noch kein befriedigendes Bild von mir hatte, brachte sie sich ins Spiel. Sie fragte mich, was mir an ihr gefiele, hielt sich die Augen zu und fragte nach ihrer Augenfarbe. Sie prüfte meinen Geruchsinn, indem sie extrem unterschiedliche Parfüms wechselte und meine Kommentare erwartete, fragte nach meinen Vorlieben auf allen Gebieten, ließ sich den Spielplan der Berliner Theater erklären oder die neuesten Erscheinungen auf dem Büchermarkt. Mich überraschte nicht einmal, dass sie von mir einen Kommentar zur letzten Politbürositzung des ZK der SED hören wollte. Dabei kannte sie alles und tat so, als wäre es ihr unbekannt. Inzwischen sagte ich ihr, was sie hören wollte. Sie wollte mich in ihr Nähkästchen einordnen, wie sie auch ihre Kollegen aus ihrer Umwelt einordnete. Fast möchte ich wetten, dass sie ihre Kollegen besser kannte, als diese sich selber. Aber sie war nicht zufrieden mit ihrer Analyse meiner Person.

Nach den Frühstück stellte sie eine Flasche Weinbrand auf den Tisch und fragte und fragte, bis Nachmittags um vier die Flasche leer war. Da verließ ich genau so gerade ihre Wohnung, wie ich in sie hereingekommen war. Sie hatte in dieser Zeit nur ein einzigen Glases getrunken und sonst nur Kaffee. Das konnte mir nur bei Ute passieren. Diesen Tag vergesse ich nie, er hat mir richtig Spaß gemacht. Nun wusste *ich* mehr von Ute, als sie über mich. Also musste ich mich fair aus der Affäre ziehen. Es ergab sich ganz schnell. Wir waren im Café „Warschau" Mittag essen. Dort begrüßte mich außerordentlich herzlich Horst Bastian, ein schwarzer Wuschelkopf mit Schnauzbart, der inzwischen hier seine Geschichten schrieb. Ich sagte, wie es unter Freunden üblich ist, „das ist Ute und das ist Horst". Da zuckte sie zusammen. Frau Doktor war betroffen, sie kannte Horst nicht. Er fand sie ganz dufte, nur ein bisschen verklemmt. Deshalb glaubte er mir einen Gefallen zu tun, indem er gleich zum „Du" überging. Ute machte gute Miene zum bösen Spiel – sie wusste ja, was sich gehört. Nach dem Essen ließ sie sich mit einem Taxi nach Hause bringen und bat mich für den nächsten Morgen um 9.00 Uhr zum Frühstück. Ich war froh, denn nun konnte ich mit Horst in Ruhe plaudern.

Ute liebte die Extreme aber konnte nicht mit ihnen leben. Für sonntags war 9.00 Uhr grausam früh, aber ich ging zu ihr und ließ mir erzählen, dass wir gut zueinander passten, aber ihre Freunde und meine Freunde doch verschiedenen Welten angehörten, das ergäbe Konflikte für ihre Karriere. Wir trennten uns in aller Freundschaft. Sie schenkte mir als Trost „Der Tag zieht den Jahrhundertweg" von Aitmatow, aber ich erzählte ihr nicht, dass sie gestern Horst Bastian, den nicht ganz unbekannten Schriftsteller geduzt hat.

Als ich ihre Wohnung verlassen hatte, überlegte ich blitzschnell, dass ich nun eine Einladung von Ines, der Golf-Dame, annehmen konnte. Ich brauchte zum Buch nur noch ein paar Rosen aus der Schrebergartenanlage. Zum Sonntag-Nachmittag-Kaffeetrinken saß ich schon bei Ines. Ines hatte auch eine breite Liege und ein Keramikschild an der Tür. Ihre Wohnung konnte man mit einer Graphikausstellung verwechseln. Eine Sammlung von „Schönsten Büchern" machte das Wohnzimmer selbst dann noch interessant, wenn sie in der Küche war. Hier fühlte ich mich wohler als bei Ute. Ines freute sich über die Rosen und sagte zu Utes Aitmatow, dass sie keine Sowjetliteratur lese (ein Jahr später schrieb sie mir, dass sie den „Jahrhundertweg" mit Begeisterung gelesen habe, und ob wir darüber mal reden könnten). Nach einer Flasche Wein schimpfte sie über die Scheißemanzipation. Sie wolle Frau sein, wollte sich ganz hingeben, wollte ganz klein sein und sich ankuscheln. Aber dann kam jedes Mal die Schwelle, über die sie nicht hinweg konnte, immer wieder die gleichen Fragen: Was leistet *er* für mich? Verdient er mich? Wo ist er kleiner, wo bin ich größer? Sie war ein schönes Weib, auch wurde sie in der Erregung noch schöner. Dann klar und kühl ihr Monolog: „Ich konnte es bis jetzt mit Jüngeren, diese Zeit ist bald zu Ende, ich muss abspringen. Jetzt kann ich noch Forderungen stellen, später muss ich froh sein, wenn ich einen fürs Bett abbekomme. Ich will ohne Zank und Streit in aller Ruhe mein Leben leben. Es gibt keine Höhepunkte, die ich nicht schon durchlebt hätte, also kann ich mich in aller Ruhe auf das Maximale konzentrieren. Ich bin himmelhoch jauchzend verliebt gewesen, jetzt ist mein Mann tot, und meine Tochter ist groß. Ich kenne alle Leiden, ich kenne alle Länder, die mir zugänglich sind. Ich hatte viele Liebhaber, alle jünger als ich. Einer besser als der andere im Bett. Mit dem besten habe ich einen Sexurlaub verbracht. Nun will ich Geborgenheit, Ruhe und Glück, will Aktivität, die nicht erschlägt, die mich mitnimmt. Fallenlassen – Glücklichsein. Das Erreichbare ist für mich erreicht. Verdiene gut. Habe einen Universitätsabschluss. Fahre einen guten Wagen. Mehr ist nicht drin. Alles Kommende ist nur Verzierung, neuer Aufguss, weiter nichts. Du könntest für mich noch optimal sein. Vielleicht noch ein neuer Schatten oder eine Lichtquelle, die einem das Eine oder Andere anders sehen lässt. Im Moment habe ich keinen Appetit auf Sex. Entweder du wartest oder du lässt mich sausen. Fahr mit mir in irgendein Interhotel, schenk mir etwas Schönes, und es wird sich ergeben".

Ines reizte mich. Ich wollte sie und wollte sie nicht. Eine neue Schattierung für ein ausgelebtes Weib war mir ein bisschen wenig. Als Barbara, die gleichaltrig war, mir begegnete, lernte ich ihr Gegenteil kennen. Sie begann dort, wo Ines aufhörte. Aber Barbara wollte mich nur halbtags. Trotzdem, ich kann mir nicht vorstellen, dass sie nicht auch wie Ines Geborgenheit, innere Ruhe und ein wenig Glück sucht. Was ist bei Barbara anders? Gespräche über Kunst und Leben waren wichtig, konnten aber sicher nicht alles sein. War sie eine Hexe? Hexen waren meist ungewöhnliche, dann und wann verführerisch schöne, mit dem Teufel im Bund stehende Frauen mit dämonischen Kräften. Barbara hatte mich behext, war aber keine Hexe. An einer Stelle war sie fast eine Maria. In ihrem Herzen war noch ein leerer Platz den sie aufbewahrte und nicht vergab, der ihr Mut machen sollte. Es war die Hoffnung auf den Prinzen, der eines Tages die von ihr selbst gehäkelte Decke ihrer Emanzipation wegzog und sie, in ein anderes Zauberland führte, eines, das sie noch nicht kannte. Da war sie ganz dicht bei Don Quijotte, bei seiner Dulcinea von Toboso, die es gab und nicht gab. Insgeheim wünschte sie sich eines Tages mit ihrem Traumprinzen in ein wunderschönes Leben zu gehen, nur wünschte sie sich, nicht zu alt dafür zu sein. Sie wusste auch, dass der Prinz eigentlich schon einmal da war. Es war jener Puppenspieler, in den sie sich verliebte; in der gemeinsamen Zeit mit ihm entstand Riekchen. Dieser Liebe verdankte sie ihr Großwerden. Nur ist

Barbara neben ihm so sehr sie selbst geworden, dass er fürchtete, neben ihr nicht mehr er selbst sein zu können. Sie fühlte, dass große Ereignisse auch zweimal im Leben auftreten können, ahnte zugleich, dass es dieses zweite Mal eine Farce würde und schützte sich vor diesem zweiten Mal, indem sie die freie Stelle im Herzen vor sich selbst verbarg.

Ich trank meinen sechsten halben Liter aus und ging nach Hause. Wie eine Melodie, die einem nicht aus dem Sinn geht, hatte sich bei mir Ines' Wort festgekrallt „Scheißemanzipation". Wahrscheinlich habe es sogar laut gesagt.

Gefangen in goldenen Netzen

Am Wochenende fragte Barbara nach meiner Zeit, lud mich in ihr Auto und fuhr mit mir irgendwohin. Nie an den gleiche Ort. Wohin sie fuhr, sagte sie erst, wenn wir bereits unterwegs waren. Fuhren wir zu Freunden, dann beschrieb sie die Freundin und die Freunde der Freundinnen und ihre Töchter, die da hießen wie Königinnen.

Diesmal hat sie Ulrike zu einer Freundin gegeben. Sie sagte: „Wir übernachten. Ich habe ein Zelt dabei." Dann sprachen wir Belangloses. Erst nach 100 km Richtung Süden – wir fuhren nie nach Norden – sagte sie: „Ich muss mit Dir reden. Kennst du die Geschichte von Aphrodite, die Göttin der Schönheit, die ihren Mann Hephaistos mit Ares, dem Dümmsten der Götter betrog?" „Nein? Hephaistos, der Schmied, knüpfte ein unsichtbares, unzerreißbares goldenes Netz und lässt beide im Liebesspiel sich darin fangen. Der hinkende Hephaistos rief die Götter, um die Liebenden dem Gespött preiszugeben. Das Gelächter der Götter traf den Hinkenden mehr, als die der Liebe sich hingebenden Gefangenen". Barbara hob zum Monolog an: „Göttern gleich sind wir es, die wir unsere goldenen Netze knüpfen. Wir sind verliebt in die Dinge, die greifbar uns umgeben. Viel weniger in die Menschen und deren nichtgreifbares Denken und Reden, noch weniger in all das Kluge, was je gedacht wurde. Wir haben die Kleinheit unserer Probleme so groß werden lassen, dass wir nur mit knapper Mühe die Gefahren erkennen, die sich vor uns auftürmen. Wir, die wir unser goldenes Netz knüpfen, für einen abstrakten neuen Menschen, dessen Ziel sein soll, Einstein und Goethe zu lesen, der den Spitzensportler zum Idol erklärt und dessen musische Ambitionen sich im Theater-, Kino- und Konzertbesuch wiederfinden und nun sieht das reale Leben des Homo Novus so aus, dass er sich den Wohlstandsmüll unserer Nachbarn ständig umhängt und dessen Kitschproduktion in seine Stube flimmern lässt. Der eigentlichen Bedrohung aber sind wir uns nicht bewusst. Die Raketen sind nur die eine Seite der Medaille, eine andere Seite ist zum Beispiel das Sterben der Wälder ..., denke auch an die Giftspuren in der Muttermilch. Die Indianer sagen, die Erde haben wir nicht ererbt von den Vätern, sondern geborgt von den Kindern und Kindeskindern. Gäbe es Götter, die unser Tun und Denken beobachten, ihr Lachen darüber wäre so laut, dass man fürchten müsste, die Welt zerberste daran. Reden hilft nichts, schreiben hilft nichts, nur tun, nur erlebbar machen hilft." Barbara war erregt. Ich konnte ihr jetzt nicht sagen, dass die Raketen eine verdammte Realität seien, die nach Plan hingestellt wurden und die ohne geplante Entgegensetzung nicht verschwinden. Auch nicht, dass ein großer Teil der Menschen auf unserer Seite ist. Barbara würde anhalten und mich laufen lassen. Ich sagte ihr, die Ungeborenen sind unsere Götter. Ihr Schrei, mit dem sie auf die Welt kommen, ist mehr als das Lachen der Götter, das die Welt zum Bersten bringe. Das muss doch den Menschen unter die Haut gehen.

„Dieses, mein Lieber, begreifen doch nur die, die für den Erhalt der Welt etwas tun oder Frauen, die Kinder geboren haben oder gebären wollen. Es gibt Zeiten und Situationen, in denen das Sagbare nicht mehr sagbar ist. Worte müssen Taten ungewöhnlicher Art weichen. Ich muss dir einfach sagen, wo es weh tut: In der Zeit, als wir unser Land aufbauten, war so viel zu tun, dass wir oft nur wenig Zeit für Worte hatten. Die Sprücheklopfer der Partei galten nicht viel. Ich war begeistert. Ich malte. Wir tanzten anderen zur Freude. Zwei oder drei Auftritte in der Woche waren nie zu viel. Ich schrieb mit meinem Chef ein Buch, nach dem heute noch gelehrt wird. Eine Schweinearbeit, wir arbeiteten meist nachts. Uns blieben Pfennige vom Honorar. Das meiste schluckten Zeichner und Schreibkräfte. Wir waren trotzdem begeistert, was wir taten wurde gebraucht. Es dauerte lange, bis ich merkte, dass die Anderen mitleidig auf uns herabschauten, wenn wir begeistert waren. Sie bauten ihre Datschen als wir vor Rentnern tanzten. Sie fraßen und soffen sich den Ranzen voll, als wir nachts arbeiteten. Nichts gegen das, was wir taten, und auch keine Reue darüber, dass wir unsere freie Zeit opferten – denn Kinder von Traurigkeit waren wir dabei nicht. Aber irgend etwas machen wir jetzt falsch. Ich versuche, mich über das Puppenspiel hörbar zu machen. Mir ist da, glaube ich, sogar einiges gelungen. Wir knüpfen unsere goldenen Netze und leben zwei Leben in unserem Land, eines nach außen und eines nach innen, und reden von der Übereinstimmung von Ich und Wir. Dabei denken wir zuerst an das Ich. Irgend etwas läuft falsch. Woher kommen die vielen Taugenichtse und unsere Zufriedenheit mit der Mittelmäßigkeit? Tausend Puppenspiele reichen nicht, dagegen anzukommen. Wir haben in unserem Land Paläste für Mittelmäßigkeit und für das Faulenzertum gebaut, in denen sich die Taugenichtse wohl fühlen, wie Schweine im warmen Schlammbad." „du übertreibst" „Was übertreibe ich, sechs Wochen krank feiern ist eine schöne Zeit für den, der sie bezahlt bekommt, der nicht krank ist. Schlechte Organisation, Bummelei während der Arbeitszeit, selbständige Pausenverlängerung, Saufen im Büro, Einkaufen und Friseur während der Arbeitszeit, weil schließlich die Haare auch in dieser Zeit wachsen, sind nur der äußere Ausdruck der Unfähigkeit, Begeisterung zu wecken. Begeisterung, weißt Du, die ganz von innen kommt". Ihre Wangen glühten, sie merkte nicht, dass sie schon eine halbe Stunde den Trabbi auf der Landstraße mit 110 Stundenkilometern auf Höchstleistung trimmte. „Die aufgesetzte Begeisterung, die einem jetzt dann und wann begegnet, erzeugt doch nur die Bereitschaft, beim nächsten Husten zum Arzt zu gehen – erst recht, wenn das Baby hustet. Ich kenne jemanden, der lässt es ein wenig aufgedeckt, damit es hustet."

Sie fühlte sich verantwortlich für das Land und all den Unsinn, der immer wieder zu Tage kam. Ihre jugendliche Kraft, ihr Tätigsein gaben ihr die Berechtigung, so von ihrem Land zu sprechen. Und doch war sie mit ihrer kritischen Sicht dicht bei denen, die ihr Land verneinten. „du bist ungerecht gegenüber denen, die von ihrer Arbeit begeistert sind, und die nicht nur für sich arbeiten. Die vielen, die sich den Kopf darüber zerbrechen, wie es besser werden kann, kannst du nicht mit denen, von denen du sprichst; in einen Topf werfen. Du beleidigst auch mich. Ich ackere wie ein Blöder, damit wir die wichtigsten Bücher in die Bibliotheken bekommen und letztere zu vernünftigen Informationszentren ausbauen. Ich weiß, es gibt viele Probleme, aber Rom wurde auch nicht an einen Tag erbaut. Wenn es nur zur Hälfte stimmt, was du sagst, dann kann es kaum noch schlimmer werden. Ist es das, was du sagen willst?" Sie sagte: „Ich fühle mich scheußlich", und sprach dann von einem Sog, einem Strudel, in den alle hineinrutschen. Jeder weiß, wie viel Kraft es kostet wegzuschwimmen, wenn man vom Strudel erfasst wird. Man muss sich bewusst herunterziehen lassen, dann unten abstoßen und unter Wasser wegschwimmen. Das ist die einzige Chance bei einem starken Strudel – und der hier ist ganz schön stark. Sie spürte, dass sie schon drin war. Sie konnte sich nur noch von unten retten.

Ich hatte keine Zeit reinzurutschen – Kinder, Arbeit, Hobbys. Sicher rutscht es sich leicht rein, wenn eine Wohlstandsschwelle übersprungen ist. „Was verlangst Du?" fragte ich sie. „Menschen" und nach einer Weile Schweigen „jetzt – jetzt – jetzt ...", nach ca. fünf Minuten kam das dreihundertste „jetzt". Dann machte sie eine Pause. Ich war fast irre. Sie sagte: „Jedes Mal wenn ich, ‚jetzt' sage, verhungert ein Kind. Kein Mensch denkt bei uns daran. Wir bauen Raketen, sie bauen Raketen. Wir stecken Milliarden in die Rüstung und sie stecken Milliarden in die Rüstung, kein denkender Mensch begreift, dass in der Zeit Millionen Kinder verhungern – jetzt – jetzt – jetzt. ... Eine viertel Stunde lang sagte sie schon „jetzt". Ich versuchte nicht hinzusehen, weil es zum wahnsinnig werden war. Ich sagte verzweifelt „Denkst du, damit änderst du was?" „Nein, ich mache Dir aber etwas bewusst. Du wirst immer daran denken. Ich hoffe, du wirst daran erinnert, wenn du in die Augen Deiner Kinder schaust". Dann war sie still: Ich konnte nicht mehr. Sie hatte mich gefoltert, mit den toten Kindern der Welt gefoltert. Eine dreiviertel Stunde lang. Aber ich zollte ihr Achtung. Sie kämpft. Ich legte ihr den Arm auf die Schulter. Sie ließ ihn auf der Schulter liegen und wehrte ihn dennoch ab. Sie schloss mich in ihren Protest gegen die Welt ein.

Es wurde bergig. Sie nahm eine Abfahrt und fuhr langsam die Straßen lang. Wir fuhren durch sonnenbeschienenes hügliges Land, durch Felder und Wälder. Dann bogen wir in einen Waldweg ein. Sie hielt an. Wir stiegen aus dem Wagen und liefen bergauf, quer durch den Wald. Sie trat vor mir auf eine Lichtung und meinte: „Setz dich, hier ist es." Vor uns lag ein großer Talkessel mit Seitentälern, ein kleiner Bach schlängelte sich in der Talsohle. Ein eindrucksvolles Panorama. Kein Mensch weit und breit.

„Meine große Tochter ackert tagsüber schwer, flüchtet sich nach Feierabend in die Kunst, macht ein bisschen Batik, gestaltet ihre Wohnung poppig und kommt mit ihren Freunden nicht klar, weil diese andere Interessen haben, die eine Stufe unter den ihrigen liegen. Sie ist mit sich und unserer Welt nicht zufrieden. Für Riekchen erträum ich mir eine Stadt, in der das Leben ganz anders abläuft. Als ich noch glaubte, den Weltkommunismus erleben zu können, hatte ich gedacht, es würden der Jugend ganze Inseln oder Länder geschenkt, auf denen sie selbst ihre Träume verwirklichen. Länder der Kunst, der Liebe, der Technik, der Wissenschaft, in die man ging und ein Stückchen klüger wieder zurückkam. Ich dachte, dass so etwas ähnliches zwischen unseren Ländern, die sich sozialistisch nennen, möglich sei. Wir müssten gemeinsam Projekte in Angriff nehmen, gegen die die berühmten Studentensommer oder die Arbeit an der Öl-Trasse verblassen. Da das offenbar nicht möglich ist, hoffe ich auf unser Land. Verstehst du, wir dürfen uns nicht ins ‚Aus' drängen lassen, nicht mit Milliardenkrediten, es sei, man baut mit ihnen gemeinsam etwas nach unseren Vorstellungen. Wir dürfen uns nichts aufdrängeln und uns nicht in die Ecke stellen lassen, wir dürfen nicht einrasten in ausgefahrenen Bahnen, sondern etwas ganz neues, ganz tolles tun. Das würde die Menschen mehr aufrütteln als unsere Demonstrationen. Das wäre echter Friedenskampf. Ich glaube, wenn wir statt einer Demonstration so etwas außergewöhnliches tun würden, wäre das für die, die uns nicht mögen, eine schallende Ohrfeige ins Gesicht. Ich möchte denen, die nicht begreifen, das unser Planet erhalten werden muss, eine Ohrfeige nach der anderen geben. Aber ich müsste wissen, dass sich das lohnt und nicht bloß wieder Tausenden von Taugenichten, die in ihrer Mittelmäßigkeit ersticken, Vorschub leistet. Wir bräuchen etwas, dass uns, unsere Jugend, die Jugend der Welt wachrüttelt und weiterbringt. Warum machen wir nicht unser Land zum Mekka für die Jugend der Welt, so dass jeder sagen möchte: ‚So wollen wir leben'. Ich habe Dir mal in einer Nacht, von einem Land der Liebe erzählt, in dem man Gefühle ausbildet, Techniken zur Perfektion bringt und mit Partnern unterschiedlicher Fähigkeiten liebt. Damit wollen wir nicht beginnen. Da stoßen wir nur die Prüden vor den Kopf. So ein Modell kostet zwar wenig – na ja, es könnte Devisen von Touristen bringen. Aber lassen wir das. „Ich will, dass wir eine Stadt bauen, die Humanitas heißt. In ihr sollen Ideale eines künftigen Lebens erprobt werden. Ihre Bewohner müssen mindestens ein kluges Buch geschrieben haben oder anderes land- oder weltbewegendes Tun nachgewiesen haben. In Humanitas bestimmen diejenigen, die das Beste und Bemerkenswerteste getan haben. Gemessen wird mit dem Maß des Nützlichen und menschlich Guten. Dieses Maß zu bestimmen, ist den Leuten der Stadt vorbehalten. Dieses Maß wird immer wieder neu überprüft. Alle Bewohner leben nach einem moralischen Kodex, den sie sich selbst gegeben haben. Einigen Bedingungen unterwerfen sich der Bewohner freiwillig: der Bereitschaft zum nützlichen, produktiven Arbeiten, dem Ziel, die Produkte ihrer Arbeit ständig zu verbessern, dem sinnvollen, effektiven Lernen und der Umsetzung der Lernergebnisse, der Entwicklung der Gefühle und dem Zeigen der Gefühle beim Umgang mit den Anderen. Die

Bewohner entwickeln ihre künstlerischen Fähigkeiten und bemühen sich um Meisterschaft. Körperbeherrschung, Gesundheit, Lebensgenuss und die Entfaltung des inneren Reichtums zum Nutzen der anderen sind Stichworte. Sie geben und nehmen, sind den anderen nahe bis zum Höchsten, bis zur Neige".

Ich schaute ins Tal und war still. Das Weib macht bereitete mir Probleme. Sie provozierte. Ich bin Leiter oder, wie sie meint: eingebunden in Disziplin. Nun will sie wissen, wie ich reagiere ohne mein Gesicht zu verlieren. Ich habe im Leben bis jetzt nur an Bibliotheken und an die Schaffung von Voraussetzungen für Leseförderung, Wissens- und Informationsvermittlung gedacht und zwischendurch an die Familie und an die eine oder andere Freundin. Den Frieden, das schaffen wir, meinte ich. Sie dagegen diskutiert ungeduldig Jahrhundertaufgaben ganzer Generationen. Dabei denkt sie natürlich auch an ihre Töchter, ihre Studenten und an einen Partner, mit dem sie unter einer Decke schlafen kann. Die Traumlaterne der Utopisten leuchtete Jahrhunderte lang in einem leeren Raum, sagte jemand. Wir richten diesen Raum nun ein. Wir könnten das verwirklichen, was die Alten wollten. Wenn wir Bildung für alle schaffen und vernünftige Wohnungen für Millionen bauen, lösen wir natürlich auch Jahrhundertaufgaben; auch für Barbaras Töchter. Man müsste ihr das an den Kopf knallen und abhauen. Per Anhalter zur nächsten Stadt, dann nach Hause.

Ich sagte: „Aber es gibt noch mehr um uns, wo es sich lohnt, sich Gedanken darüber zu machen. Denk mal, welche Chancen die Menschen haben, sich lebenslang Bildung anzueignen, an Menschheitsprobleme heranzukommen ...". Nervös reagierte sie, „du mit deinem Leseland, könnt ich dir Geschichtenerzählen, wenn ich nicht lesen würde? Hab ich keine Bücher?" „Ja, deine Bücher sind wichtig, doch ist das nicht alles. Jetzt musst du einmal stillhalten. Fangen wir mit dem Gehirntraining an. Du erkennst die Buchstaben, und in deinem Kopf werden diese zum Wort formuliert, die Wörter zum Satz, die Sätze zu inhaltlichen Aussagen. Dann beginnt es: Es entstehen Gedankenketten, Bilder werden geschaffen, wie Fernsehen im Kopf, Gefühle in Bewegung gesetzt, Urteile gebildet, Grenzen erkannt, Erkenntnisse gewonnen. Das trainiert deine grauen Zellen, ganz gleich, ob du einen Roman, ein Gedicht, einen Essay, ein Fachbuch, eine Beschreibung von Ländern und Leuten oder Wissenschaft zur Kenntnis nimmst. Liest du Zeitungen und Zeitschriften, hast du dazu den Vorteil der aktuellen Information. Wenn man es geschafft hat, 90 Prozent der Kinder als regelmäßige Nutzer in die Bibliotheken zu holen und diese 20 Bücher im Jahr lesen, dann ist das mindesten soviel, wie wenn du mit Deinen Puppen unser Land menschlicher machst. Denk an das Gehirntraining, ich spreche noch gar nicht vom Wissensgewinn, von der Erweiterung der Weltsicht, des Gefühlsreichtums und ähnlichem. Welchen Einfluss Bücher auf mein Leben hatten, habe ich dir erzählt. Wenn du neugierig genug bist und es brauchst, kannst du systematisch gesammelte und erschlossene Bestände nutzen. Du gehst in die Bibliothek –nennst dein Thema und schon suchst du dir aus dem gesamten Angebot etwas über das Marionettentheater aus. Die Kinder lernen, wie man es findet. Dann hast du Dutzende von Sondersammlungen über Musik, Landkarten, alte Bücher usw. Einmal habe ich eine über ein Territorium aufgebaut und so weiter empfohlen, dass es diese fast überall gibt. In Suhl saßen nicht nur Heimatforscher, Lehrer, Jugendliche und Kinder, die sich für die Geschichte der Heimat interessierten, nein, es kamen auch Kriminalbeamte, und Justizangestellte, die mit Hilfe einer Gewässeranalyse einen Mord aufdeckten und auch Bauleute, die etwas über einen bestimmten Boden wissen wollten. Stundenlang könnte ich dir erzählen, zum Beispiel wie Betriebe mit Hilfe der Bibliotheksliteratur bedeutende Erfindungen gemacht haben oder wie Schüler und Studenten sich tolle Noten holten, und ich kann dir erzählen, wie es weitergehen wird mit dem Lesen und den Bibliotheken in der Mediengesellschaft. Das Ganze ist deinem Puppenspiel vergleichbar. Nur, dass alles über das Lesen geschieht, über die Aktivierung deiner grauen Zellen".

Sie war still geworden. Ich wusste nicht was sie dachte. Natürlich hat sie recht. Wir fordern ständig: Denkt mit, Leute, und nun denkt da eine, ein Mädchen unseres Landes. Die großen Träumer der Welt träumten den Traum der Gerechtigkeit für alle. Sie träumten von Frieden, Freiheit und Brot. Aber sie konnten damals wirklich nur träumen. Das Drum und Dran stand einer Verwirklichung dieser Träume entgegen. Dann kamen die Bürger mit Modellen für kleine Gruppen. Das ging jedes Mal schief, weil das kleine Modell nicht in ihr großes Modell passte. Verdammt, Barbara macht ja was anderes. Sie schafft ein kleines Modell, um unser großes zu fordern, um Zukunft zu schaffen und zum Träumen anzuregen. Mensch, wenn das so ist, kann ich gar nicht sauer auf sie sein. Im Heute das Morgen! Im Kleinen! An einer Stelle! Als Beispiel! Ich schaute sie an, lächelte und hatte mich wieder im Griff: „Bisschen viel Idealismus, dein Utopia. Würde Vater Staat eine ganz schöne Stange Geld kosten und rauskäme nur irgendeine frühkommunistische Schwärmerei, dabei haben wir die Verwirklichung unserer jetzigen Utopie noch nicht mal in Sack und Tüten. Na gut, die deinige ist vielleicht auch etwas mehr". „Schon wieder deine Scheißökonomie". Ich wurde ärgerlich: „Ja und zweimal ja – jetzt bin ich noch einmal dran. Ihr Weiber sagt Scheißökonomie. Wenn es irgend etwas in den Geschäften nicht gibt, seid ihr die Ersten, die meckern. Aber wenn wir schon mal unserer Phantasie Raum geben wollen, kannst du ruhig noch einen Schritt zulegen: Deine Stadt müsste in die Natur eingebaut werden, die Hälfte unter die Erde. Die Wohnungen sollen zweckmäßig und voller Luxus sein. So wie du die Landschaft hier siehst, so soll sie erhalten bleiben, wird nur zweckmäßiger und noch schöner. Die Energiequellen dürften traditionelle Rohstoffressourcen der Welt nicht berühren. Selbstverständlich gibt es keine Umweltverschmutzung. Die Stadt produziert so viel, dass von ihrem Gewinn in Zehn-Jahresfrist drei neue Städte gebaut werden können. Die Produktionsstätten sind vollautomatisiert. Eine Stadt der Wissenschaft, eine Stadt der Medizin stehen am Anfang. Dreiviertel der Bewohner sind unter 35. Ein Viertel trainiert, um bei vollster Gesundheit 100 Jahre alt zu werden. Eigentlich wollte ich dir etwas anderes sagen. Ich habe vor wenigen Tagen ein Schild gesehen auf dem stand: Zweimillionste Wohnung übergeben. In knapp 14 Jahren. Weißt du, was das heißt? Für sechs Millionen Menschen, mehr als ein Drittel unserer Einwohner, neue eigene vier Wände, das ist sechsmillionenfaches Glück. Das ist so etwas ähnliches wie deine Kramkiste der Weltkunst. Lieben, Leben, Wohnen in der Welt der Großväter und Großmütter im alten Berlin und doch ganz modern. Verstehst du, was ich meine? Das ist so, als sagtest du mir mit der Puppe, was du willst. Ich kann es nicht besser sagen".

Sie hob zu einen langen Monolog an „Ich weiß doch, dass du gut bist, würde ich sonst mit Dir schlafen? Aber wir müssen doch weiter denken und können nicht nur ewig Wohnungen bauen. Das machen die Anderen auch, sogar besser. Aber irgendwie kann ich mir vorstellen, dass wir mit vielen anderen ein tolles Zukunftsbild malen können. Wir bleiben in unseren Alltagsproblemen stecken. Haben wir denn nur Nachplapperer auf unseren Universitäten und Hochschulen ausgebildet, nur Eunuchen und Köpfchennicker? Warum wollen wir nicht attraktiv werden? Gegenwärtig muss ich unser Land mit einem wohlanständigen mittelmäßigen Mädchen vergleichen, auf das immer aufgepasst wird, dass es ja nicht seine Unschuld verliert. Wer gebären will muss schwanger sein! Warum werden wir nicht schuldig vor der Weltgeschichte, etwas getan zu haben, was nicht üblich ist und dennoch die Welt voranbringt, und vor allem die ganze Welt und ihre Jugend begeistert. Was soll dieses ständige der Jugend erzählen, wie schwer es die Alten gehabt hätten. Die Mühle dreht sich nicht vom gestrigen Wind. Die Zeit, in der Ideen hätten produziert werden können, ist teuer und ihre Verschwendung verbrecherisch. Wir brauchen doch nicht bloß unsere Ideen, sondern Ideen von Tausenden, die nach vorn denken und nicht in die Vergangenheit. Nichts ist teurer als verschwendete Zeit. Ich habe auch Hunderte von Fragen: Warum gelingt es Leuten, die auf ihre Gesundheit bedacht sind, zehn und zwanzig Jahre nicht krank zu sein? Warum ersetzen wir einfache Großmutterrezepte durch Antibiotika? Warum pflanzen wir in unseren Wäldern keine Gartenhimbeeren? Warum lassen wir die Waldbeeren vergammeln, statt mit den Kindern im Pionierlager zweimal Beeren sammeln zu gehen? Sie hätten Spaß und würden zugleich Geld verdienen. Warum pflanzen wir an die Landstraßen so wenig edlere Obstsorten? Warum lassen wir an unseren Bahndämmen nicht Blumen blühen? Warum bauen wir nicht mit einem Schlag mal einige tausend Gewächshäuser, um genügend Blumen und Frühgemüse auf dem Tisch zu haben? Weißt du, wie viele Kraftfahrer bei uns in den Betrieben rumgammeln? Weißt du, wie viel Zeit nur uneffektiv genutzt wird? Weißt du, wie oft in den Betrieben auf Material gewartet wird? Glaubst du, dem Sozialismus würde etwas passieren, wenn die Verwaltungskräfte und die Schüler unseres Landes jedes Jahr einmal eine Woche die Früchte des Waldes und der Plantagen ernten würden? Außerdem haben wir Erfahrungen, die liegen zwar schon 20 Jahre zurück, doch die Alten wissen von diesen Einsätzen mit verklärten Augen zu erzählen. So etwas hat nichts mit Provisorien zu tun, sondern mit Organisation. Aber das sind nur Beispiele. Bezahlbar wären sie. Ich bin bereit, einen Naturfünfer zu zahlen. Und die Waldbeeren dürfen ruhig etwas kosten. Großmutterrezepte und gesunde Ernährung sind so billig, dass eingespart werden könnte.

Ein Drittel aller Kranken fressen und saufen sich doch ihre Krankheit selbst an den Hals; und dann schickt sie Vater Staat zur Kur. Das zweite Drittel weiß nicht mit sich umzugehen, ihre Krankheiten haben psychische Ursachen. Nur das restliche Drittel ist wirklich irgendwie krank; doch irgendwie zählen sich alle zu diesem Drittel. Wenn du mir jetzt sagst, ich spinne, dann beweise mir das Gegenteil. Und warum haben wir nicht bei der Vereinigung der Völker den Antrag gestellt, dass man eine unbewohnte Insel zur Bekämpfung der Geißeln der Menschheit mit den bedeutendsten Wissenschaftlern aus allen Ländern bevölkere, sie könnten mit dem Geld bezahlt werden, das die Einsparung von Rüstungskosten erbringt. Kann ein solcher Vorschlag abgelehnt werden? Und Jahr für Jahr sollte ein Prozent für eine neue Insel aus dem Haushalt der Mordinstrumente der Völker gewonnen werden. Die Völker würden in hundert Jahren nur noch Geld zum Wohle der Menschen ausgeben."

Wir stritten uns schon einmal über unser Leben. Ich weiß nicht, ob ich damals wütend oder nachdenklich war, wenn sie von Oben und Unten sprach, von unfruchtbaren Dogmen, von unserem Bildungssystem, das Köpfchennicker produziere und davon, dass in der Schule zu wenig getan wird, um die Menschen richtig auf das Leben vorzubereiten. Dabei hätten wir alle Macht, das zu verändern. Wenn ich dann von den Tausenden Lehrern sprach, die sich Gedanken machten, sich aufopferten – sie war ja auch eine davon –, war es manchmal so, als verstehe sie mich nicht. Sie wollte nicht verstehen, dass unser Bildungssystem mit polytechnischer Ausbildung für viele Länder interessant sei, weil es sich immer weiter entwickeln ließe. Natürlich müssten wir helfen, es zu verbessern. Sie sagte „ihr", wenn sie mich und unser Land meinte, als ob sie nicht dazu gehörte. Ich dachte damals, jetzt sagt sie, ich solle gehen. Sie hat mich aber nur traurig abweisend angeschaut. In dieser Nacht liebten wir uns nicht. Ich war betroffen, dass ich sie nicht habe überzeugen können. Ich dachte in dieser Nacht an einen lieben Menschen, der nach einem Schicksalsschlag so schwer erkrankte, dass er mehrmals operiert werden musste; danach schien ihm sein Leben nur noch halb so viel Wert. Diese Frau sagte mir, dass sie ein gesunder Mensch wäre, wenn sie nur gewusst hätte, wie sie mit sich selbst umgehen müsse. Warum lernt man dieses mit sich und anderen umgehen nicht in der Schule? Warum lernt man nicht, welche Menschen besonders gut zueinander passen und welche nicht? Warum erfahren wir nichts von den Großmutterrezepten, warum? Ich ertappte mich dabei, genauso zu fragen wie Barbara. Im Prinzip wollte ich ihr recht geben. Im Einzelnen aber widersprechen. Ich lenkte mein Denken in andere Bahnen. Dachte an den letzten Freundinnen-Besuch. Sie war Dispatcherin in einem Großbetrieb und wollte beweisen, dass alle Fehler, die gemacht werden, von den Oberen unseres Landes verursacht würden. „Denken bei Euch alle so", fragte ich sie. „Alle die arbeiten", war die Antwort. Ich war betroffen, und sagte zu Barbara, hieran könne sie mal sehen, welche Arbeit sie leiste, denn es seien ihre Absolventen, die der Betrieb ihrer Freundin erhielt. Ich fragte beide, ob sie nicht merkten, wie sehr sie gegen sich selbst aussagen, und ob sie vergessen hätten, weshalb dieses

Land das unsere ist. Die Freundin sagte: „Man sieht die Dinge vom Turm aus anders als aus dem Keller", und verschwand. Barbara war blass geworden.

Am nächsten Morgen war sie freundlich und die Fahrt hierher war ihre Antwort. Eine verdammt gute Antwort. Ich konnte ihr an diesem wunderschönen Herbsttag wirklich nur den noch unvollkommenen Alltag entgegensetzen. Das Licht der Abendsonne überflutete den Talkessel und den Bach, der sicher ein wenig schmutzig war, aber das sah man nicht von hier aus. Barbara war erregt. Ich staune immer wieder, wie sie diese Erregung verschönt. Die Frauen müssten sich viel mehr erregen. Ich konnte nur eins tun – sie in die Arme nehmen und ihr zwischen Küssen zuflüstern „Bleib so". Kein Mann der Welt hätte etwas anderes getan. Doch die Worte zerstörten den aufkommenden Zauber. Sie entwand sich und sagte „Bleib sitzen, ich bau in der Zeit das Zelt auf, das geht bei mir ganz schnell."

Ich dachte an meinen Freund, den Philosophen, der mir ständig mit seinem „Lass sie sausen" in den Ohren lag: „Lass sie sausen, dieses egozentrische Weib einer sozialen Randgruppe linksbürgerlicher Herkunft, die der Feministinnenbewegung der 2. Hälfte des 20. Jahrhunderts applaudiert und deren Verhaltensweisen bei uns einführen will, ohne dass unsere sozialen Bedingungen dies erforderlich machten". Er macht es sich verdammt einfach, er diskutiert alles weg, was nicht in sein Gesellschaftskonzept passt. Wenn jemand mit humanistischem Denken und Lauterkeit seine Postulate in Frage stellte, war er wehrlos und machte den Betreffenden zum Feind. Ich musste lachen, als ich die „Feindin" sah, wie sie schnell unsere Nachtunterkunft errichtete. Sie blies schon ihre Luftmatratze auf. Während ich meine aufblies, breitete sie eine Decke neben einem Waldstück aus, das über und über mit Walderdbeeren bewachsen war. Das Rot der Früchte leuchtete durch den grünen Teppich der Blätter. Sich ausziehend sagte sie. Immer, wenn du Walderdbeeren isst, wirst du an die Liebe mit mir denken. Auch wenn ich dann nicht mehr bei dir bin. Als ich dieses Jahr Walderdbeeren aß, merkte ich, dass sie wahr gesprochen hatte. Am Abend saßen wir eng aneinander gekuschelt am Waldrand und schauten ins Tal. Es ist schwer zu beschreiben, wie der aufgehende Mond scheinbar dem Tal die Tageswärme entzieht und mit der Kühle des Waldbaches langsam angenehme Frische von unten aufsteigt. Ganz allmählich konnten wir uns an der Frische satt trinken. Die vier Baumgruppen im Tal, es waren junge Eichen, würden erleben, wenn die Ideen von Barbara in vielleicht hundert Jahren für die Menschen Wirklichkeit würden. Fröstelnd krochen wir in den Schlafsack. Um den Weg zu ihrem Herzen zu finden, erzählte ich ihr das Märchen von einem Mädchen, welches in einer von den vielen Wohnungen wohnte, die ich kannte. Dieses Mädchen war wunderschön – aber es gibt Tausende, die so wunderschön sind wie sie. Dieses Mädchen hatte eine besondere Gabe. Wenn es einem Mann gelungen war, bis zu ihrem Herzen vorzudringen, dann wurde er von ihrer Seele durchdrungen, so dass er die Welt mit ihren Augen sah. Was er sah, war so wunderschön wie das Mädchen selbst. In ihrer Welt gab es keine Langeweile und, was wichtiger war, der jeweils nächstfolgende Tag war schöner, interessanter und farbiger als der vorangegangene. Um zu ihr zu gelangen, musste er drei

Hindernisse überwinden. Er musste sie erkennen. Sie war schön und klug, doch das waren tausend andere auch. Sie aber war nicht nur außen schön, sondern auch innen, und sie war nicht nur klug im Reden, sondern auch klug im Fühlen. Er musste sie verstehen. Sie sprach zwar wie tausend andere, aber zwischen *ihren* Worten waren Töne, die noch mal soviel erzählten, als es Worte vermochten. Diese Töne gab es nicht tausendfach. Er musste sie lieb gewinnen. Das war schwer, denn sie gab sich wie tausend andere und war noch spröder als diese. Deswegen war sie noch schwerer lieb zu gewinnen als tausend andere. Erst wenn er sie erkannt, erhört und liebgewonnen hätte, könne es ihm ergehen wie der Goldmarie. Seine Seele bekäme einen goldenen Schimmer und alle, mit denen er sich berührte, bekämen einen Schein davon ab.

Doña Quichota – Puppenspielerin und Weltverbesserin

Es ist kalt geworden, Barbara saß am Ofen und schrieb. Ich konnte tun und lassen, was ich wollte: mit Ulrike spielen, lesen, Platten hören, Kohlen holen – nur in die Küche durfte ich nicht. Die gehörte ihr. Sie schrieb. Der Don Quichote in der Fassung von Jewgeni Schwarz lag auf ihren Knien. Sie wandelte Menschengestalten in Puppengestalten um. Sie schrieb sich mit dem Don Quichote die Wut aus dem Bauch, die sie gerade hatte und las mir laut vor: „Die einen gehen den Weg des Vorteils und der Bereicherung. Hast du sie getadelt? Andere die Straßen der sklavischen Schmeichelei. Hast du sie vertrieben? Die Dritten heucheln und verstellen sich. Hast du sie bloßgestellt?" Die Fragen galten mir. Ich sagte ihr, dass ich tadle, aber mit dem Vertreiben und Bloßstellen sicher zu vorsichtig bin, um niemandem Unrecht zu tun. Ich war kein Don Quichote und war mir inzwischen dieser moralischen Schwäche in ihren Augen bewusst. Wie kam sie bloß als Dozentin klar? Ich wusste, dass die Studenten sie liebten, weil sie ihnen Verstehen lehrte. Dennoch ging sie mit ihnen hart um und manchmal sogar unbarmherzig, wenn sie es verdienten. So sagte sie ihnen, dass sie sich für sie schämen würde, wenn sie mit einer schlechten Arbeitseinstellung in die Praxis gingen. Der Direktor erhielt keine Beschwerden. Weder beschwerten sich die Studenten über sie, noch beschwerte sie sich über die Studenten. Ihre Wahrheiten trafen. Sekunden früher oder später hätten sie beleidigen können. Im Fach Netzplantechnik brachte sie ihnen einen Ablaufplan fürs Pizza-Backen bei. Hatten sie ihn verstanden, bekam jeder ein Stück von einer Pizza, die sie eine Stunde vorher zu Hause gebacken hatte. In der letzten Stunde vor Weihnachten erzählte sie ihnen vom Puppenspiel – wie es vor 800 Jahren von Asien nach Europa kam, vom Kasperl, wie heute mit Puppen gespielt wird und wer in unserem Land ein guter Puppenspieler ist. Sie sprach von den alten Griechen und brachte den „Prometheus" des Franz Fühmann ins Spiel. Sie kramte aus der Kunst-Kiste der Menschheit die schönsten Sachen aus, damit die Studenten sich zu Weihnachten vornahmen, sich beim Erlernen der Mathematik ein ganzes Jahr anzustrengen, um im nächsten Jahr wieder neue Geschichten aus der Kramkiste der Künste hören zu können. An solchen Abenden, an denen sie schrieb, vergaß sie, dass der

Mensch essen und trinken muss, sie lebte in einer Welt, die weit entfernt von ihrer Küche war. Sie tat, als wäre ich nicht da, und wenn sie mich zum Reden brauchte, griff sie mit einer Sicherheit nach mir, wie nach einem Kugelschreiber. Begeisterung allein reichte zu dem was sie tat nicht aus. Sie suchte und fand literarische Stoffe, die sich nicht spreizten, wenn die darin agierenden Menschen in Puppen verwandelt wurden, wenn Beweglichkeit in Unbeweglichkeit, pulsierendes Leben in kantiges, starres und steifes verformt wurde, das aber so, dass die Hand jederzeit dem Holz, dem Stoff wieder Leben zu geben vermochte. Jede Puppe braucht ihr besonderes Holz, ihren Stoff, ihre Requisiten. Einmal fuhr sie mit mir zu einem Schuttabladeplatz im Wald in der Nähe eines Dorfes. Ich brauchte Zeit, um mich wieder in die Kindheit zurückzuversetzen, um Spaß am Wühlen im Müll zu finden. Ein Kartoffelkorb, ein Mehlsieb, ein alter Vogelbauer, ein Sofa, dessen roten Samt ich mit meinem stumpfen Taschenmesser abtrennte. Sie hatte inzwischen ihre Schätze, von denen nur sie wusste, wozu sie jemals nützlich sein würden, in den Kofferraum gelegt. Wie war eigentlich als Kind meine Beziehung zum Puppenspiel? Zum Kasperl auf dem Rummel durfte ich nicht. Wenn ich stehen blieb, wurde ich fortgezogen. Ich war unartig. Einige Mal aber wurden wir Kinder beim Kasperl abgestellt, damit die Großen ihre Wege in Ruhe gehen konnten. Dann kroch ich in die Welt des Kasperletheaters hinein. Kino und Zirkus waren anders, längst nicht so schön. Ich weiß noch, dass Kasper der Gute war, der den Teufel, das Krokodil und den Räuber besiegte, und dass die Großmutter mit ihren sorgenvollen Sprüchen dem Kasper gute Ratschläge gab. Wenn sie dann den Räubern oder dem Teufel zum Opfer gefallen ist, konnte Kasper sie gerade noch retten. Seppl war meist der hilfreiche Kumpel des Kaspers, der ihn mit seiner großen Keule beim Siegen half. Der Polizist war ein indifferenter Bursche, weder gut noch böse. Kennen gelernt habe ich keine Puppenspieler – Barbara war die erste. Ich glaube aber nicht, dass ihr Puppenspiel etwas mit diesen Jahrmarktspuppenspielen zu tun hatte, dieses Jahrmarktsspektakel war nur die Tradition, aus der sie kam. Die Puppen, die ich erlebte, spielten selbst. Seit ich Puppentheater kenne, lebten die Puppen, die ich sah. Sie beeinflussten mein Spiel, meine Art, mit Spielzeug umzugehen, im Wachen und im Träumen. Puppen konnten in der Luft stehen, konnten fliegen, konnten gefressen, erschossen, erschlagen und wieder gerettet werden. Meinen Teddys, meinen Soldaten und den Puppen meiner Schwester ging es seit dieser Zeit in Wirklichkeit und in meinen Träumen genauso. Das finde ich bis heute noch gut. Puppentheater war eine Bereicherung meiner Kinderträume, und manchmal träume ich heute noch ein Stückchen davon. Das Größte war, dass das Publikum mitspielen konnte. Kasperl fragte uns und ließ Spielraum. Er fragte, ob er die Großmutter und den Polizisten retten, das Krokodil erschlagen, den Teufel in die Hölle schicken soll. Einmal sagte ich, dass etwas nicht ginge, da zeigte mir Kasper, dass es doch geht, und am Schluss verabschiedete er sich mit „geht nicht, gibt's nicht". Später, in der Lehre vertiefte der Lehrgeselle den Spruch, und er wurde dann auch mein Lebensmotto. In der Schule, in der Lehre, bei Frauen und überall. Als ich Zimmermannslehrlinge ausbildete, hatte ich bei ihnen den Spitznamen „Geht nicht, gibt's nicht". Meine Kumpels auf der Baustelle nannten mich so. Wenn Probleme auftraten, winkten sie schon ab, lachten und sagten, wir wissen schon. Die Probleme lösten wir dann meist. Daran war auch Kasperl schuld, den es bei Barbara nicht gab. Ich musste daran denken, als ich sie sitzen und arbeiten sah. Vom Puppentheater für Große hatte ich noch nichts gehört. Erst Barbara erzählte mir in den Nächten der Liebe von den „Argonauten", dem „Dr. Faustus" und von „Der König und der Bauer". Ihr „Don Quichote" soll ein Stück für die Großen werden.

„Woher kommt deine Wut im Bauch?" fragte ich sie. „Wut entsteht, wenn du etwas tun willst, von dem du überzeugt bist und darfst es trotzdem nicht. Als wir vor einem Jahr ein Kasperlefest feiern wollten, wurde es verboten. Wir hatten uns mit dem Kasperle als Marionette beschäftigt". „Wer" fragte ich. „Von oben. Wenn Puppenspieler nicht mehr über Marionetten reden dürfen, dann ist etwas faul im Staate". „Nimm es nicht so ernst, wahrscheinlich wollte sich einer mal wieder wichtig machen, der keine Ahnung hat." „Verdammt, du entschuldigst das auch noch". Ihr standen die Tränen in den Augen. Verfluchte Hilflosigkeit, „nur weil bei uns Leute dumme und formale Entscheidungen treffen. Warum fühlen sich die Leute angesprochen, wenn von Marionetten die Rede ist. Die Gewalt der Ideen, die aus den Sachzwängen geboren sind, stellen doch alle Marionetten der Welt in den Schatten. Ob man das nicht weiß?" „Mach deinen Don Quichote als Handpuppe, er verdient nicht Marionette zu sein, und kämpfe mit ihm."

Ihre Tränen schmeckten salzig. Heute fehlten die Lidschatten und ein wenig Sicherheit. Ich hielt noch ihr Gesicht in den Händen, als ich sagte: „Wenn du deinen Don Quichote spielst, dann wirst du halberwachsene kritisch-prüfende und skeptische Augen vor dir haben. Nicht alle wirst du begeistern, Nachdenkliche, nach innen Gekehrte wirst du vor dir sehen. Viele werden spöttisch auf deinen Liebling herabschauen, weil sie ihn als närrisch ansehen und seine Lauterkeit als Dummheit betrachten, und wenn sie die Lauterkeit erkennen, werden sie diese verspotten, weil sie manch einem nichts bringt in dieser Welt. Wenn sie wie Don Quichote werden, dann werden sie erleben, dass die Hilfe, die sie aus ehrlichem Herzen geben, abgewiesen wird. Diejenigen, denen die Hilfe wirklich gut täte, werden sagen: Hilf mir nie, nie wieder. Ich habe Prügel für deine Hilfe erhalten". „Willst du damit sagen", meinte sie mit belegter Stimme, „dass wir in unserer Welt keinen Platz haben für eine alte ehrliche Haut, für Lauterkeit und Erhabenheit, die noch aus der Vergangenheit kommen. Ich denke an unseren gottesfürchtigen Großvater und die Großmutter, die für Kaiser und Kanzler alles hergaben – Gold für Eisen, ihre Arbeitskraft und ihr Leben. Gott und Kaiser galten etwas, und sie opferten im festen Glauben daran, etwas Gutes zu tun. Es waren keine Revolutionäre, aber sie hatten etwas, was man haben muss, um Revolutionär zu sein: die innere Bereitschaft, für eine Idee alles zu geben. Nenne mir junge Leute, die du kennst und die dazu bereit wären."

Ich dachte an die Prügel, die ich bezogen habe, weil ich mich zu unserem Land bekannte. Es ist erst 20 Jahre her. Sollte ich ihr widersprechen? Da wirken ganz andere Mechanismen. Die Leute wollen heute leben, von Zukunftsideen und Moral lassen sich die Meisten nicht berühren.

„Mach Deinen Don Quichote so, dass er von denen verstanden wird, die vorgeben ihn nicht zu verstehen. Jeder braucht mal seinen Don Quichote, damit er sich und das Leben versteht. Manchmal muss man, um seine moralische Integrität zu wahren, bewusst gegen Windmühlenflügel kämpfen. Ich verspreche dir, dass ich mehr als bisher die bloßstellen werde, die da heucheln und sich verstellen".

Don Quichote reitet immer noch durch das Land und wird von denen, denen er hilft, mit Steinen beworfen. Ich hab sie spielen sehen. Habe gehört, wie sie zur Gitarre ihr Lied vom Menschenglück Siebenjährigen vortrug. Die verstanden es sogar. Habe 100 Kinderaugen eine Stunde lang leuchten sehen. Puppenspiel ist harte Arbeit. Die Kulissen transportieren, aufbauen, spielen, abbauen, transportieren. Vorher: Puppen bauen, üben, verändern. Wie viel Stunden erfordert so ein Stück – nicht zählbar. Nicht zählbar das Nachdenken auf dem Weg zur Arbeit, die Gespräche mit Freunden. Wieder probieren und experimentieren. In Tuchfühlung mit den Anderen, ganz dicht mit ihnen. Streit, ohne sich zu streiten.

Disziplin. Terminplan. Übereinstimmung. Die Truppe zusammenhalten. Motivieren und immer wieder mit etwas Neuem begeistern. Geldsorgen. Zeitsorgen. Beim Spielen mit Puppen wird man weich und einfühlsam, als ob man bei der Geliebten wäre, wie Pole Poppenspäler. Aber um eine Truppe aufzubauen und zusammenzuhalten, bedarf es sicher auch der Herbheit der Tochter des berühmten Puppenspielers Geißelbrecht. Kasperle würde sagen: Herbheit kann sehr schön sein, aber man liebt nicht was schön ist, sondern schön ist, was man liebt.

Eine Welt im Inneren aufbauen zu helfen. Je reicher die innere Welt ist, um so reicher sind die Möglichkeiten, den Reichtum der äußeren Welt zu erfassen. Ist aber die innere Welt mit der äußeren deckungsgleich, welch Dürre und Armut würde einziehen. Deshalb Don Quichote, der gemacht wurde, um eine innere Welt aufzubauen, die keine Gegenwelt ist. Sie saß immer noch am Ofen und schrieb. Auf einmal sagte sie „Weißt du, ich habe dir Dutzende Gründe genannt, weshalb ich Puppenspiel machen muss. Du kennst sie: Mich hörbar machen, Wichtiges sagen, Gedanken äußern, die anders nicht geäußert werden dürfen, Kunst vermitteln, Nachhilfeunterricht für die Schule geben, den Menschen innen ansprechen, bewegen, anregen, berühren und so weiter und so fort. Eines hab ich dir verschwiegen, ich wollte es eigentlich niemanden sagen, es sollte mein Geheimnis bleiben. Aber vorhin las ich im Don Quichote bei Jewgeni Schwarz „Es ist die schwerste Rittertat, menschliche Gesichter unter Masken zu sehen, die Freston, der Zauberer, ihnen aufgesetzt hat, aber ich werde sie sehen, ich werde sie sehen." Jetzt ist mir so, es zu sagen, weil ich bei jedem Wort, das ich schreibe, immer daran denken muss. Es sind die Gesichter. Dreißig, sechzig, neunzig, hundertzwanzig. Ich schau sie mir an. Einige merke ich mir: Vor dem Spiel, während des Spiels, nach dem Spiel. Es gibt die Traurigen, die Verschlossenen, die Neugierigen, das sind die meisten; die Verschüchterten und Ausdruckslosen, ja, es gibt sogar böse Gesichter. Ein paar davon merk ich mir. Ich bin fasziniert davon, wie die Faszination, die vom Spiel ausgeht, die Gesichter verwandelt. Sie lösen und verändern sich. Ihre Natürlichkeit, ihr Eigentliches tritt hervor. Das passiert nicht immer, aber für Minuten erhalten die Gesichter ihr wirkliches Gesicht. Bei Kindern, bei den Heranwachsenden und bei den Großen. Begreifst Du, was es bedeutet, das bei 30, 60, 90 und 120 Gesichtern auslösen zu können. Eine Stunde in jedem der hundert Gesichter, das sind hundert Stunden". Ich fragte: „Lebst du nicht im Spiel, siehst du das Publikum nicht als eine geschlossene Wand, wenn du spielst? du bist doch aufgeregt, da kann man sich doch nicht die Gesichter merken!" „Das war am Anfang so. Viele Schauspieler haben während der Aufführung einige Bezugspersonen, denen sie in die Augen schauen." „Stimmt, in der Oper ist mir das auch schon einmal passiert, hatte dadurch ein zweites Erlebnis. Später habe ich mir das Stück noch mal angeschaut, da fand ich es nur noch halb so gut". „Seit ich die Gesichter sehe, kann ich das Puppenspiel nicht mehr lassen. Eigentlich möchte ich die Gesichter einmal malen – vorher, dabei und nachher." Seltsam, sie empfand etwas, was ich viele Male bei Frauengesichtern gedacht habe, dass sie gemalt werden müssten: vorher, dabei und nachher. Betroffen fragte ich, ob sie sich beim Puppenspiel schon mal einen Preis erspielt habe. Sie zuckte zusammen: „Warum fragst du?" „Weil du einen verdienen würdest, für Deine Puppen, für die Ideen, die du ständig entwickelst, für Dein Spiel – für alles, was du tust." Denn das, was sie tat war mehr, als nur mit Puppen zu spielen. Sie war Dramaturgin, Regisseurin, Stückeschreiberin, Puppenbauerin, Bühnenbildnerin und schließlich noch Leiterin einer Puppenspielergruppe, der alles oblag, der notwendige Organisationskram, die Transporte, die Requisiten.

Sie schaute mich an, hatte Tränen in den Augen und sagte: „Ich will es lieber nicht erzählen, was ich erlebte, war schlimmer als sterben."

Damit die Sicht von unten nicht verloren geht

Unsere letzte Nacht. Mit Freunden hatten wir uns vom alten Jahr verabschiedet. „Gutes soll gut enden", sagte Barbara, blickte auf die leeren Sekt- und Weinflaschen, stand auf und holte eine Flasche Weinbrand. Reserve für besondere Fälle. Das drei Stunden alte Jahr war ein besonderer Fall.

Als Barbara Weinbrand in die Sektgläser goss, sagte sie: „Lass mir bitte meine Sicht von unten, sonst kann ich keine Kunst machen". Das klang so nachdrücklich, fast schmerzlich, fast wie: bitte, bitte. So hatte sie noch nie gesprochen. Ich weiß, murmelte sie, „dass im Palast das Leben notwendigerweise anders gesehen wird. Es wird zwischen großem und kleinem Leben unterschieden. Das große Leben ist so etwas wie Sonne, Wind und Wetter. Das kleine Leben bist du und ich in meinem Bett unter einer Decke, ist Riekchen, die neulich zwischen uns beiden schlafen wollte, um uns zu versöhnen, ist ein Augenaufschlag, sind Glanz, Leuchten, Mattigkeit der Augen, sind Berührungen, die den Bruchteil einer Sekunde länger dauern als üblich, ist das Ungesagte zwischen uns, sind die Bilder, die wir im Traum voneinander haben, ist Musik, sind Worte, ist Tun. Zwischen diesem einfachen Leben und der Sonne sind Tausende von Kilometern – je weiter du von dir wegkommst, um so mehr Leere ist vorhanden. Das ist natürlich, die Menschen werden tausend mal tausend Jahre brauchen, um diese Leere auszufüllen. Du aber sagst, es gibt keine Leere. Du verteidigst den Weg zur Sonne und tust so, als würden fest ausgebaute Straßen dahinführen. Das Schlimme ist, du läufst auf den von dir gedachten Straßen, ziehst einen Karren und schaust dich nicht mal um, was du geladen hast. Wenn ich mit dir zusammenlebe, glaube ich womöglich eines Tages auch an die von dir gedachten Straßen und laufe weit ab von meinem Bett, meiner Stube, meinem Kind in die Welt und merke gar nicht, dass ich einen Karren ziehe, der schwer beladen ist mit einer unbekannter Fracht."

Ich wollte etwas sagen. Sie sagte aber: „Jetzt lass mich reden". „du glaubst zu wissen, was du geladen hast. Das mag sein. Wenn du weit weg bist von den Menschen, sieht das, was du geladen hast gut aus, auch deine Straße nur hat sie den Fehler, dass sie so weit weg ist".

„Ja, du hast recht. Ich ziehe schwer, der Giftbecher des Sokrates, das Haupt der Marie-Antoinette, die Asche der Millionen, die auf den Schlachtfeldern der Geschichte geblieben, den Staub der Verhungerten, die Gebeine der am Kreuz Gestorbenen, die Schuhe der Kinder von Auschwitz. Du wirst staunen, ich ziehe auch schwer am atomaren und sauren Regen und an Ungerechtigkeiten in unserem Land. Schwer wiegen die zerborstenen Ketten der Unterdrückten und auch deine Kramkiste der Weltkunst. Ich gebe zu, dass mir einiges, was ich ziehe, nicht gefällt. Wir können es uns nicht aussuchen, aber es ist unser Karren. Sag, ist dein Humanitas nicht auch ein wenig weit weg von den Menschen?" Sie schlug sich die Hände vor die Augen und sagte verzweifelt: „du verstehst aber auch gar nichts – Humanitas führt zu den Menschen. Du läufst von ihnen weg. Wenn du an das milliardenfache kleine Leben denkst, musst du fragen, wozu die Welt selbstzerstörerisch aufs Spiel gesetzt wird. Humanitas zeigt Wege und ist das Symbol einer menschlichen Welt. Aber was macht ihr, was setzt ihr aufs Spiel? Wir bedrohen und lassen uns bedrohen. Kennst du den Schrei auf der Brücke von Munch, dem Maler. So möchte ich schreien. Es ist zum wahnsinnig werden. Ein von Menschenhand verursachter Zufall und die Existenz der vielleicht einmaligen Höchstentwicklung im Universum ist vorbei. Keine Chance mehr für Liebe, Glück, für Humanitas, für Originalität. Keine Chance, dem Hungernden Brot zu geben, die Verzweifelten zu trösten. Kein Menschsein". „Hör auf! Es gibt genügend, die es nicht zulassen. Sie haben Macht. Du, ich, wir alle. Unser Tun wird dafür sorgen, dass wir unbeschädigt durch das Tor des nächsten Jahrtausends gehen können. Man hat schon begonnen." Sie trank ihr Glas in einem Zug leer und goss nach." Du Narr, unbeschädigt nie! Allein die Nähe der Selbstvernichtung verursacht Schaden an der Seele der Menschheit. Das ist in hundert und aberhundert Generationen nicht wieder gut zu machen. Das ist das Kainsmal der Menschheit". „Wenn der schwarze Pilz am Himmel den Menschen eine Mahnung bliebe, dann wäre das Zittern am Ende des zweiten Jahrtausends nicht vergebens". „Der schwarze Pilz ist schon vergessen, mein Lieber, die Menschen vergessen schnell und opfern sich selbst. Agamemnon opferte Iphigenie, seine Tochter, den Göttern, um Troja besiegen zu können. Die Agamemnons, die der Weissagung von falschen Priestern folgen, sind nicht ausgestorben. Wer Göttern Kinder opfert, ist ein Tier". Ich trank mein Glas leer und sagte „Weißt du, ich setze meine Hoffnung trotzdem auf Iphigenie. Wenn ich an Menschlichkeit denke, dann fällt mir Iphigenie ein". „Reden wir Klartext, wenn wir schon einmal dabei sind: Ich kenne Kommunisten – sie geben jedenfalls vor, welche zu sein – die sich lossagen von ihren Kindern, weil diese ‚Mist gebaut hätten'. Statt ihnen zu helfen, stoßen sie sie fort, noch tiefer in ihr Unglück. Dabei waren sie häufig selber schuld. Sie haben sich nicht gekümmert, die Gesellschaft hätte ihnen dazu keine Zeit gelassen. Nun leben sie mit dieser Doppelschuld. Angeblich für die Gesellschaft, in Wirklichkeit, um ihre Funktion zu retten. Mit „die Revolution fordert ihre Opfer" ist es nicht getan. Es ist schlimmer. Du weißt selbst, dass es Leiter gibt, die andere opfern um sich und ihre Stellung zu retten. Meist nur aus Angst, ohne es tun zu müssen. Sie opfern nicht den Göttern, sondern erheben sich selbst zu solchen. Ihnen soll geopfert werden. Die Geopferten sind für die beste Sache der Welt, wie du es bezeichnest, verloren". „Weib, du bist ungerecht. Ich kenne aus jener Zeit, als du noch vor den Alten tanztest, ein Plakat, auf dem ein Traktor zu sehen war, der für dich und mich fuhr. Vor den riesengroßen Traktorrädern stand ein Mann, kleiner als die Räder, der den Dreck aus dem Profil popelte, und sagte: ‚nichts als Dreck, nichts als Dreck' – so kommst du mir jetzt vor. Du weißt doch selber, dass Jahrhunderte nicht ohne Spuren vorübergehen und es noch Jahrhunderte dauern wird mehr Menschlichkeit hervorzubringen. Das Neue lässt auch neue Ungerechtigkeiten wachsen." Sie schüttelt mit dem Kopf. „Es sind immer nur halbe Wahrheiten die du mir anbietest. Die Renaissance, das Christentum mit seinen Moralgeboten, nach denen unsere Großmütter lebten, der Geist der Goethezeit, die Romantik, Heine, Fontane, Thomas Mann, das prägt doch, das ist doch Menschlichkeit, davon können wir doch leben." „So einfach ist das also. Und dann kamen die sattsam bekannten 12 Jahre, und alles war Asche". Wir stritten jetzt gegeneinander, nicht miteinander. Sie setzte auf Kontra. Wollte sie ihre „Sicht von unten" verteidigen? Ich verstand sie nicht. Wenn man von oben *und* von unten sieht, dann sieht man doch mehr. Goethe und Becher waren schließlich auch Minister.

„Barbara, glaubst Du, dass ich jemandem verzeihen würde, der um des Vorteils willen Kind oder Freund fallen lässt?" „Verzeihen! Was heißt schon verzeihen? Damit änderst du nichts. Offen ansprechen! Anprangern! In der Versammlung!" „Wenn du ein mathematisches Modell erklärst, dann erklärst du es so, dass es jeder versteht. Kein Schnickschnack dazu, keine Geschichten und keine Geschichte, knappe Zielstellung, Zweck des Ganzen, nur das Nötigste. Wenn ich ein Ziel vor Augen habe, dann organisiere ich die Arbeit so, dass sie zu einem bestimmten Zeitpunkt fertig ist. Alles, was stört, halte ich raus. Sonst entstehen neue Sorgen und Kümmernisse. Die Versammlung ist da, damit die Arbeit ordentlich, schnell und zügig fertiggestellt werden kann. Wenn das nicht geschieht, ist es manchmal schlimmer, als wenn jemand um des Vorteils willen einen Nahestehenden fallen lässt Wenn einer Mist baut, müssen natürlich die anderen helfen. Oft hilft ein Gespräch unter vier Augen mehr als eine Versammlung. Hast ja recht, solch schäbiges Verhalten wird oft kaum bemerkt und beachtet." Sie wollte mir eigentlich sagen, dass ich gegen Windmühlenflügel kämpfe. Aber sie sagte: „Durch deine Sichtweise verwischst du oben und unten. Du machst Unmoral durch deine Moral moralisch. Wenn ich gegen die Undisziplinierten, die Faulen, die geistig Trägen, Satten und Verfetteten kämpfe, dann stimmst du mir zu, aber du kämpfst mit ihnen und nicht gegen sie. Am betroffensten bin ich immer, wenn ihr gegen die Köpfchennicker seid und selbst mit dem Kopf nickt, gegen die Standpunktlosen seid und selbst euren Standpunkt wechselt, gegen die Karrieristen seid und selbst Karriere macht. Die Betroffenen beklatschen ihre eigene Karikatur und nicken mit dem Kopf dazu. Hilfe! Was haben wir bloß falsch gemacht?" „Eine Mutter liebt ihr Kind auch dann, wenn sie von ihm bespuckt und beschimpft wird. Jede Mutter weiß, dass ihr Kind größer und vernünftiger wird. Ja, wir haben vieles umgekehrt. Wir versuchen das Haus, das wir gebaut haben, mit allen einzurichten. Du hast noch kein Haus mitgebaut. Da gibt es Dreck. Nicht alles ist am Ende so, wie man es sich gedacht hat. Viele Fehler schleichen sich ein, weil man nie vorher ein eigenes Haus gebaut hat. Trotzdem freust du dich über dein erstes Haus. Es war aber gut, dass du „wir" gesagt hast. Du weißt, dass das „wir' stimmt und dass mit dem Oben und Unten erstmalig etwas anders geworden ist. Oben sitzen die von unten. Mit denen versuchen wir zu denken und zu handeln. Wenn man für alle handeln muss, geht manchmal für den Einzelnen etwas verloren. Da musst du eben aufpassen mit deinen Puppen". „Mit dir kann ich unter einer Decke schlafen, aber nicht leben. Ich kritisiere euch, und du nimmst meine Worte und hebst sie in die Palast-Sprache. Dich müsste man eigentlich deiner Naivität wegen lieben. Kassandra wurde dreitausend Jahre nicht gehört. Warum sollte sie jetzt gehört werden? Ich wünsche auf Knien, dass ich wenigstens in einer Sache unrecht hätte und unsere Erde nicht eines Tages zerstrahlt und kein toter Stern sein möge".

So viele Menschen, so viele Sinne. Einer unterliegt im Streit. Nicht alles was hörbar ist, wird gehört, was fühlbar ist, wird gefühlt, was sichtbar ist, wird gesehen. Rationalität und Emotionalität, Klugheit und Dummheit, Robustheit und Sensibilität, hell und dunkel, Pol und Gegenpol machen es möglich, die Welt verschieden zu erfahren. Schon deshalb wird es immer wieder Kassandrarufe geben. Und es ist gut, dass es sie gibt.

Die blaugrauen Augen waren tränentrüb, nicht mehr fragend. Verwischt die türkisfarbenen Lidschatten. Zusammen gekauert und traurig hockte Barbara auf dem Teppich. Sich einen Ruck gebend stand sie auf und ging zum Weihnachtsbaum, der ohne die zwei Dutzend Glocken aus gebackenem Mehl und Salz nicht ihr Baum wäre. Es fehlten schon Glocken. Jede Freundin und jeder Freund, der sie besuchte, durfte sich eine Glocke mitnehmen. Die größte und schönste mit einem kleinen

Hühnergott als Klöppel gehörte mir. Die Glocke ist zersprungen. Den Hühnergott fand ich in meiner linken Tasche. Sie steckte neue Kerzen auf. „Die Zeit, in der sie niederbrennen, gehört noch uns". Es war ein Zittern in ihrer Stimme. „Zünde nur sechs Kerzen an, das ist deine Zeit, die anderen sechs gehören dann mir. Es ist meine Zeit." Wie lange brennt eine Weihnachtsbaumkerze? Eine Stunde? Zwei? Sie probiert den Tod. Man kann den Tod nicht früh genug begreifen. Man begreift das Leben, in dem man den Tod begreift. Ich hab ihn spät begriffen – nicht zu spät. Barbara war am Begreifen lernen beteiligt. Wie auch die Langholzfuhre mit den Pferden meines Onkels, als ich fünfzehn war.

Ich war im Zugzwang und musste die Kerzen anzünden, die das Ende einläuteten. Jetzt wollte sie wissen, was ich in der mir zugemessenen Zeit zu tun gedächte. Sie wusste immer, was sie tat. Sie schien äußerlich und innerlich ruhig. Oder tat sie nur, was ihr in den Sinn kam, war sich immer sicher, dass es etwas Außergewöhnliches war. Ob ich es auch so versuche? Alles einfach kommen lassen?

Ich legte mich auf den Teppich und schaute in das Kerzenlicht. Sie holte die Blockflöte, setzte sich neben mich und spielte das Ave Maria von Schubert. Sie meinte, es wäre gut, wenn ich einmal allein wäre. Jeder Mensch muss mal allein sein. Ich wäre schon ein viertel Jahrhundert nicht mehr allein gewesen. Die Kerzen knisterten. Ich schaute verstohlen auf die Uhr. Sie werden länger als eine Stunde brennen. Barbara hatte es gemerkt. „Sag, was würdest du tun, wenn du nur noch ein Jahr zu leben hättest?" Die Gretchenfrage habe ich mehr als ein Dutzend mal in meinem Leben beantwortet. Diese Frage geht aufs Ganze, an die Substanz. Nach dieser Frage gibt es keine mehr. Ich dachte an meine Kinder. Was denkt jemand, der keine Kinder hat? Mein zu Hause habe ich den Kindern und den Müttern gelassen. Dorthin kann ich nicht. Reicht ein Jahr, ein neues zu Hause zu schaffen? Könnte man das jemanden zumuten? Wäre Barbara die Frau, um für ein Jahr ein zu Hause zu schaffen? Die Gedanken stürzten ab. Erinnerungen, kopfüber in die Tiefe: Eine Tenne mit rostigem Feldgerät ... ein Ruck ... sekundenlanges Baumeln. Das war vor 35 Jahren. Ich hatte nie wieder daran gedacht, nicht mal im Traum. Das Weib ist eine Hexe, sie hext lang verschüttete Erinnerungen ins Heute. Das zweite Mal in so kurzer Zeit. Es gab doch Wichtigeres in meinem Leben. Gab es das wirklich? Warum hatte ich auf einmal das Gefühl, ein Stürzender zu sein? Barbara merkte, dass sie mich getroffen hatte und ließ mich schweigen.

„Ich würde mit den Kindern in die Städte der Eltern und Großeltern fahren, würde mit ihnen darüber sprechen, was sie gedacht und getan haben, als sie klein waren, würde versuchen mit ihnen einzeln und gemeinsam zu feiern, sie mit Freunden bekannt machen, würde mit ihnen den „Kleinen Prinzen" anschauen und zu dir ins Puppentheater gehen. Dann muss ich aufschreiben, was in den nächsten Jahren auf meinem Arbeitsgebiet gearbeitet werden soll. An den schönsten Tagen des Jahres möchte ich in die schönsten Gegenden unseres Landes fahren, allein und mit lieben Menschen. Dann müssten mir die besten Ärzte raten, was ich tun soll, um aus einem Jahr zwei zu machen. Und du Barbara?" Ich biss mir auf die Lippen. Barbara lebte, als wäre morgen ihr letzter Tag. Sie hat das Tor zu ihrem letzten Gang immer im Blick. Mehr, intensiver und besser als Barbara konnte man nicht leben. Sie überhörte den Ansatz meiner Frage.

„Sag, mal ist das nicht eine Nummer zu klein für einen Kommunisten. Die Kinder, Erinnerungen weitergeben, na ja, und dann das bisschen Arbeit.

Wir liegen ganz ruhig nebeneinander. „Weißt du, wenn ich noch ein Jahr erkämpfen könnte, dann malte ich dein Humanitas noch etwas bunter, damit viele daran Freude hätten und sähen, dass es viele Denkrichtungen gibt. „Deine Stunde ist gleich um", sie deutete auf die runtergebrannten Kerzen.

„Nächste Woche habe ich keine Zeit, da baue ich die Puppen für den Don Quichotte. Darf ich dem Don Quichotte Dein Gesicht geben?" „Natürlich. Ich werde mich revanchieren", sagte ich. Sie goss uns noch ein Sektglas Weinbrand ein. Ich wusste, dass sie viel vertrug. Sie sagte: „Es ist gut, wenn wir uns ein wenig voneinander zurückziehen".

Mir zitterten die Hände, als ich die nächsten sechs Kerzen anzündete. Der Alkohol steckte mir im Blut und das gerade begonnene Jahr. Nimmt sie an, dass ich das Bett für die letzte Liebesstunde bereite? Sollten wir unsere letzte Stunde im Rausch vergehen lassen? Ich zögerte beim Anzünden der letzten Kerze. Soll ich mogeln und die letzte Kerze für eine Liebesstunde aufheben? Aus eins mach zwei? Wir hatten schon einmal die Kerzen geteilt. Sechs für sie, sechs für mich. Darf man mogeln, wenn es ums Ganze geht? Geht es ums Ganze? Es liegt in meinem freien Willen, es zu versuchen. Sie schaut mir zu, schaut auf die sechste Kerze, spürt mein Zögern. Ich zünde sie an und gehe zum Plattenschrank, wähle eine Platte aus, die „Neunte". Sie hatte sie bereitgelegt. Warum eigentlich nicht? Ganz leise, Background. Nein, das ist wie die letzte Kerze nicht anzünden. Ich lege das „Doppelkonzert" von Bach auf. Sie freut sich. Ob sie noch weiß, dass sie mich am ersten Abend mit der Frage verblüffte: „Welche Musik liebst du außer Bach?" Ich habe gesagt „Das wechselt, im Moment Chansons". Weihnachten schenkte sie mir eine Platte von Georges Moustaki. Sie konnte unglaublich gut schenken.

Die Geigen setzten ein. Sie beginnen sich zu jagen. Die Tonspeicherung ist eine tolle Erfindung. Wir nehmen alles immer als selbstverständlich und nutzen es nur halb. Die von den Großmüttern beschworenen Kaiser und Könige hatten weder Schallplatte, Radio, Fernseher; und nur die letzten von ihnen hatten elektrisches Licht. Keiner wohnte mit so viel Technik und Luxus wie wir in den simplen Neubaublöcken: Fernheizung, Tiefkühltruhen, Müllschlucker und was weiß ich noch alles.

Den Augenblick bewusst leben und erleben ... ein Jahr lang ... anfangen, üben. Sie lässt mich üben. Wir saßen auf dem Teppich. Wir betrachteten den Weihnachtsbaum mit den Salzglocken, den Weihnachtssternen, den sechs Kerzen. Augenspiegel, Spiegelaugen, gespiegelte Augen. Ich in ihren Augen mit großem Mund und großer Nase und den sechs Kerzen im Hintergrund. Sie in meinen Augen mit ebenfalls großem Mund und großer Nase. An meiner Schulter lehnend, Bach hörend, ganz still. Tiefe berührende Stille. Als die Geigen sich zum wiederholten Mal einge-

holt hatten, fragte ich sie: „War etwas wichtig für dich, im Zusammensein mit mir?"
„Ich bin sicherer geworden, als Frau, und pass besser auf, dass mir meine Sicht von
unten bleibt.

„Ist das viel oder wenig?" „Viel. Manche würden sagen: das Größte. Aber die
Zeit der Superlative ist vorüber. Ein Reifeprozess". „Und du?" „Meine Kinder
sagen, seit ich dich kenne, wäre ich ihnen ein besserer Vater. Anregen, verstehen
und so". Bach war verklungen. Ich hatte tausend liebe Worte für sie. Brachte aber
keines raus. Ich war nicht vorbereitet auf eine letzte Stunde. Wer ist es schon, wenn
es passiert. Schlimm ist, dass man denkt, ganz ruhig sein zu müssen. „Was bleibt
von einer Liebe, wenn sie gut war?" konnte ich sie mit etwas kratziger Stimme fragen. „Für eine Weile ein gemeinsam gepflückter, getrockneter Herbststrauß". Sie
deutete mit den Augen auf den Strauß, den wir gemeinsam pflückten. Danach fuhr
sie damals mit angezogener Handbremse. „Es bleiben die Kerzen, bis sie mit einem
neuen Liebsten niedergebrannt sind, Bilder im Herzen, Geschichten, ein Lied, eine
Schallplatte, ein Buch, gute und schlechte Gefühle, eine besondere Art der Umar-
mung, manch praktischer Tipp, ein Kochrezept, ein Stück Lebenserfahrung und das
Erkennen eigener Fehler, eine Ahnung vom richtigen Tun und vielleicht von dem,
was man verloren hat. Wenn alles ganz gut geht, bleibt Freundschaft." Als sie das
sagte, waren ihre graublauen Augen wieder glasklar. Dann standen wir eng
umschlungen unten im Hausflur, in dem sie ein viertel Jahrhundert nicht mehr
gestanden hatte, weil sie ihre Männer mit hochnehmen konnte.

Alle Frauen der Welt ähneln sich, wenn sie etwas wichtiges von ihrem Innersten
sagen wollen. Sie werden leise, ganz leise. Sprechen langsam, stockend, mit beben-
der Stimme. Sie erreichen mit dem Gesagten den, den sie lieb haben. Sie spürte
meine Frage: „Willst du, dass nun alles zu Ende ist?" „Eine ausgelebte Liebe ist das
Ende der Liebe. Weißt du, was du von mir willst? Lass mir Zeit, dann mach ich dir
einen Vorschlag. Er wird gut sein für dich und für mich." Es war das erste Mal, dass
sie mit dieser Stimme, diesem Tonfall sprach. Vielleicht waren es die fünfundzwanzig Jahre, vielleicht das Ende der Liebe oder beides zusammen. Ich wünschte ihr,
dass sich die Zuneigung, die sie Anderen entgegenbringt mit der Herzenswärme
und Zärtlichkeit paare, die sie für ihr Nahestehende empfindet, vereine. Es möge ihr
eines Tages gelingen, jemanden zu finden, der ihr Geliebter und Mann sein könne,
und ich wünschte ihr eine lange Lebenszeit, sich selbst zu verwirklichen. Sie
schaute mich mit wissenden Augen ein wenig spitzbübisch lächelnd an. „Tschüß.
Wenn es Sommer wäre, würde schon die Sonne scheinen. Benutze deine Augen
zum Sehen, sonst wirst du sie zum Weinen brauchen." Drehte sich um und ging die
Treppe hoch.

Ich fuhr am letzten wie sie am ersten Tag mit einem Taxi nach Hause. Auf der
Fahrt dachte ich an eine Bekannte, die mir vorwurfsvoll sagen würde „Puppenspielerinnen verlässt man nicht". Das klang wie „Saatkorn darf nicht vermahlen werden".

Danach

Ich erwachte aus einem Traum und kam wieder voll im Institutsalltag an. Ich begann die Aktenberge abzuarbeiten, die sich inzwischen angehäuft hatten, und ertappte mich des öfteren dabei, das Geschehen im Institut und im Lande anders zu sehen als bisher. Ich empfand Nähe zu den Stücken von Steffen Mensching und Hans-Eckardt Wenzel, in denen ich die Welt der junge Intellektuellen und der Puppenspieler wiedererkannte. Mit Texten von Marx, in Karls Enkel, zeigten sie, dass man selbst von innen unser Land anders sehen konnte, als es im „Neuen Deutschland", dem Zentralorgan der SED, beschrieben wurde. Unsere Literaturkommission beim Kulturbund übernahm für sie eine Patenschaft, damit die Jungen in Ruhe arbeiten konnten. Viele, die diesem Land das Sagen hatten, verfügten über ein nur unzureichendes Wissen auf Spezialgebieten. Sie trafen Entscheidungen, die nichts mit den auf diesen Gebieten erreichten wissenschaftlichen, kulturellen oder gar politischen Fortschritt zu tun hatten. Die DDR war in den 80er Jahren durch ihre junge Intelligenz eine andere geworden. Unwissende und Nichtskönner versuchten unter dem Deckmantel der Parteilichkeit ihre Entscheidung zu rechtfertigen. In diesen Strudel wurde ich selbst oft hineingezogen, aber jetzt erkannte ich wenigstens, dass es ein Strudel war.

Das machte meine Arbeit im Institut mit meiner Stellvertreterin und einigen anderen so schwierig. Ich sah jetzt schärfer. Es war, als wäre ich für hundert Tage in eine andere Welt abgetaucht gewesen und sehe danach mit Entsetzen, dass alles unverändert weitergegangen ist. Obgleich ich die hundert Tage selbst im Institut gearbeitet hatte. Mit einem Teilwissen ausgerüstet, wurden Argumente hervorgebracht, die eben nur Details betrafen. Auf dieser Basis ging man auf Konfrontation. Mit den jungen Kolleginnen konnte ich besser kommunizieren. Sie merkten an nebensächlichen Äußerungen, dass ich mehr von ihrem Leben verstand, als in der Zeit vor der Puppenspielerin. Das war ihnen wichtig, und auf dieser Basis konnten wir uns komischerweise auch fachlich schneller verständigen.

Irgendwann hatte ich mal gesagt, dass ich fünf Jahre Methodiker, fünf Jahre Abteilungsleiter und zehn Jahre Direktor gewesen wäre und deshalb wahrscheinlich nicht länger als zehn oder fünfzehn Jahre am Institut bleiben würde. Nun war auch diese Zeit um. Durch meine Beziehungen zu Verlags- und Absatzleitern, Buchhandels-Direktoren, zum Leipziger Kommissions- und Großbuchhandel, zur Benutzerforschung auch außerhalb des Instituts, sogar des Landes, zum Institut für Bibliothekswissenschaft, zur Jugendforschung und Literatursoziologie und natürlich auch zu den verschiedenen Bereichen der Bibliothekspraxis hatte ich in jahrelanger Aufbauarbeit ein Netzwerk entwickelt, das ich unter DDR-Bedingungen nicht so schnell an jemand anderen übergeben konnte. Da wäre viel zusammengebrochen. Einen Wechsel zum Institut für medizinische Fortbildung habe ich aus diesem Grund abgelehnt. Obwohl es für mich reizvoll gewesen wäre, als Soziologe der Gesundheit von hunderttausenden Menschen zu dienen.

Die Ankündigung der Revolution

Gotthard Rückl bin ich bis heute für manche seiner Taten dankbar. Unter anderem hat er mir sein Mandat bei der „Zentralen Kommission Literatur" des Kulturbundes übertragen. Die Kommission wurde vom Chef des Aufbau-Verlages geleitet, aber nicht wirklich beeinflusst. Tonangebend in den geistigen Auseinandersetzungen, die in dieser Kommission über Kunst und Literatur der DDR geführt wurden, waren die Kulturwissenschaftlerin Dr. Karin Hirdina, die Literaturwissenschaftlerin Professor Sylvia Schlenstedt und der Verleger Roland Links. Die Arbeit in dieser Kommission hat zur geistig-kulturellen Erweiterung des Horizontes aller ihrer Mitglieder wesentlich beigetragen. Sie braucht den Vergleich zu den Jenaer Ästhetikseminaren nicht zu scheuen. Im Seminar ging es um Wissensaneignung, hier ging es um Wissensverarbeitung. Unsere Literaturbewertung war anders als die offizielle Bewertung in der Tagespresse, im ZK der SED und im Kulturministerium, geradezu diametral entgegengesetzt. Meine Beziehungen zur Literatur waren bibliothekarischer Art und durch die wöchentliche Herausgabe unseres Informationsdienstes geprägt. Nun wurde ich mit einer politischen und ästhetischen Bewertung konfrontiert. Das brauchte eigentlich kein Widerspruch zu sein – aber in der DDR war es häufig ein unüberbrückbarer. Die monatlich erscheinende Zeitschrift der Akademie der Künste „Sinn und Form" befand sich in einer ähnlichen Situation. Ich versuchte diesen Widerspruch pragmatisch für mich und auch für die Bibliotheken zu lösen, indem ich in Tagesliteratur und anspruchsvolle Literatur unterschied. Tagesliteratur, das war Erik Neutsch und Günter Görlich, sie hat in der Bevölkerung viel bewegt, anspruchsvolle Literatur, das war Christa Wolf und Erwin Strittmatter, Heiner Müller und Christoph Hein. In der Kommission ging es um die Qualität der „anspruchsvollen" Literatur, um ihren Bestand vor Kriterien der Weltliteratur. Selbst die „Neuen Herrlichkeiten" von Günter de Bruyn wurden kritisch beurteilt, weil er inkonsequenter Weise seinen Helden nicht zum Aussteiger werden ließ.

Die Kommission führte alle zwei Jahre eine Konferenz durch, an der Literaturinteressierte, Kulturbundfunktionäre, Buchhändler und Bibliothekare aus der ganzen Republik teilnahmen. Diese Zusammenkünfte nannten wir „soziale Erkundungen". Von Konferenz zu Konferenz wurden die Maßstäbe geschärft. Je länger die Partei- und Staatsführung, besonders in der Gorbatschow-Ära, in den alten Gleisen weiter fuhr, umso schärfer wurde die Kritik der Schriftsteller an den gesellschaftlichen Verhältnissen, und umso deutlicher sagten die Interpreten von Literatur ihre Meinung. Das ist im „Sonntag", in der „Neuen deutschen Literatur" und in den „Wortmeldungen zur DDR-Literatur" in der Tagespresse nachzulesen.

Die „sozialen Erkundungen" waren für meine persönliche geistige Entwicklung von großer Bedeutung. Kommissionsmitglieder mussten Arbeitsgruppen leiten, und waren aufgefordert, einen eigenen Beitrag zu leisten. Es wurde hier der Versuch unternommen, zwei Tendenzen in der Literatur und der Literaturbetrachtung zu verdeutlichen: 1. eine gewisse Verklärung der Welt des Sozialismus und eine Glättung der

Konflikte und 2. die Erkundung sozialer Unterschiede in der sich entwickelnden Gesellschaft. In diese Probleme einen theoretischen Grund zu bringen war deshalb wichtig, weil die Schriftsteller in einem Partnerschaftsverhältnis zu ihren Lesern standen. Sie boten Vordenkertum, Aufklärung und Lebenshilfe an, und dieses Angebot wurde angenommen. In Diskussionen, die einer Schriftsteller-Lesung gewöhnlich folgten, spielten deshalb das Gestalterische und Ästhetische kaum eine Rolle. Meist führten die Meinungsäußerungen binnen kürzester Zeit zu praktischen Lebensfragen. Dichten und Lesen wurden als Konfliktbewältigungschancen und Selbstvergewisserungsarbeit verstanden. Dazu ein interessantes Beispiel: „Horns Ende" von Christof Hein bewirkte Nachdenklichkeit, aber keine negative Kritik. Von der Realität einer DDR-Kleinstadt der 50er Jahre wird ein facettenreiches Bild entworfen. „Das schreckliche Opfer, das der Gang der Geschichte fordert, ist der Tod von Schuldlosen" sagt da jemand. Individuelles Versagen und moralische Schäbigkeit, die immer und überall, nicht nur in den 50er Jahren und nicht nur in der DDR vorkommen, werden dem Leser gezeigt und sollen von ihm bewertet werden. Der Berührungspunkt zwischen menschlicher Integrität, sozialer Aktivität und öffentlicher Wirksamkeit stand hier, wie auch in anderen Diskussionen im Mittelpunkt. Historische Schön-färberei wie sie in der „Pucklichen Verwandtschaft" von Gerhard Holtz-Baumert, dem Vater des von der Jugend über alles geliebten „Alfons Zitterbacke" betrieben wird, wurde Ende der 80er zumindest in diesem Kreis nicht mehr akzeptiert.

Zu einer der letzten Veranstaltungen der Kommission kamen nach dem Hauptreferat von Karin Hirdina zwei junge Bibliothekarinnen aus dem Erzgebirge zu mir und fragten mich, was sie zu Hause sagen sollten. Sollten sie sagen „die Revolution ist ausgebrochen". Ich verstand sie gut. Sie arbeiteten wohlbehütet und abgeschieden in ihren Bibliotheken und verstanden nun die Welt nicht mehr. „Nein", sagte ich, „es hat nur die Zeit des Nachdenkens begonnen."

Ein neuer Direktor

In Umbruchzeiten ist die Zukunft schwer voraussagbar. Der einzelne Mensch hat normalerweise kaum die Möglichkeit, das eigene Leben vorauszuschauend zu betrachten, geschweige denn Aussagen von größerer Reichweite zu treffen, z.B. über ein Institut, welches von verschiedenen Trägern finanziert wird, keine Lobby hat und von wechselnden Verantwortlichen in seiner Bedeutung unterschiedlich bewertet wird. In einer Zeit, in der Weltraumfahrt, Mikrobiologie und Nuklearforschung finanzierungsbedürftig sind, ist ein Bibliotheksinstitut für viele so etwas wie ein Überbleibsel aus ferner Vergangenheit.

Das war in einem „Leseland" anders. Ein Störenfried kreuzte ständig die kühnen Ideen seines Ministers. Der kluge Minister schickte ihn dorthin, wo er mit sachkundigen Leuten zusammen arbeiten musste und keine Zeit hatte zu stören. Klaus Höpcke versetzte Gotthard Rückl, der längst das Rentenalter erreicht hatte, in den Ruhestand und ließ den jungen dynamischen Norbert Stroscher das Ruder des jahrzehntelang bewährten Instituts in die Hände nehmen. Da konnte sowieso nicht viel passieren. Der Haushalt war exakt geplant. Extratouren waren nicht zu erwarten. Das Personal hatte langfristig feste Aufgaben. Im Rahmen des Fünfjahrplanes war auch hier kein Platz für Experimente. Die Leistungen der Öffentlichen Bibliotheken hatten Weltspitze erreicht. Was sollte also anbrennen. Zur Motivierung der Bibliothekare konnte man die eine oder andere Konferenz, zum Beispiel die zur Stadt- und Kreisbibliothek, durchführen, die geplante Datenerfassung für die Einführung der EDV etwas schneller zuwege bringen, die Entwicklung der dreigeteilte Bibliothek unterstützen, den vorgeschriebenen Weg der Bezirksbibliotheken zu Wissenschaftlichen Allgemeinbibliotheken weiter entwickeln, noch etwas Geld für die Einführung neuer Medien locker machen, einen Oberbibliotheksrat mehr im Institut etablieren, neue internationale Beziehungen knüpfen und so weiter und so fort. Halt, da war noch etwas! Im Bezirk Magdeburg sollte eine internationale vergleichende empirische Untersuchung zur „Dynamik des Lesens" durchgeführt werden. Die Fragebögen waren fertig, die Interviewer ausgebildet, die Zustimmung des Vorsitzenden des Rates des Bezirkes lag vor und die Termine mit den Studenten der Leipziger Fachschule in und des Magdeburger Pädagogischen Instituts, die die Untersuchung durchführen sollten, waren festgelegt. Nur das Wichtigste fehlte: der Beschluss des Ministerrats der DDR, der diese Untersuchung genehmigte. Ohne einen solchen Beschluss fanden in der DDR keine größeren soziologischen Untersuchungen statt. Auch hier war eigentlich alles eingeplant, aber irgendwo im Kulturministerium, das den Antrag stellte, waren die Unterlagen für die Beschlussfassung hängen geblieben. Da konnte nur der vormalige Ministeriumsmitarbeiter Stroscher helfen. Er ging wütend und zu jeder Tat bereit zu seinem ehemaligen Arbeitsgeber und ließ die Tresore öffnen, er nahm die Akten heraus und schaffte sie eigenhändig zum Büro des Ministerrats. So wurde eine wichtige Untersuchung gerettet, und Höpcke konnte im nächsten Jahr auf einer internationalen Konferenz die neuesten Ergebnisse der Magdeburg-Untersuchung verkünden.

Neulich sagte eine Kollegin zu mir: „Grüß Norbert Stroscher von mir. Ich hatte nie einen so netten, smarten und freundlichen Chef wie ihn". Ich kann hinzufügen, dass ich für die Benutzerforschung Unterstützung fand, wie noch nie zuvor. Niemand hatte sich so für meine internationale Arbeit und meine Publikationsvorhaben interessiert, und niemand so bei der Staatssicherheit für mich eingesetzt wie er. Er wollte mich zum „Reisekader" machen. Die Kollegen erzählten mir, dass er jeden Monat mit einem von dieser Truppe über mich redete. Es ging um meine moralische Integrität. Ich hätte Kinder, aber wohne nicht bei der Familie. Stroscher erklärte ihnen, dass ich in einem Eckhaus wohne, meine Wohnung aber mit der meiner Partnerin verbunden sei, nur formal hätte ich eine andere Adresse. Andere Probleme hatten diese Herrschaften wohl nicht. Immerhin, ein gesteigertes Interesse schienen sie zu haben. Warum ich bei meiner Akteneinsicht nur noch leere Deckblätter von vormals vier Aktenkonvoluten vorfand, verstehe ich bis heute nicht.

Stroscher war unkonventionell und ein guter Freund. Mit ihm haben wir den ersten West-Rechner für das Institut besorgt. Er beschaffte das Geld und ging ein gewisses Risiko ein. Mit ihm ging ich auch zu Fuß zur Verleihung bibliothekarischer Titel in die Staatoper. Meine neuen Schuhe rieben mir Blasen – wir gingen zusammen zur Apotheke und kauften Pflaster. So kamen wir denn gut an und ich wurde auf Grund seines Vorschlages zum „Oberbibliotheksrat" geschlagen. Er nahm mich auch mit nach Leipzig zu einer Tagung, an der ich teilnehmen konnte, aber nicht unbedingt musste. Ich bekam dadurch Gelegenheit, an der Verteidigung der Doktordissertation meines Sohnes Lars an der Leipziger Universität teilnehmen zu können ohne Urlaubstag und Reisekosten aufwenden zu müssen. Apropos – es war überraschend für mich, mit wie viel Engagement und Akribie Professor Mylius sein Statement für Lars vortrug. Als ich mit ihm darüber sprach, wurde mir bewusst, dass ich in meinem nur kurzen akademischen Leben ja auch einige Doktorkinder hatte. Es waren ihrer fünf, und ich war ihr Praxisbetreuer.

Die letzte große Konferenz zum Lesen

Im Juni 1989 fand in Leipzig eine große Konferenz zum Thema „Leser und Lesen in Gegenwart und Zukunft" statt. Die Ergebnisse der Bevölkerungsbefragung in Magdeburg ermöglichten es mir, einiges zum Hauptreferat des stellvertretenden Ministers beizutragen. Darüber hinaus interpretierten Kollegen weitere Aussagen aus dieser ersten Bevölkerungsbefragung, die unter unserer Leitung im Bezirk Magdeburg durchgeführt worden war. Die Konferenzvorbereitung stand gewissermaßen unter der Schirmherrschaft des stellvertretenden Ministers Höpcke. Wie hoch angebunden diese Konferenz war, deutete mir einer meiner ständigen Besucher an. Er war vom zuständigen Minister beauftragt worden, die Vorbereitungen zu sichern. Richtig klar wurde es mir allerdings erst, als er an einem warmen Tag sein Jackett auszog und seine Pistolentasche sichtbar wurde. Das versetzte mir einen Schock. So etwas kannte ich bisher nur aus der Literatur. Der Minister war wahrscheinlich froh, seinen Sicherheitsbeauftragten für eine Weile los zu sein.

Die Zeit war reif, sich realistisch über Entwicklungstendenzen und Prognosen zum Leseverhalten zu äußern und dabei die sozialen und kulturellen Rahmenbedingungen mit ins Kalkül zu ziehen. Es wurde Zeit, den Mythos „Leseland" genauer zu erörtern, die Rolle des Lesens beim erweiterten Konsum anderer Medien mit ihren psychologischen Konsequenzen zu bedenken und der Leseförderung als gesellschaftlichem Anliegen erhöhte Aufmerksamkeit zu schenken. Auf einen einfachen Nenner gebracht, es wurde neben den Sachverhalten des Lesens in der Gesellschaft über die Nützlichkeit des Lesens bei der Persönlichkeitsentwicklung gesprochen. Folgende heute noch aktuelle Thesen wurden in Referaten und Diskussionen erörtert: „Wer liest, entwickelt Phantasie und Kreativität", „Lesen ist Fernsehen im Kopf", „Lesen führt zu bildlicher Darstellung", „Wer liest, hat einen größeren

Wortschatz und mehr vom Fernsehen", „Leser haben größere Chancen, zur Wissenselite vorzustoßen", „Wer liest, kommt in der Regel auch mit anderen Kommunikationstechnologien besser zurecht".

Unter den Teilnehmern waren mindestens 50 Professoren und Doktoren. Die Kollegen der „Stiftung Lesen" zählten als ausländische Gäste. Bisher waren sie mir nur aus der Literatur bekannt, ein halbes Jahr später besuchte ich einige von ihnen. Ein Antrag für eine Studienreise nach Frankfurt, Reutlingen, Mainz und Gütersloh lag schon mehr als zwei Jahre beim Ministerium. Im Dezember 89 wurde mir dann die entsprechende Genehmigung erteilt, und im Februar 1990 trat ich meine erste West-Studienreise an. Ich knüpfte viele Kontakte, die Gespräche und der Austausch gesammelter Erfahrungen halfen uns, die kommende Einheit konkret zu gestalten.

Noch etwas anderes hat mich bei der Konferenzvorbereitung beeindruckt: Man konnte in der DDR, wenn man wollte. Gemeinsam mit dem Hallenser Literatursoziologen Dietrich Löffler und dem Leipziger Jugendforscher Bernd Lindner hatten wir ein Buch unter dem Titel „Buch – Lektüre – Lesen. Erkundungen zum Lesen" herausgegeben. Es war die erste zusammenfassende Darstellung zum Lesen in der DDR – und auch die letzte. Wissenschaftler, die heute über die Pisa-Studie arbeiten, sollte das Büchlein zur Kenntnis nehmen. Es vermag noch einschlägige Hinweise und Anregungen zu geben. Im April 1989 gaben wir das Manuskript beim Aufbau-Verlag ab, Anfang Juni, zur Konferenz, lag das Buch vor. Die Fertigungszeiten für Bücher dauerten sonst viel länger, meist länger als ein Jahr.

Der Herbst 89

Im Oktober 1989 führten wir in Schildau bei Leipzig, im Schulungszentrum des Zentralinstituts für Jugendforschung, eine schon länger vorbereitete Tagung durch. Referenten der Jugendforschung, mit denen wir seit langem freundschaftliche Beziehungen pflegten und eng zusammenarbeiteten, hatten mir versprochen, Klartext über den realen Zustand der DDR-Jugend zu sprechen. Willst du wirklich mit den Kollegen aus allen Bezirken dort hinfahren? In diesen unsicheren Zeiten? Ja ich wollte. Es war faszinierend, was da über die Veränderungen der Gesellschafts-, Kultur-, Lebens- und Liebesinteressen in ihrer Altersbezogenheit referiert wurde. Unser Beitrag waren die Ergebnissen der Magdeburguntersuchung. Die Begleitmusik zu dieser Tagung war allerdings noch interessanter. Das Westfernsehen bot im Vergleich zu den Darstellungen im DDR-Fernsehen nur lahme Informationen. Voller Spannungen warteten wir auf die Nachrichten der „Aktuellen Kamera". Da es sich auf diesen Konferenzen eingebürgert hatte, mindestens bis 22 Uhr zu arbeiten, legten wir um 20 Uhr eine Pause ein. Es überschlugen sich die Meldungen über die Rücktritte von Politbüromitgliedern; auch Margot Honecker, die dogmatische Volksbildungsministerin, ist abgesetzt worden. Das kann doch nicht wahr sein, dachten wir, der reinste Politkrimi.

Die Abteilungsleiter Bestand und Erschließung der Bezirke hatten vorher getagt. Sie waren eigentlich meine „revolutionärste" Truppe. Nicht, weil nur eine einzige Genossin dabei war, nein, sie lebten mit ständigen Neuerungen, und sie kannte die brisante Literatur besser als viele andere. Sie hatten jeden Tag das neueste auf dem Tisch. Dazu gehörten die Importliteratur, die Messeaufkäufe und manches aus der Literaturproduktion, was nur unter dem Ladentisch zu haben war. Aber als unsere an den Kulturminister gewandten Vorschläge für eine verbesserte Belieferung der Öffentlichen Bibliotheken im Dezember in der Fachpresse veröffentlicht wurden, waren diese Vorschläge schon überholt, und der Kulturminister war nicht mehr im Amt.

Nachdem ich aus Schildau zurück war, besuchten uns holländische Soziologen. Sie fragten mich, wie lange der eben gewählte Egon Krenz an der Macht bleibe. „Nicht länger als bis April, dann ist Parteitag. Vielleicht wird der aber auch vorverlegt", war die Antwort. Ganz falsch lag ich nicht, denn es wurde nach kurzem ein mir aus meiner Jugend bekannter, mit der DDR großgewordener Liberaler, Manfred Gerlach, zum des Staatsratsvorsitzenden der DDR gewählt. Gegen seinen Willen. Beim Wühlen in alten Unterlagen fand ich einen Brief wieder, in dem ich Christa Wolf zur Vorsitzenden des Staatsrates vorschlug. Obgleich viele meiner Kollegen den Vorschlag gut fanden, wurde ich inständig gebeten, den Brief nicht abzuschicken. Die Wolf lebe angeblich zu abgehoben vom Volk und fände keine Mehrheit. Aber hier ist der Brief:

„Unser Land befindet sich in einer Situation, in der Autorität und Würde gefragt sind. Wir haben ein Staatsoberhaupt, das erklärt, es nicht sein zu wollen. Unsere Volkskammer – sie müsste sich in diesen Zeiten wahrhaftig intensiver um das Land kümmern – muss schon wieder einen neuen Staatsratsvorsitzenden wählen, eine integre, über alle Zweifel erhabene Person. Wir schlagen Christa Wolf als Staatspräsident der DDR vor. – Christa Wolf hat seit Jahrzehnten mit Worten und Büchern zum Nachdenken über uns selbst angeregt und eine Botschaft von Menschen in einer menschlicheren Welt überbracht. Geachtet und geehrt von Madrid bis Moskau, von New York bis Tokio könnte sie diesem, tief in einer Krise befindlichen Land mit Weisheit und Klugheit vorstehen und als Staatsfrau den Staatsmännern aus aller Welt eine würdige Gesprächspartnerin sein. Die Stimme einer engagierten Frau ist in einer Zeit, in der auch Verwirrung und Sprachlosigkeit über nicht geahnte Formen der Verkrüppelung der menschlichen Würde herrschen, mehr gefragt als je zuvor. Mit Christa Wolf an der Spitze hätten erstmals in der Menschheitsgeschichte Kassandrarufe die Chance, gehört zu werden. Um diese einmalige Chance, einen demokratischen und humanistischen Sozialismus in dieser Welt zu verwirklichen, bitten wir Christa Wolf. Der

*Volkskammer und unserem Land gereichte zur Ehre, wenn die Huma-
nistin Christa Wolf sich auf diese Weise dem Land und den Völkern
präsentieren könnte. Als Vermittler von Literatur wissen wir um das
Ansinnen, Christa Wolf vom Bücherschreiben abzuhalten, aber es
gibt keinen Vorschlag, der sich auf das Landes- und Weltklima fried-
licher und freundlicher auswirken könnte als dieser."*

Traum von einer gerechten Welt

Als auf der Leipziger Montagsdemonstration, die zunächst für eine andere, demokratische DDR stand, die Fahnen wechselten, Hammer-Zirkel-Ährenkranz verschwanden und fast nur noch Westjournalisten über die Demonstrationen berichte-
ten, hatte ich ein ungutes Gefühl.

Sinnesempfindungen verarbeitet man im Traum. Ich träumte von Riesendemos;
Hunderttausende kamen von allen Seiten, trugen bunte Fahnen und Transparente
auf denen zu lesen war, dass das Land unser sei, weil wir es erbaut haben und nun
bestimmen wollen, was mit ihm geschehe. Wir hatten das Eigentum des Volkes
geschaffen in Leuna und Buna, in Schwedt und Eisenhüttenstadt, und wir erneuer-
ten die Wartburgwerke in Eisenach und die Trabant-Werke in Zwickau, die Simson-
Werke in Suhl und die Motorradwerke in Zschopau. Und tausend andere Fabriken,
bei denen uns auch Krupp und japanische Firmen halfen, während andere nur ihre
Häuschen bauten und im Chor, zunächst noch klein und bescheiden, die Gesichter
waren nicht zu erkennen, „Wir wollen zur D-Mark" riefen.

Wir pflegten und bearbeiteten Felder, Wälder und Seen von Thüringen und
Sachsen bis zur Ostsee, ließen die Semper-Oper in Dresden, das Schauspielhaus
und das Nikolai-Viertel in Berlin aus Ruinen im alten Glanz neu erstehen und schufen uns zwei Millionen neue Wohnungen und tausend Kulturhäuser, während sich
andere ihre Sparbücher füllten und der Chor derer, die zur D-Mark wollten, größer
wurde – aber die Gesichter waren noch immer nicht zu erkennen.

Alle hatten Brot und Arbeit, jenes wichtige Tun, bei dem der Mensch zum Menschen wurde, und man sprach die Arbeit heilig, gab gleichen Lohn für gleiche
Arbeit, auch den Frauen, die den Männern gleichgestellt waren. Während uns die
Arbeit heilig war, feierten andere auch ohne Arbeit und verstärkten den Chor derer,
die da riefen: „Wir wollen zur D-Mark"; ihre Gesichter waren weiß gemalt.

Wir meinten, der Kriege genug gehabt zu haben, und lebten seit 1945 in der
längsten Friedensperiode Europas, wir ließen Friedenstauben fliegen, unsere Kinder
malten sie schon im Kindergarten; sie sangen das Lied von der kleinen weißen Frie-
denstaube; Schüler lernten Gedichte über den Frieden und Soldaten beschützten
ihn, und natürlich auch den Sozialismus, weil die Werte, welche die Menschen
unter größten Anstrengungen geschaffen haben, kostbar waren und ihnen gehörten
– so verstand es der einfache Mensch –, während andere die Welt mit Waffen belie-

ferten und neue Kriege vorbereiteten, weil mit der Rüstung das meiste Geld zu verdienen war – und trotzdem wurde der Chor immer größer, und Gesichter sah man überhaupt nicht mehr – „Wir wollen zur D-Mark"

Wir bauten in den schönsten Gegenden des Landes Ferienheime, und alle durften für wenig Geld darin wohnen; wir fuhren nach Prag und Budapest, zum Kreml und zur Eremitage, flogen zum Schwarzen Meer oder in den Kaukasus, um uns zu erholen von des Alltags Mühe, während andere nach Italien und Spanien, in die Karibik der ewigen Sonne flogen – da wurde der gesichtlose Chor noch lauter und rief: „Wir wollen auch dahin".

Die Künstler des Landes schrieben eindruckvolle Bücher, drehten gute Filme, gestalteten tolle Kunstwerke, boten unvergessliche Aufführungen auf den Bühnen des Landes, in denen sich die Menschen wiederfinden sollten, während der Chor derer, die sich nicht wiederfinden wollten in der Kunst des Landes und sich lieber Traumlandschaften wünschten, umsäumt von kitschigem Geschehen, immer größer wurde – doch alle blieben ohne Gesicht und waren nicht mehr zu halten.

Die Riesendemos mit ihren Transparenten verschwanden, und ich wurde wach und sah nur noch durch einen Schleier eine kleine Gruppe auf nebligem Weg in die Ferne ziehen. Die Transparenten schleiften auf der Erde. Sie sangen leiser werdend: „Das Land ist unser, wir haben es erbaut und wollen bestimmen, was mit ihm geschieht. Wir haben das Eigentum des Volks geschaffen. Wir wollen eine andere DDR". Im Hintergrund spielte das Radio, in dem sich die Kommentare über die letzte Montagsdemonstration überschlugen.

Träume muss man nehmen wie sie kommen – nach dem Erwachen sind sie ausgeträumt. Man muss darüber nachdenken, sagen die Traumdeuter.

Ein Novembertag

Es war kalt, ich hatte Grippe. Ich schaue spät nachmittags vom Fenster eines Arbeitszimmers in den Hof der Berliner Stadtbibliothek. Einige Hundertschaften Sicherheitskräfte hockten auf ihren Fahrzeugen und warteten auf den Einsatzbefehl. Die Genossen Lothar Bisky, Gregor Gysi und andere sprachen vor dem nur einige hundert Meter entfernten Zentralkomitee der SED zu Tausenden von Menschen. Sie sagten, wir wollen eine andere DDR, ohne den Honecker-Nachfolger Krenz, ohne Drangsalierung, ohne Zwang, ohne Behinderungen. Die Auflösung verstaubter Strukturen möge nun auch in der DDR beginnen: Perestroika mit Verspätung.

Neues Management zahlt sich aus, sagte der holländische Soziologe zum Wechsel in der Leitung unseres Instituts. Hatte er recht? Klebten die Einzelnen zu lange an ihren Posten? Aus dem vergreisten Politbüro kamen keine zündenden Ideen. Die FDJ-Generation schaffte auch nichts außer das grobe Blendax-Lächeln eines Egon Krenz. Meines Erachtens müssten junge Wissenschaftler in deren Fußstapfen treten, keine Politniks. Aber wie war es denn im Bibliothekswesen? Niemand hat mein bibliothekarisches Leben so beeinflusst wie Gotthard Rückl. Ich wäre ohne ihn nicht ich geworden, wenn ich auch anders war als er. Für mich und für viele, auch für die Bibliotheken war die lange Zeit seines Wirkens von Nutzen. Rückl war mehr als 35 Jahre lang Institutsdirektor. Bibliothekare im Land, ausländische General-direktoren und Präsidenten der Bibliotheksvereinigungen in Ost und West schätzten ihn. Hatte de Bruyn recht, als er sagte, „bei seinen Fähigkeiten hätte er Minister werden können". Die jungen Leute hatten natürlich nur geringe Chancen an die Spitze zu kommen, wenn die Alten ihren Stuhl nicht räumen. Vielleicht wird das jetzt anders. Ich stehe immer noch am Fenster der Stadtbibliothek und schaue auf den Hof, wo Hundertschaften mit Maschinenpistolen auf ihren Einsatz warten, der-weil jüngere Genossen die Greise des Politbüros mit harscher Kritik bedachten. Werden die im Hof der Stadtbibliothek Wartenden ihre Brüder auf Befehl nieder-schießen? Wird jemand einen solchen Befehl erteilen? Klebten die Einzelnen zu lange an ihren Posten?

Ich dachte auch an die „Pest" von Albert Camus. Der Arzt Rieux steht auf den Balkon und schaut nachdenklich auf die Stadt. Die Pest, eine schreckliche Seuche, überfällt und verwüstet ganz unvermittelt eine glückliche Stadt. Schließlich flaut die Pest von selbst ab. Die Ratten, die Verbreiter der Krankheit, die klugen Tier-chen, die gewiss die Menschheit überleben werden, sind in der Kanalisation ver-schwunden. Dr. Rieux schaut vom Balkon und weiß, eines Tages kommen nachfol-gende Generationen hervorgekrochen, und die Seuche wird mit ihnen wiederkeh-ren.

Noch immer stehe ich am Fenster und schaue auf die Einsatzkräfte, die sich wie graue Ratten auf den Sitzen in ihren Einsatzwagen drängten und sich nicht beweg-ten. Die Redner riefen auf, dem neuen Leben einen tieferen Sinn zu geben. Wenn ich auf die Fahrzeuge auf dem Hof schaue, denke ich an den überdimensionierten Sicherheitswahn der Staatsicherheit, denke ich an Fontane, der in seinem Gedicht dem alten Herrn von Ribbeck auf Ribbeck im Havelland davon sprechen lässt, dass er voller Misstrauen gegen den eigenen Sohn sei. Weil er ihm nicht zutraut, dass auch er den Kindern von seinem Birnbaum eine Birne geben wird. Hat er ihn nicht in seinem Sinne erzogen? Versteht der Sohn ihn nicht mehr? Oder lebt er schon in einer anderen Zeit? Das Misstrauen gegen den eigenen Sohn und die Tatsache, dass kein Weg zum Vertrauen führt, machen mich nachdenklich. Dennoch, auf des Herrn von Ribbecks Grab wächst ein Birnbaum und wird flüstern „Wiste 'ne Beer". So geschah etwas nachhaltiges für die folgenden Generationen. Etwas wird bleiben.

Verknöcherte Denker diktieren dem Volk und sagen ihm, was es zu tun habe. Werden es die Biskys und Gysis schaffen, diese Verknöcherung aufzubrechen? Werden sie es besser machen? Oder ist es schon zu spät?

Lars, der Philosoph, sagt über Günter Mittag, dem Ökonomie-Verantwortlichen des ZK, er sei ein Verbrecher, weil er die Wirtschaft der DDR ruiniert habe. Er sagt es und meint es. Und was würde Günter Mittag zu Lars oder zur Puppenspielerin sagen? Es liegen Welten zwischen oben und unten ... und zwei Generationen!

Die Politik ist das eine, die Philosophie das andere. Das wurde unzulässig vermischt. Was wird aus der These: „Lesen und Lernen als lebenslange Aktivität ist eine Voraussetzung für ein anspruchsvolleres Leben". Hat Astrid Lindgren recht, wenn sie sagt: „An dem Tag, da die Phantasie des Kindes keine Bilder mehr zu schaffen vermag, wird die Menschheit arm. Alles Große, das in der Welt vollbracht wurde, spielt sich zuerst in der Phantasie des Menschen ab, und wie die Welt von morgen aussehen wird, hängt zum großen Teil vom Maß der Einbildungskraft jener ab, die heute lesen lernen. Deshalb brauchen die Kinder Bücher."

Wird die Mediengesellschaft einen anderen Zauber hervorbringen? Wird das Lesen verdrängt, wie jetzt die Greise im Politbüro? Ist eine neue Epoche angebrochen? Lesen als gesellschaftliche Massenerscheinung gibt es erst seit wenigen Jahrhunderten. Wird es verschwinden wie es kam? Ich kann es mir nicht vorstellen, weil es die Grundlage für die Nutzung aller Medien darstellt. Es wird Aufschübe, Verlängerungen und Verzögerungen, Veränderungen geben. Alles fließt. Man kann nicht zweimal in den gleichen Fluss steigen. Ich ging nach Hause, nicht ohne an Karin Hirdina zu denken, die einmal sagte: „Man kann nicht mehr in den eingefahrenen Gleisen weiterfahren, man muss sie erneuern."

Ein Novembertag 1989. Ich hatte Grippe. Am Abend sah ich auf dem Bildschirm Politbüromitglied Günter Schabowski auf einer Pressekonferenz. Eine Fehlinterpretation? Die Grenze war offen. Ist dies das Ende der DDR? Beginnt hier und heute eine neue Zeitrechnung? Es könnte sein, dass dies das Ende des Versuchs ist, einen Menschheitstraum zu verwirklichen.

Personenregister

In der Regel wurde der Beruf der lebenden Personen in der Zeit genannt, in der ich Berührungs-punkte zu ihnen hatte.

der Fachhochschule für Bibliothekare 76 f, 79

Kunath, Siegfried, Kreisbibliothekar Suhl-Land, dann Abteilungsleiter für Bestandsaufbau der Stadt- und Bezirksbibliothek Suhl 58, 74, 76 f, 79 f, 140

Kunz, Fritz, Leiter der Fachbibliothek des Zentralinstituts für Bibliothekswesen 145 f

Kunze, Horst, Prof. Dr., langjähriger Generaldirektor der Deutschen Staatsbibliothek, Berlin 115, 145, 164 f

Kurella, Prof. Dr. Alfred, Kulturfunktionär, Leiter der Kulturkommission beim Politbüro des ZK der SED 57

Lange, Prof. Dr. Erhard, Philosophie-Professor an der Friedrich-Schiller-Universität Jena 102, 151

Lenin, Wladimir Iljitsch, Gründer der Sowjetunion 65, 69, 101

Lenz, Siegfried, Schriftsteller, BRD 176

Lehmann, Ernst, Mitglied des Rates des Bezirkes Suhl für Kultur 94, 113, 116, 137

Lehmann, Katrin, Wissenschaftliche Mitarbeiterin im Zentralinstitut für Bibliothekswesen 140, 153

Lessing, Gotthold Ephraim, deutscher Schriftsteller 109

Liebknecht, Karl, Politiker, Gründungsmitglied der KPD 173

Lindgren, Astrid, schwedische Kinderbuchautorin 228

Lindner, Dr. Bernd, Mitarbeiter im Zentralinstitut für Jugendforschung, Leipzig 223

Links, Roland, Verleger, Leiter des Insel-Verlages 219

Loest, Erich, Schriftsteller, DDR 158

Löffler, Prof. Dr. Dietrich, Professor für Literatursoziologe an der Martin-Luther-Universität Halle 223

Lohmann, Hans-Jürgen, Bibliothekar in Schwerin, Güstrow, Erfurt, Suhl sowie im ZIB. Zuletzt Leiter der Bibliothek am Zentralinstitut für Philosophie (AdW) 66, 101 f,

Ludewig, Dr. Leonore, 3. Ehefrau, Mutter der jüngsten Kinder Friederike und Lucas 135, 142, 178

Lukács, Prof. Dr. Georg, ungarischer Philosoph und Literaturtheoretiker 105, 176

Lülfing, Prof. Dr. Hans, Lehrstuhlinhaber am Institut für Bibliothekswissenschaft der Humboldt-Universität zu Berlin 115

Lützner, Brunhilde, Schwägerin 61

Lützner, Christel, 1. Ehefrau 59 – 68, 130

Lützner, Dr. Helmut, Schwager, Arzt 60 f

Lützner, Walter, Schwiegervater 59

Luxemburg, Rosa, Politikerin, Gründungsmitglied der KPD 173

Majakowski, Wladimir, russischer Dichter 95, 176

Makarenko, Anton, russischer Pädagoge und Schriftsteller 50

Mann, Prof. Dr. Elisabeth, jüngste Tochter von Thomas Mann 10

Mann, Thomas, deutscher Schriftsteller 213

Marcuse, Herbert, deutsch-amerikanischer Philosoph 110

Marks, Dr. Erwin, Sekretär des Bibliotheksverbandes der DDR, Dozent am Institut für Bibliothekswissenschaft. Zuletzt: Direktor der Fachschule für wissenschaftliche Information und wissenschaftliches Bibliothekswesen, Berlin 111, 112

Marx, Karl („der Bärtige"), deutscher Philosoph und Politiker 7 f, 53, 60, 104 f, 141, 151, 180, 218

Mayer, Prof. Dr. Günter, Sektion Kulturwissenschaft und Ästhetik der Humboldt –Universität 110

Mayer, Prof. Dr. Hans, deutscher Literaturwissenschaftler 8

Meisgeier, Zimmerer-Meister 31 f

Meißner, Alfred, Abteilungsleiter in der Stadt- und Bezirksbibliothek Suhl 57, 72

Mende, Prof. Georg, Philosoph an der Friedrich-Schiller-Universität Jena 102

Mensching, Steffen, Schriftsteller, DDR 218

Metzler, Dr. Helmut, Mathematiker, Kybernetiker, Philosoph, Wirtschaftswissenschaftler an der Friedrich-Schiller-Universität Jena 103

Meyer, Monika, Stellvertretende Direktorin der WAB(B) Suhl, später Direktorin 73, 77 f, 86, 138 f

Mittag, Günter, Mitglied des Politbüro des ZK der SED, verantwortlich für Wirtschaftsfragen 174 f, 227

Mölders, Kampfflieger im zweiten Weltkrieg 15

Müller, Heiner, Dramatiker, DDR 8, 219

Munch, Edvard, norwegischer Maler 212

Müntzer, Thomas, Theologe und Führer im deutschen Bauernkrieg 53

Mylius, Prof. Dr. Klaus, Professor für Indologie an der Karl-Marx-Universität Leipzig 222

Kurzbiographie

Helmut Göhler

1930	in Leipzig geboren
	Gelernter Zimmerer
1945–1954	als Landarbeiter, Bergmann und Zimmerer tätig
1954/55	im Kreis Güstrow als Bibliothekar auf einer Maschinen- und Traktoren-Station. (MTS)
1956–1975	Bibliothekar, Abteilungsleiter und Direktor der Stadt- und Bezirksbibliothek Suhl
1960	Examen als Bibliothekar
1965	Examen als Diplomphilosoph in Jena
1971	Promotion am Institut für Bibliothekswissenschaft und wissenschaftliche Information der Humboldt-Universität zu Berlin
1975–1991	Leiter der Abteilung Bestand, Erschließung und Benutzung am Zentralinstitut für Bibliothekswesen. In dieser Zeit Vorsitzender des Forschungsbeirates für Benutzerforschung. Mitglied des IFLA Round Table for Research on Reading. Mitherausgeber von „Buch, Lektüre, Leser: Erkundungen zum Lesen", Berlin 1989
Seit 1992	im Ruhestand Herausgeber von „Alltag in öffentlichen Bibliotheken der DDR", Bad Honnef 1998.